本书为国家社会科学基金项目
"数字贸易规则变革及中国方案研究"
（18BFX211）的最终成果

数字贸易规则变革与中国方案研究

彭岳 ◎著

Research on the Transformation
OF DIGITAL TRADE RULES
AND CHINA'S
APPROACH

北京大学出版社
PEKING UNIVERSITY PRESS

图书在版编目(CIP)数据

数字贸易规则变革与中国方案研究 / 彭岳著.
北京：北京大学出版社，2025.6. -- ISBN 978-7-301-36183-2

Ⅰ.F724.6

中国国家版本馆 CIP 数据核字第 20256S6W97 号

书　　　名	数字贸易规则变革与中国方案研究
	SHUZI MAOYI GUIZE BIANGE YU ZHONGGUO FANG'AN YANJIU
著作责任者	彭　岳　著
责 任 编 辑	徐　音
标 准 书 号	ISBN 978-7-301-36183-2
出 版 发 行	北京大学出版社
地　　　址	北京市海淀区成府路 205 号　100871
网　　　址	http://www.pup.cn　新浪微博：@北京大学出版社
电 子 邮 箱	zpup@pup.cn
电　　　话	邮购部 010-62752015　发行部 010-62750672
	编辑部 021-62071998
印 刷 者	天津中印联印务有限公司
经 销 者	新华书店
	720 毫米×1020 毫米　16 开本　22.25 印张　531 千字
	2025 年 6 月第 1 版　2025 年 6 月第 1 次印刷
定　　　价	98.00 元

未经许可，不得以任何方式复制或抄袭本书之部分或全部内容。
版权所有，侵权必究
举报电话：010-62752024　电子邮箱：fd@pup.cn
图书如有印装质量问题，请与出版部联系，电话：010-62756370

前言

在经济全球化深度推进的时代进程中，数字技术以迅猛之势持续迭代创新，对世界经济格局进行着全方位、深层次的重塑。数字贸易是信息技术革命与经济全球化深度融合的必然结果。随着互联网基础设施的日益完善和数字技术的广泛应用，传统贸易模式逐步向数字化、智能化方向迈进。在数字化进程中，企业借助数字技术将贸易流程全面线上化，从商品的展示推广、交易的洽谈协商，到合同的签订执行、货物的交付运输，都能在互联网平台上高效有序地完成，极大地提高了贸易效率，降低了交易成本。智能化则体现在通过大数据分析挖掘消费者的潜在需求，利用人工智能算法实现精准营销和智能供应链管理，进一步提升贸易的质量和效益。这一转型促使数字产品和服务的贸易规模呈现出迅猛增长的态势。以软件、数字媒体、云计算服务等为代表的数字产品和服务在全球贸易中的占比逐年攀升。与此同时，跨境数据流动日益频繁，海量的商业数据、用户信息等在全球范围内快速传输，为数字贸易的发展提供了源源不断的数据支撑，使其成为推动全球经济增长的重要新引擎。

如同任何颠覆性的事物一样，数字贸易的快速发展也引发了一系列复杂且棘手的法律规制问题。在数据安全和数据隐私保护方面，随着海量数据在网络空间中传输和存储，数据被泄露、篡改、滥用等风险日益加剧。在知识产权保护方面，数字产品具有极易复制和快速传播的特性，这使得盗版侵权现象屡禁不止，严重打击了创作者和创新企业的积极性。在市场准入和监管方面，数字贸易的新兴业态和商业模式层出不穷，传统的准入标准和监管规则难以适应这些新变化。不同国家和地区的规制政策存在较大差异，增加了企业跨境从事数字贸易的合规成本。

为切实降低数字贸易成本，促进数字贸易有序发展，同时兼顾数据安全、数据隐私和数据资产保护等目标,有必要从全球数字治理的角度讨论如何应对数字贸易规则变革问题。规则是保障市场有序运行的基石,对于新兴的数字贸易领域而言,合理有效的规则体系尤为重要。随着全球经济格局的加速演变,围绕数字贸易规则的博弈与合作也在持续升温。发达国家凭借其在数字技术和数字经济领域的先发优势,试图主导数字贸易规则的制定,以维护其在全球数字贸易中的领先地位和经济利益。美国凭借其在互联网科技方面的强大优势,积极倡导轻监管理念,推动数据跨境自由流动规则的形成,便于本国企业在全球范围内获取数据资源,拓展业务版图。欧盟则依靠自身庞大的国内市场,在强调数据安全和隐私保护的同时,试图引导数字贸易规则朝着对自身有利的方向发展,平衡数字经济发展与个人数据保护之间的关系。发展中国家则在努力追赶数字经济发展步伐的同时,积极争取在规则制定中拥有更多话语权,以保障自身数字贸易产业的健康发展,避免在数字贸易浪潮中被边缘化。

世界贸易组织(WTO)是多边主义的重要支柱和全球经济治理的重要舞台。自2001年加入WTO以来,中国同WTO的关系发生了历史性变化,从国际经贸规则的被动接受者和主动接轨者,逐步成长为重要参与者。在数字贸易规则的变革进程中,WTO协定和区域贸易协定扮演着至关重要的角色。作为全球最大的多边贸易组织,WTO的规则体系为数字贸易的发展奠定了重要基础。WTO的基本原则,如最惠国待遇原则,确保了各成员在数字贸易中不会遭受歧视性对待,任何成员给予其他方的优惠待遇,都必须无条件地给予所有其他成员,这为数字产品和服务在全球范围内的公平竞争提供了保障。国民待遇原则保障了外国数字产品和服务在进口方市场上享有与自己同类产品和服务相同的待遇,避免了因歧视性政策而阻碍数字贸易的发展。透明度原则要求各成员及时公布与数字贸易相关的法律法规、政策措施等,为企业开展数字贸易活动提供了清晰的政策环境,减少了信息不对称带来的风险。这些基本原则共同营造出相对公平、有序的国际数字贸易环境,有力地推动了数字产品和服务在全球的流通。

然而,WTO协定签订于前数字时代,受当时技术与贸易环境所限,面对数字贸易这一新兴领域,在实体内容方面暴露出明显短板。以数据跨境流动为例,各成员基于数据安全和数据隐私保护等政策考量,对跨境数据流动设置了不同程度的限制,由于缺乏明确国际规则,数字贸易自由化进程难以得到保障。就知识产权保护而言,尽管 WTO 协定有相关规定,但在数字环境下,面对数字产品极易复制和传播的特性,这些规则存在明显滞后性。在数字服务贸易领域,数字贸易催生的众多新兴业态和商业模式与传统的服务贸易模式有很大不同,WTO 协定关于服务贸易市场准入特别承诺制度难以适应这些变化,致使诸多数字服务企业在开展跨境业务时面临诸多法律障碍。

与 WTO 协定不同,区域贸易协定为数字贸易国际规则的制定提供了更多的灵活性和创新性。目前,主要数字贸易大国越来越倾向于在区域贸易协定中植入符合本国利益的数字贸易条款。以《全面与进步跨太平洋伙伴关系协定》(CPTPP)为例,虽然美国未加入,但其蓝本为美国主导的《跨太平洋伙伴关系协定》(TPP),相关数字贸易条款与美国的数字贸易政策保持了高度一致。如 CPTPP 一方面明确引入了跨境数据自由流动原则,另一方面严格限制了缔约方采取数据本地化措施,从而在国际法层面保证了区域内数字企业可自由地获取和利用数据资源,避免了企业因被强制要求在本地存储数据而增加运营成本和管理难度,有助于提升数字贸易的效率和创新能力,促进了区域内数字贸易的自由化发展。但是,相关规定也因未能充分考虑到缔约方的数据主权而饱受诟病。在进一步确立跨境数据自由流动原则的基础上,《美国—墨西哥—加拿大协定》(USMCA)将规定在 CPTPP 知识产权章节的互联网服务提供商中介责任条款移植到 USMCA 的数字贸易章节,使其与美国国内法的相关规定高度一致。这些规定所确立的原则和规则对后续区域协定中数字贸易条款内容有明显的示范效应。

中国作为世界第二大经济体和数字贸易大国,在数字贸易领域具有举足轻重的地位和广泛的影响力。中国拥有庞大的数字经济市场,互联网用户数量庞大,数字基础设施建设不断完善,为数字贸易的发展提供了坚实的支撑。在电子商务、移动支付、数字内容等领域,中国取得了举世瞩目的成就。中国的跨境电商交易规模持续位居世界前列,移动支付技术被广泛应用,不仅改变了国内的消费和贸易模式,也对全球数字贸易格局产生了重要影响。中国政府高度重视数字贸易的发展,积极推动数字贸易规则的制定和完善,提出了一系列具有中国特色的数字贸易方案。如在数据安全和个人信息保护方面,中国制定并实施了《中华人民共和国网络安全法》《中华人民共和国数据安全法》《中华人民共和国个人信息保护法》等法律法规,构建了较为完善的数据保护法律体系,同时积极参与国际数据安全合作,推动全球数据安全规则的制定。

在知识产权保护方面,中国不断加强数字知识产权保护力度,完善相关法律法规和执法机制,积极参与国际知识产权规则的修订和完善,推动建立更加公平合理的数字知识产权保护体系。在市场准入和监管方面,中国积极探索适应数字贸易发展的监管模式,优化营商环境,降低数字贸易企业的准入门槛,加强事中事后监管,促进数字贸易的健康有序发展。

在中国签署《区域全面经济伙伴关系协定》(RCEP)之前,中国自由贸易协定所涉数字贸易或电子商务条款在结构上相对简单,除关税问题外,也很少对缔约各方施加强制性要求。相对而言,RCEP的电子商务条款条文更多、结构更复杂、所涉事项更多,并在贸易自由化方面有着质的突破。结合中国在WTO电子商务联合声明倡议中的提案,以及中国积极申请加入CPTPP和《数字经济伙伴关系协定》(DEPA)的举措,可以认为,虽然数字贸易中国方案正在形成过程之中,但其主题框架和基本内容已大致可以确定,即就数字贸易中最为核心的争议——数据跨境和数据保护之间的关系,中国方案基本认同数据跨境自由流动原则,同时为数据保护留下了足够的规制空间。鉴于中国、美国和欧盟在数据保护问题上存在着不同的政策偏好和深刻的价值冲突,短期内难以达成国际共识,中国主导的国际贸易协定可借鉴WTO"基本原则＋一般例外"的规制模式,通过贸易事项模式纳入个人数据保护问题,以缓解各国对于数据隐私保护的政策关切。由此构建的数字贸易中国方案也更具包容性和可操作性。

总之,数字贸易规则的变革是一个复杂而漫长的过程,需要各国共同努力,积极探索适应数字贸易发展的规则体系。中国作为数字贸易大国,应积极参与全球数字贸易治理,持续完善和推广具有中国特色的数字贸易方案,加强与各国在数字贸易规则制定方面的交流与合作,推动构建更加公平、合理、开放的全球数字贸易规则体系,为推动全球数字贸易的发展做出更大的贡献。未来,随着数字技术的不断进步和数字贸易的持续发展,数字贸易规则也将不断演变和完善,需要持续关注其动态变化,不断调整和优化数字贸易政策和规则,以适应新的发展形势。

目　录

第一章　经济全球化、数字经济与数字贸易 // 001
　　第一节　经济全球化的演进 // 003
　　　　一、地理空间中的经济全球化 // 004
　　　　二、技术变革中的经济全球化 // 006
　　　　三、市场规制中的经济全球化 // 011
　　第二节　数字经济的兴起 // 017
　　　　一、何为数字经济 // 017
　　　　二、数字经济的技术基础 // 022
　　　　三、数字经济的平台载体 // 028
　　第三节　数字贸易的发展 // 032
　　　　一、数字贸易的概念 // 032
　　　　二、影响数字贸易的规制措施 // 039

第二章　数字贸易治理的两个语境 // 049
　　第一节　数字贸易治理的话语体系及治理特色 // 051
　　　　一、数字贸易治理的话语体系 // 052
　　　　二、数字贸易的治理特色 // 056
　　第二节　互联网规制语境下的数据治理 // 062
　　　　一、数据治理中的"公平信息实践"原则与阵营分立 // 062
　　　　二、中美欧数据治理的法律实践 // 067
　　　　三、综合性国际数据治理条约前瞻 // 075
　　第三节　贸易规制语境下的数据治理 // 079
　　　　一、数据治理模式与贸易协定的涵盖范围 // 079
　　　　二、贸易协定纳入数据治理的制度根源 // 084

三、国际经济法的功能及介入数据治理的限度 // 090

第三章　WTO协定中的数字贸易规则 // 097

第一节　WTO的"适应性治理"机制 // 99
一、实体规则方面的"适应性治理"机制 // 100
二、政治程序方面的"适应性治理"机制 // 102
三、法律程序方面的"适应性治理"机制 // 115

第二节　与数字贸易规制有关的WTO货物贸易协定规则 // 119
一、产品定性与商品归类争议 // 120
二、技术法规与互联网国际标准争议 // 123
三、贸易便利化与中小企业发展 // 127

第三节　与数字贸易规制有关的WTO服务贸易协定规则 // 128
一、适用范围和定义的争议 // 130
二、是否征收关税的争议 // 132
三、与数字贸易有关的部门承诺争议 // 133

第四节　与数字贸易规制有关的WTO知识产权贸易规则 // 143
一、TRIPS协定的创新与挑战 // 144
二、总则与基本原则的争议 // 147
三、知识产权效力、范围和适用标准的争议 // 150

第四章　区域贸易协定中的数字贸易规则 // 159

第一节　区域贸易协定中的三类数字贸易规则 // 163
一、区域贸易协定数字贸易规则的整体状况 // 164
二、第一类数字贸易规则：WTO-itself // 167
三、第二类数字贸易规则：WTO-plus // 174
四、第三类数字贸易规则：WTO-extra // 178

第二节　巨型贸易协定中的数字贸易规则 // 185
一、数字贸易规则的类型 // 187
二、数字贸易便利化规则 // 191
三、数字贸易信任规则 // 197
四、数字贸易促进和限制规则 // 214

第五章　数字贸易治理的中国方案 // 225

第一节　数字贸易治理中国方案的界定 // 227
一、作为全球治理举措与作为社会制度的中国方案 // 228
二、位于国内层面与位于国际层面的中国方案 // 232

第二节　互联网规制语境下的中国方案 // 235
一、全球互联网治理中国方案的国内政策背景 // 235
二、网络治理中国方案的国际化维度 // 240
三、提出全球互联网治理中国方案的国际平台 // 246
四、世界互联网大会中的中国方案 // 250

第三节　贸易规制语境下的中国方案 // 259
一、自由贸易协定中的中国方案框架 // 260
二、WTO电子商务规则谈判中的中国方案 // 269
三、CPTPP、DEPA对中国方案的影响 // 280

第六章　进行渐近的数字贸易协定 // 287

第一节　美国和欧盟电子商务谈判提案及与中国提案的异同 // 290
一、美国的电子商务谈判提案 // 290
二、欧盟的电子商务谈判提案 // 297
三、中国、美国和欧盟电子商务提案的异同 // 303

第二节　当下美国和欧盟的数字贸易实践及其互动 // 310
一、总体特点 // 310
二、美国的数字贸易政策及实践 // 312
三、欧盟的数字贸易政策及其实践 // 325
四、美国和欧盟数字贸易实践的互动 // 332

第三节　数字贸易中国方案的优化 // 335
一、作为政策分析对象的数字贸易中国方案 // 336
二、作为政治决断对象的数字贸易中国方案 // 341

后记 // 347

第一章

经济全球化、数字经济与数字贸易

数字贸易全面兴盛于第四次工业革命时代,是经济全球化背景下,国际贸易层面数字经济高度发展的产物。作为新兴事物,数字贸易之出现、发展和成熟"扰乱"着现有法律规制的理念、制度、框架和规则,并获得国内法和国际法直接或间接的制度性"反馈"。在全球化市场与国家法律规制持续互动的过程中,法律体系各部门法之间、国内法体系之间、国内法体系和国际法体系之间相互调适,[1]具有法律多元特征的数字贸易规则逐渐形成。如欲充分把握当代数字贸易国际规则的生成和变革,有必要探究各国数字贸易规制冲突产生的根本原因、表现形式和解决方式;[2]如欲了解数字贸易活动为何会"扰乱"现有法律制度,以及各国如何在法律层面对新兴的数字贸易进行"反馈"和调整,有必要探究数字贸易产生和发展的历史大背景:经济全球化的演进和数字经济的勃兴。

第一节 经济全球化的演进

作为一种重要的社会现象,全球化是各类参与者实时建构而非预先设定的产物。对于全球化是什么,学界尚缺乏共识,但均承认其客观存在。[3] 在关于全球化的本体预设和历史轨迹的学术讨论中,基于体系及构成单位之间的关系,存在多种可供选择的概念。[4] 不同的概念体系下,经济全球化呈现出不同的内涵和表现形态。

---

[1] 参见〔法〕雅克·阿达:《经济全球化》,何竟、周晓幸译,中央编译出版社 2000 年版,第 136 页;马长山:《智能互联网时代的法律变革》,载《法学研究》2018 年第 4 期,第 20 页;于安:《我国行政法与WTO 协定的一致化》,载《交大法学》2012 年第 2 期,第 40 页;Peter F. Cowhey and Jonathan D. Aronson, Digital Trade and Regulation in an Age of Disruption, 22 UCLA J. Int'l L. & For. Aff. 8, 12-17 (2018)。

[2] 正如有学者所评价的那样,"一如既往,国际框架尚未产生的部分原因是,国际规则很少在国内规章和法律制度发展良好之前出现"。See Merit E. Janow and Petros C. Mavroidis, Digital Trade, E-Commerce, the WTO and Regional Frameworks, 18 World Trade Rev. s1, s1-s2 (2019)。

[3] 参见张世鹏:《什么是全球化?》,载《欧洲》2000 年第 1 期,第 4 页。

[4] See Jens Bartelson, Three Concepts of Globalization, 15 Int'l Soc. 180, 181 (2000);俞可平:《全球治理引论》,载《马克思主义与现实》2002 年第 1 期,第 26 页。

一、地理空间中的经济全球化

当我们在政治和法律层面讨论"经济全球化"这一概念时，通常会不可避免地牵涉到边界问题，即国家管辖权所及之领土界限，以及与之相关的诸如治理、经济、身份和团体等事项。① 围绕该边界，全球化可在空间上表现为，在跨越边境（cross-border）、开放边境（open-border）及超越边境（trans-border）方面的相关主体或对象间的互动显著增加。② 理论探讨中，学者往往不加区别地混用这三者。如特朗普上一任期，美国频频采取单边措施，发动201条款③保障措施调查、232条款④国家安全调查以及301条款⑤贸易公平调查，对他国进口产品，尤其是中国输美产品征收高额关税或实施经济制裁，严重阻碍了国际贸易的发展、影响到跨国公司的国际投资以及全球价值链布局。就此，有学者将之概括为：在反全球化（anti-globalization）思潮和运动的影响下，美国政府采取了去全球化（de-globalization）措施，产生了逆全球化（reverse globalization）效果。⑥ 短短一句话包含了三类边境关系：反全球化思潮或运动中的"全球化"具有超越边境的含义，去全球化措施中的"全球化"与开放边境有关，逆全球化效果中的"全球化"指的是跨越边境的交流。

以跨越边境为特征的经济全球化关注经济跨境交流的规模和效果。一旦货物、投资、人员、金钱、信息和思想等在国家间的流动达到某一标准，全球化便得以形成。在此空间概念下，全球层面互动以国家间相互依存为前提，全球化与国际化构成同义词。"全球"贸易意味着更大数量的"国际"贸易，

---

① 参见〔英〕约翰·H.邓宁：《全球化经济若干反论之调和》，杨长春译，载《国际贸易问题》1996年第3期，第14—15页。

② See Jan Aart Scholte, Global Capitalism and the State, 73 Int'l Aff. 427, 430 (1997).

③ 201条款是美国《1974年贸易法》第201—204条的统称。该条授权美国国际贸易委员会（USITC）对输美产品实施全球保障措施调查，并向总统提交报告和建议，由后者作出最终决定。由于全球保障措施打击面过宽，容易引起各国集体反对，美国总统很少依据201条款采取贸易限制措施。

④ 232条款规定在《1962年贸易扩展法》之中，该条款授权美国商务部对特定产品进口是否威胁美国国家安全进行立案调查，并向总统提交报告，由总统决定是否采取最终措施。

⑤ 301条款是美国《1974年贸易法》第301—310条的统称，包括"一般301条款"、关于知识产权的"特别301条款"以及关于贸易自由化的"超级301条款"。根据301条款，当美国贸易代表办公室（USTR）确认某贸易伙伴的某项政策违反贸易协定，或被美国单方认定为不公平、不公正或不合理时，可启动单边性、强制性的报复措施。

⑥ 参见陈伟光、郭晴：《逆全球化机理分析与新型全球化及其治理重塑》，载《南开学报（哲学社会科学版）》2017年第5期，第61—62页。

"全球"移民不过是规模更大的"国际"移民而已。依此思路,全球化与高度国际化仅仅存在数量上的差异,在何种情况下,国际化构成"全球化",主要依赖于论者的客观观察和主观判断。[①] 受外部环境和内部动力之影响,全球化会因货物、人员、资本、信息等跨境流动的数量、频率有所波动而呈现增强或衰减的迹象,但国家及其所属各独立单位间的跨越边境互动依然存在。

以开放边境为特征的全球化关注各国对外经济开放的规模和程度。随着一国逐步取消针对国际贸易、国际投资、国际金融和国际通信等的规制性壁垒,该国的边境开放越来越具有自由化色彩。在此空间概念下,自由化不仅为全球化提供了空间条件,也为全球化提供了制度基础,[②]全球化与高度自由化构成同义词。依此思路,对于涉外贸易、投资和金融等领域,各国越是采取开放的态度和措施,国际层面的全球化程度就越高。一旦某领域的各国自由化达到某一程度,则可形成国际体制,从而实现辅助、约束乃至取代相应国家管制的功能。理论上,各国可通过采取单方面自由化措施的方式,自然而然地形成全球化。实践中,基于各自由化领域的不同,相关国际体制可采取国际条约、习惯国际法或跨国规制网络等方式来维护自由化成果。

以超越边境为特征的经济全球化关注同一经济事件在全球各地同时发生或实现的可能性。如果空间距离和领土边境对"全球化"事件的影响微乎其微,则该事件本身具有超地域性。在此空间概念下,重点不再是领土边界,而是相关事件所属领域具有超越领土边界限制的独特性。有研究认为,此类事件所属领域至少可分为六类:[③]

(1) 在通信和媒体领域,电话、计算机网络、收音机、电视等通信手段可允许人们在全球各地进行即时沟通;

(2) 在组织领域,商业企业、社团组织以及规制机构等的跨境(transborder)运行,不再将领土边境视为主要障碍或助益;

(3) 在贸易领域,货物和服务流通在环球市场层面上进行,而不再限于一国境内;

---

① 参见李丹:《"去全球化":表现、原因与中国应对之策》,载《中国人民大学学报》2017年第3期,第99—102页。

② 参见钟亚平:《"关于全球化问题"理论研讨会综述》,载《哲学研究》2000年第4期,第30—31页。

③ See Jan Aart Scholte, Global Capitalism and the State,73 Int'l Aff. 427,431-432 (1997).

(4)在金融领域,随着不同货币及金融工具的电子化流通,金融资本可实现全球化配置;

(5)在生态环境领域,其破坏性影响很难局限于一国领土之内,而是扩散到全球各地;

(6)在意识领域,越来越多的人将世界视为一个整体,并将自身附属于超越边界的共同体。

在关于数字贸易的法律分析中,上述三种全球化分类均有其适用空间。首先,数字贸易大多依赖互联网平台而展开,网络平台所建构的互联网空间有超越领土边界的效应,由此形成的全球化相比此前依托或受限于领土边界的国际互动存在本质区别。与之相对应,互联网平台可为生产者或消费者提供定制化的货物和服务,以及催生新的货物或服务类型,[1]从而冲击传统贸易规制体制的运行。相关法律分析应更多聚焦于现有贸易规制体制是否适用、如何适用以及如何改善等方面。其次,通过行使管辖权,国家可将互联网的物理基础设施、互联网的运营商、网络平台的经营者、数字贸易的参与者以及数字贸易交易对象纳入国家规制范围。与之相对应,一国边境开放措施仍然会影响到一国数字贸易自由化的程度。相关法律分析应更多聚焦于探讨国内和国际经济规制体制之于数字贸易的可适用性及其相应的法律后果。最后,数字贸易的主体或客体在物理上存在着跨越边境的行为,此类行为与传统贸易的跨越边境并无本质不同。与之相对应,相关法律分析应更多聚焦于评估传统贸易规制手段是否存在涵盖过宽或涵盖过窄,从而影响到数字贸易的正常发展,并根据评估结果,改进现有贸易体制。

二、技术变革中的经济全球化

与空间层面的经济全球化相比,时间层面的经济全球化聚焦于技术进步引发的全球化演化进程。既有讨论并未严格区分经济全球化的空间意义,相关研究成果通常会混同经济全球化在跨越边境、开放边境和超越边境三个方面的不同,从而呈现出明显的折中性。

早在第一次工业革命之前,人类社会已经开展了商品、技能和思想交流

---

[1] See Shane Greenstein, The Economics of Digitization, 2020 NBER Report 1-3 (2020).

活动。最为著名的当数丝绸之路的形成与繁盛。① 丝绸之路覆盖着陆上和海上交通,来自各个地域的人们在此沿线进行着包括丝绸在内的纺织品、调味品、粮食、蔬菜、水果、动物皮草、工具、木工、五金、宗教物品、艺术品、宝石等商品的交易。海上丝路通过航运将东方与西方连接起来,是广义上的丝绸之路的重要组成部分,它曾经是国际香料贸易的主要渠道,又被称为香料之路。从一开始,丝绸之路就与政府的支持不可分离,其繁荣更是离不开政府对贸易秩序的维护。从15世纪到18世纪,随着地理大发现和欧洲殖民运动的兴起,国际贸易在全球层面发轫,形成了"全球化第一波"。② 由于相关贸易以奢侈品为主,占据全球GDP的份额相对较小,且欧洲各国倾向于利用殖民化方式掠夺全球资源,贸易政策带有浓厚的重商主义色彩。该时期生产与消费被"捆绑"在特定地区,很难称得上是真正意义上的"全球化"。③

通说认为,第一次全球化浪潮(全球化1.0时代)起始于英国的第一次工业革命,中断于第一次世界大战。④ 英国工业革命为国际贸易的发展和扩张提供了两大引擎:其一,蒸汽船和火车等机器便于长途运输,国际贸易的范围显著扩大,为经济全球化带来活力;其二,制造业的"机械化"所催生的"工厂制",彻底荡涤了家庭作坊式的生产组织方式,⑤工业化使得英国成为全球生产中心,也成为全世界原材料和制成品的交易中心。19世纪后期,以电力应用、劳动分工和流水线生产为特征的第二次工业革命蓬勃兴起,人类社会从"蒸汽时代"进入"电气时代",生产、运输成本进一步降低,实现了货物生产地

---

① 参见联合国教科文组织:《关于丝绸之路》,https://zh.unesco.org/silkroad/guanyusichouzhilu。关于香料贸易,可参见〔美〕加里·保罗·纳卜汗:《香料漂流记:孜然、骆驼、旅行商队的全球化之旅》,吕奕欣译,天地出版社2019年版。

② 参见李伯聪:《中国在"全球化第一波"中错失的三次历史机遇》,载《工程研究——跨学科视野中的工程》2016年第1期,第84页。

③ 参见陈元清、关永强、李健英:《"第一次世界经济全球化中的中国与欧洲"专题研讨会会议综述》,载《南开经济研究》2006年第1期,第139页。

④ 参见金碚:《论经济全球化3.0时代——兼论"一带一路"的互通观念》,载《中国工业经济》2016年第1期,第5页;何帆:《经济全球化的三次浪潮》,载《世界知识》1998年第6期,第29页;Richard E. Baldwin and Philippe Martin, Two Waves of Globalisation: Superficial Similarities, Fundamental Differences, NBER Working Paper, No. W6904, January 1999, http://www.nber.org/papers/w6904。

⑤ 参见中国社会科学院工业经济研究所课题组:《第三次工业革命与中国制造业的应对战略》,载《学习与探索》2012年第9期,第93页。

和消费地的第一次"松绑"(unbundling)。[1] 当时几乎没有政府有意识地支持这次全球化。与勃兴的跨越边境的国际货物流动相比,各国政府在维护国内社会稳定方面几乎无所作为,而超越边境的国际治理更是闻所未闻,各种经济体系,如自由放任的资本主义、帝国主义与形式多样的专制主义并立。在市场无情竞争的逻辑下,一国竞争力最低的个人和企业纷纷陷入窘境乃至破产。最终,各国国内经济、社会和政治的不稳定反噬国际贸易,第一次全球化浪潮止步于第一次世界大战。

1914年第一次世界大战的爆发终结了当时西方社会蓬勃发展的所有社会事务,包括经济全球化。残酷的战争取代了和平贸易,肆意的破坏取代了积极建制,繁荣的国际贸易被充满敌意的国境线所阻隔。第一次世界大战至第二次世界大战期间,国际金融市场再次崩溃,为解决生产能力过剩问题,各国在争夺外国市场的同时,主张保护本国市场。美国通过《斯穆特-霍利关税法》(The Smoot-Hawley Tariff Act of 1930),大幅度提高进口产品关税,引起各国竞相报复,世界经济进入贸易保护与贸易萎缩的恶性循环之中。[2]

第二次世界大战末期,贸易在全球GDP中的比重降至5%,跌至百年来最低。罗斯福新政从根本上改变了资本主义自由放任哲学,确立了国家有权干预经济生活的理念。及至战后,通过布雷顿森林体系,特别是国际货币基金组织(IMF)、国际复兴开发银行(IBRD)以及临时生效的关税与贸易总协定(GATT)等国际组织,美国主导了战后国际经济秩序重建和维持工作,至此第二次全球化浪潮(全球化2.0时代)袭来。在本阶段,第二次工业革命的成就被充分利用,生产效率大幅提高、交通运输成本持续降低。受美苏争霸影响,铁幕将世界经济体制分为两大部分:西方阵营以美国和欧洲主要国家为首,主张自由市场经济体制;东方阵营以苏联为首,推行中央计划经济体制。虽然东西阵营之间的贸易长期低迷,但在各阵营内部贸易大幅增加。随着1989

---

[1] See Richard E. Baldwin, Globalisation: The Great Unbundling(s), Economic Council of Finland, 20 September 2006, https://repository.graduateinstitute.ch/record/15561; Richard E. Baldwin, The Great Convergence: Information Technology and the New Globalisation, Harvard University Press, 2016.

[2] 参见郑玲丽:《金融危机下遏制贸易保护主义的法律对策》,载《国际商务研究》2009年第3期,第60页;胡毓源:《二十世纪三十年代国际关系中的经济战》,载《上海师范大学学报(哲学社会科学版)》1986年第4期,第102页;〔意〕丹尼尔·格罗斯:《跳出贸易保护主义的陷阱》,王艺璇译,载《中国经济报告》2017年第5期,第4页。

年东欧剧变,东西方经济进一步融合,出口贸易在全球 GDP 占比超过 14%,再次恢复到 1914 年的水平。[①] 1995 年,世界贸易组织(WTO)成立,标志着第二次全球化浪潮达到顶点。2001 年 12 月,中国正式成为 WTO 成员,世界主要国家均深度融入经济全球化过程。

在第二次全球化浪潮中,以计算机的发明以及随后几十年信息和通信技术(ICT)的快速发展为特征的第三次工业革命悄然而至,人类社会迈入了"信息时代"。如果说第一次和第二次工业革命侧重于机器替代体力劳动,第三次工业革命则表现为以人工智能系统替代脑力劳动。[②] 随着人工智能、数字制造和工业机器人等基础技术的成熟和成本的下降,"数字化""智能化"和"个性化"成为现代制造技术的核心特征。[③] 信息通信产业的发展降低了信息跨境流动和相互合作的成本,生产和管理无须集中在同一区域也能最终完成,制造业开始了第二次"松绑"。跨国公司得以有能力从全球价值链(GVC)角度布局生产过程,众多生产环节实现离岸外包。[④] 在工厂跨界生产的同时,公司的专门技术也一同出海,形成了一个"高科技+低工资"的崭新的制造业世界。在这样一个生产过程和生产技术可以流动,但人员尚不能自由流动的世界里,第三次全球化浪潮(全球化 3.0 时代)袭来。

第三次全球化浪潮以全球经济高速发展、国内贫富差距扩大为特征。究其原因,第一次、第二次和第三次工业革命集中于制造业领域,虽有助于经济效率的提高,但均就此给国家应对和处理经济全球化带来的国内冲击提出了难题。长期以来,各国均以贸易自由化可提高社会整体福利为由,推行边境开放政策,但边境开放直接滋生了大量套利行为,致使财富向少数人集中,身处制造行业的蓝领工人获益有限且随时面临市场淘汰。理论上,套利以存在价格差异为前提,每当各国相对价格不同时,以营利为目的的商人就可以通过货物和生产要素的套利获得利益。实践中,囿于技术限制,跨境套利主要围绕货物本身而展开,经济全球化大多表现为货物贸易的增加。随着 20 世纪

---

① See Peter Vanham, A Brief History of Globalization, 17 January 2019, https://www.weforum.org/agenda/2019/01/how-globalization-4-0-fits-into-the-history-of-globalization.

② 参见贾根良:《第三次工业革命与工业智能化》,载《中国社会科学》2016 年第 6 期,第 100 页。

③ 参见黄群慧、贺俊:《"第三次工业革命"与中国经济发展战略调整——技术经济范式转变的视角》,载《中国工业经济》2013 年第 1 期,第 6—7 页。

④ See Richard E. Baldwin, Globalisation: The Great Unbundling(s), Economic Council of Finland, 20 September 2006, https://repository.graduateinstitute.ch/record/15561.

90年代信息和通信技术的出现,跨国公司发现新的套利机会:建立跨越边境的工厂,跨国公司在保持整个生产过程顺利、可靠运行的前提下,将某些生产步骤外包给成本更低的外国工厂,实现整个公司盈利的最大化。

当前,以数字技术为代表特别是以人工智能为核心的第四次工业革命正在发生。数字技术以比特信息为表现形式,可有效降低存储、计算、传输信息的成本,能够极大促进生产标准化、自动化、模块化,具有很强的通用性,应用潜力巨大。本次工业革命有助于实现生产的第三次"松绑",即通过人工智能、大数据分析、云计算等互联网技术,关键人员可实现虚拟流动,缓解物理流动的不足。受此影响,被历次全球化所忽略的各国服务业开始承受巨大套利压力。得益于日益成熟的数字技术,人们完全可以实现服务提供者与服务本身在时间上的一致与空间上的分离。与前三次工业革命引发的"物的全球化"不同,数字技术下的全球化是"人的全球化"。[①] 正是"人"而非"物"的全球化,才使得此前一直被忽略、掩盖或扭曲的法律争议浮出水面。如在此前"物的全球化"背景下,国际贸易主要关注货物贸易壁垒的消除、服务贸易市场的开放等边境问题。随着"人的全球化"的出现,与个人有关的数据安全、隐私保护等问题愈发重要。

表1-1 全球化的特点、动力和贸易政策事项

类型	特点	动力	贸易政策事项
"传统"贸易	• 生产和消费跨境分离 • 最终产品交易	• 运输成本降低	• 市场准入
GVC贸易	• 工厂跨境分包 • 中间产品和服务贸易 • 服务作用转变为任务外包	• 运输成本降低 • 协调成本降低	• 贸易—投资—服务—知识关联 • 贸易便利化、国民待遇

[①] See Richard E. Baldwin, If This Is Globalization 4.0, What Were the Other Three? 22 December 2018, https://www.weforum.org/agenda/2018/12/if-this-is-globalization-4-0-what-were-the-other-three/.

(续表)

类型	特点	动力	贸易政策事项
数字赋能贸易	• 生产、物流和消费的分包，更多的传统和GVC贸易："超级连接"时代 • 实物和数字服务的小量贸易 • 可交易服务性质的改变 • 货物与服务的"捆绑"	• 运输成本降低 • 协调成本降低 • 分享信息成本降低 • 数字化	• 数据流动 • 数字连通 • 互操作性

资料来源：Javier López González and Marie-Agnes Jouanjean, Digital Trade: Developing a Framework for Analysis, OECD Trade Policy Papers, No. 205, OECD Publishing, 2017。

三、市场规制中的经济全球化

经济全球化并非一种观察者可以镜像映射的客观存在物，而是需要将之放在更大的语境中，与大量其他事物相互作用和映照，才能成为具有再现性或意向性的事物。[1] 如上所述，即便技术进步和数字化大幅度降低了跨境交易的成本，但主权国家依然在经济全球化的持续压力之下保持自身的相对独立性，并通过规则制定、适用和执行等方式影响乃至塑造经济全球化的具体形态。随着市场进一步全球化，政治地域性的特征更为明显。正如罗德里克（Dani Rodrik）所言，"政府是每个国家的政府，市场却是全球性的，这就是全球化的致命弱点"[2]。如果将政府与市场之间的关系放置在纯粹国内法的语境下，基于经济性的和非经济性的公共利益目标，[3] 政府可通过市场规制，在政府权力、经济效率和社会公平之间寻求微妙平衡，进而将经济活动嵌入社会稳定的框架之中。但是，一旦面对全球化市场，政府规制需要克服有效性、合理性和正当性三大难题。

---

[1] See Robert M. Cover, The Supreme Court, 1982 Term, Forward: Nomos and Narrative, 97 Harv. L. Rev. 1, 4-6 (1983). 此处涉及认识论和本体论之间玄奥难解的关系问题，相关争议可参见〔美〕理查德·罗蒂：《哲学和自然之镜》，李幼蒸译，商务印书馆2003年版，第41—42页。

[2] 〔美〕丹尼·罗德里克：《全球化的悖论》，廖丽华译，中国人民大学出版社2011年版，第8页。

[3] 经济性的公共利益目标旨在救济"市场失灵"，涉及垄断和自然垄断、公共产品以及其他外部性、信息赤字和有限理性、协调一致集体行动、市场例外条件与宏观经济考量等。非经济性的公共利益目标旨在达成效率之外的其他价值，涉及分配正义、家长主义、共同体价值等。具体参见〔英〕安东尼·奥格斯：《规制：法律形式与经济学理论》，骆梅英译，中国人民大学出版社2008年版，第29—55页。

(一) 市场规制的有效性

市场规制有效性关注的是政府规制管辖权能否发挥作用,该讨论旨在有效行使政府权力。就一国规制所及管辖范围而言,全球化市场可被划分为四类:(1) 受本国法律规制的域内市场;(2) 不受本国法律规制的域内市场;(3) 受本国法律规制的域外市场;(4) 不受本国法律规制的域外市场。规制管辖是一国主权的一部分,包括立法管辖、裁判管辖和执法管辖三个部分。国际法通说认为,管辖权植根于一国领土。[①] 但是,仅仅依据属地原则很难解决诸多管辖权冲突,即使引入属人原则、保护原则和普遍原则等,它们只能用来证明相关国家行使管辖权具有合理性而已。将全球化市场分为域内市场和域外市场,并确定与之相关的管辖权,可在一定程度上澄清管辖权的优先性问题。申言之,域内市场与域外市场本身隐含着特定主体,即本国政府之于本国市场的管辖权被称为域内市场管辖,对于外国市场的管辖权则被称为域外市场管辖。就域内市场,三种管辖权之行使与否,主权国家有最终决定权。[②] 就域外市场,三种管辖权往往难以一一对应。理论上,一国可通过国际法公认的管辖权原则制定相关具有域外管辖效力的法律,但该法律规则能否被最终执行,需满足诸多严苛条件。特别是,如果一国执法机构试图在他国境内执法,则必须得到他国政府的同意。可以说,通过国境线划分的政治和法律管辖区域,如同交易成本和边境税一样,也在分割着全球化的市场,使之难以达到真正的统一。

相关管辖权缺失、重叠或冲突均会对全球化市场主体行为的规范性期待产生重大影响。由于国际法层面缺乏自上而下的操作性规则解决这些管辖权缺失、重叠或冲突问题,在出现问题时,各国大多根据具体语境,采取自下而上的应急式方法,个案缓解冲突。然而,在数字技术的推动下,经济全球化越来越具有超越边境的性质,受管辖权限制,各国碎片化的规制框架既不能跟上数字技术革新的步伐,又不能有效阻止市场主体规制套利行为,最终影

---

① See Ian Brownlie, Principles of Public International Law, 7th ed., Oxford University Press, 2008, p. 299.

② 域内市场不受本国法律规制的情况通常发生在有相关条约规定的情况下[J. H. H. Weiler, The Transformation of Europe, 100 Yale L. J. 2403, 2413-2415 (1991); Michael P. Van Alstine, The Unified Field Solution to the Battle of the Forms Under the U. N. Sales Convention, 62 Wm. & Mary L. Rev. 213, 215 (2020)],条约之订立和执行仍依赖于国家意志。

响到规制效力以及人们对政府的信任。[①]

(二) 市场规制的合理性

市场规制的合理性关注的是相关规制措施能否达成预期规制目标,该讨论旨在选择适当的规制手段。在封闭的国内市场环境之下,各国政府根据不同的社会契约理念,组建规范市场经济活动的上层建筑。根据古典微观经济学原理,市场是由某种物品或劳务的买卖双方组成的一个群体,通过"看不见的手"的调整,市场主体的利己行为最终会促进总体的经济福利。但是,这并不意味着市场不需要政府就可以存续或平稳运行。在如下两种情况下,需要政府权力的介入:[②]

(1) 政府制定和实施规则,维持着对市场经济至关重要的基本制度,只有如此,市场这只"看不见的手"才能施展其魔力。此类与市场存续和运行有关的规则通常被称为背景规则,包括产权规则、契约规则、侵权规则等。

(2) 政府制定和实施规则,干预市场经济活动,改变市场主体选择的资源配置方式,从而促进市场效率或实现社会公平。此类改善市场运行结果、实现具体政策目标的规则通常被称为前景规则,包括限制市场势力的竞争规则、针对外部性的环境规则等。

问题在于,政府具有维持市场运行和改善市场结果的潜能,并不意味着它总能做到这一点。如果政府在整个规制阶段仅仅引入独立于后果分析的义务和责任作为规制工具,而不评估相关规制的效果,则不仅无助于维持市场运行、提升市场效率、维护社会公共利益,还可能事与愿违,摧毁上层建筑得以立基的经济基础。[③] 基于目的合理性原则,当前,国内规制理论倾向于在"目的—手段"的框架下,从福利主义角度引入成本收益分析(CBA),来评估一项规制政策的合理性。[④] 但是,对于人们的道德诉求或承诺是否可以货币

[①] See OECD, Regulatory Effectiveness in the Era of Digitalization, June 2019, https://www.oecd.org/gov/regulatory-policy/Regulatory-effectiveness-in-the-era-of-digitalisation.pdf.

[②] 参见〔美〕曼昆:《经济学原理(微观经济学分册)》,梁小民、梁砾译,北京大学出版社 2012 年版,第 12、69 页。

[③] 法律规制并不排除通过平衡标准确定当事人之间的是非曲直。但是,平衡标准往往与法官和法律学说有关。成本收益分析一般同管理机关和政策制定者联系在一起。整个规制过程缺少不了管理机关和政策制定者为达成某一政策目标,通过成本收益分析确定合理的规制手段这一过程,也缺少不了当事人基于权利和义务,挑战规制的合法性与合理性。相关概念辨析,可参见〔美〕劳伦斯·索伦:《法理词汇:法学院学生的工具箱》,王凌皞译,中国政法大学出版社 2010 年版,第 136 页。

[④] See Robert Baldwin, Martin Cave and Martin Lodge, Understanding Regulation: Theory, Strategy, and Practice, 2nd ed., Oxford University Press, 2012, p.316.

化,以及如何货币化,理论界和实务界一直存在激烈争议。[1] 成本收益分析的预期作用还有可能因为如下三个方面的限制而被钝化:[2]

(1) 尽管可通过支付意愿(willingness-to-pay)来货币化人们道德承诺的价值,但是成本收益分析中的净收益和净成本极有可能低估或夸大相关规制之于人们生活的实际影响。毕竟,人们对于道德承诺的支付意愿可能是不充分信息或行为偏见的产物。[3]

(2) 某些规制后果难以转化为金钱等价物。究其原因,一是缺乏足够信息来量化规制后果;二是即使规制者可以获得信息,也很难利用货币化方式将之完全表达出来。[4] 比如,某项规制可能会向社会中的困难人群倾斜,符合人们关于分配正义的观念。问题是,如何将分配正义货币化?[5]

(3) 金钱的递减边际效用十分明显,富人和穷人对于同一事物的支付意愿可能存在巨大差异,如依成本收益分析决策,最终结果会系统性地偏向富裕阶层。[6] 如果采取加权方法平衡支付意愿,则会陷入主观臆断。

如果将政府规制的范围从国内市场扩大到全球化市场,则上述三个方面的限制更为明显。如美国政府利用权威文件和长期内部实践机构将诸多抽象价值货币化,而甚少受到政治因素的影响。如果要调整体现在此类文件和实践中的实质性判断,则必须动用复杂和冗长的程序,动员相关官员乃至民众达成共识。这一做法虽然有"商谈治理"之表象,但实际上相当于强化了现状偏见(status quo bias)。[7] 当美国政府将其权威文件和内部实践中的指标适用到全球化市场进行规制时,必然会涉及诸多问题,如外国当事人的支付

---

[1] See Amartya Kumar Sen, The Discipline of Cost-Benefit Analysis, 29 J. Legal Stud. 931, 932 (2000).

[2] See Cass R. Sunstein, Incommensurability and Valuation in Law, 92 Mich. L. Rev. 779, 841 (1994).

[3] See John Bronsteen, Christopher Buccafusco and Jonathan S. Masur, Well-Being Analysis vs. Cost-Benefit Analysis, 62 Duke L. J. 1603, 1619-1620 (2013).

[4] See John C. Coates IV, Cost-Benefit Analysis of Financial Regulation: Case Studies and Implications, 124 Yale Law Journal 882, 893-895 (2015).

[5] 凯斯·R.桑斯坦(Cass R. Sunstein)认为,分配效应足以"证成"(justify)一项表面上并不满足成本收益分析的规制政策。See Cass R. Sunstein, The Real World of Cost-Benefit Analysis: Thirty-Six Questions (and Almost as Many Answers), 114 Colum. L. Rev. 167, 198 (2014).

[6] See Eric A. Posner and Cass R. Sunstein, Moral Commitments in Cost-Benefit Analysis, 103 Va. L. Rev. 1809, 1825 (2017).

[7] See Cass R. Sunstein, The Real World of Cost-Benefit Analysis: Thirty-Six Questions (and Almost as Many Answers), 114 Colum. L. Rev. 167, 202-203 (2014); Hugh Baxter, Habermas's Discourse Theory of Law and Democracy, 50 Buff. L. Rev. 205, 273-75 (2002).

意愿是否等同于美国当事人的支付意愿、外国当事人所珍视的道德承诺是否应给予类似的货币化赋值、美国与外国发达程度不同是否会影响到当事人的支付意愿。更为复杂的情况是，如果另外一个国家也有一套成本收益分析体系，且该体系与美国体系存在差别，则如何确定规制合理性？在此，规制的地方化与市场的全球化之间的矛盾彰显无遗。

（三）市场规制的正当性

市场规制的正当性关注的是规制者是否对市场参与者拥有"统治的权利"(the Right to Rule)，该讨论旨在证成规制者具有合法的权威。与"统治的权力"(the Power to Rule)不同，"统治的权利"是一个规范性概念，所要探究的是为何被规制者在元规范的道德层面，应当接受规制者的统治。

如果将语境限定为封闭的国内市场，则相关问题就转化为，为何市场主体应当承认政府的规制权？从政治哲学的角度而言，这是一个社会契约问题，其用以说明，人类社会为何会从每个人都有统治权利的自然状态，进入到国家独占统治权利的文明状态。根据各种版本的社会契约论，不管一国政府采取何种统治形式——君主制、贵族制或民主制，其统治权的合法性最终都来自人民。[1] 以霍布斯版本的社会契约论为例，基于人性和"己所不欲勿施于人"的自然法，如果要建立和平的环境，只有一条道路——把大家所有的权力和力量托付给某一个人或一个集体，从而形成一个独立的人格。"其方式就好像是人人都向每一个其他的人说：我承认这个人或这个集体，并放弃我管理自己的权利，把它授予这人或这个集体，但条件是你也把自己的权利拿出来授予他，并以同样的方式承认他的一切行为。"[2] 该独立人格就是人人相互订立信约而形成的国家——利维坦。作为"人"的国家，其唯一合法的义务归根到底是自己给自己设定的义务，它的意志代表了所有子民的意志，它的立法即子民自己的立法。由此，根据该社会契约建立的国家拥有权利进行统治，并基于该抽象权利衍生出市场规制的具体权力。

基于"人民让渡权利—国家获得统治权利（力）—政府行使市场规制权"的清晰逻辑，当代主流哲学观点将国家规制的正当性分解为如下六个要素：[3]

---

[1] 参见〔美〕列奥·施特劳斯、约瑟芬·克罗波西：《政治哲学史》（第三版），李洪润等译，法律出版社2009年版，第408、501、570页。

[2] 〔英〕霍布斯：《利维坦》，黎思复、黎延弼译，商务印书馆1985年版，第131—132页。

[3] See Allen E. Buchanan, The Legitimacy of International Law, in Samantha Besson and John Tasioulas (eds.), The Philosophy of International Law, Oxford University Press, 2010, p. 79.

(1) 规制者发挥治理功能,包括发布规则和为便利遵守而附加成本或收益,可获得道德证成;

(2) 规制者通过强制手段确保规则得以遵守,可获得道德证成;

(3) 就所规制领域中的行为事项,只有规制者才能发挥治理功能,可获得道德证成;

(4) 就其管辖领域,规制者通过强制手段,阻止第三方从事治理行为,可获得道德证成;

(5) 对被规制者而言,存在独立于规制内容的道德义务,以遵守规制规则;

(6) 对于被规制者而言,存在不得干涉规制者采取行动确保其规则得到遵守的义务。

问题在于,一旦主权国家对全球化市场行使规制权,则很难依据上述理论证明国家市场规制权的正当性。因为,主权国家难以基于社会契约理论证明,就全球化市场,只有本国规制者才能发挥治理功能,其他国家规制者无权置喙。[1] 同时,主权国家也很难主张,对于全球被规制者而言,存在独立于规制内容的道德义务,以遵守本国的规制要求。本质上,这是一个在经济全球化、国家自主与大众民主之间难以三全的难题。如果我们想要进一步的经济全球化,则必须在国家自主与民主政治之间作出选择;如果我们要进一步深化民主,就只能在国家自主与国际经济一体化之间作出选择;而如果我们希望国家更为自主,就必须在深化民主与进一步全球化之间作出选择。[2]

现实政治决定了,民主政治和国家自主的价值追求会成为压倒经济全球化的压力。无论是基于民众的选择,还是国家的意志,任何国家均会主张保全本国国家社会制度的权利,当该权利和世界经济一体化的要求发生冲突时,后者必须让步。[3] 这意味着,政府规制中的经济全球化是一个受国家主权

---

[1] See Jonathan R. Macey, Regulatory Globalization as a Response to Regulatory Competition, 52 Emory L. J. 1353, 1354 (2003).

[2] 参见〔美〕丹尼·罗德里克:《全球化的悖论》,廖丽华译,中国人民大学出版社 2011 年版,第 10 页。需要指出的是,对于"经济一体化""国家自主"和"民主政治",罗德里克没有进行清晰的界定。而这些词汇本身就是各类学术争议的焦点。如仅就民主政治而言,存在着自由主义民主政治、一致同意民主政治、慎议民主政治、平等民主政治、参与民主政治、多数决民主政治等说法。

[3] See Dani Rodrik, How Far Will International Economic Integration Go? 14 J. Eco. Perspective 177, 181-183 (2000).

意志约束的概念。从国家规制的角度理解经济全球化,有助于将经济一体化嵌入现实的国际政治体制之中。

第二节 数字经济的兴起

在数字技术的推动下,当前的经济全球化转型与数字经济的兴起密不可分。数字贸易是数字经济的重要组成部分之一,只有深切理解数字经济在当代勃兴的原因,才能准确界定数字贸易的形态及应对当前各类法律制度变革带来的冲击。[1]

一、何为数字经济

自 1996 年美国学者唐·泰普斯科特在(Don Tapscott)《数字经济:网络智能时代的前景与风险》[2]一书中首提"数字经济"一词以来,受技术及市场应用快速发展的影响,数字经济的定义屡经变迁。一些流行术语,如比特币、人工智能、云计算、物联网等轻易地就影响到现有的政策和学术研究。然而,这些概念并不能体现数字经济的全貌。[3] 20 世纪 90 年代晚期,学者主要从互联网应用及其经济影响等角度,分析与互联网使用直接相关的经济活动,将"数字经济"与"互联网经济"混用。21 世纪 00 年代中期,在互联网全面普及的情况下,相关讨论主要聚焦于互联网经济产生和发展的各类条件。及至 21 世纪 10 年代中后期,随着数据化(datafication)、数字化(digitalization)、虚拟化(virtualization)和生成性(generativity)等数字技术的逐渐成熟,数字经济依赖于网络互联以及数字平台间的相互操作,相关讨论聚焦于数字技术、技能、服务、产品在经济领域扩展的方式和路径。与之相关,"数字经济"的概念涉

---

[1] 比如,如何征税? [Arthur J. Cockfield, BEPS and Global Digital Taxation, 75 Tax Notes Int'l 933 (2014); Katherine E. Karnosh, The Application of International Tax Treaties to Digital Services Taxes, 21 Chi. J. Int'l L. 513]又如,如何保护劳动者权益? [Bernd Waas, Vera Pavlou and Elena Gramano, Digital Economy and the Law: Introduction to This Special Issue, 12 Work Org. Labour & Global 7, 7-11 (2018)]。

[2] 中文译著可参见〔美〕唐·泰普斯科特:《数据时代的经济学:对网络智能时代机遇和风险的再思考》,毕崇毅译,机械工业出版社 2016 年版。

[3] 参见王玉柱:《数字经济重塑全球经济格局——政策竞赛和规模经济驱动下的分化与整合》,载《国际展望》2018 年第 4 期,第 61 页。

及数字技术、数字应用和数字政策等方面。[1]

虽然数字技术一直处于演进状态之中,但其所支撑的数字经济三层结构基本未变。其中,核心层次包括由信息技术或通信信息技术部门构成的数字部门(digital sector)。通过半导体、处理器方面的基础创新,计算机和通信设备方面的核心技术,以及互联网和通信网络方面的赋能基础设施等,该部门为数字经济提供了基础性的产品和服务。中间层次包括由数字技术部门构成的数字经济(digital economy)。借助数字平台、移动应用和支付服务等核心数字技术,该部门为数字经济提供了关键性的产品和服务。外部层次包括由数字技术赋能部门(即数字化部门)构成的数字化经济(digitalized economy)。通过将数字技术应用于各经济领域,如金融、医疗、教育、交通娱乐等传统部门,实现整个经济领域的数字化。

2016年《二十国集团数字经济发展与合作倡议》正式提出数字经济的定义,即"以使用数字化的知识和信息作为关键生产要素、以现代信息网络作为重要载体、以信息通信技术的有效使用作为效率提升和经济结构优化的重要推动力的一系列经济活动"。该倡议还指出:"互联网、云计算、大数据、物联网、金融科技与其他新的数字技术应用于信息的采集、存储、分析和共享过程中,改变了社会互动方式。数字化、网络化、智能化的信息通信技术使现代经济活动更加灵活、敏捷、智慧。"[2]根据该定义,"数字化""网络化"和"智能化"构成数字经济的主要特征。

"数字化"指数据成为数字经济的生产要素。数字经济首先是数据经济,数字化的知识和信息构成数据,而数据是数字经济的第一要素。[3] 随着数字化形态成为人与人、人与物、物与物交互的主要形态,海量的主体数据、行为数据、交易数据、交往数据等被实时获取,此类数据被用来组织社会生产、销

---

[1] See UNCTAD, Digital Economy Report 2019: Value Creation and Capture, United Nations Publications, 2019, p. 4.

[2] 《二十国集团数字经济发展与合作倡议》,http://www.g20chn.org/hywj/dncgwj/201609/t20160920_3474.html。类似的定义还可参见2020年中国信息通信研究院发布的《中国数字经济发展白皮书》,该白皮书指出,数字经济是以数字化的知识和信息作为关键生产要素,以数字技术为核心驱动力量,以现代信息网络为重要载体,通过数字技术与实体经济深度融合,不断提高经济社会的数字化、网络化、智能化水平,加速重构经济发展与治理模式的新型经济形态。

[3] 《中共中央、国务院关于构建更加完善的要素市场化配置体制机制的意见》(2020年3月30日发布)第6点提出加快培育数据要素市场。

售、流通、消费、融资、投资等活动,数据越来越成为数字经济活动不可或缺的生产要素。

"网络化"指互联网成为数字经济的基础设施。数字经济是网络经济,现代信息网络主要体现为互联网(包括因特网、万维网)。作为"通用目的技术",数字技术对传统物理基础设施改造具有显著的渗透作用,互联网成为数字经济的基础载体。随着数据的采集、传输、处理、分析、利用、存储等成本大幅降低,原有生产、分配、流通、消费等生产模式发生了颠覆性变化。

"智能化"指人工智能被广泛应用于数字经济。数字经济是智能经济,数字技术降低了经济活动中的搜索成本、复制成本、运输成本、追踪成本和验证成本,[1]人工智能让数据处理能力得到指数级的增长,成为新一轮产业变革的核心驱动力。通过"人工智能+算法"的驱动,新一代人工智能塑造智能经济新形态,成为数字产业化和产业数字化的新引擎,并促使数字经济与传统经济深度融合。

表1-2　演进中的数字经济定义和概念[2]

来源	定义	焦点
泰普斯科特:《数字经济:网络智能时代的前景与风险》[3]	没有给出数字经济的定义,而是将数字经济时代称为"网络智能时代",指出数字经济不仅仅是"智能机器……技术的网络",还是"通过技术的人类的网络",将"智力、知识和创造力结合起来,以在财富创造和社会发展方面作出突破"	第一次提及"数字经济",利用数字经济解释新经济、新商业和新技术以及如何相互赋能
莱恩:《推进数字经济进入21世纪》[4]	"……互联网中计算和通信技术相结合,与之相关的信息流通以及激发所有电子商务和大量组织变化的技术等"	关注电子商务以及数字经济更为广泛的后果,如隐私、创新、标准和数字鸿沟等

---

[1] See Avi Goldfarb and Catherine Tucker, Digital Economics, 57 J. Eco. Literature 3, 3-5 (2019).

[2] See Rumana Bukht and Richard Heeks, Defining, Conceptualising and Measuring the Digital Economy, GDI Development Informatics Working Papers, No. 68 (2017), http://www.gdi.manchester.ac.uk/research/publications/working-papers/di/.

[3] See Don Tapscott, The Digital Economy: Promise and Peril in the Age of Networked Intelligence, McGraw-Hill, 1996.

[4] See Neal Lane, Advancing the Digital Economy into the 21st Century, 2 Inf. Sys. Frontiers 317 (1999).

（续表）

来源	定义	焦点
马格里奥等：《新兴数字经济》[①]	没有明确的数字经济定义，但界定了数字经济的主要形态："互联网的建立……商业中的电子商务……数字化交付货物和服务……有形货物的零售"	第一次清晰地界定了数字经济的分支，强调数字经济的基础而非经济本身
布林约尔松等：《理解数字经济：数据、工具和研究》[②]	"……最近实施的通过计算机激活的信息数字化，对所有经济部门的转化大部分尚未实现"；"……包括货物或服务的开发、生产、销售或供应等根本性地依赖于数字技术"	强调从宏观经济学、竞争、劳动、组织改变等多个角度，理解数字经济。将数字经济分为四个部分：高度数字化的货物或服务、混合数字化的货物或服务、货物生产的IT强化服务以及IT产业
梅森伯格：《测度数字经济》[③]	数字经济含有三个主要组成部分：一是电子商业基础设施，"全部经济基础设施的一部分，用于支持电子商务过程以及从事电子商务"；二是电子商业本身，即任何以计算机为中介的网络上商业组织行为；三是电子商务本身，即在以计算机为中介的网络上所销售货物和服务的价值	关注如何测量发展中的电子商业（e-business）和电子商务（e-commerce）现象
2010经济学人智库：《2010年数字经济排名》[④]	未明确界定数字经济，但在如下基础上给各经济体进行排名："一国ICT基础设施的质量，消费者、商业和政府使用ICT获益的能力"	强调数字经济的基础而非数字经济本身，关注互联网和技术基础设施，商业、社会、文化和法律环境、政府政策和远景、消费者和商业采用情况等

[①] See Lynn Margherio, Dave Henry, Sandra Cooke and Sabrina Montes, The Emerging Digital Economy, United States Department of Commerce, April 1998, https://www.commerce.gov/sites/default/files/migrated/reports/emergingdig_0.pdf.

[②] See Erik Brynjolfsson and Brian Kahin(eds.), Understanding the Digital Economy: Data, Tools, and Research, The MIT Press, 2002.

[③] See Thomas L. Mesenbourg and B. K. Atrostic, Measuring the U. S. Digital Economy: Theory and Practice (2001), https://2001.isiproceedings.org/pdf/1074.PDF.

[④] See Economist Intelligence Unit, Digital Economy Rankings 2010, http://graphics.eiu.com/upload/EIU_Digital_economy_rankings_2010_FINAL_WEB.pdf.

(续表)

来源	定义	焦点
OECD：《数字经济》[1]	"通过电子商务，基于数字技术，便利货物和服务贸易"	主要关注数字市场中的竞争和规制，还额外讨论了网络效应、相互操作性以及开放/封闭平台问题
G20：《二十国集团数字经济发展与合作倡议》[2]	"以使用数字化的知识和信息作为关键生产要素、以现代信息网络作为重要载体、以信息通信技术的有效使用作为效率提升和经济结构优化的重要推动力的一系列经济活动"	强调ICT的互联与智能可激发经济活动，关注包括跨国政策在内的数字经济优先政策
IMF：《测度数字经济》[3]	"数字部门涵盖数字化核心活动、ICT货物和服务、网上平台，以及平台赋能的活动，如分享经济等"	区分"数字部门"和"数字经济"

虽然2016年《二十国集团数字经济发展与合作倡议》对数字经济作出了界定，但该定义过于宽泛，很难被应用到经济统计之中。良好的统计对于充实、指导政策制定不可或缺，它有助于政策制定者作出精准的诊断、评估替代政策的潜在影响、监督政策进展以评估政策实施行为的效力和功效等。在2017年《G20数字经济部长宣言》中，二十国集团(G20)号召所有国际组织，包括IMF、国际电信联盟(ITU)、经济合作与发展组织(OECD)、联合国贸易和发展会议(UNCTAD)、世界银行(World Bank)以及WTO等，就推进数字经济统计进程持续努力，为增强理解数字经济之于整个经济的贡献提供重要的工具。[4]

上述呼吁很快得到回应。如2018年年初，一份提交给IMF执行理事会，题为"测度数字经济"的职员报告将数字经济中的数字部门界定为包括线上平台、平台赋能服务以及ICT产品和服务的供应等。其中，平台赋能服务包

---

[1] See OECD, The Digital Economy 2012, https://www.oecd.org/daf/competition/The-Digital-Economy-2012.pdf.

[2] 参见《二十国集团数字经济发展与合作倡议》, http://www.g20chn.org/hywj/dncgwj/201609/t20160920_3474.html。

[3] See IMF, Measuring the Digital Economy(2018), https://www.imf.org/en/Publications/Policy-Papers/Issues/2018/04/03/022818-measuring-the-digital-economy.

[4] See G20 Digital Economy Ministerial Declaration: Shaping Digitalisation for an Interconnected World, Düsseldorf, 7 April 2017, http://www.g20.utoronto.ca/2017/170407-digitalization.html.

括分享经济,其主要组成部分包括短期的点对点财产租赁、劳动服务、资金周转等。① 2018年8月,阿根廷峰会期间,G20提出了一份《用于测度数字经济的G20工具包》②,相关测度指标涉及基础设施、赋权社会③、创新和技术采用、工作和增长等四个主题。④

及至2020年,在统合以往工作的基础之上,OECD向G20数字工作特别小组(DETF)提交了一份《测度数字经济的共同框架路线图》的报告。报告将数字经济定义为所有依赖于数字投入或通过数字投入得以显著提升的经济活动,包括数字技术、数字基础设施、数字服务和数据。数字经济涉及所有的生产者和消费者,以及在其经济活动中利用数字投入的政府。该定义对应着四个层次的测度对象:数字经济的核心测度仅包括来自数字内容、ICT产品和服务生产者的经济活动;狭义测度除包括上述核心测度内容外,还包括依赖于数字投入的经济活动;广义测度除包括上述两个内容外,还包括利用数字投入显著提升的经济活动;最为广泛的测度还包括被排除在GDP生产范围之外的数字互动和活动,如免费数字服务等。⑤

经过2016年至2020年五年的发展,数字经济定义基本定型,而测度方法和技术的发展有助于各国政策制定者识别、分析和解决核心问题。这为在全球层面推进数字经济政策的协调和合作打下了良好的基础。

二、数字经济的技术基础

数字经济兴起根本上源于数字技术的变革,而促使数字经济扩张的驱动因素是数据数字化和算法智能化。作为通用技术,数字技术之于数字经济的

---

① See IMF, Measuring the Digital Economy (2018), https://www.imf.org/en/Publications/Policy-Papers/Issues/2018/04/03/022818-measuring-the-digital-economy.

② 根据阿根廷峰会《G20数字经济部长宣言》的描述,该份文件是在阿根廷峰会主席国和OECD的协调下,在ITU、UNCTAD、欧盟、世界银行、IMF、国际劳工组织(ILO)的支持下达成的。资料来源:http://www.g20.utoronto.ca/2018/2018-08-24-digital_ministerial_declaration_salta.pdf.

③ 赋权社会的英文为"empowering society",中文译名参考了张美慧:《国际新经济测度研究进展及对中国的借鉴》,载《经济学家》2017年第11期,第49页;徐清源、单志广、马潮江:《国内外数字经济测度指标体系研究综述》,载《调研世界》2018年第11期,第54页。

④ See G20, Tookit for Measuring the Digital Economy, G20 Argentina 2018, http://www.oecd.org/g20/summits/buenos-aires/G20-Toolkit-for-measuring-digital-economy.pdf.

⑤ See OECD, A Roadmap Toward a Common Framework for Measuring the Digital Economy, Report for the G20 Digital Economy Task Force, Saudi Arabia, 2020, http://www.oecd.org/sti/roadmap-toward-a-common-framework-for-measuring-the-digital-economy.pdf.

最重要贡献体现在动力而非效率方面,即除了提高生产力之外,数字技术还催生出大量新的行为和产品。相对于传统经济,数字经济下,互联网渗透到经济生活的各个方面,不同的思想和行为者之间可以不同形式实现更高层次的互联互通,并形成类型不同、范围巨大的新组合。[1]

早在1912年,熊彼特就在《经济发展理论》一书中提出了经济增长源于创新的理论。[2] 通过产品、生产过程、市场、供应来源及组织方面的组合,创新具有无限可能。熊彼特增长理论强调经济增长主要是通过水平创新和垂直创新两种模式来实现。"水平创新是指通过研发使得生产投入品的种类不断增加,这又进一步促进了专业化,进而促进了技术进步和经济增长。垂直创新是指通过研发使得产品质量不断提高,质量高的产品逐步将质量低的产品排挤出市场,进而推动技术进步。"[3]现实中,只有一小部分技术可能性被识别出来,且只有更小一部分被用于商业开发。为识别更多的技术可能性,有必要采取更多的实验。一旦技术可能性被转化为商业机会,就成为经济的构成要素。在此意义上,经济可被视为含有要素和联结的一套系统。通过识别现有的计划和发现新的机会,行为人和思想之间产生更大的联结,则可创造出更多的组合可能。各要素之间的关系发生改变或新的联结建立,技术革新就会发生。[4]

为理解技术创新系统,有学者指出,可从如下三个维度加以分析:一是认识维度,用于界定产生新的技术可能性的技术类别,识别相关系统的知识基础或"设计空间"(design space);二是组织和制度维度,用于把握从事技术创新的行为人网络如何互动;三是经济维度,包括行为人如何将技术可能性转化为商业机会。在上述三个维度下,技术可被理解为一套由补充性技术能力

---

[1] See Bo Carlsson, The Digital Economy: What Is New and What Is Not? 15 Str. Change & Eco. Dyn. 245, 246 (2004).

[2] 《经济发展理论》最早以德文版(*Theorie der wirtschaftlichen Entwicklung*)问世,1934年出版了英文版。两个版本之间略有不同。对此,熊彼特解释如下:"书籍,如同孩子,一旦离开父母,就变得独立。它们会拥有自己的生活,正如作者一样。"See J. A. Schumpeter, The Theory of Economic Development: An Inquiry into Profits, Capital, Credit, Interest and the Business Cycle, translated from the German by Redvers Opie, New Brunswick (U. S. A) and London (U. K.): Transaction Publishers, [1934] 2008:lxi-lxii. Cited from Alin Croitoru, A Review to a Book That Is 100 Years Old, 3 J. Comp. R. Anth. & Soc. 137 (2012).

[3] 严成樑、龚六堂:《熊彼特增长理论:一个文献综述》,载《经济学(季刊)》2009年第3期,第1165页。

[4] See J. Potts, The New Evolutionary Microeconomics: Complexity, Competence and Adaptive Behaviour, Edward Elgar, 2000, pp. 2-4.

所形成的组合型设计空间。一个设计空间代表着一小部分技术机会,是特定类型经济活动所需技术能力的集合体。[①] 在技术空间里,技术增长或积累的模式大致可以分为三类:通过增加新的技术能力,扩充技术空间;通过不同要素的共同演化,进一步整合和调整技术空间;通过与特定人工制品演化轨迹相关联的特定适用诀窍的积累,提升技术空间等。一般情况下,设计空间的密度越大,即认识维度、组织维度和经济维度的联系越是紧密,则将相关技术可能性转化为商业机会的概率就越高。

如果将设计空间的概念应用到涉及数字化和互联网的经济活动之中,可以发现,互联网相较于其他通信手段,更有利于连接个人、思想和知识。此前相互分离的行为通过互联网可实现更为紧密的联系、整合和重组,信息和技术更容易被搜索和积累,新的技术能力更有机会得以涌现。当前,以互联网为依托,较为成熟的数字技术包括:

(1)自动化与机器人。自动化与机器人技术多用于产业互联网的变革,构成先进制造业的一部分。[②] 其中,工业机器人已存在数十年,在数字技术的加持下,变得更为智能、机敏和灵活。除了高级机器人外,智慧工厂开始大量采用存货控制设备和自动驾驶工业车辆等降低生产成本、提高生产效率。通过图形识别和增强现实等技术的结合,远在异地的专家还可以实时指导现场操作人员,完成复杂程度高、组装步骤多的工作。随着机器人更加智能化,以客户需求为导向的非标准化智能机器人开始出现,进而与另一项数字技术——人工智能有重合的趋势。[③] 对传统企业来说,如何采用自动化与机器人等数字技术并通过技术赋能来完成传统产业的改造升级,生成具有竞争性的非个人数据并使之真正成为数字制造的关键原材料,关涉到企业的竞争力大小与企业存续。[④]

[①] See Rikard Stankiewicz, The Cognitive Dynamics of Biotechnology and the Evolution of Its Technological Systems, in Bo Carlsson (ed.), Technological Systems in the Bio Industries: An International Study, Springer, 2002, pp. 35-36.

[②] 此处的"先进制造业"主要从制造模式创新的角度加以界定。相关理论争议,可参见黄烨菁:《何为"先进制造业"?——对一个模糊概念的学术梳理》,载《学术月刊》2010年第7期,第88页。

[③] 参见李舒沁、王灏晨、汪寿阳:《人工智能背景下工业机器人发展水平综合动态评价研究——以制造业为例》,载《系统工程理论与实践》2020年第11期,第2959页。

[④] See Christiane Wendehorst, Of Elephants in the Room and Paper Tigers: How to Reconcile Data Protection and the Data Economy, in S. Lohsse, R. Schulze and D. Staudenmayer (eds.), Trading Data in the Digital Economy: Legal Concepts and Tools, Hart Publishing, 2017, pp. 332-333.

(2)物联网。物联网是一个通过各类可感知和接触物理世界的设备获取数据,并由数据驱动的应用和服务生态系统。[①] 根据功能的不同,物联网系统通常被分为三个层次——感知层、网络层、应用层。[②] 感知层和网络层是物联网发展和应用的基础与可靠保证。目前,低成本的传感器技术被广泛地适用于生产和生活之中。生产方面,除机器人和生产设备外,传感器还被植入可穿戴设备、工业车辆、建筑和管道之中。生活方面,除智能手机外,传感器还被广泛应用在卫生与健康设备、汽车、家庭和电力等领域。[③] 由于数据可通过多来源和多节点被实时收集,这就成功地为人工智能和大数据分析提供了优良素材。不仅如此,持续进行的数字化和互联网进程将数据收集工作扩展到工业和市民社会的每一个角落。除生产领域,电表、监视器、客服服务、在线活动中的鼠标点击流、销售点记录、客户评价、语音指示等消费领域的物联网技术源源不断地为商家提供数据。应用层是物联网发展的目的与重点。通过收集数据,平台所有者对于消费者关心什么、购买什么、使用什么和需要什么有了较为准确的认识,这就为商家在合适的时机和地点推出合适的产品提供了宝贵的信息。

(3)云计算。云计算是一种模型,它支持对可配置计算资源(如网络、服务器、存储、应用程序和服务)的共享池进行无处不在的、方便的、按需的网络访问。[④] 将应用软件安装在"云"端,数据存储在"云"端,用户通过连接"云"端

[①] See OECD, The Internet of Things: Seizing the Benefits and Addressing the Challenges, OECD Digital Economy Papers, No. 252, OECD Publishing, DSTI/ICCP/CISP(2015)3/FINAL, 24 May 2016, https://www.oecd.org/officialdocuments/publicdisplaydocumentpdf/? cote = DSTI/ICCP/CISP(2015)3/FINAL&docLanguage=En.

[②] 感知层的主要功能是全面感知,即利用 RFID、传感器、二维码等随时随地获取物体的信息。网络层的主要功能是实现感知数据和控制信息的双向传递,通过各种电信网络与互联网的融合,将物体的信息实时准确地传递出去。应用层主要是利用经过分析处理的感知数据,为用户提供丰富的特定服务。应用层是物联网发展的目的,软件开发、智能控制技术将会为用户提供丰富多彩的物联网应用。参见李航、陈后金:《物联网的关键技术及其应用前景》,载《中国科技论坛》2011 年第 1 期,第 82 页。

[③] See Scott R. Peppet, Regulating the Internet of Things: First Steps Toward Managing Discrimination, Privacy, Security, and Consent, 93 Tex L. Rev. 85, 86 (2014).

[④] See OECD, Cloud Computing: The Concept, Impacts and the Role of Government Policy, OECD Digital Economy Papers, No. 240, OECD Publishing, 19 August 2014, http://dx.doi.org/10.1787/5jxzf4lcc7f5-en.

进行远程计算、处理数据,将结果显示在客户端,这样的计算模式就是云计算。① 通过互联网和其他数字化网络,云计算用户可根据需要,使用规模巨大且灵活便利的数据池与计算能力。② 与20世纪70年代的技术不同,远程计算和数据存储无须集中在企业主机之内,而是分散于互联网之上,任何获得授权的用户均可访问并使用。在操作端,用户无须下载和安装程序,可直接通过网页浏览器进行软件操作和数据存储。通过向云计算服务商购买或租借存储空间、应用和平台等,软件的性质开始发生转变,即从作为需要物理购买或下载的产品,转化为作为服务的软件(SaaS)、作为服务的平台(PaaS)和作为服务的基础设施(IaaS)。③ 只要能够联网,相关软件就可以被使用且随时更新。同样的,数据存储也从传统的设备存储和私人网络存储转化为可随时联网读取的云存储。

(4)大数据分析。在信息科学中,"数据—信息—知识"存在着层层递进关系:数据指源于不同行为和输入、未经过滤的符号或信号;通过不同类型的转化(如过滤、集合和归类),数据可被转变为信息;信息可被用来支持人们的经验、技巧或思维模式,从而有助于知识的形成。④ 大数据分析是将先进的分析技术应用于大数据集上的行为,缩短了"数据—信息—知识"的转化环节。其中,先进的分析技术包括不同类型分析工具的组合,涉及结构化查询语言、预测性分析、数据挖掘、统计分析、事实集群、数据可视化、人工智能、自然语

---

① 目前主流厂商的云计算理念不一样,对云计算的理解不尽相同,如谷歌(Google)的云计算以互联网为中心,旨在提供安全、快速、便捷的数据存储和网络计算服务,让互联网成为每一个用户的数据中心和计算中心。国际商业机器公司(IBM)的云计算利用网格分布式计算处理的能力,将IT资源构筑成一个资源池,使用服务器虚拟化、存储虚拟化技术,用户可实时地监控和调配资源。微软(Microsoft)的云计算将各种应用分布在全球的数据中心,这些应用可以根据需要,被动态地分配到客户端。参见黎春兰、邓仲华:《论云计算的价值》,载《图书与情报》2009年第4期,第42—43页。

② See NIST, The NIST Definition of Cloud Computing (2011), http://csrc.nist.gov/publications/nistpubs/800-145/SP800-145.pdf.

③ See Michael Armbrust, Armando Fox, Rean Griffith, Anthony D. Joseph, Randy H. Katz, Andrew Konwinski, Gunho Lee, David A. Patterson, Ariel Rabkin, Ion Stoica and Matei Zaharia, Above the Clouds: A Berkeley View of Cloud Computing, UC Berkeley Reliable Adaptive Distributed (RAD) Systems Laboratory, Berkeley, February 10, 2009, http://www.eecs.berkeley.edu/Pubs/TechRpts/2009/EECS-2009-28.pdf.

④ See Thomas H. Davenport and Laurence Prusak, Working Knowledge: How Organizations Manage What They Know, Ubiquity, August 2000, https://doi.org/10.1145/347634.348775.

言处理、文本分析等,用于发现和探究数据中隐藏的模式或锁定特定的内容等。① 大数据不仅仅指数据量巨大,还指相关数据具有多样性和实时流动性,即在数量(volume)、种类(variety)和速度(velocity)方面均有大的特征。数据规模越大,处理的难度也越大,但对其进行挖掘可能得到的价值更大。② 在大数据分析的语境下,云不仅是存储数据和运行程序的地方,物联网也不再局限于持续不断地收集数据,当事人可以充分利用分析技术,挖掘现有数据,实现数据驱动决策。

(5)人工智能。在很长一段时间里,机器使用语言,构成抽象的概念,解决人类当前问题并改善自己,这种场景被视为科幻世界的一部分。③ 与之相关的人工智能大致分为两类定义:一类定义强调"人工",认为只要机器拥有重复人类思维外在表现行为的能力,通过"图灵测试",即为人工智能;④另一类定义强调"智能",认为还可能存在着不模仿人类,但同时也能完成相关行为的机器,该机器同样应被视为人工智能。⑤ 就前者,有理论认为,人类认知分为神经、心理、语言、思维、文化等五个层次,它们是人类心智进化各阶段在人的脑与认知系统中保有的能力和智能方式。五个层级的人类心智和认知也就是五个层级的人类智能。在高阶认知——语言、思维和文化层级上,目前人工智能远逊于人类智能。⑥ 就后者,有理论将机器决策分为基于规则的决策和机器学习两种。⑦ 只要大数据分析能够实现对数据源的深入理解,那么机器就可以在自动化和规模化的基础上作出预测、判断和决策。可以说,人工智能是当代数字技术的集大成者。借助物联网技术,遍布各处的传感器

---

① 参见曾忠禄:《大数据分析:方向、方法与工具》,载《情报理论与实践》2017年第1期,第5页。
② 参见邬贺铨:《大数据时代的机遇与挑战》,载《求是》2013年第4期,第47页。
③ See J. McCarthy, M. L. Minsky, N. Rochester and C. E. Shannon, A Proposal for the Dartmouth Summer Research Project on Artificial Intelligence. 31 August 1955,http://wwwformal.stanford.edu/jmc/history/dartmouth/dartmouth.html.
④ See A. M. Turing, Computing Machinery and Intelligence,59 Mind 433,433-436 (1950);〔美〕约翰·马尔科夫:《人工智能简史》,郭雪译,浙江人民出版社2017年版,第328页。
⑤ See John McCarthy, What Is Artificial Intelligence? Revised 12 November 2007, http://www-formal.stanford.edu/jmc/whatisai/;贾开、蒋余浩:《人工智能治理的三个基本问题:技术逻辑、风险挑战与公共政策选择》,载《中国行政管理》2017年第10期,第41页。
⑥ 参见蔡曙山、薛小迪:《人工智能与人类智能——从认知科学五个层级的理论看人机大战》,载《北京大学学报(哲学社会科学版)》2016年第4期,第153页。
⑦ See Andrew McAfee and Erik Brynjolfsson, Machine, Platform, Crowd: Harnessing Our Digital Future, W. W. Norton & Company, 2017.

可源源不断地为人工智能提供实时、巨量和多样化数据,云计算和大数据分析为人工智能提供了人类无可比拟的数据存储和数据分析能力,通过持续不断的机器学习,在较低认知层次,人工智能实现对人类智能的超越并非不可能。①

总体而言,依托相对成熟的互联网,利用自动化、物联网、云计算、大数据分析、人工智能,以及逐渐成熟的区块链、虚拟现实和增强现实等关键数字技术,行为主体所面对的事件、对象及成因均可被转化为数字化数据,与之相关的经济选择行为随之进入以推荐、排名和匹配为主要表现形态的"算法时代"。② 借助上述数字技术,数字经济可显著降低五类成本:搜索成本(search costs)、复制成本(replication costs)、运输成本(transportation costs)、跟踪成本(tracking costs)以及验证成本(verification costs)。在数字环境中,搜索成本更低则可扩大搜索的潜在范围,提升搜索质量;复制成本几乎为零,意味着数字产品之间通常体现为非对抗性关系;运输成本接近于零,地理距离远近变化将不再是数字产品与信息传输的主要障碍;跟踪成本降低则使得大规模追踪具体对象的行为变得可行;数字验证成本降低则使得验证个人、企业、组织的声誉和可信度变得更简单。③ 在数据数字化和算法智能化的双重加持下,数字经济逐渐成为现代经济发展的主要形态。

三、数字经济的平台载体

在数字经济时代,经济活动的载体也在发生变化。互联网特有的分层端对端(layered end-to-end)网络结构营造出一个开放式的生态体系,可使相关创新发生在用户界面层,而不受互联网物理构架如电缆和传输通道等的干扰。互联网平台还有显著网络效应,即增加新的用户,平台的边际成本几乎为零,但用户本身、其他用户以及整个平台可享受相关收益。该种无须许可

---

① 2019年日本茨城县筑波市G20峰会通过《关于贸易和数字经济部长声明》,提出"以人为本的人工智能"理念,并以OECD关于人工智能的建议为参考,制定了G20人工智能原则,包括"包容性增长、可持续性发展和福祉""以人为本的价值观和公平""透明度和可解释性""稳健性、安全性和保障性""可归责性"等原则。资料来源:https://www.mofa.go.jp/files/000486596.pdf.
② 参见易宪容、陈颖颖、于伟:《平台经济的实质及运作机制研究》,载《江苏社会科学》2020年第6期,第74页。
③ See Avi Goldfarb and Catherine Tucker, Digital Economics, 57 J. Eco. Literature 3, 3-4 (2019).

的创新机制以及网络效应不仅未能促进市场去中介化,反而催生了新的中介——数字平台。① 作为新的交易模式和资源配置方式,结合数据和算法的数字平台不仅是一种由数字技术加持的新商业模式、新社会技术和新基础设施形态,还是数字经济最为核心的组织形式。②

数字技术的复杂程度和快速发展决定了,没有一家公司能够完全掌握、控制或拥有数字平台的基础设施和关键要素。随着时间的推移和竞争的加剧,基于法律上和事实上的标准,信息技术会沿着嵌套的模块化和平台化路径发展。根据其功能,相关平台大致可以分为三个层次:(1) 由独立的功能性因素构成的技术平台;(2) 由各类工具、硬件系统以及软件环境构成的核心平台;(3) 开发者开发的用于市场交易或社交活动的最终用户平台。鉴于模块系统要素可在无须重新设计整个系统的情况下被改进和升级,理论上,整个数字平台生态系统在发展的深度和复杂性方面不存在外部限度。比如,在每个层次的平台上,存在着大量的第三方开发者,它们提供相关产品和服务,使平台更能满足用户和市场的需求,增加了平台的整体价值,形成非常明显的网络效应,进而吸引更多的第三方开发者加入平台。③ 实践中,受市场需求、国家规制要求以及知识产权地域性等因素的影响,一些最终用户平台在采用共同基础性平台的同时,会限制本平台的运行范围。如一些搜索引擎平台、社交平台、流媒体平台等会采取区域化或国别化运行的策略,稳步推行平台的国际化进程。

值得注意的是,数字经济中,旨在为最终用户提供服务的数字平台不再是相关企业进入市场或扩展市场的工具,平台本身就是自成一体的双边或多边市场。与虚构的"市场"不同,数字平台既是基于软件的媒体,还是负责控制、相互影响和积累的治理系统。④ 此类数字平台通常采取独立的法律实体

---

① See Elettra Bietti and Roxana Vatanparast, Data Waste, 61 Harv. Int'l L. J. Frontiers 1, 7 (2000).

② See Julie E. Cohen, Law for the Platform Economy, 51 U.C. of Davis L. Rev. 133, 135 (2017).

③ 与此相关,市场上一直存在着所谓的"平台之争",如操作系统上有 PC 和 Mac、Apple 的 iOS 和 Google 的 Android,搜索引擎上有 Google 和 Yahoo 等。同时,平台与依托平台的开发者之间形成了相爱相杀的关系(lover-hate relationship)。See David Tilson, Kalle Lyytinen and Carsten Sørensen, Digital Infrastructures: The Missing Is Research Agenda, 21 Inf. Sys. Research 748, 755 (2010).

④ See Jonas Andersson Schwarz, Platform Logic: An Interdisciplinary Approach to the Platform-Based Economy, 9 Policy & Internet 374, 394 (2017).

形式,通过技术协议和集中控制来界定网络空间。在平台所建构的网络空间中,用户可以从事类型不一的活动,创造性地开发相对独立的次级空间。[①] 作为一种新的商业模式和组织形态,最终用户平台深刻地影响到货物和服务的消费方式、工作、金融、信息传输、娱乐、社会交往等社会经济生活的方方面面。这不仅体现为 19 世纪被市场所商品化的劳动力、土地和货币等工业生产要素,[②]在 21 世纪初又被平台数字化,还体现在数字平台将其数字化触角延伸到人们生活的各个方面。围绕着手机等移动设备,特别是以其中的应用程序为核心所建构起来的通信网络,因其能最直接地获得个人数据,而逐渐转型为全天候的"传感网络",持续不断地为各类平台提供数据。在数字平台的持续冲击下,与工业社会相适应的、以地域为基础的传统团体生活方式愈来愈有分崩离析的迹象。

与传统市场类似,最终用户数字平台发挥着为参与各方提供交流和交易空间的职能。有所不同的是,通过数字技术,数字平台既扩展了潜在交易方相互接触和选择的范围,加深了交流的深度,又提升了最终用户的可辨认度,便于推销货物和服务的商家直接锁定客户。为提升平台用户间供求关系的匹配度,降低交易成本,数字平台在如下两个方面有所创新:

一是利用数字技术增强平台用户的可识别度,提升匹配的准确性。数字平台综合利用各类数字技术,如借助物联网和大数据分析,实时追踪、收集、归类、甄别、转化和分析客户数据;利用人工智能不断强化的机器学习能力,提升平台辨别和确定客户行为模式的能力,并根据最新数据实现动态调整,增强客户画像的精确程度。随着平台用户可识别度的增加,相关货物或服务的提供者能更加精准地锁定客户,用户之间也可形成一个"没有中间商赚差价"、相对微观的直接交易市场。[③]

二是利用数字技术增强平台网络效应,扩大匹配的范围。数字平台进行有效匹配的前提是存在足够数量的平台用户。为使基础客户群达到关键规

---

① See Jonathan L. Zittrain, The Generative Internet,119 Har. L. Rev. 1974, 1975 (2006); Yochai Benkler, From Consumers to Users: Shifting the Deeper Structures of Regulation Toward Sustainable Commons and User Access, 52 Fed. Comm. L. J. 561, 565-567 (2000).

② 参见〔英〕卡尔·波兰尼:《巨变:当代政治与经济的起源》,黄树民译,社会科学文献出版社 2017 年版,第 128 页。

③ See Umair Haque, To Manage a Platform, Think of It as a Micromarket, Harv. Bus. Rev., 13 April 2016, https://hbr.org/2016/04/to-manage-a-platform-think-of-it-as-a-micromarket.

模,平台协议不仅降低进入障碍,还增加用户黏性和网络效应,进而实现"赢者通吃"。[①] 平台各参与人,如电子商务平台上的买方、卖方以及广告商,社交媒体平台上的最终用户、专业内容提供者以及广告商等既是平台的用户,也是平台资源的建构者,其参与行为构成平台"投入",为其他平台参与人创造了价值。[②] 正是通过平台的便利功能和规训功能,用户之间得以形成一个共生共荣的网络世界。借助平台网络效应,用户选择的范围会更广、匹配也会更为精准。

数字平台在数字经济中的核心地位反过来强化了数据、算能和算法等数字技术的重要性。在诸多构建数字经济的技术中,物联网、区块链技术关注的是数字经济中网络的部分,涉及如何塑造数字经济的虚拟空间等问题;云计算、人工智能、大数据等技术,更多的是从"能量"的角度推动数字经济的发展,因为数字经济的底层能源是数据。通过物联网,大量数据被源源不断地收集;通过存储在云端,被收集的数据成为大数据池;通过大数据分析,相关数据被深度挖掘和重点分析,相互关联的行为模式得以浮出水面;通过人工智能特别是机器学习自动决策,相关平台系统得以不断升级和进化。

数据和算法间显著的正相关关系也给平台竞争增加了新的压力。一方面,除非外部环境能够持续不断地向数字平台所建构起来的生态体系供应大量数据,否则相关数字平台会因为缺少足够数量、类型和及时的数据而萎缩乃至灭亡。另一方面,除非算法具有相对比较优势,否则进入门槛相对较低的平台经济极有可能丧失其规模优势,导致数据资源枯竭。正是因为如此,即便过了创业阶段,运营数字平台的企业仍然会将做大规模作为经营第一要素,并持续更新算法,保持相对竞争优势。[③] 与传统企业不同,借助互联网的低成本优势,通过并购、模仿和投入等商业行为,数字平台企业有着更为强烈的动机将其业务扩展至全球。

---

① 数字平台企业家倾向于相信,如果他们拥有先发优势,他们可以创设新的平台运行管理机制,进而改变现有法律。"不要问允不允许,要请求宽恕"(Ask forgiveness, not permission),成为硅谷流行语。See M. Kenney and J. Zysman, The Rise of the Platform Economy, 32 Issues in Science and Technology 61, 67 (2016).

② See Lina M. Khan, Amazon's Antitrust Paradox, 126 Yale L. J. 564, 566-570 (2017); Elettra Bietti, Consent as a Free Pass: Platform Power and the Limits of the Informational Turn, 40 Pace L. Rev. 310, 386 (2020).

③ See Lina M. Khan, Amazon's Antitrust Paradox, 126 Yale L. J. 564, 566-567 (2017).

第三节　数字贸易的发展

数字贸易是全球化和数字化发展到一定时期而产生的新型贸易模式。[①]如上所述,根据生产要素在空间上的捆绑程度,数字贸易是第三次"松绑"的产物。[②] 数字化技术改变着贸易的方式和对象,无形的数字服务和数据流动在贸易中占据越来越重要的地位。服务提供和数据流动均与一国法律密切相关,涉及复杂的数据安全、个人信息、个人隐私等法律问题,相对于传统贸易,数字贸易更容易受到国家规制措施和政策的影响。

一、数字贸易的概念

与全球化和数字经济类似,数字贸易也没有一个公认的定义。究其原因,一是数字贸易仍然处于快速发展阶段,新的数字化产品和服务类型层出不穷,远未到达可以作出精准描述的阶段。二是出于不同的目标,基于不同的语境,数字贸易概念也会呈现不同的状态。为寻求最基本的社会共识,有必要从现有权威机构给出的定义出发,界定数字贸易的范围。

数字贸易的兴起源于数字经济,是数字经济发展到一定阶段的产物。在其发展早期,数字贸易与电子商务并不严格区分。[③] 如 OECD 早在 1997 年就对电子商务作出了明确界定,但迟至 2017 年才明确数字贸易的概念。而从 1998 年以来,WTO 一直沿用"电子商务"这一概念。

早在 1998 年 5 月,WTO 第二届部长级会议认识到,全球电子商务正在蓬勃发展,给国际贸易带来新的机会,故通过了《全球电子商务宣言》[④],呼吁总理事会建立一个工作计划,审查所有与全球电子商务有关的贸易事项。为

---

① 参见陈维涛、朱柿颖:《数字贸易理论与规则研究进展》,载《经济学动态》2019 年第 9 期,第 114 页;Rolf T. Wigand, Electronic Commerce: Definition, Theory, and Context, 13 Inf. Soc. 1, 1-4 (1997).

② See Richard E. Baldwin, The Great Convergence: Information Technology and the New Globalization, Harvard University Press, 2016.

③ 参见李忠民、周维颖、田仲他:《数字贸易:发展态势、影响及对策》,载《国际经济评论》2014 年第 6 期,第 135 页;夏杰长:《数字贸易的缘起、国际经验与发展策略》,载《北京工商大学学报(社会科学版)》2018 年第 3 期,第 1 页。

④ Declaration on Global Electronic Commerce, WT/MIN(98)/DEC/2, 25 May 1998.

此，WTO秘书处专门准备了一份关于《WTO协定与电子商务》的说明①，供各成员方参考。1998年9月，总理事会通过《电子商务行动计划》②，将电子商务界定为，"通过电子手段生产、分配、营销、销售或交付货物和服务"，并指定四大机构——服务贸易理事会、货物贸易理事会、与贸易有关的知识产权（TRIPS）理事会以及贸易和发展委员会负责执行该行动计划。虽经多方努力，迄今为止，WTO成员未能就数字贸易或电子商务达成新的多边协定。③由于现有协定不能完全覆盖数字贸易和电子商务，因此诸多争议处于法律未明状态之中。

与WTO不同，OECD分别界定了电子商务和数字贸易。在1997年《测度电子商务》的文件中，④OECD将电子商务界定为：任何发生在公开网络（如互联网）上的商务交易，商业—商业（B2B）和商业—消费者（B2C）均包含在内。此外，为更好判断电子商务的经济影响，主要用于电子商务的互联网基础设施、硬件和软件以及新型的中介服务等内容也都纳入电子商务的概念范围之内。2000年，基于狭义和广义的通信基础设施定义，OECD成员将电子交易（electronic transaction）也区分为广义和狭义两类。但不论何种类型，决定相关交易是否属于互联网交易（通过互联网）或电子交易（通过计算机中介网络）的判断标准是发出订单或接收订单的方式，而非支付或交付的渠道。2001年，信息社会指标工作组（WPIIS）发布电子交易定义的解释指南，尽管在外延上有所差异，但上述关于电子交易或电子商务的定义均将线上达成销售货物或服务承诺视为构成电子商务的核心标志。⑤ 2009年，OECD将电子商务交易界定为：通过专门为接收或处理订单而设计的方法，在计算机网络上进行的货物或服务的销售或购买。货物或服务可通过该方法订购，但支付

---

① WTO Agreements and Electronic Commerce，WT/GC/W/90，14 July 1998.
② Work Programme on Electronic Commerce，WT/L/274，30 September 1998.
③ 1996年12月，在新加坡部长级会议上，29个成员签署《信息技术协定》（ITA），参与方承诺对ITA覆盖的产品完全免税。迄今为止，共有83个成员加入ITA，占全球信息技术产品的97%。2015年12月，在内罗毕部长级会议上，超过50个成员就ITA扩围达成一致，新的协定额外涵盖201类产品。
④ See OECD, Measuring Electronic Commerce, OECD Digital Economy Papers, No. 27, OECD Publishing, 1 January 1997, http://dx.doi.org/10.1787/237203566348.
⑤ See OECD, Measuring the Information Economy (2002), Annex 4：The OECD definitions of Internet and e-commerce transactions，http://www.oecd.org/sti/ieconomy/2771174.pdf.

和最终交付并不必然通过线上进行。① 一项电子商务交易可在企业、家庭、个人、政府和其他公共或私人组织之间进行。电子商务最核心的特征是接收和处理订单的方式,通过网络、外联网和电子数据交换进行的交易均被纳入电子商务范围,而通过电话、传真和手动输入电子邮件下达的订单则不包含在内。

OECD 关于电子商务的定义产生了广泛影响,成为世界主要国家或经济体制定本国统计标准的重要参考依据。如欧盟统计局将电子商务界定为:发生在商业、家庭、个人或私人机构之间的,利用互联网或其他计算机中介(线上交流)网络进行的货物或服务的销售或购买。该定义同样强调,货物或服务的订单应通过计算机网络进行,而支付或最终的交付可以采取线上或线下形式。② 美国人口普查局则指出,除那些在互联网上就销售价格和条件进行磋商的行为之外,利用移动设备、外联网、电子数据交换(EDI)网络、电子邮件以及其他类似网上系统进行的交易也可被视为电子商务。③ 就其核心标准,人口普查局同样强调订单应在线上操作,对于支付和交付则没有强制性要求。加拿大国家统计局将电子商务界定为通过互联网、外联网或 EDI 网络接收订单和作出购买承诺的货物和服务销售行为,而支付可以通过其他方式进行。④ 日本经济产业省参照 OECD 的狭义定义和广义定义法,将电子商务分为两类:狭义电子商务包括利用互联网从事的交易,广义电子商务则用计算机网络系统代替互联网。⑤

与仅强调订单应通过线上操作的 OECD 定义相比,WTO 关于电子商务的定义范围更大。仅以服务贸易为例,可被 WTO 纳入电子商务的服务贸易类型有:(1)提供互联网接入服务;(2)电子交付服务;(3)将互联网作

---

① See OECD, OECD Science, Technology and Industry Scoreboard 2011, OECD Publishing, pp. 184-185.
② See Eurostat, Glossary: E-Commerce (2017), https://ec.europa.eu/eurostat/statistics-explained/index.php/Glossary:E-commerce.
③ See US Census Bureau, E-Commerce Statistics (E-STATS) (2018), https://www.census.gov/programs-surveys/e-stats/about/faqs.html.
④ See Statistics Canada, Retail E-Commerce in Canada (2016), http://www.statcan.gc.ca/pub/11-621-m/11-621-m2016101-eng.htm.
⑤ See METI Japan, Results Compiled of the E-Commerce Market Survey, Press Release, http://www.meti.go.jp/english/press/2016/0614_02.html.

为分销服务的渠道,即网上购买货物或服务,以非电子方式线下交付给消费者。^① 其中,仅第三类服务贸易可被纳入 OECD 的电子商务概念之下,第一类和第二类服务仅在通过计算机网络订购的情况下才能被统计进来。受 WTO 关于电子商务定义的影响,众多区域贸易协定将电子传输,如数字交付服务等放置在电子商务章节处理。而该类服务恰恰被 OECD 的电子商务概念排除在外。[②]

从贸易政策的角度而言,OCED 电子商务概念较为狭窄,有待拓展,而 WTO 的电子商务概念过于宽泛,缺乏可操作性。在此背景下,数字贸易概念逐渐流行。2013 年,美国国际贸易委员会(USITC)将数字贸易从数字经济中分离出来,率先在全球发布首部数字贸易调查报告——《美国和全球经济中的数字贸易:第一部分》,将数字贸易界定为一种任何行业的公司"通过互联网交付的产品和服务",以及与之相关的产品,如智能手机和联网传感器。[③] 该概念将绝大多数通过网上订购的实物以及具有数字化对应物的实物,如纸质书、光盘(CDs)或数字化视频光盘(DVDs)等排除在外。2014 年,USITC 在《美国和全球经济中的数字贸易:第二部分》中将数字贸易的概念修正为:在订购、生产或交付货物和服务方面,互联网以及基于互联网的技术对其发挥特别重要作用的美国国内商业和国际贸易。[④] 2017 年,OECD 发布《数字贸易:开发一个分析框架》,从交易范围(where)、交易性质(how)、交易产品(what)和交易主体(who)四个维度,将数字贸易界定为数字经济赋能的货物贸易和服务贸易,可通过数字或实体交付,涉及消费者、公司和政府等参与方。[⑤] 就交易范围而言,数字贸易可分为一般数字贸易和非货币数字贸易两

---

① See WTO, Work Programme on Electronic Commerce, WT/L/274, Geneva (1998), https://www.wto.org/english/tratop_e/ecom_e/wkprog_e.htm.

② See José-Antonio Monteiro and Robert Teh, Provisions on Electronic Commerce in Regional Trade Agreements, WTO Staff Working Paper, No. ERSD2017-11 (2017), https://dx.doi.org/10.2139/ssrn.3005148.

③ See United Sates International Trade Commission, Digital Trade in the U. S. and Global Economies, Part 1 (2013), http://www.usitc.gov/publications/332/pub4415.pdf.

④ See United Sates International Trade Commission, Digital Trade in the U. S. and Global Economies, Part 2 (2014), http://www.usitc.gov/publications/332/pub4485.pdf.

⑤ See Javier López González and Marie-Agnès Jouanjean, Digital Trade: Developing a Framework for Analysis, OECD Trade Policy Papers, No. 205, OECD Publishing, 27 July 2017, http://dx.doi.org/10.1787/524c8c83-en.

类。前者可与当前较为成熟的国际贸易体制对接,后者涉及以数据为核心的交换、数字服务的对等交换以及基于区块链的通证经济模式等,通常被排除在贸易法的管辖范围之外。相对而言,OECD 的分析框架更为关注交易性质、交易产品和交易主体三个维度。

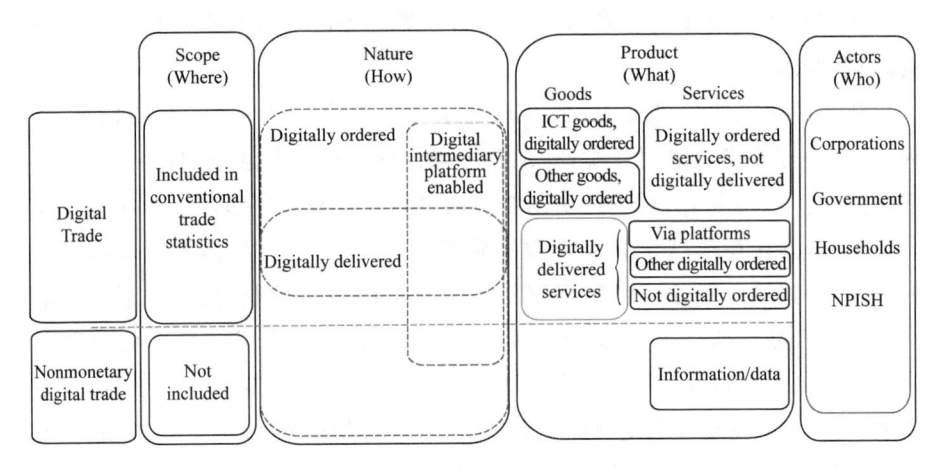

图 1-1　OECD 数字贸易定义

资料来源:OECD, Measuring the Digital Economy: Current work and Future Challenge, ECE/CES/BUR/2019/OCT/19, 27 September 2019。

首先,就交易性质而言,数字贸易采取数字化的方式,具体可分为数字订货、平台赋能和数字交付三类。其中,数字订货与电子交易有重合之处。如前所述,电子交易指通过计算机网络接收和处理订单,从事货物或服务买卖,其核心在于数字订货,而非数字支付或数字交付。当前,平台赋能逐渐成为数字贸易的主要方式,它们正在改变着国内层面和国际层面的经济与竞争场景。[1]而数字交付则指那些以可下载产品为交付标的的服务或数据流动,包括软件、电子书、数据和数据库服务等。数字交付新技术,如分布式记账或区块链的发展,促使国际合同更具透明度和可执行性,有利于价值转让,减少贸易中的"敲竹杠"现象,实现全球价值链(GVCs)中的及时交付。此外,增材制造或 3D 打印技术也在改变货物交付的方式,以及零部件供应链的结构和运作方式等。

---

[1]　See Lina M. Khan, The Separation of Platforms and Commerce, 119 Colum. L. Rev. 973, 976-977 (2019).

其次,就交易产品而言,新的技术和数字化催生了新的"信息产业",包括提供大数据分析、网络安全解决方案或跨境远程计算服务等。数字化也改变着现有服务行业的可贸易性。如城市交通服务具有很强的地域性,传统上不可贸易,数字化改变了此类服务交付的方式。随着服务嵌入货物、货物被用来提供服务的现象增加,货物与服务之间的界限也越来越模糊,信息和数据跨境交易在数字贸易中占有越来越重要的地位。数据流动不仅联系着商业、机器和个人,自身也产生收入流,并可促使新的、此前不能交易的货物和服务得以交付。与之相关,数据成为一种生产工具、可交易的资产,以及某些服务得以交易和GVCs得以组织的手段。在很多情况下,数据流动本身并不导致金钱方面的交易,但数据流动可构成其他交易的基础。如社交媒体平台Facebook或搜索引擎Google通常会向其用户提供"免费"服务,以换取用户提供的数据。表面上看,Facebook和Google与其用户之间并没有产生金钱方面的交易,自然也不会存在贸易行为,但是,这些平台企业所搜集的数据恰恰构成它们向广告商收取费用的基础。

最后,就交易主体而言,传统国际贸易通常发生在企业之间,或企业与政府之间,个人很少作为贸易主体参与跨境交易。随着数字技术的发展,特别是通过平台赋能,个人消费者可从外国提供者处购买货物或服务,诸多小型企业可以在海外销售其产品。随着新的交易者的加入,此前被视为国际贸易边缘领域的法律问题,如消费者保护、隐私保护、不正当竞争、垄断等问题将逐渐进入数字贸易中心地带。

2020年,在OECD、WTO和IMF联合发布的《测度数字贸易手册》中,上述数字贸易的概念被再度精简为:由数字订购和/或数字交付构成的所有贸易。[①] 其中,"数字订购"相当于OECD界定的电子商务,即通过专门为接收或处理订单而设计的方法,在计算机网络上进行的国际货物或服务的销售或购买;"数字交付"相当于USITC界定的数字贸易,即利用专门为此目的而设计的计算机网络,以电子形式进行远距离交付的国际交易。对于数字订购和数字交付而言,相关"所有贸易"包括通过计算机网络(网络/互联网,包括通过移动设备、外联网或电子数据交换)的订购或交付,但不包括未经计算机网

---

① See OECD, Handbook on Measuring Digital Trade (2020), https://www.oecd.org/sdd/its/Handbook-on-Measuring-Digital-Trade-Version-1.pdf.

络,如电话、传真或手动输入电子邮件所提供或订购的服务。①

综合上述有关国家和国际组织对数字贸易内涵的界定,有学者将数字贸易理解为:"数字贸易包括贸易数字化和数字化贸易两部分内容,它依托信息网络和数字技术,在跨境研发、生产、交易和消费活动中产生,以数字平台为重要载体,高度依赖数据跨境流动,广泛渗透到国际经贸各行业、各领域、各环节的新型贸易形态,是以数字订购和数字交付为主要实现方式的数字货物贸易、数字服务贸易和跨境数据要素贸易的总和。"其中,"贸易数字化主要包括以电子商务的形式实现的数字订购贸易;数字化贸易指以数字服务为主要形式的可网上传输的数字交付贸易"②。

尽管理论与实务界越来越倾向于用"贸易数字化"指代"电子商务",并将之纳入广义的"数字贸易"概念,但"电子商务"一词一直被 WTO 和诸多贸易协定所沿用,并与"数字贸易"存在概念交叉。该概念交叉既与数字贸易这一新兴事物有关,也与利用词汇概括社会现象的限度有关。正如戴维森(Donald Davidson)所言:"在我们日常事件和行为交往中,有必要进行预测和理解,我们必须利用粗略的总结概括,因为我们不知道更准确的法则,即使我们知道,我们也缺乏一个我们感兴趣的特定事件的描述,展示法则的相关性。但在粗略的经验法则的范畴内,存在一个重要的区别。一方面,有一些概括,其肯定实例使我们有理由相信,可通过添加进一步的条款和条件来改进,这些条款和条件用与原来概括相同的一般词汇来表示。这样一种概括指向已完成的法则的形式和词汇:我们可以说它是一种同域性的(homonymic)概括。另一方面,也有一些概括,当被例示时,会使我们有理由相信,存在一个精确的法则在起作用,但该法则只能通过转换到不同的词汇才能表述。我们可以

---

① 麦肯锡(McKinsey)咨询公司表示,数字贸易技术正在以三种方式改变数据流动:(1)创造纯粹的数字产品和服务;(2)使用"数字包装",增强物理流动的价值;(3)促进跨境生产和交流的数字平台。其中许多流动不符合传统的贸易定义,因为有些跨境流动并不伴随着金融交易。See James Manyika, Jacques Bughin, Susan Lund, Olivia Nottebohm, David Poulter, Sebastian Jauch and Sree Ramaswamy, Global Flows in a Digital Age, McKinsey Global Institute (2014), Http://www.mckinsey.com/businessfunctions/strategy-and-corporate-finance/ our-insights/global-flows-in-a-digital-age.

② 李俊、李西林、王拓:《数字贸易概念内涵、发展态势与应对建议》,载《国际贸易》2021 年第 5 期,第 12 页。

称这种概括为异域性的(heteronymic)。"[1]无论是"电子商务"还是"数字贸易",此类意向性词汇只是谈论世界各个部分的种种词汇中的一套词汇而已,没有这套词汇,世界当然也能够被充分描述。[2] 问题是,不同的词汇支持不同的理解复杂事物的特定方式,提供不同的话语资源,并塑造着政策争议和结果。[3] 当人们在讨论电子商务和数字贸易时,并未明确相关词汇是同域性的还是异域性的,由于缺乏相对封闭的理论框架作为沟通平台,极有可能出现郢书燕说的错误转译、对牛弹琴的沟通无果以及鸡同鸭讲的各说各话等现象。

为增强"电子商务"和"数字贸易"概念的同域性,本书将相关理论讨论限定在关注各国如何规制全球化市场中的涉外经济行为,以及在国际层面如何协调此类规制和促进规制合作的国际经济法领域。[4] 其中,电子商务是传统贸易的互联网化,而数字贸易则建立在数据流动的基础之上。[5] 在数字贸易的概念中,数据既是生产工具,又是被交易的资产,还是服务得以交易以及全球价值链得以组织的工具。[6] 为与WTO的传统和政策以及各类贸易协定的用语相一致,当相关数字贸易所涉交易行为符合OECD关于电子商务的界定时,将交替使用电子商务和数字贸易术语。

二、影响数字贸易的规制措施

从国际经济法的角度而言,界定数字贸易概念的目的是确定与之相关的各国规制内容,以便分析各规制之间是否存在冲突,进而利用国际法机制促

---

[1] Donald Davidson, Mental Events, in L. Foster and J. W. Swanson (eds.), Experience and Theory, University of Massachusetts Press, 1970, pp. 79-101.

[2] 参见〔美〕理查德·罗素:《哲学和自然之镜》,李幼蒸译,商务印书馆2003年版,第218—219页。

[3] See Jordan Branch, What's in a Name? Metaphors and Cybersecurity, 75 Int'l Org. 39, 40 (2021).

[4] See John H. Jackson, Global Economics and International Economic Law, 1 J. Int'l Econ. L. 1, 9 (1998).

[5] 有观点认为,"数字贸易"是一个更广泛的术语,不仅包括电子商务,还包括云服务、基于人工智能的应用、基于Twitter或Facebook Feed的新闻以及在联网设备之间流动的数据等服务。See Deborah Kay Elms, Evolving Digital and E-Commerce Trade Rules for Northeast Asia, Korean Institute for International Economic Policy Studies in Comprehensive Regional, Strategies Paper Series 16-9, 30 December 2017, https://static1.squarespace.com/static/5393d501e4b0643446abd522/t/58da2ca4d482e966e04dac3b/1490693326695/Evolving+Digital+Trade.pdf.

[6] See Susan Ariel Aaronson and Patrick Leblond, Another Digital Divide: The Rise of Data Realms and Its Implication for the WTO, 21 J. Int'l Eco. L. 245, 248 (2018).

进各国之间规制的协调和合作,切实降低数字贸易规制成本,提升全球经济效率,增进全球经济福祉。[1] 因此,为解析或构建国际数字贸易规则,首先要了解各国采取了哪些影响数字贸易的规制措施。

如上所述,数字贸易包括由数字订购和/或数字交付构成的所有贸易。一国对数字订购和数字交付的直接规制自然会影响到数字贸易的发展。除此之外,作为数字经济的一部分,一国对数字经济每一个层次(数字部门、数字经济和数字化经济)的规制也同样会对数字贸易产生影响。由于数字经济和数字贸易飞速发展,而各国在规制的价值、目的、手段等方面存在显著差异,[2]详尽描述各国规制数字经济和数字贸易的措施缺乏可行性,泛泛提及各国采取的措施缺乏针对性。有鉴于此,聚焦主要经济体,讨论其影响数字贸易的规制措施,事半功倍。

以数字技术为基础,以数据为核心要素的数字贸易改变了市场主体进行跨境交易的方式,但没有改变一国为何积极从事贸易的基本原理。[3] 作为数字经济最为发达,同时也是拥有最多数量、最大规模、最高国际化程度数字平台的国家,美国在数字贸易方面拥有较为突出的比较优势。为充分发挥该比较优势,获取最大利益,美国政府向来关注他国规制措施对本国数字贸易的影响,并积极考虑利用现有国际规则对他国规制措施实施再规制,以及在国际层面推动新的数字贸易规则的形成。[4] 因此,考察美国政府关于他国数字贸易壁垒的总结,不仅有助于理解数字贸易国际规则主要利用者和推动者的关切,也是推动进一步研究的恰当起点。[5] 相对于其他国家,美国很早就启动了数字经济建设。20 世纪 80 年代,在担任众议员期间,阿尔·戈尔就呼吁建

---

[1] See Steve Charnovitz, What Is International Economic Law? 14 J. Int'l L. 3, 4 (2011); John H. Jackson, Global Economics and International Economic Law, 1 J. Int'l Econ. L. 1, 8-9 (1998).

[2] 参见〔英〕安东尼·奥格斯:《规制:法律形式与经济学理论》,骆梅英译,中国人民大学出版社 2008 年版,第 1—6 页;Robert Baldwin, Martin Cave and Martin Lodge, Understanding Regulation: Theory, Strategy, and Practice, 2nd ed., Oxford University Press, 2012, pp.15-24.

[3] 关于数字贸易对于传统贸易理论的挑战,可参见马述忠、房超、梁银锋:《数字贸易及其时代价值与研究展望》,载《国际贸易问题》2018 年第 10 期,第 25—28 页。

[4] See Jeff Horowitz, U. S. International Trade Commission's Digital Trade Roundtable: Discussion Summary, 2015 J. Int'l Com. & Econ. 1, 1-12 (2015).

[5] 美国也是目前唯一一个官方界定数字保护主义的国家。See Susan Ariel Aaronson, What Might Have Been and Could Still Be: The Trans-Pacific Partnership's Potential to Encourage an Open Internet and Digital Rights, 2 J. Cyber Policy 232, 234(2017).

立一个全国性的"信息高速公路"。1998年1月,时任美国副总统的阿尔·戈尔首次提出"数字地球"概念。同年7月,美国商务部发布第一份《新兴数字经济》报告,美国政府由此正式揭开了数字经济规划大幕。经过起步阶段、稳步推进阶段和快速发展阶段,短短20年间,美国数字经济占美国GDP比重已超过60%。[1]

表1-3 美国政府早期出台的数字经济政策文件[2]

序号	时间	报告题目	发布机构
1	1998年	《新兴数字经济》	商务部
2	1999年	《新兴数字经济(二)》	商务部
3	2000年	《数字经济2000》	商务部
4	2002年	《数字经济2002》	经济和统计管理局
5	2003年	《数字经济2003》	经济和统计管理局
6	2010年2月	《数字国家:21世纪美国通用互联网宽带接入进展》	国家电信和信息管理局
7	2010年11月	《探索数字国家:美国家庭宽带互联网应用》	经济和统计管理局 国家电信和信息管理局
8	2011年2月	《数字国家:扩大互联网使用》	国家电信和信息管理局
9	2011年11月	《探索数字国家:计算机和互联网家庭应用》	经济和统计管理局 国家电信和信息管理局
10	2013年6月	《探索数字国家:美国新兴在线体验》	经济和统计管理局 国家电信和信息管理局
11	2014年10月	《探索数字国家:拥抱移动互联网》	国家电信和信息管理局
12	2016年6月	《在数字经济中实现增长与创新》	商务部
13	2018年3月	《数字经济的定义与衡量》	经济分析局

2013年和2014年,USITC发布了两份《美国和全球经济中的数字贸易》报告,初步界定了数字贸易的概念。2017年,应美国贸易代表(USTR)所邀,

---

[1] See United Sates International Trade Commission, Digital Trade in the U.S. and Global Economies, Part 1 (2013), http://www.usitc.gov/publications/332/pub4415.pdf.

[2] 参见闫德利、高晓雨:《美国数字经济战略举措和政策体系解读》,载《中国信息化》2018年第9期,第8—9页。

USITC出具《全球数字贸易1：市场机会与主要对外贸易限制》[①]，将数字贸易概念再度修正为：任何工业部门的企业通过互联网交付产品和服务，以及与之相关联的产品，如智能手机和与互联网连接的传感器等。该概念包括电子商务平台和相关服务的提供，但不包括网上订购的实物，以及具有数字相应物的实物。与OECD、WTO和IMF在2020年《测度数字贸易手册》中提出的数字贸易概念相比，USITC的概念更关注数字交付这一独特的数字贸易形态。而与数字订购相关的另一类数字贸易，如果涉及实物交付，则与传统贸易面临同样的贸易壁垒，如果涉及数字交付，则可归入USITC所界定的狭义数字贸易概念之下，将面临新型的贸易壁垒。在此意义上，USITC、USTR以及美国国会所归纳的针对数字交付的数字贸易壁垒极具启示意义和参考价值。

在《美国和全球经济中的数字贸易：第一部分》中，USITC将"通过互联网交付的产品和服务"行业区分为四大类：数字化交付内容、社交媒体、搜索引擎、其他数字产品和服务。

表1-4 数字贸易类型及内容

数字贸易类型	本类型所包括的产品和服务
数字化交付内容	• 音乐 • 游戏，包括全格式和手机游戏，附加内容下载、游戏订阅、社交网络游戏和在线多人游戏 • 视频，包括网络电视、电影和其他视频 • 书籍，包括电子书、数字课程材料和有声书
社交媒体	• 社交网站 • 用户评论网站
搜索引擎	• 通用搜索引擎 • 专业搜索引擎
其他数字产品和服务	• 软件服务，包括移动应用和云处理软件 • 云处理数据服务，包括数据处理和数据存储 • 通过互联网处理的通信服务，包括电子邮件、即时消息、互联网协议语音（VoIP） • 通过云处理的计算平台服务

[①] See United States International Trade Commission, Global Digital Trade 1: Market Opportunities and Key Foreign Trade Restrictions, August 2017, https://www.usitc.gov/publications/332/pub4716_0.pdf.

借助数字技术和网络效应，原本聚焦于某一线上业务的公司有将其业务扩展到其他数字经济的动机和需求。随着业务范围的拓宽，数字经济的巨头，如 GAFA(Google，Apple，Facebook，Amazon)以及微软等通常会涉及诸如通信服务（如电子邮件、语音和即时通信）、娱乐、社交网络、信息搜索或检索、生产力提升（包括数据存储和分析、生产力提升软件和物流服务）以及电子商务等领域。时至今日，通过研发、创设和并购等方式，单一公司业务从原本的泾渭分明，成长至越来越具有相互关联的特征。此类业务包括线上内容的创造、生产和提供以及内容的归集，基于互联网的平台，基于云的服务和应用，网络服务，运行系统软件以及互联网连接设备等。①

根据 USITC 的定义，数字贸易是通过互联网交付产品和服务，其成功运转特别依赖于数据的跨境流动。而美国数字巨头也正是借助先进的数字技术不断收集、存储、分析和应用数据来取得市场竞争优势，获取高额利润。然而，一旦美国数字巨头在海外营业，或者处理海外数据，就会遇到所在运营地国、数据来源国相关规制的约束。相关规制内容既有与边境有关的市场准入问题，也有边境之后的行为监管问题，还有与知识产权执法有关的数字技术转让问题。其中任何一个环节受阻，都会严重影响美国数字巨头的国际化运营，进而对美国国家利益造成损害。USITC 通过举行听证会，在听取产业参与者与专家意见的基础上，总结出如下几种可能阻碍数字贸易的非关税壁垒：②

（1）本地化措施。政府采取措施，强制要求数字企业使用当地数据服务器、技术或投入，或者为本地企业提供更优惠的政府采购机会或条件，进而会限制外国企业在当地的平等竞争机会。根据具体内容，此类本地化措施大致可以分为三类：要求外国企业在当地存储数据，强制要求或鼓励外国企业使用当地含量，以及为本地数字企业提供政府采购优惠。

（2）市场准入限制。一些国家的互联网规制体制不透明，相关法律规则频繁变动，通过互联网从事商业服务的外国企业很难确定相关业务是否合

---

① See United Sates International Trade Commission, Digital Trade in the U. S. and Global Economies, Part 1 (2013), http://www.usitc.gov/publications/332/pub4415.pdf.

② 相关文件可参阅 United Sates International Trade Commission, Digital Trade in the U. S. and Global Economies, Part 1 (2013), http://www.usitc.gov/publications/332/pub4415.pdf; United Sates International Trade Commission, Digital Trade in the U. S. and Global Economies, Part 2 (2014), https://www.usitc.gov/publications/332/pub4485.pdf; United States International Trade Commission, Global Digital Trade 1: Market Opportunities and Key Foreign Trade Restrictions, August 2017, https://www.usitc.gov/publications/332/pub4716_0.pdf.

法。较为典型的限制外国企业进入本国市场的措施包括限制投资、限制贸易权、限制商业功能（如分销权）等。

（3）数据隐私和保护要求。就如何保护数据隐私，各国（地区）做法存在较大差异。如欧盟和亚太经贸合作组织（APEC）对于个人数据保护采取了全面规制的法律进路，与美国的以部门为主的部分规制模式相比，存在较大差异。[1] 由于各国（地区）规制要求不一，市场主体将面临规制重叠或规制冲突问题，跨国（地区）数字企业，特别是中小企业（SMEs）因之承担了较高的跨境运营成本。如何确定共同规制基础、促进规制方法间的互用性（interoperability），进而实现替代合规，成为业界关注的重点。

（4）网络安全措施。网络安全通常指网络空间本身——设备、基础设施、数据和用户的安全，而非利用网络空间的外在安全。[2] 为预防和打击黑客攻击、数据破坏、偷取资金、盗窃知识产权和数据等网络犯罪和数据违法行为，政府会采取诸如数据本地化、源代码披露和加密限制等措施来维护国家安全和网络安全。对于数字企业而言，这些措施反而会增加网络安全风险。

（5）与知识产权有关的措施。不同的数字行业对于知识产权的关注点不同。如与软件、音乐、影视、书籍等有关的数字内容产业极为关注网络盗版问题，而媒介平台行业更为关心其是否应就用户的互联网侵权或其他违法行为承担责任。虽然美国的《数字千年版权法》（DCMA）和《通信规范法》（CDA）第230节适当平衡了相关权利和义务，但其他一些国家则缺乏清晰的法律框架。

（6）审查措施。国家对数字内容和平台实施线上审查较为普遍，且有不断扩张之趋势。对于诸多数字企业而言，直接阻断和过滤美国互联网平台和内容是最为直接的数字贸易壁垒。如Google公司认为，此类阻断和过滤行为的效果，相当于海关官员在边境禁止进口某一公司的所有产品。[3] 此外，一些国家烦琐的内容审查体制会压缩数字产品正当分发的窗口期，从而便利盗版产品抢占市场。

---

[1] See Joel R. Reidenberg, Resolving Conflicting International Data Privacy Rules in Cyberspace, 52 Stan. L. Rev. 1315 (2000).

[2] See Chris Jaikaran, Cybersecurity: A Primer, Congressional Research Service, IF10559, 15 December 2020, https://fas.org/sgp/crs/misc/IF10559.pdf.

[3] Google, Enabling Trade in the Era of Information Technologies: Breaking Down Barriers to the Free Flow of Information (2010), https://static.googleusercontent.co/edi/ww.google.co/n//googleblog/df/rade_free_flow_of_information.pdf.

（7）海关边境措施。一些复杂的关境程序和文件要求不仅会对实物进口造成阻碍，也会限制数字赋能贸易，特别是混合产品贸易。如网上市场会将一国的小型企业与另一国的消费者联系起来，由前者向后者提供中介、通信服务、处理支付等。但是，边境措施会增加此类微型贸易的成本，进而使数字赋权停留在表面。

表 1-5 与互联网技术有关的数字贸易规制和政策措施

规制和政策措施类型	互联网通信服务	基于云的数据处理	数字内容	电子商务	物联网
数据措施					
• 数据保护和隐私	✓	✓	✓	✓	✓
• 数据当地化	✓	✓		✓	✓
私人和公共网络安全					
• 披露源代码		✓	✓	✓	✓
• 限制密码使用法	✓	✓		✓	✓
内容审查					
知识产权措施					
数字盗版			✓		
• 媒介的版权责任侵权	✓	✓	✓		
• 衍生版权					
市场准入措施					
• 最低数量门槛			✓		
• 电子支付			✓	✓	
• 政府采购	✓	✓			✓
• 技术标准					
与投资有关的措施					
• 限制外国所有权和股权参与	✓	✓	✓	✓	✓
• 当地含量要求	✓	✓	✓	✓	✓
• 歧视性许可、税收和费用	✓	✓	✓	✓	✓

资料来源：United States International Trade Commission，Global Digital Trade 1: Market Opportunities and Key Foreign Trade Restrictions，August 2017，https://www.usitc.gov/publications/332/pub4716_0.pdf。

USITC 的上述总结基本上反映出美国数字企业所面临的外国规制要求,总体呈现出两个特色:一是从市场主体特别是美国数字企业的角度来界定贸易壁垒;二是范围大多限于数字交付,未能扩展到所有数字赋能的贸易之中。与之形成互补的是,自 2016 年起,USTR 成立数字贸易工作组(DEWG),每年会发布政府层面的《数字贸易主要壁垒》简报。该简报将在互联网销售货物和提供线上服务、促成全球价值链的数据流动、促成智能制造的服务以及其他平台和应用的混合等行为均纳入数字贸易的范围。

尽管涵盖的数字贸易范围更广,但 USTR 更为关注数字领域中新的贸易壁垒形式,主要集中在如下四类:[1]

(1)互联网服务壁垒。如对数字产品和服务实施歧视待遇;对数字产品和服务征税;实施外商投资限制;在缺乏安全港条款或公平使用条款的情况下施加媒介责任,使互联网平台对用户生成的内容和活动承担责任;对于进口产品,包括电子商务购买产品设置最低关税起征点;以搜索引擎上引用文本片段作为搜索结果的一部分,征收"代码片断税"(snippet tax);对 OTT(over-the-top)服务,诸如媒体、消息或网络语音协议(VoIP)等征税;[2]网络过滤和内容屏蔽。

(2)数据本地化壁垒。如禁止跨境数据流动,要求使用当地服务器进行数据存储和加工;限制或禁止进入本国政府采购市场;要求采用本地技术;采用可能歧视外国提供者的综合性隐私法规等。

(3)技术壁垒。如限制或禁止使用密码;对源代码、技术或其他知识产权实施强制转让要求;对进口信息技术设备实施当地检测和认证,增加进口产品技术成本和时间成本。

(4)其他壁垒。如与电子认证和签名、互联网域名、数字产品、电子支付

---

[1] See USTR, Key Barriers to Digital Trade (2017), https://ustr.gov/about-us/policy-offices/press-office/fact-sheets/2017/march/key-barriers-digital-trade; R. F. Fefer, W. M. Morrison and S. I. Akhtar, Digital Trade and U.S. Trade Policy, 21 May 2019, Congress Research Service, R44565, https://fas.org/sgp/crs/misc/R44565.pdf.

[2] "OTT"这个词源于篮球术语"过顶传球"(Over the Top),在通信领域意指互联网公司越过通信运营商,发展基于开放互联网的各种视频及数据服务业务。OTT 业务不仅蚕食了运营商的核心业务,还正在终结电信运营商的代收费时代,使运营商沦为只提供基础网络的"管道运营商"。参见黄升民、周艳、龙思薇:《八问 OTT——OTT TV 对电视产业的影响和对策解析》,载《现代传播》2013 年第 10 期,第 1 页;温平川、傅璧:《网络外部性下 OTT 服务商和通信运营商合作行为的演化博弈分析》,载《商业研究》2014 年第 3 期,第 138 页。

平台有关的事项,以及其他歧视性做法;网络安全威胁或当地要求;松散的知识产权执法。

虽然表述不同,重点各异,USITC 和 USTR 关于贸易壁垒的具体内容基本一致,均涉及数据开放、数据信任和数据安全等价值以及与之对应的数据流动、隐私保护、网络安全等事关数字经济存在和发展的关键事项。此类事项与数字经济中的三类主体利益密切相关:首先,就企业利益而言,数字化和新技术改变了贸易方式与贸易对象,跨境数据流动成为数字贸易得以存在和发展的基础,任何直接或间接影响到跨境数据流动的规制措施均会自然而然地被数字企业视为构成贸易壁垒。其次,就个人利益而言,数字经济竞争越来越集中于对个人数据的获取和分析,个人数据越是被商业化,个人隐私越是难以得到有效保护,而任何旨在强化隐私保护的措施均会对数字经济竞争产生影响。最后,就国家利益而言,赋能互联网成为一国经济增长的新动能,但是互联网作为"网络的网络",天然具有突破国家边境的特性,一国经济越是数字化,任何旨在维护国家主权和社会公共利益的规制措施均会影响到相关数据的生产与使用,自然也会影响到数字贸易本身。[①] 如何在数据流动、隐私保护和网络安全诸政策间寻求最佳平衡,最终依赖于对企业、个人和国家利益的综合衡量。

[①] See I. Koske, R. Bitetti, I. Wanner and E. Sutherland, The Internet Economy-Regulatory Challenges and Practices, OECD Economics Department Working Papers, No. 1171, ECO/WKP67, 12 November 2014, https://dx.doi.org/10.1787/5jxszm7x2qmr-en.

第二章

数字贸易治理的两个语境

作为一个尚未被完全法制化的领域,数字贸易治理可被界定为影响数字贸易如何管理的进程,地理范围遍及当地、国家、区域和全球。其中,无论原则、规范、规则、决策程序和计划的达成和适用,还是权力的合法行使,均应参照公共利益而加以证成。[1] 但何种公共利益可被纳入,以及如何进行排序和平衡,需放置在具体的规制语境下加以衡量。基本隐喻理论认为,用特定的术语作为标签构成的概念隐喻,提供了"在我们没有真正意识到的情况下,指导我们思想的心理模型"[2]。就像外交政策中的"主导叙事"一样,基本隐喻同时是政治互动的资源、约束和语境。这些隐喻并没有完全压制争论,而是引导争论,为争论设定了合法的边界。特别是,当某物被贴上一个隐含着对基本问题的回答的词汇时,基本隐喻就会出现:是什么定义了"事物"?它的基本特征是什么?和其他什么东西有相似之处?无论是有意选择的还是直觉选择的,这个标签本身往往被言谈者认为是合乎情理的,或者不需要解释。[3] 就数字贸易治理而言,互联网规制语境和贸易规制语境构成相互竞争的话语体系,影响到数字贸易治理的未来。

第一节 数字贸易治理的话语体系及治理特色

虽然实务界和学术界仍在混用"电子商务"和"数字贸易"两个概念,但一个明显的趋势是,涵盖范围更宽、关涉国内事项更深的"数字贸易"一词逐渐成为主流概念。在当前建构数字贸易全球治理体系的关键节点,对数字贸易治理法律框架的界定成为政策讨论的焦点,影响着人们的思考方式、决策过

---

[1] See Michael Zürn, A Theory of Global Governance: Authority, Legitimacy, and Contestation, Oxford University Press, 2018, pp. 4-5.

[2] Stefan Larsson, Conceptions in the Code: How Metaphors Explain Legal Challenges in Digital Times, Oxford University Press, 2017, pp. 7-8.

[3] See Jordan Branch, What's in a Name? Metaphors and Cybersecurity, 75 Int'l Org. 39, 42 (2019).

程乃至实践结果等。① 一旦数字贸易治理的法律框架被暂时确定,则在具体法律实践中,相关国家会将该框架预设的前提视为没有问题的常识性状态。

一、数字贸易治理的话语体系

数字贸易治理的特殊性在于,它同时包括互联网规制与贸易规制两方面,分别对应着互联网行为和贸易行为两大客观社会现象。无论是以新兴的互联网法为基底,讨论与之相关的贸易问题,还是以传统的贸易法为主导,讨论与之相关的互联网问题,均涉及规制话语选择问题。在不同的规制话语体系下,受不同价值理念、认知方法和基本概念等的约束,数字贸易得以存续的制度空间各不相同,受此影响,数字贸易的发展也会呈现不同的状态。②

根据卢曼的自创生理论(Autopoietic Theory),与生物系统相类似,社会的运行模式具有循环、递归和自我指涉的特征。该理论建立在两个基本前提之上:(1)系统区分,即系统自身和系统环境之间存在着区别;(2)系统独立,即只有在系统中确立了自我指涉的封闭性,上述区别才可能存在。③ 在社会系统理论下,法律与社会并非并列关系,而是部分与整体的系统关系。作为社会内拥有不同功能的系统,法律体系一直不断地进行着整个社会系统及自身系统的自我生产。依据系统区分和系统独立理论,自创生过程需建立在"运行封闭"和"认知开放"的基础之上。一方面,系统独立要求"运行封闭",即法律体系能够维系本系统相对于外部环境的独立自主性。比如,在法律体系内部,只有通过法律的自我指涉,才能够判断行为的合法性与非法性。另一方面,系统区分要求"认知开放",法律体系能够根据环境的要求,不断作出调整,发挥服务社会需求、参与社会建构的功能。

相对于社会中的其他子系统,如政治体系、经济体系等而言,法律体系在处理规范性期待方面具有独特性。面对变动不居的外部环境,法律当然不能担保所有的期待都能够实现,但至少可以保证,即使面对失望,法律主体的规范性期待依然可以通过法律体系的规范代码得到维持。因此,仅仅通过功能

---

① See Mariana Prado and Michael Trebilcock, Path Dependence, Development, and the Dynamics of Institutional Reform, 59 U. Toronto L. J. 341, 355 (2009).
② See Shamel Azmeh, Christopher Foster and Jaime Echavarri, The International Trade Regime and the Quest for Free Digital Trade, 22 Int'l Stud. Rev. 671, 672 (2020).
③ See Niklas Luhmann, Law as a Social System, 83 Nw. U. L. Rev. 137, 137-138 (1986).

主义分析,利用输入和输出参数来描述法律体系之于社会的功能,远不足以解释法律争议为何会通过特定的形式和程序得以解决。同时,功能主义理论也不足以解释,为何某一法律体系会采取独特的演变模式与路径,来应对社会环境的要求。有鉴于此,形式主义分析、概念图示分析以及体系内部的法律代码分析仍具有不可替代的作用。

在不同的价值理念、认知方法和概念体系的支撑下,即使对于同一社会现象,借助不同的规范代码,互联网规制体制与贸易规制体制也会逐渐形成相对分离的自创生体系。在这些由不同法律代码构成的自成一体的体制内部,是概念之间的"一致性"而非符合社会现实的"映现性"决定着体系的封闭运行。[①] 而这尤为突出地体现在如何协调数据保护与数字经济发展的关系之上。就数字贸易问题而言,相对于贸易规制,互联网规制更多着眼于数据保护本身,而非数据保护措施之于国际贸易的积极或消极影响;相对于互联网规制,贸易规制更倾向于从贸易政策的角度,讨论数据保护之于贸易发展的影响。因此,对于跨境数据流动的规制牵涉到不同学科,特别是专注于互联网治理的互联网法和贸易发展的国际贸易法。

作为数字经济最为重要的基础设施和支柱,互联网支撑着各类社会经济活动,是创新、经济增长和社会福利提升的有力催化剂。关于互联网治理问题,存在三大基本原则,即互联网开放、互联网安全和互联网隐私。这些原则来自国际宣言、产业最佳实践以及其他技术性文件等软法,并无法律上的拘束力,其引入和实践有助于确保数据流动的安全性和完全性。[②] 它们既非相互对立,又非相互隔离,而是相互补充,共同保证了互联网得以持续开放和可靠运行的理论基础。然而,当一国将互联网开放、安全和隐私三大原则适用于跨境数据流动时,因牵涉诸多利害关系方,且与他国在政治、经济和社会目标方面存在极大分歧,从而导致了非常多的组合。如互联网开放原则与网上言论自由存在关联,美国借以强调跨境数据自由流动;互联网安全原则与国家安全及网络空间战存在关联,中国借以强调维护互联网基础设施及其适用上的安全;互联网隐私原则与正当程序和人权问题存在关联,欧盟借以强调

[①] 关于"一致性""映现性"与"客观性"概念间的复杂关系,可参见〔美〕理查德·罗素:《哲学和自然之境》,李幼蒸译,商务印书馆 2003 年版,第 355 页。

[②] See Neha Mishra, Building Bridges: International Trade Law, Internet Governance, and the Regulation of Data Flows, 52 Vand. J. Tran'l L. 463, 498 (2019).

保护个人数据隐私等。

  当前,源于软法的互联网治理三原则仍处在发展和完善阶段。各国从本国利益出发,就三原则作出的政策选择,并不必然与全球利益相一致。这就为国际硬法介入互联网治理提供了契机。整体而言,国际贸易协定为纳入互联网治理三原则留下了足够的制度空间。

  首先,就互联网开放原则而言,其核心要义是网民可自由选择使用互联网应用程序和服务,以及访问、创造和分享合法内容,不受不必要的干扰和控制。技术层面,互联网的开放程度越高,连接到网络上的设备交换数据包就越容易、高效。根据端到端原则,"进入互联网一端的信息应该不经修改就从另一端出来:网络应该像一个又大、又胖、又哑的数字管道"①。互联网协会(Internet Society)则将全球覆盖和完整性、通用性、无须许可的创新以及可访问性等,视为互联网开放的固有特点。② 除技术开放外,互联网开放还包括经济开放和社会开放。前者指互联网用户可以接入网络,通过互联网增加经济机会并加以生产利用的能力;后者指由于网络开放而产生的非金钱机会,包括与他人保持联系、获取信息、就感兴趣的话题表达想法等。③ 开放的互联网不仅能有助于货物销售方和服务提供方通过互联网进入全球化市场,同时也增加了消费者的选择机会和社会整体福利。④ 一般情况下,如果政府通过限制跨境数据自由流动、数据服务本地化、强制实施本土技术标准、地理限制或禁止外国互联网服务等各种手段,对互联网服务加以限制,保护本国的数字行业,这种针对互联网开放的壁垒同时也可能构成数字服务贸易的壁垒。只不过,如果某些互联网开放壁垒的设置是为了保护互联网的安全和稳定,或是为了增强消费者的信心,在此情况下,虽然相关妨碍互联网开放的规制措施可能构成贸易壁垒,但可利用国际贸易协定内在的灵活机制予以包容,从

---

  ① Simson Garfinkel, The End of End-to-End? MIT Technology Review, July 1, 2003, https://www.technologyreview.com/2003/07/01/234174/the-end-of-end-to-end/.

  ② See Internet Society, Policy Brief: Internet Invariants, 18 October 2016, https://www.internetsociety.org/policybriefs/internetinvariants/.

  ③ See Susan Ariel Aaronson and Rob Maxim, Trade and the Internet: Policies in the US, the EU and Canada, in D. A. Deese (ed.), Handbook of the International Political Economy of Trade, Edward Elgar, 2014, p.550.

  ④ See OECD, Economic and Social Benefits of Internet Openness (2016), https://www.oecd-ilibrary.org/docserver/5jlwqf2r97g5-en.pdf?expires=1616163532&id=id&accname=guest&checksum=37CDB20A2A14F473D658E55789F5F7D8.

而实现互联网治理与贸易协定的协调。

其次,就互联网安全原则而言,其核心要义是保证利用电子或类似方式处理、存储和传输数据的机密性、可用性和完整性。为达到这一目标,必须保障互联网及所有通过该网络提供的应用程序和网站的安全,从而防止通过该网络传送的资料意外地或未经授权地被访问、更改或破坏。就互联网安全所涉内容而言,存在广义和狭义之分。广义的互联网安全涉及国内和国际政治、经济、社会、军事、文化、技术等各方面;狭义的互联网安全指数字安全(digital security),仅涉及网络安全的经济和社会方面。不管采取何种定义,互联网安全牵涉一国最根本的生存利益,故各国均有动力制定严密的网络安全法,[1]采用前瞻性规制和激励措施,促进公共和私人信息、系统和网络的保密性、完整性和可利用性,以实现保护个人权利和隐私、经济利益及国家安全等目标。[2] 对于国家基于安全所采取的贸易限制措施,贸易协定大多通过例外条款予以约束,这就为各国确保互联网安全留下了较为宽松的国际法空间。

最后,就互联网隐私原则而言,其核心要义是保护互联网用户的隐私,提高用户对互联网的信任程度。在数字社会中,互联网隐私保护与数据保护相互重叠的范围呈持续扩大的趋势,数据保护是"隐私权的表达",而隐私构成"数据保护的核心"。[3] 随着数字技术的发展,个人数据被收集、存储、使用和传输以及监控的概率、数量和质量大幅度提高。即使数据获得安全保护,不受未经授权的访问,服务提供商依然可以利用侵犯用户隐私的数据获利。当前,对于个人数据保护,存在着诸如公平及合法处理、最小数量、目的限定、数据质量、数据主体控制等公认原则,并体现在各国的数据保护和隐私立法之中。[4]

---

[1] 如《中华人民共和国网络安全法》(以下简称《网络安全法》)第 1 条明确规定,"为了保障网络安全,维护网络空间主权和国家安全、社会公共利益,保护公民、法人和其他组织的合法权益,促进经济社会信息化健康发展,制定本法。"

[2] See Jeff Kosseff, Defining Cybersecurity Law, 103 Iowa L. Rev. 985, 1010 (2018).

[3] See Juliane Kokott and Christoph Sobotta, The Distinction Between Privacy and Data Protection in the Jurisprudence of the CJEU and the ECtHR, 3 Int'l Data Privacy L. 222, 222-228 (2013).

[4] See UNCTAD, Data Protection and Privacy Legislation Worldwide (2020),https://unctad.org/page/data-protection-and-privacy-legislation-worldwide.

但是,隐私具有非常鲜明的文化特征,[①]基于不同的政治、经济和社会文化视角,各国关于隐私和个人数据保护方面的规制方法各有不同。对于从事跨境数据服务的提供者而言,不同的数据隐私规制要求意味着更高的合规成本与法律不确定性。就此,贸易协定大多承认,各国有权采取限制跨境数据流动的措施以达到保护隐私的目的,如果相关实施措施符合协定规则,则不构成对贸易协定的违反。

同为法律规制模式,互联网规制与贸易规制均旨在规训全球互联的网络世界。前者试图建立一个全球化的相互联结的通信网络,支持互联网用户无缝连接;后者试图建立一个全球化的综合市场体系,为成员方企业跨境经营活动创造公平竞争环境。两者之间存在若干共通领域,并构成相互比较、借鉴和转译的基础。但对于精微的法律实践而言,仅仅在理论层面存在相互理解或借用的可能性不足以维系稳定的规范预期,也不足以保护当事人的权益,进而促进数字经济和国际贸易的健康发展。如上所述,当互联网规制与贸易规制存在冲突时,贸易协定大多利用本身具有的例外机制予以适度包容。但是,在具体争端中,贸易协定能够在多大程度上容忍一国互联网规制措施偏离国际义务仍有赖于具体条款的适用。[②] 有鉴于此,尽管理论上互联网规制和贸易规制均可被用来协调各国在数字贸易治理之间的冲突、重叠或缺失,但哪一类别的规制模式更适于调整数字贸易问题,或者如何在国际层面更好地协调两类规制模式,将影响到未来各国进行国际合作的路径选择。

二、数字贸易的治理特色

当前,加速前进的数字化转型在境内以及跨境领域产生了大量的数据流动,推动了新技术的发展与传播。这些数据和技术触及社会和经济生活的方方面面,它们在将财富和权力源源不断输送给数字商业化竞争赢家的同时,也扰乱着正常的经济和社会秩序,引发诸如网络体系脆弱、个人隐私侵害、法律责任主体不明、产品安全标准和专业服务认证混乱等问题,并导致收入分

[①] See e. g. James Q. Whitman, The Two Western Cultures of Privacy: Dignity Versus Liberty, 116 Yale L. J. 1151 (2003); Catherine L. Mann, International Internet Governance—Oh What a Tangled Web We Could Weave, Georg. J. Int'l Aff. 79 (2001).

[②] See In Tae Yoo, New Wine into Old Wineskins? Regime Diffusion by the Powerful from International Trade into Cyberspace, 32 Pacific Focus 375, 376 (2017).

配不公、市场力量高度集中等现象。由于传统治理框架的理念、框架、结构和原则大多从工业化和全球化的漫长过程中演化而来,其在面对急速崛起和全面覆盖的数字化挑战时,很难作出适时调整和妥当应对。随着数字化程度的加深,在数据发挥作用的领域,亟须治理框架的重塑。

由于数据与贸易存在交叉,在讨论具体领域的数字贸易治理时,必须确定哪一类规制体制占据优先地位,否则将产生规制冲突、规制重叠或规制缺失的"规制失灵"问题。正是考虑到在不同领域,数据对治理框架的挑战以及治理框架的回应各不相同,数字贸易治理呈现出自成一体的特色。

首先,数字贸易治理是各国面对数字经济红利,采取各种规制手段将自身利益最大化的手段和产物。从体系化的角度分析,一国数字贸易的治理不能脱离对数字经济的治理。当前,关于数字经济治理的国际共识仍处于起步阶段,并未形成成熟的国际治理框架。这就为各国各显其能,采取基于竞争政策、社会事项、政治干预、个人隐私和国家安全等方面的措施,攫取数字资产这一"黑金"或"新石油"提供了广阔空间。[1] 在进行制度设计时,各国必然要在若干尚未确定的事项上作出选择,比如就数据的"所有"问题,既有理论认为,数据本身,即信息的内容,在概念上同作者作品和数据库分离,同信息的实体形式(如计算机上的芯片)分离,同与信息有关的有形物体或无形物品分离,立法者赋予不同的人以不同的财产权利,以激励这些项目的投资和改进。但是,在数据方面不存在这种目的。[2] 由于数据没有特定性、独立性,"其交易性受制于信息的内容,且其价值实现依赖于数据安全和自我控制保护,因此也不宜将其独立视作财产"[3]。也有理论主张,可从控制、保护、估价和分配等四个要素,认定数据所有权。[4] 还有理论认为,数据权与物权不同,应将之作为一种新型的财产权对待。[5] 又如,关于数据访问促进市场竞争问题,既有理论认为,数据作为天然的公共品服从固有的互惠分享的原理,可在确立

---

[1] See Corporate Concentration, The Economist, 24 March 2016; The World's Most Valuable Resources Is No Longer Oil, but Data, The Economist, 6 May 2017.

[2] See Lothar Determann, No One Owns Data, 70 Hastings L. J. 1, 1-4 (2019).

[3] 梅夏英:《数据的法律属性及其民法定位》,载《中国社会科学》2016年第9期,第164页。

[4] See Václav Janeček, Ownership of Personal Data in the Internet of Things, 34 Computer L. & Security Rev. 1039, 1040 (2018).

[5] 参见程啸、栗长江:《论大数据时代的个人数据权利》,载《中国社会科学》2018年第3期,第121页;参见龙卫球:《数据新型财产权构建及其体系研究》,载《政法论坛》2017年第4期,第63页。

"分享"作为数据法基本价值取向的理论前提下,探讨数据受局部控制的正当理由,以此涵摄现有的各种数据控制理论学说,并消除现有理论上各种"权利"之间的冲突。[1] 也有观点指出,数字经济平台的双边或多边特征、数字经济平台的竞争优势很难通过"分享"或降低访问的门槛而受到影响。[2] 再如,关于商业开发数据的界限问题,既有理论认为,可通过给个人数据定价的市场方法缓解数据过度开发问题,保护用户的数据权利。[3] 也有理论主张,应对现有的法律进行修订,扩大保护范围,防止滥用个人数据等。[4] 显然,如何处理上述问题对于市场结构和利益分配具有重要影响,也直接影响到数据能否自由跨境流动。

其次,数字贸易治理是各主权国家就网络空间主张主权的重要领域之一。数据越是在经济、政治生活中发挥巨大作用,则促进数据生成、存储、流动和使用的关键基础设施服务——金融、交通、通信和能源的安全与完整就越加重要。与之相关的"数字边界"(digital border)和"数字领域"(digital realm)等概念,越来越具有现实性和可操作性。在此情况下,一国完全可以基于数据关键基础设施方面的比较优势,就数据实施全方位的规制。随着跨境数据流动的急剧增加,此类互联网规制措施不可避免会产生域外适用效力,进而引发不同规制理念、制度和具体措施之间的冲突。因为互联网规制涉及国家规制主权,各国只有在让渡或自我限制主权的基础之上才能就规制协调和合作达成一致,这就给互联网规制的国际协调或合作设置了几乎难以逾越的制度障碍。以欧盟为例,正是认识到成员国之间的数字贸易治理阻碍了单一数据市场的形成,欧盟借助其独特的国际合作机制,积极在欧盟层面制定规章和指令,协调乃至统一了各国数字贸易规则,有效促进了欧盟单一数据市场的形成。同时,欧盟还就其互联网规制法律制定了具有域外效力的条款,以达到实施欧盟数据保护标准、保护欧盟公民个人数据的目的。这一规

---

[1] 参见梅夏英:《在分享和控制之间:数据保护的私法局限和公共秩序构建》,载《中外法学》2019年第4期,第845页。

[2] See Lina M. Khan, Amazon's Antitrust Paradox, 126 Yale L. J. 710, 802 (2017).

[3] See Gianclaudio Malgieri and Bart Custers, Pricing Privacy: The Right to Know the Value of Your Personal Data, 34 Computer L. & Security Rev. 289, 303 (2018); Stacy-Ann Elvy, Paying for Privacy and Personal Data Economy, 117 Colum. L. Rev. 1369 (2017).

[4] See Max N. Helveston, Reining in Commercial Exploitation of Consumer Data, 123 Penn St. L. Rev. 667, 669 (2019).

定与美国支持的数据自由流动主张直接抵触,引发两地政商各界,特别是数字经济巨头的普遍关注。尽管欧美试图通过政府协定,以替代合规的方式降低欧盟数字贸易的制度成本,[①]但相关政府协定——《安全港协议》及其后的《隐私盾框架》均被欧盟法院宣布为非法。[②] 欧盟法院的判决强化而非削弱了欧盟互联网规制的域外管辖效应,也使得欧美的国际合作困难重重。

最后,数字贸易治理中的复杂价值追求、多样化的规制方法与 WTO 体制并行不悖。虽然有学者对 WTO 协定能否成功应对数字经济挑战的能力表示怀疑,[③]但该协定依然是讨论数字贸易问题的适当起点。这不仅体现为各成员在《服务贸易总协定》(GATS)中作出的具体承诺,如果辅之以专家组认可的"技术中立"(technological neutrality)原则,[④]可在一定程度上扩大 GATS 的适用范围,[⑤]还体现为 WTO 体制自身具有的内在灵活性,可通过"一般+例外"的条款组合,容纳各成员数字治理的多样性。WTO 体制的例外体系较为复杂,既有针对特定条款的例外,如 GATT 1994 第 3.8 条关于政府采购的规定和关于补贴的规定,构成对该条所列之国内税和国内法规规定的国民待遇的例外;也有针对特定事项的例外,如 GATT 1994 第 19.1 条关于在不可预见情况下,因进口产品造成严重损害采取保障措施的规定,构成成员方对于该产品作出减让义务的临时例外;还有针对非贸易事项的一般例外,如 GATT 1994 第 20 条列举了 10 项非贸易事项,允许成员方采取贸易限制措

---

① 参见张继红:《个人数据跨境传输限制及其解决方案》,载《东方法学》2018 年第 6 期,第 37 页;张金平:《跨境数据转移的国际规制及中国法律的应对——兼评我国〈网络安全法〉上的跨境数据转移限制规则》,载《政治与法律》2016 年第 6 期,第 136 页。

② See Maximillian Schrems v. Data Protection Commissioner, Case C-362/14, 6 October 2015; Data Protection Commissioner v. Facebook Ireland Limited and Maximillian Schrems, Case C-311/18, 16 July 2020.

③ See Anupam Chander, The Internet of Things: Both Goods and Services, 18 World Trade Rev. s1, s9 (2019).

④ "技术中立"原则的法律地位并未得到上诉机构的正式承认。在 China-Publications and Audiovisual Products 案上诉过程中,欧盟认为,专家组没有援引"技术中立"原则的必要,因为专家组已认定,中国的服务贸易承诺包括"网络音乐服务"的分销。欧盟进一步指出,因为中国主张"网络音乐服务"是一种新的和不同的服务,专家组援引"技术中立"原则就变得无关紧要。See Appellate Body Report on China-Publications and Audiovisual Products, WT/DS363/AB/R (21 December 2009), para. 116.

⑤ See Merit E. Janow and Petros C. Mavroidis, Digital Trade, E-Commerce, the WTO and Regional Frameworks, 18 World Trade Rev. 1, 1-2 (2019).

施,只要此类措施的实施不在情形相同的成员之间构成任意的或不合理的歧视手段,或构成对贸易的变相限制即可;此外,GATT 1994 第 21 条规定了安全例外,旨在维护成员安全利益。与货物贸易协定类似,GATS 也存在特别例外、一般例外和安全例外等条款。问题在于,对于 WTO 协定没有规定,且各成员未在 GATS 中作出承诺的领域,WTO 成员完全可以采取"基于地理位置的方法"(geographically based approach)——数据必须在其产生地受到保护,如需出口数据,目的地国或地区必须证明其拥有同等数据保护水准,对跨境数据流动实施规制。该方法将数据来源地的数据标准作为最低保护标准施加于全球化市场,影响到他国或地区的互联网规制自主权。① 针对 WTO 体制的不足,美国主导建立了《跨太平洋伙伴关系协定》(TPP)和《美国—墨西哥—加拿大协定》(USMCA)体制,专门设置数据条款,规范跨境数据流通的规制行为。在与 WTO 体制的关系上,TPP 缔约方和 USMCA 缔约方的领土之间可基于相关协议形成 GATT 1994 第 24 条项下的自由贸易区,符合 WTO 协定进一步自由化的总体要求。②

当前,面对数字贸易这一新兴事物,WTO 体制因其在贸易规制方面的权威而自然获得了先发优势。在缺乏其他有力竞争体制的前提下,WTO 体制为国际层面协调数字贸易治理行为,促进数字贸易治理合作提供了一个制度平台。③ 除此之外,世界各国还积极利用其他国际合作机制,从技术、政策、经济、制度和法律角度推动数据治理的国际化,并初步形成了多边主义(multilateralism)与多元利害关系方主义(multi-stakeholderlism)相对峙的局面,④互联网治理因此呈现出基本理念对立(自由或威权)、治理者多元(政府、私人部门或市民社会)、法律形式不同(条约或非正式安排)、规范拘束力有别(硬法或软法)的体制复合(regime complex)特征。⑤

除进行技术性基础设施的建构之外,如国际电信联盟(ITU)致力于为信

---

① See Rolf H. Weber, Regulatory Autonomy and Privacy Standards under the GATS, 7 Asian J. WTO & Int'l Health L. & Policy 25, 48 (2012).

② 参见 GATT 1994 第 24.4 条。

③ See In Tae Yoo, New Wine into Old Wineskins? Regime Diffusion by the Powerful from International Trade into Cyberspace, 32 Pacific Focus 375, 381 (2017).

④ See Kal Raustiala, Governing the Internet, 110 Am. J. Int'l L. 491, 492 (2016).

⑤ See Joseph S. Nye, The Regime Complex for Managing Global Cyber Activities, Global Commission on Internet Governance, Novermber 2014, https://www.belfercenter.org/sites/default/files/legacy/files/Global%20Cyber%20final%20web.pdf.

息社会制定国际标准,互联网名称与数字分配机构(ICANN)管理着互联网域名的分配与使用,联合国贸易法委员会(UNCITRAL)处理与云计算有关的身份管理、信任服务和合同事宜,海牙国际私法会议关注与电子商务和互联网交易有关的国际私法规范,OECD、七国集团(G7)、G20、APEC 以及世界银行等均参与制定了数字治理方面的政策或指南。以 G20 的相关举措为例,2016年,G20 在杭州峰会进程中启动了中国担任主席国期间的数字经济政策讨论,G20 成员就数字经济、创新、新工业革命等问题进行了全面讨论。德国发起了首个 G20 数字经济部长级会议,并在 G20 数字经济路线图和部长宣言的基础上,建立了全方位的数字政策。2018 年,阿根廷将重点放在数字政府、数字性别鸿沟、基础设施部署和数字经济衡量指标上,并建立了 G20 数字政策知识库。2019 年 G20 发布的《大阪数字经济宣言》指出,"为了建立信任和促进数据的自由流动,有必要尊重国内和国际的法律框架。这种基于信任的数据自由流动将利用数字经济带来的机遇",并重申了贸易与数字经济交互关系的重要性。G20 的上述举措说明,在着重贸易规制的 WTO 体制之外,国际社会仍积极试图从数字经济治理本身解决数字贸易中的障碍问题。换言之,贸易协定并不必然是解决跨境数据流动问题的唯一途径。

各类国内和国际主体竞相提出相关政策主张,并利用国际机制将之推行于全球的行为深刻地反映出当前互联网治理体制的复合性。在这一过程中,各利益主体从自身利益出发,利用技术性话语的普遍性和中立性,获取、维护和行使其象征权力。因为,无论是贸易体制还是非贸易体制,只要有助于相关利益主体获取话语权,均有可能成为推行相关互联网治理政策的工具。

需要指出的是,国际社会关于数字贸易的国际体制建构并非一蹴而就。关于互联网治理的国际体制越是复杂,则可供各国备选的国际权威资源以及治理模式就越多。[1] 当一些国家通过国际贸易体制中的贸易自由化规范来证成跨境数据流动自由时,另有一些国家可通过国际人权体制中的个人隐私保护规范来说明限制数据处理方式的合理性,还有一些国家可通过类比国际法中的领土概念,将网络空间视为除海、陆、空和太空之外的第五空间,[2] 从维护

---

[1] See Kal Raustiala, Governing the Internet, 110 Am. J. Int'l L. 491, 492 (2016).

[2] 参见方滨兴主编:《论网络空间主权》,科学出版社 2017 年版,第 16 页;US DoD, Strategy for Operating in Cyberspace, US DoD, July 2011, p. 5; US DoD, Cyberspace Operations, US DoD Joint Publication 3-12, February 2013, pp. 1-2.

图 2-1　互联网治理体制的复合性

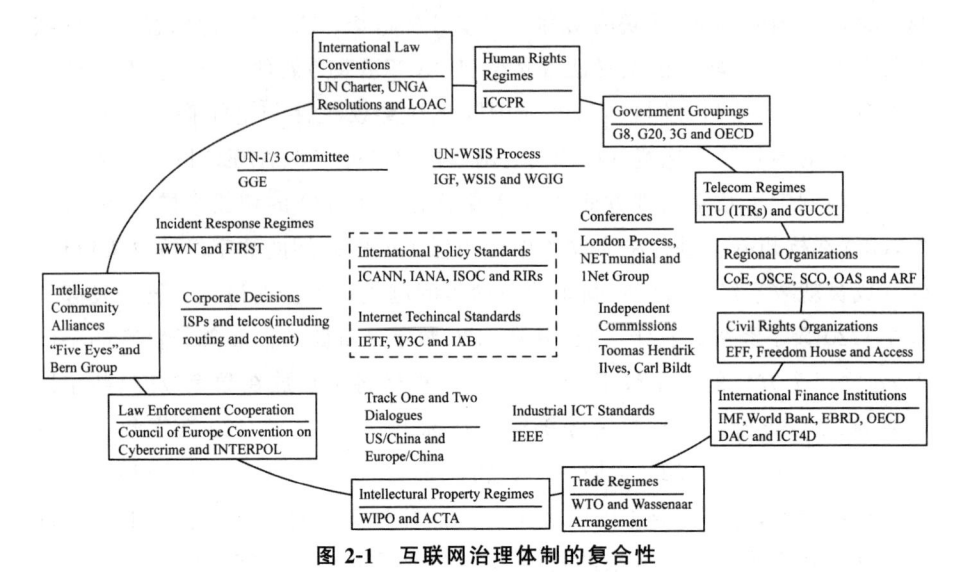

资料来源：Joseph S. Nye, The Regime Complex for Managing Global Cyber Activities, Global Commission on Internet Governance, November 2014, https://www.belfercenter.org/sites/default/files/legacy/files/Global%20Cyber%20final%20web.pdf。

网络安全的角度设置数据本地化要求等。因此，在采取贸易规制话语体系分析数字贸易治理之前，仍需从理论上探讨互联网规制语境下数据保护的特点，及其对数字贸易的影响。

第二节　互联网规制语境下的数据治理

在互联网规制的语境下分析数据治理问题至少涉及三个方面：一是理论层面，关于数据保护问题，各国互联网规制是否存在着共同承认的原则；二是实践层面，各国如何在具体制度层面，践行可能存在的数据保护原则；三是国际层面，是否存在协调各国互联网规制的机制，特别是，是否有可能达成综合性的数据治理条约，以彻底解决各国互联网规制之间的冲突、重叠和缺失问题。

一、数据治理中的"公平信息实践"原则与阵营分立

简便起见，在互联网规制的语境下分析数据治理问题，可从最为普遍的一个市场现象——个人同意公司使用其个人数据出发。相关"通知和选择"

(notice and choice)的实践由来已久,并成为数字经济的标准商业模式,[①]但是,由于互联网用户与数据处理人之间存在知识差距,前者很难真正知道或考虑其个人数据会被如何使用。即便互联网用户能够阅读并且理解隐私条款中的复杂术语和可能风险,面对强制性的"接受或离开"选项,只能被迫同意隐私条款,陷入所谓的"同意谬论"(consent fallacy)。[②] 当个人数据可被个人电脑、网络服务器及访问网站等系统收集、存储和分析时,互联网会大大强化个人信息的质量、数量和可访问性,原本由个人可控的数据匿名空间因此而急剧缩减。随着个人数据的决策权越来越多地从个人转向私人组织和公共机构,个人隐私信息很难再由个人排他控制,转而成为当代文明社会的重要构成要素。[③]

表 2-1　美国主要互联网企业协议标准条款

	Google	Facebook	Yahoo	Amazon	Twitter	YouTube
Unfettered right of provider to access user data	✓	✓	✓	✓	✓	✓
Access to private chat, emails	✓	✓	✓	✓	✓	✓
Access to location, GPS, IP address, Wi-Fi points and cell towers without further user consent	✓	✓	✓	✓	✓	✓
Right to delete any user data without notice	✓	✓	✓	✓	✓	✓
Right to modify any user data without notice	✓	✓	✓	✓	✓	✓
Right to share user data with law enforcement	✓	✓	✓	✓	✓	✓

---

① 此类"通知和选择"的商业实践早在 20 世纪 70 年代就出现于美国市场。See Joel R. Reidenberg, Travis Breaux, Lorrie Faith Cranor, Brian French, Amanda Grannis, James T. Graves, Fei Liu, Aleecia McDonald, Thomas B. Norton, Rohan Ramanath, N. Cameron Russell, Norman Sadeh and Florian Schaub, Disagreeable Privacy Policies: Mismatches Between Meaning and User's Understanding, 39 Berkeley Tech. L. J. 39, 43-46 (2015).

② See Paul M. Schwartz, Privacy and Democracy in Cyberspace, 52 Vand. L. Rev. 1609, 1660 (1999).

③ See Robert C. Post, The Social Foundations of Privacy: Community and Self in the Common Law Tort, 77 Calif. L. Rev. 957, 959 (1989).

(续表)

	Google	Facebook	Yahoo	Amazon	Twitter	YouTube
Right to share user data with advertisers without user opt-out	✓	✓	✓		✓	✓
No clearly stated deletion policy for user data and metadata	✓	✓	✓	✓		
California law exclusive jurisdiction	✓	✓			✓	✓
No right for EU citizens to elect for home court	✓	✓	✓		✓	✓
Unfettered right for provider to unilaterally change terms	✓	✓	✓	✓	✓	✓
Community standards include right to take down material that is not illegal in provider's home country	✓	✓	✓	✓	✓	✓

资料来源：Emily Taylor, The Privatization of Human Rights: Illusions of Consent, Automation and Neutrality. Global Commission on Internet Governance, January 26 2016, https://www.cigionline.org/sites/default/files/gcig_no24_web_2.pdf.

在新的权力结构之下，基于自由主义理念和对个人人格的尊重，通过美化个人自由选择而无视实际的条件限制，期望完全通过个人自治来保护个人数据的个人管理模式（individual stewardship），包括利用现有侵权法机制维护数据主体权利已不再现实。[①] 故有理论提出，为规避个人管理模式下的"自治陷阱"（autonomy trap），防止陷入"数据隔离骗术"（data seclusion deception），以及为保护具有社会公共价值或正外部性的个人数据，应引入新型数据管理模式（data stewardship）。在新的管理模式下，个人数据主体的同意不应成为市场主体收集、存储、分析和应用数据的合法通行证，互联网公司应承担相应的法律责任，满足个人数据主体关于隐私领域的合法期待。[②] 而不管采取何种具体的管制模式——市场选择、产业自治或法律强制，均应遵守所谓的"公平信息实践"（fair information practices, FIPs）四原则：(1) 限制

[①] See Jerry Kang, Information Privacy in Cyberspace Transactions, 50 Stan. L. Rev. 1193, 1218 (1988).

[②] See Nicholas F. Palmieri Ⅲ, Data Protection in an Increasingly Globalized World, 94 Ind. L. J. 297, 300 (2019).

使用个人数据的确定义务;(2) 透明的处理系统;(3) 授予个人有限的程序和实体权利;(4) 独立外部监督等。①

内容上,该四项原则与1973年美国卫生、教育与福利部在《录音、计算机与公民权利》(Records,Computers, and the Rights of Citizens)报告中提出的"公平信息实践法则"(Code of Fair Information Practice)所立基的五项原则——不得存在秘密的个人数据保存系统;个人有权知道他人收集和使用关于自己的信息;未经同意,个人有权拒绝个人信息用于其他目的;应有途径便于个人更正不准确的信息;信息组织有义务保证数据的可靠性和防止滥用数据,②与1980年OECD《关于保护隐私和个人数据国际流通的指南》所确立的八项原则——限制收集原则、数据质量原则、目的明确原则、限制使用原则、安全保障原则、公开原则、个人参与原则、问责原则,③与1981年1月28日欧洲理事会各成员国签署的《个人数据自动化处理中的个人保护公约》(又称《108号公约》)的诸项要求——数据处理的合法性和数据质量、数据安全、数据处理的透明度、数据主体参与等,④存在诸多相近和重合之处。

---

① See Paul M. Schwartz, Privacy and Democracy in Cyberspace, 52 Vand. L. Rev. 1609, 1670-1680 (1999).

② See Records, Computers and the Rights of Citizens, Report of the Secretary's Advisory Committee on Automated Personal Data Systems, 30 June 1973, https://aspe.hhs.gov/reports/records-computers-rights-citizens.

③ See Michael Kirby, The History, Achievement and Future of the 1980 OECD Guidelines on Privacy, 1 Int'l Data Privacy L. 6, 6-14 (2011). 2013年7月11日,OECD发布了《关于保护隐私和个人数据国际流通的指南的建议》,对1980年指南进行修订。基于风险管理方法,修订版本关注在实践中如何加强隐私保护。2013年指南提出各成员国应当建立"隐私执法机构",并要求能够具备有效行使权力的管理机构、专家和相关资源,以便于实施隐私执法机构的权力和职能,作出客观、公正和有持续效力的决定。在新设的"实施责任"中,2013年指南引入两个重要概念:隐私管理计划和数据泄露通知。前者要求数据控制者必须针对其自身特殊性制定隐私管理计划,确保其有效控制和实施2013年指南的规定;后者要求数据控制者在发生重大安全事故时应当及时通知执法机构或其他有关机构。See OECD, The OECD Privacy Framework (2013), http://www.oecd.org/sti/ieconomy/oecd_privacy_framework.pdf.

④ 1981年,欧洲理事会发布了《个人数据自动化处理中的个人保护公约》(Convention for the Protection of Individuals with regard to Automatic Processing of Personal Data)。该公约在欧洲理事会《欧洲条约集》中编号108,故被称为《108号公约》。该公约旨在以立法手段创设统一规则与标准,针对缔约方管辖范围内的所有个体(不论其国籍或住所地)的隐私和个人数据进行有效的保护。经过数次修订后,《108号公约》除了向欧洲理事会成员国和欧盟开放外,也开始面向非欧洲国家以及国际组织开放签署。1999年,欧洲理事会针对《108号公约》进行了首次修订;2001年,欧洲委员会对这一公约进行了补充,加入了《有关监管机构和跨境数据流通的附加协定》;2012年,欧洲理事会去掉了针对"个人数据处理"中的"自动化"限定,扩大了《108号公约》的适用范围;2018年,乌拉圭与20个欧洲理事会成员国签署了一项欧洲理事会条约,作为公约的修订议定书。

表 2-2　OECD《关于保护隐私和个人数据国际流通的指南》原则

	Procesing		
	Collection	Use	Other Procssing
Data Arturity		(including relying on or consulting personal deta for decision making or other assessment concerning an individual, using personal data to create or infer other personal data, and disclosing or disseminating personal data to a third party)	(including storage and destruction)
Principle	Collection Principle; Special Principle for Government Collection		
		Use Principle	
		Data Quality Principle	
		Individual Participation Principle	
	Openness Principle		
	Security Safeguards Principle		
	Accountability Principle		
	Enforcement Principle		

资料来源：Fred H. Cate, Peter Cullen and Viktor Mayer-Schönberger, Data Protection Principles for the 21st Century, Revising the 1980 OECD Guidelines, March 2014, https://www.repository.law.indiana.edu/cgi/viewcontent.cgi?article=1022&context=facbooks。

问题是，即便各国承认上述诸项原则，在具体的制度建构层面，不同的体制也会尝试采取不同的方式来规制数据保护问题，从而在对信息主体的赋权方面以及对信息控制者施加责任方面存在较大差异。[①] 根据各国具体做法，数据治理大致可被划入自由主义和主权主义两大阵营。前者认为互联网是一个新兴的跨国空间，应该通过自愿参与的方式，实施以利害关系方为基础的私人自治，给予个人、企业和市民社会组织尽可能多的自由，鼓励互联网的发展。国家仅限于提供安全保障，并在必要时执行规则。旨在维护国家权威的

[①] 参见丁晓东：《论个人信息法律保护的思想渊源与基本原理——基于"公平信息实践"的分析》，载《现代法学》2019 年第 3 期，第 102—103 页。

政府间国际组织被认为过于注重现状,无法实现这一目标。与之相关的基本意识形态是自由市场和多元公民社会思想的结合。后者则将互联网视为威胁,认为应由政府间国际组织实施管理,保护主权与核心的国内价值观和目标,免受国内或国际行为者利用互联网造成不法侵害,而企业、市民社会或专家最多只能发挥咨询作用。与之相关的基本意识形态是各国政府在不受外部干预和限制的情况下决定国内政策,并在主权平等的基础上缔结国际协定。[1]

将互联网治理划分为两大阵营主要基于这样一种认识,即尽管存在着多样化的社会目的、制度架构和社会及法律规范,但这些具体治理元素往往是相互构建,构成一个整体的。即使两个国家关于互联网治理的具体实践存在较大差异,但依然可以根据其整体风格而划入同一阵营,从而存在国际层面进一步合作的可能。作为分析的第一步,有必要讨论主要国家关于数据治理的具体实践与整体风格。

表 2-3 互联网治理的两大阵营

冲突	自由主义	主权主义
制度	• 私人或多元利害关系方 • 制度性现状 • 西方制度 • 基于共识的包容性慎议	• 政府间 • 制度变迁 • 联合国或非西方制度 • 国家否决权,一国一票
规范	• 个人人权 • 言论自由 • 信息自由流动 • 普世价值 • 非碎片化和全球互联网	• 国家权力 • 信息安全 • 领土完整、国内稳定 • 国家主权 • 国家互联网分割

资料来源:王明国:《全球互联网治理的模式变迁、制度逻辑与重构路径》,载《世界经济与政治》2015 年第 3 期;郎平:《国际互联网治理:挑战与应对》,载《国际经济评论》2016 年第 2 期;张新宝、许可:《网络空间主权的治理模式及其制度构建》,载《中国社会科学》2016 年第 8 期。

二、中美欧数据治理的法律实践

(一)欧盟数据治理的法律实践

在欧盟的法律体制下,个人数据保护被视为一项基本权利。[2] 早在 1975

---

[1] See Daniëlle Flonk, Markus Jachtenfuchs and Anke S. Obendiek, Authority Conflicts in Internet Governance: Liberals vs. Sovereigntists? 9 Global Constitutionalism 364, 366 (2020).

[2] See Consolidated Version of the Treaty on the Functioning of the European Union Art. 16, 26 October 2012, 2012 O. J. (C 326) 47; The Charter of Fundamental Human Right of the European Union, 18 December 2000, 2000 O. J. (C 364) 1.

年,欧洲议会就曾对仍处于起步阶段的自动化数据过程中的个人数据保护问题表达过政策关切。[1] 1995 年,当欧洲议会和理事会通过《保护个人享有的与个人数据处理有关的权利以及个人数据自由流动的指令》(以下简称"95 指令")时,只有 1% 左右的欧洲人使用互联网。[2] "95 指令"以 1981 年欧洲理事会《个人数据自动化处理中的个人保护公约》所拟定的原则为基础,规定了公正合法处理、目的明确和限制、信息准确、存储限制、知情同意、特殊数据的处理、保障安全等原则,旨在协调个人隐私权保护与数据自由流通之间的紧张关系。尽管大部分成员国均依据该指令颁布了国内数据保护法,然而,各成员国具体实施和适用"95 指令"时存在较大的差异。在一份审查报告中,欧盟委员会指出,虽然"95 指令"的实施初步完成了消除成员国之间个人数据自由流动障碍这一主要目标,且提高了各国个人数据保护水准,但在为经营者提供公平竞争环境方面,为促进良好治理和竞争性而简化规制环境方面,以及促进而非阻碍欧盟内部跨境活动方面,受各国实施差异的影响,"95 指令"仍有较大提升空间。[3]

随着互联网社交平台的发展,大量个人数据被各类数字企业收集、处理、交易和使用,"95 指令"的相关规定明显滞后。2012 年,欧盟开始制定具有直接适用效力的《通用数据保护条例》(GDPR),[4]并于 2018 年 5 月 25 日正式生效。[5] 针对个人数据的处理,GDPR 确立了七项原则:(1) 合法、公平、透明原则;(2) 目的限定原则,即出于特定、明确、合法的目的收集个人数据,进一步处理不得有悖于前述目的,除非符合公共利益、科学研究等正当目的;(3) 数据最小化原则,即所收集、处理的个人数据之于其处理目的,应当准确、相关、

---

[1] See Resolution on the Protection of the Rights of the Individual in the Face of Developing Technical Progress in the Field to Automatic Data Processing, 1975 O. J. (C 60) 48.

[2] See O. Lynskey, The Foundations of EU Data Protection Law, Oxford University Press, 2016, p. 4.

[3] See Report from the Commission, First Report on the Implementation of the Data Protection Directive (95/46/EC), Brussels, 15 May 2003, COM(2003) 265 final.

[4] See Proposal for a Regulation of the European Parliament and of the Council on the Protection of Individuals with Regard to the Processing of Personal Data and on the Free Movement of Such Data (General Data Protection Regulation), pp. 1, 6, 25 January 2012, COM(2012) 11 final.

[5] See Regulation (EU) 2014/679, On the Protection of Natural Persons with Regard to the Processing of Personal Data and On the Free Movement of Such Data, and Repealing Directive 95/46/EC (General Data Protection Regulation), 2016 O. J. (L. 119), Art. 94.

必要;(4)准确原则,即确保个人数据准确、及时更新;(5)有限留存原则,即除非符合公共利益、科学研究等正当目的,否则对个人数据的留存期限不能超过其处理目的;(6)完整、机密原则,即用技术手段确保个人数据安全,不被非法处理、窃取、损毁等;(7)责任原则,即控制者应当遵守前述六项原则并承担责任。此类原则与前述"公平信息实践"诸原则有诸多重合之处。

值得注意的是,GDPR 的适用范围不仅限于欧洲成员国,通过属人管辖(数据控制者、数据处理者在欧盟有营业场所的,不论数据处理行为发生在欧盟境内还是境外)、属地管辖(数据控制者、数据处理者未在欧盟设立营业场所,但向欧盟的数据主体提供商品或者服务,或者被追踪的网络行为发生在欧盟的),以及国际管辖(虽然数据控制者、数据处理者未在欧盟设立营业场所,但是根据国际公法应当适用欧盟成员国法律的)等管辖权原则,GDPR 的相关规定可被扩张适用到全球。

虽然 GDPR 序言明确指出,对个人数据的保护应当平衡新闻自由、表达自由、商业自由等权利,符合比例原则、法益平衡原则等法律的基本原则,但相对于其他国家互联网规制法律而言,其关于数据主体的权利性规定,数据控制者、处理者的义务性规定以及个人数据跨境转移规则等均向维护个人数据权利倾斜。借助 GDPR 的域外适用规定,这一数据保护体制在全球产生了广泛影响。

(二)中国数据治理的法律实践

与欧盟类似,中国也采取综合立法模式,调整数据治理问题。但有所不同的是,中国立法者更为关注网络安全问题。随着对计算机、信息化和互联网认识的不断深入,中国对于网络安全的保护也呈现出不断演进的状态。

早期的 1994 年《中华人民共和国计算机信息系统安全保护条例》[1]、1996 年《中华人民共和国计算机信息网络国际联网管理暂行规定》(以下简称《计算机信息网络国际联网管理暂行规定》)[2]等,并没有明确的关于个人数据保护的规定,个人数据只有在涉及保护计算机信息系统的安全或危害到国家安

---

[1] 《中华人民共和国计算机信息系统安全保护条例》(1994 年 2 月 18 日中华人民共和国国务院令第 147 号发布,根据 2011 年 1 月 8 日《国务院关于废止和修改部分行政法规的决定》修订)第 1—4 条。

[2] 1996 年 2 月 1 日中华人民共和国国务院令第 195 号发布,根据 1997 年 5 月 20 日《国务院关于修改〈中华人民共和国计算机信息网络国际联网管理暂行规定〉的决定》修正。

全,泄露国家秘密时,才会得到附属保护。

其后,1997年《计算机信息网络国际联网安全保护管理办法》[①]、2000年《全国人民代表大会常务委员会关于维护互联网安全的决定》[②]、2000年《互联网信息服务管理办法》[③]等,开始提及对个人权利的保护,但显然不是立法重点。及至2012年,在《国务院关于大力推进信息化发展和切实保障信息安全的若干意见》[④]中,"大力推进信息化发展,切实保障信息安全"仍是政府关注的重点。

值得注意的是,2012年《全国人民代表大会常务委员会关于加强网络信息保护的决定》[⑤]明确提出,"国家保护能够识别公民个人身份和涉及公民个人隐私的电子信息"。2016年《网络安全法》[⑥]出台,第四章专门就网络信息安全问题作出规定,包括:"网络运营者收集、使用个人信息,应当遵循合法、正当、必要的原则,公开收集、使用规则,明示收集、使用信息的目的、方式和范围,并经被收集者同意";"网络运营者不得泄露、篡改、毁损其收集的个人信息;未经被收集者同意,不得向他人提供个人信息";"网络运营者应当采取技术措施和其他必要措施,确保其收集的个人信息安全,防止信息泄露、毁损、丢失";"个人发现网络运营者违反法律、行政法规的规定或者双方的约定收集、使用其个人信息的,有权要求网络运营者删除其个人信息;发现网络运营者收集、存储的其个人信息有错误的,有权要求网络运营者予以更正。"等。从内容上看,此类规定基本体现了"公平信息实践"诸原则的要求,但在制度设计层面与欧盟存在较大不同。比如,《网络安全法》对网络经营者施加了数据管理责任的同时,没有建立一个透明的可操作的体系,允许网络经营者就数据处理的损害和收益作出准确评估。

《中华人民共和国数据安全法(草案)》和《中华人民共和国个人信息保护

[①] 《计算机信息网络国际联网安全保护管理办法》(1997年12月11日国务院批准,1997年12月16日公安部令第33号发布,根据2011年1月8日《国务院关于废止和修改部分行政法规的决定》修订)第7条。

[②] 2000年12月28日第九届全国人民代表大会常务委员会第十九次会议通过,根据2009年8月27日第十一届全国人民代表大会常务委员会第十次会议通过的《关于修改部分法律的决定》修正。

[③] 《互联网信息服务管理办法》(2000年9月25日中华人民共和国国务院令第292号公布,根据2011年1月8日《国务院关于废止和修改部分行政法规的决定》修订)第15条。

[④] 国发〔2012〕23号。

[⑤] 2012年12月28日第十一届全国人民代表大会常务委员会第三十次会议通过。

[⑥] 2016年11月7日第十二届全国人民代表大会常务委员会第二十四次会议通过。

法(草案)》分别于 2020 年 7 月、10 月相继公布并公开征求社会公众意见。这两部法律草案旨在构建数据安全领域和个人信息保护领域的基础性法律体系。2021 年 6 月 10 日第十三届全国人民代表大会常务委员会第二十九次会议通过《中华人民共和国数据安全法》。该法第 3 条将数据安全界定为"……通过采取必要措施,确保数据处于有效保护和合法利用的状态,以及具备保障持续安全状态的能力"。根据该法第 8 条,"开展数据处理活动,应当遵守法律、法规,尊重社会公德和伦理,遵守商业道德和职业道德,诚实守信,履行数据安全保护义务,承担社会责任,不得危害国家安全、公共利益,不得损害个人、组织的合法权益"。第 11 条则提出:"国家积极开展数据安全治理、数据开发利用等领域的国际交流与合作,参与数据安全相关国际规则和标准的制定,促进数据跨境安全、自由流动。"据此,数据自由流通问题与数据跨境安全问题相互关联,密不可分。2021 年 8 月 20 日第十三届全国人民代表大会常务委员会第三十次会议通过《中华人民共和国个人信息保护法》。该法第 3 条明确规定:"在中华人民共和国境内处理自然人个人信息的活动,适用本法。"第 12 条规定:"国家积极参与个人信息保护国际规则的制定,促进个人信息保护方面的国际交流与合作,推动与其他国家、地区、国际组织之间的个人信息保护规则、标准等互认。"由此,个人信息保护既具有国内规制面向,也有国际合作维度。

(三) 美国数据治理的法律实践

与欧盟和中国不同,迄今为止,美国缺乏一部综合性法律处理个人数据保护问题,而是倾向于使用"隐私"(privacy)一词涵盖数据保护问题。[①] 隐私权在美国法律制度下呈现不同的样态,并可大致分为公权限制和私权限制两个部分。

就公权限制而言,美国宪法未言及隐私保护,关于隐私保护的宪法权利

[①] 在很大程度上,美国隐私权是被理论建构的。1890 年,在《论隐私权》(The Right to Privacy)一文中,沃伦(Samuel D. Warren)和布兰代斯(Louis D. Brandeis)提出,隐私作为"不受干涉的权利"应当受到法律保护[Samuel D. Warren and Louis D. Brandeis, The Right to Privacy, 4 Harv. L. Rev. 193 (1890)];普洛瑟(William Prosser)提出了四种形式的隐私侵权[Daniel J. Solove and Neil M. Richards, Prosser's Privacy Law: A Mixed Legacy, 98 Calif. L. Rev. 1887 (2010)],即对私人事务的公开披露、侵犯个人生活安宁、对个人的虚假曝光和宣传以及盗用姓名或类似行为等,沿用至今。

主要通过案例法加以建构。[1] 早期的国会立法，如1967年《信息自由法》[2]、1974年《隐私法》[3]等，主要规范政府处理个人信息的行为，从消极自由的角度平衡隐私权保护与个人信息利用之间的关系，其适用范围相当狭窄。

就私权限制而言，联邦层面的法律大致可以分为一般限制和行业限制两类。其中，一般限制主要体现为对消费者隐私的法律保护。如1914年《联邦贸易委员会法》赋予联邦贸易委员会（FTC）执行联邦层面的法律和隐私保护条例的权力，避免消费者受到不公平的待遇或欺诈行为（unfair or deceptive trade practices）。经过多年发展，FTC已经成为美国管辖范围最广、最具影响力的信息隐私执法机构。[4] 行业限制主要涉及通信、营销、金融、教育和医疗等大量、密集和持续收集、存储和使用个人数据的行业。除此之外，美国还就特殊主体——儿童的隐私保护问题立法，如1998年《儿童在线隐私保护法》[5]、2000年《儿童在线隐私保护规则》[6]等，均规定儿童的家长享有随时访问已被收集到的儿童信息并随时撤回同意的权利。

除联邦法之外，美国各州也在本身权限之内制定了保护个人隐私的法律。其中，最受关注的是2018年《加利福尼亚州消费者隐私法》（CCPA）[7]。在具体内容上，与联邦的分散立法相反，该法对个人信息采取了全面保护方式，可谓"加州版的GDPR"，主要体现为：适用范围更为普遍，所有收集加州消费者个人信息的企业均受其约束；受保护的个人信息范围更为宽泛，扩展到消费者的"个人和家庭"；数据主体权利对企业处理个人信息的行为有更大的控制权，包括个人信息收集知情权、访问权、删除权、信息披露权、退出选择权、非歧视权等。与GDPR不同，CCPA没有将隐私权视为基本人权，未对数据收集目的施加要求；CCPA仅调整企业和消费者之间的个人信息保护问题，未将相关义务扩展至个人、非营利组织或政府；CCPA项下受到影响的个人缺

---

[1] See e.g. Griswold v. Connecticut, 381 U. S. 479 (1965); Katz v. United States, 389 U. S. 347 (1967); Fisher v. United States, 425 U. S. 391 (1976); Sorrell v. IMS Health Inc., 564 U. S. 552(2016).

[2] The Freedom of Information Act, 5 U. S. C. § 552.

[3] The Privacy Act of 1974, 5 U. S. C. § 552a (2012).

[4] See Daniel J. Solove and Woodrow Hartzog, The FTC and the New Common Law of Privacy, 114 Colum. L. Rev. 583, 587 (2014).

[5] Children's Online Privacy Protection Act of 1998, 15 U. S. C. 6501-6505.

[6] Children's Online Privacy Protection Rule, 16 CFR Part 312.

[7] California Consumer Privacy Act of 2018, Cal. Civ. Code § § 1798.100-1798.199.

乏私人诉权来维护自身权利等。①

尽管美国联邦层面碎片化的个人数据保护立法饱受诟病,且已有相关提案提交国会,②但美国近期制定统一联邦立法的可能性不大。在联邦层面,美国仍主要依赖于私人部门的行业自治和 FTC 的行政执法来保护个人隐私。前者关注数据处理者的行为,要求企业参照美国国家标准与技术研究院(NIST)发布的网络安全框架,根据自身需求加强网络安全防御;后者关注数据主体的权利,除通过发布和解协议(consent decrees),界定"可接受的数据安全实践"之外,③还就公司将消费者个人数据置于不合理风险的行为提起诉讼,以强化数据权利的执法与保护。

表 2-4 美国隐私保护行业性法律

行业	法规	个人隐私保护
通信	1984 年《有线通信政策法》④	禁止运营商未经事先同意,使用其通信系统收集用户的"个人身份信息"(personally identifiable information)
	1986 年《电子通信隐私法案》⑤	禁止未经授权的第三方窃听、截取、访问或泄露通信,成为美国网络个人数据保护的主要联邦法律渊源
	1988 年《录像带隐私保护法》⑥	禁止运营商未经事先同意,使用其通信系统收集用户的"个人身份信息"
	1992 年《有线电视消费者保护和竞争法》⑦	禁止运营商未经事先同意,使用其通信系统收集用户的"个人身份信息"

---

① See Anupam Chander, Margot E. Kaminski and William McGeveran, Catalyzing Privacy Law, 105 Minn. L. Rev. 1733, 1755-1761 (2021).

② 如 2019 年 2 月 27 日,在参议院提出的《数字问责制和透明度促进隐私法案》(Digital Accountability and Transparency to Advance Privacy Act or the DATA Privacy Act);2019 年 4 月 11 日,在参议院提出的《隐私权利法案》(Privacy Bill of Rights Act)等。

③ See Stuart L. Pardau and Blake Edwards, The FTC, the Unfairness Doctrine, and Privacy by Design: New Legal Frontiers in Cybersecurity, 12 J. Bus. & Tech. L. 227, 229 (2017).

④ Cable Communications Policy Act, 47 U.S.C. §551(a)-(h).

⑤ Electronic Communications Privacy Act of 1986, 18 U.S.C. §§ 2510-2523, P.L. 99-508; Charles Doyle, Privacy: An Overview of the Electronic Communications Privacy Act, Congressional Research Service, 7-5700, R41733(2012), https://fas.org/sgp/crs/misc/R41733.pdf. 2017 年 2 月,美国众议院通过了《电子邮件隐私法》(Email Privacy Act),更新了 1986 年《电子通信隐私法案》。

⑥ Video Privacy Protection Act of 1988, Pub. L. 100-618, Nov. 5, 1988, 102 Stat. 3195.

⑦ The Cable Television Consumer Protection and Competition Act of 1992,修订了 1984 年《有线通信政策法案》,后者修订了 Communications Act of 1934。

(续表)

行业	法规	个人隐私保护
营销	1991年《电话消费者保护法》[1]	禁止未经用户同意的电话营销
	1991年《反垃圾邮件法》[2]	规范出于营销目的而对电子邮件地址进行收集和使用
	2003年《禁止呼入法》[3]	禁止未经用户同意的电话营销
	2016年《宽带和其他电信服务中用户隐私保护规则》[4]	建立一个透明、可选择的数据安全框架,为敏感消费者信息提供符合期望的强化保护
金融	1970年《公平信用报告法》[5]	要求各种针对有关消费者信用报告的活动,应当以公正、合理的方式进行,并尊重其隐私权
	1999年《金融服务现代化法》[6]	金融机构有义务维护从客户那里收集来的与金融服务有关的"非公开个人信息"的安全,并限制它们使用和披露该类信息
教育	1974年《家庭教育权利及隐私法案》[7]	为学生家长和符合条件的学生提供监管和修正教育记录的权利
	1975年《残疾人教育法》[8]	为接受特殊教育和相关服务的学生提供额外隐私保护
医疗	1996年《健康保险便利和责任法》[9]	明确了受保护健康信息的概念和范围,制定了一系列安全标准和隐私规则

---

[1] Telephone Consumer Protection Act,47 U.S.C. § 227.

[2] CAN-SPAM Act of 2003,15 U.S.C. § 7704(a).

[3] Do-Not-Call Implementation Act of 2003,Pub. L. No. 108-10,117 Stat. 557 (2003),codified at 15 U.S.C. § 6101.

[4] Protecting the Privacy of Customers of Broadband and Other Telecommunications Services, Federal Communications Commission on 12/02/2016,81 FR 87274.

[5] Fair Credit Reporting Act of 1970,15 U.S.C. § 1681 (2018). 立法背景可参见高晋康、胡涌:《美国〈公平信用报告法〉(FCRA)及其判案一瞥》,载《中国商法年刊》2002年第2卷,第178—179页。

[6] Financial Services Modernization Act (Gramm-Leach-Bliley Act),Pub. L. 106-102,Nov. 12,1999,113 Stat. 1338. See Timothy J. Yeager,Fred C. Yeager and Ellen F. Harshman,The Financial Services Modernization Act: Evolution or Revolution? 59 J. Eco. & Bus. 313,315 (2007).

[7] The Family Educational Rights and Privacy Act of 1974,20 U.S.C. § 1232g; 34 CFR Part 99.

[8] 《残疾人教育法》(Individuals with Disabilities Education Act)原名1975年《残疾儿童教育法》(Education for All Handicapped Children Act),1990年更名。

[9] The Health Insurance Portability and Accountability Act of 1996,P. L. 104-191.

上述分析表明,即便各国就个人数据治理的基本原则达成共识,受政治结构、法律传统、社会发展阶段、政策考量等诸多因素的影响,并不存在一个单一的最优规制方案和法律形式。① 数字经济规制语境下的数据保护问题,仍不可避免地分为中美欧三大阵营。通过互联网规制来协调数字贸易规则或促进各国在数字贸易规则方面的合作并非坦途一片。

三、综合性国际数据治理条约前瞻

在数字化转型已经深入到经济、政治和社会方方面面的数字时代,②数据跨境流动无时无刻不在,而各国不同的互联网规制框架难以适应数据天然流动的特性,引发规制冲突、重叠和缺失等问题。为缓解这一典型的数据国际化与规制本地化间的错配现象,要么是数据跨境流动迁就各国互联网规制要求,进而严重阻碍数字经济全球化的进程,要么是各国互联网规制框架作出调整,适应数据跨境流动的需求。一言以蔽之,数据全球化要求规制全球化。虽然同为全球化,因为所要全球化的客体在性质上截然不同,其路径也有所不同。比如,借助成熟的数字技术和发达的数字服务基础设施,在技术层面,数据跨境流动已无障碍;反之,在国家主权平等、独立、自主的理念下,任何规制全球化的决策都会涉及国家主权的扩展或伸缩,牵涉重大的政治决策。因此,在面对数据保护、数据跨境流动以及国家主权维护等问题时,各国必须结合本国具体情况,考虑其他国家具体规制实践以及国际体制现状,在经济利益获取、网络安全保障、个人隐私保护之间寻求最佳平衡。

从各国规制机构的角度而言,规制全球化是规制机构将其规制范围进行国际化扩展以维护其规制权限的过程及其产物。在国际层面,规制全球化既可表现为一国规制者单方面将本国的规制要求域外适用;又可表现为一国通过与其他国家之间签署协定,协调各国规制行为,以及寻求更高层次的规制合作;还可以表现为各国规制者之间组成国际规制机构,由后者发布国际最低规制标准。在这一过程中,各国规制者将从自身利益出发承担国际制度建构者的角色。具体表现为以下三种类型:

---

① See e. g. Paul M. Schwartz, Preemption and Privacy, 118 Yale L. J. 908 (2009).
② 如《中华人民共和国国民经济和社会发展第十四个五年规划和 2035 年远景目标纲要》(2021年 3 月 12 日)第五篇"加快数字化发展 建设数字中国"提出,应打造数字经济新优势、加快数字社会建设步伐、提高数字政府建设水平。

首先,当规制者意识到其权力受到威胁时,它们会作出积极回应,在国际层面形成"规制卡特尔化"(regulatory cartelization)来应对规制事项全球化的挑战。特别是,当外在的技术革新使得规制者赖以生存的规制体制变得过时或不相关时,或当被规制企业通过分而治之策略("divide and conquer" strategy)进行规制套利时,其自然反应是本身作出调整,相互协调,继续维护其规制权力。[1]

其次,规制者还可利用其他国家对于本国在政治、经济、军事、技术、文化等方面的依赖,借助全球化网络机制,行使有效监督和制约,成功地将本国规制体制输出到他国,[2] 在国际层面形成以本国法为基础的"规制帝国主义"。[3]

最后,规制者还可将国际规制和合作机制作为稳固自身在本国政治地位的工具。从国际法在国内实施的角度考察,国际硬法与软法的区别在于,如果一国不在国内实施国际硬法,将承担相应的国际法责任,而后者能否实施以及如何实施,将依赖国内机构的政策裁量。[4] 规制者可利用灵活的国际软法国内实施机制,获得相对于本国其他规制者的正当性优势。

当前,欧洲互联网规制者借助本国市场对于全球数字经济企业的吸引力,扩展适用 GDPR,形成了"规制帝国主义";美国利用 USMCA,将本国的互联网规制法律上升到国际条约,形成了"规制卡特尔化";中国则加入《区域全面经济伙伴关系协定》(RCEP),将互联网规制限定在相对狭义的电子商务领域。上述三类互联网规制国际化策略对于在国际层面形成综合性的国际数据条约,启示性意义并不相同。

就欧盟实践而言,其成功的核心在于欧盟拥有无可替代的市场,正是通过欧盟市场在国际市场的中枢地位,借助强势的域外管辖立法,欧盟的互联

---

[1] See Jonathan R. Macey, Regulatory Globalization as Response to a Regulatory Competition, 52 Emory L. J. 1353, 1354 (2003).

[2] See Henry Farrell and Abraham L. Newman, Weaponized Interdependence: How Global Economic Networks Shape State Coercion, 44 Int'l Security 42, 49 (2019).

[3] See Kristina St. Charles, Regulatory Imperialism: The Worldwide Export of European Regulatory Principles of Credit Rating Agencies, 19 Minn. J. Int'l L. 399, 401 (2010).

[4] See Kenneth W. Abbott and Duncan Snidal, Hard and Soft Law in International Governance, 54 Int'l Org. 421, 427, 430 (2000); Jean Galbraith and David Zaring, Soft Law as Foreign Relations Law, 99 Cornell L. Rev. 735, 749 (2014); Benedict Kingsbury, Nico Krisch and Richard B. Stewart, The Emergence of Global Administrative Law, 68 L. & Contemporary Prob. 15, 17 (2005).

网规制才会具有所谓的"布鲁塞尔效应"(Brussels effect)。① 这意味着，GDPR 的"规制帝国主义"将局限于欧盟市场影响范围之内。除非欧盟作出实质性妥协，②否则世界各主要国家之间很难达成综合性的国际数据条约。

就美国实践而言，在 WTO 协定之外，其所签订的 USMCA 就互联网规制问题作出了详细的规定，强调跨境数据自由流动，具有典型的"美国优先"特征。新协定中还加入了针对非市场经济国家的"毒丸条款"，要求一个国家在与非市场经济体进行贸易谈判时，应通知协议的成员国。这意味着墨西哥、加拿大两国未来的贸易自主权受到极大限制。③ 虽然美国政府将 USMCA 标榜为"21 世纪最高标准的贸易协定"，并将之作为范本向全球推广，但其"美国优先"加"毒丸条款"的制度框架决定了，世界各国很难以 USMCA 为基础，达成一个综合性的国际数据条约。

就中国实践而言，RCEP 中关于电子商务的规定虽在数据跨境自由流动和数据本地化方面有所突破，但在深度和范围方面，未能实质性地超越此前中国与韩国、中国与澳大利亚签订的双边自由贸易协定中的相关规定。这体现出中国政府的一贯立场，即应以 WTO 协定为基础，各国就电子商务达成多边协定，而无意将牵涉国家核心规制主权的互联网规制问题全部纳入贸易协定的框架之中。④ 在大阪数字经济特别会议中，中国国家主席习近平将中国关于数字经济治理的立场表述为："当前，数字经济发展日新月异，深刻重塑世界经济和人类社会面貌。我们要营造公平、公正、非歧视的市场环境，不能关起门来搞发展，更不能人为干扰市场；要共同完善数据治理规则，确保数据的安全有序利用；要促进数字经济和实体经济融合发展，加强数字基础设施建设，促进互联互通；要提升数字经济包容性，弥合数字鸿沟。作为数字经济大国，中国愿积极参与国际合作，保持市场开放，实现互利共赢。"⑤据此，对于

---

① See Anu Bradford, Exporting Standards: The Externalization of the EU's Regulatory Power via Markets. 42 Int'l Rev. L. & Eco. 158, 173 (2015); Anu Bradford, The Brussels Effect: How the Europe Union Rule the World, Chapter 5 (Digital Economy), Oxford University Press (2020); Anu Bradford, The Brussels Effect, 107 Nw. U. L. Rev. 1, 22-25 (2012).

② 需要说明的是，美欧之间的《安全港协议》和《隐私盾框架》是美国对欧盟标准的妥协，而非相反。

③ 参见李嘉宝:《美墨加协定:典型的"美国优先"》，载《人民日报海外版》2020 年 7 月 7 日第 10 版。

④ See Nigel Cory, Why China Should Be Disqualified from Participating in WTO Negotiations on Digital Trade Rules, May 2019, Information Technology & Innovation Foundation, https://itif.org/sites/default/files/2019-china-disqualified-wto.pdf.

⑤ 《习近平出席 G20 大阪峰会并发表重要讲话》，载《新华每日电讯》2019 年 6 月 29 日第 1 版。

是否订立综合性的数据条约,以及采取何种方式(硬法或软法)进行数据治理国际合作,中国政府持相当开放的态度。但与欧美不同,中国并未就如何积极参与国际合作,共同实现数据治理规则提出具体的实施方法。

上述关于互联网规制国际协调和合作的实践说明,欧盟的单边主义/"规制帝国主义"、美国的诸边主义/"规制卡特尔化"与中国的多边主义虽然就数据治理国际化问题作出了相应的尝试或倡议,但相关方案能否被全球所接受,或相关方案如何实施等仍存在诸多变数。当前,互联网治理存在着多元利害关系人治理模式与国家主导治理模式并行发展的局面。以美国为中心的治理体系包括了诸多美国主导的非正式的技术机构,如互联网工程任务组(IETF)、互联网名称与数字分配机构(ICANN)等,坚持互联网治理的自由主义立场。由中国、巴西、南非领导并得到 ITU 支持的运动更倾向于一种政府间的模式,强调政治权威的重要性及互联网治理与主权和经济发展的联系。[①]欧盟则提出了一种"新的合作模式",该模式建立在"更加牢固的民主、透明和多边的基础上,更加强调所有政府的公共政策利益"[②]。与之相关,各国规制管辖权的冲突与协调、各国规制话语权的主张与维持,不仅成为涉外互联网规制法、国际规制协调与合作的热点问题,还将影响到互联网未来治理模式的发展。在此情形下,各国如欲达成综合性的数据治理条约,不仅需要协调好各主权国家之间在互联网的物理层、逻辑层、应用层和核心层的权力配置关系,还要处理好主权与互联网、主权与人权、主权与多方治理等多维利益平衡和价值协调问题,[③]其难度可想而知。至少在短期看来,由主权国家主导订立一个综合性的数据治理条约并不可行。

---

① See Wolfgang Kleinwächter, Beyond ICANN vs ITU? How WSIS Tries to Enter the New Territory of Internet Governance, 66 Int'l J. Communication Stud. 233 (2004); Richard Hill, WCIT: Failure or Success, Impasse or Way Forward? 21 Int'l J. L. & Inf. Tech. 313, 328 (2013).

② EC Press Release—Commission Outlines EU Negotiation Principles for the World Summit on the Information Society in Tunis, IP/05/672, Brussels (2005), http://europa.eu/rapid/press-release_IP-05-672_en.htm? locale=en.

③ 比如,中国的立场是,不反对互联网规制中的多元利害关系方治理模式,但在应用层(对应经济和社会结构,包括科技、贸易、文化、社会、生活等人类活动)和核心层(对应意识形态和上层建筑,包括政权、法律、政治安全等)政府必须发挥主导作用。See Hao Yeli, A Three-Perspective Theory of Cyber Sovereignty, 7 Prism 109, 109-110 (2017).

第三节　贸易规制语境下的数据治理

在贸易规制语境下分析数据治理问题必须从现有的实践出发。就此，拥有巨大数字市场的中美欧三大阵营分别采取不同规制策略，来扩大或缩小现有贸易规制体制之于数字经济的适用性。总体而言，美国强调数字贸易的数字方面，以便将更多的境内数据治理问题纳入贸易规制语境之内，利用成熟的国际贸易制度为美国数字经济的海外扩张奠定坚实的法律基础。中国强调数字贸易的贸易方面，在利用 WTO 协定以及相关自由贸易协定降低电子商务跨境制度成本的同时，主张国家之于数字经济的规制主权，以维护本国国内数字市场的相对独立性。[①] 欧盟关于数据治理的贸易规制主张介于中国和美国之间。中美欧三方不同的贸易规制实践深切地影响到国际社会关于数字治理的路径选择问题。

一、数据治理模式与贸易协定的涵盖范围

贸易协定是各国政府在国际层面协调各国规制措施，寻求进一步国际合作的工具与产物。将数据治理问题纳入贸易规制的范畴，将不可避免地影响到各国互联网规制主权的行使。虽然中美欧都极度重视国家主权的维护问题，但在数据治理方面，三方对于贸易规制是否涵盖数据治理措施，以及在多大程度上予以涵盖此类措施存在显著分歧。究其原因，这与三方关于数据治理路径和方式的选择存在紧密关系。具体而言，美国鼓励数字经济的自由发展，主要依赖产业的自我规制，认为企业有权选择自身的技术、网络、认证方法和加密产品等。即使政府在制定技术标准时，也鼓励市场主体积极参与。相反，中国政府倾向于在政府合作层面处理与电子商务有关的事项。即便对由私营部门发起、各利益攸关方共同参与的世界电子贸易平台（e-WTP），中国也倾向于政府牵头，进行有序的公私对话。[②] 欧盟一方面致力于在欧盟范围建立单一数字市场，消除欧盟成员国内部的数据流动障碍，另一方面就个人数据保护设定了较高的保护标准，体现出极强的欧盟主导特征。

由于美国数据治理主要依托于行业自我规制，即使数据治理被纳入贸易

[①] See Henry Gao, Digital or Trade? The Contrasting Approaches of China and US to Digital Trade, 21 J. Int'l Eco. L. 297, 316-318 (2018).

[②] Ibid., 317.

规制体系，也不会对美国互联网规制主权造成严重限制；反之，中国和欧盟数据治理以政府规制为主导，即便很少一部分数据治理被纳入贸易规制体系，其互联网规制主权也会受到重大影响。这种国内数据治理体制的不同，直接影响到中美欧三方关于贸易协定覆盖范围的选择、贸易壁垒的认定等重大政策问题。

就涵盖范围而言，美国所提出的国际协调和合作主张主要集中于数字内容或服务，关于货物贸易则甚少提及。如奥巴马政府主导的TPP第14章（电子商务）中，"数字产品"被界定为"电脑程序、文本、视频、图像、声音记录，或其他经数字化编码、生产用于商业销售或分销、可通过电子方式传输的产品"。虽然该条注释明确指出，"数字产品的定义不得被理解为反映一缔约方通过电子传输的数字产品贸易应被归入服务贸易或货物贸易的观点"，但该"数字产品"定义具有明显的非货物贸易特征。2018年特朗普政府签署的USMCA第19章基本照搬TPP第14章的内容，采取了同样的数字产品定义以及类似的注释说明，只不过，对应的章节名称被确定为"数字贸易"。如上所述，根据基本隐喻理论，章节名称的选择有其深刻政策内涵。USMCA使用"数字贸易"替代"电子商务"，同时采取建构性模糊（constructive ambiguity）策略，①强调"数字产品"定义并不反映缔约方关于数字产品是否为货物或服务之观点，有助于将数字贸易规制问题打造成为自成一体的体制。

与美国积极塑造新的数字贸易国际规则相反，中国所提出的国际协调和合作主张大多集中在货物贸易方面，即便涉及服务，最终目的也是着眼于货物贸易的便利。如在2015年签署的《中国—韩国自由贸易协定》第13章采用"电子商务"作为标题，该章既未界定"电子商务"或"数字产品"的概念，也无意将电子商务列为自成一体的体制，而是强调WTO协定对影响电子商务的措施的适用性，②以及电子商务章节之于其他章节的补充性，即"若本章与其他章节有不一致之处，该处以其他章节为准"③。该章中的其他条款，如电子认证和电子签名、无纸化贸易等均围绕着货物贸易而展开。在中国签署的

---

① 关于"constructive ambiguity"的历史渊源与理论争议，可参见 Michael Byers, Still Agreeing to Disagree: International Security and Constructive Ambiguity, 7 J. Use of Force & Int'l L. 91, 93-55 (2020)。

② 参见《中国—韩国自由贸易协定》第13.1条（一般条款）。

③ 《中国—韩国自由贸易协定》第13.2条（与其他章节的关系）。同时，第13.3条（海关关税）的注释也采取了建构性模糊的策略，指出："本章电子商务条款，不影响双方对于电子交付属于货物贸易或是服务贸易的立场。"

RCEP中,第12章的标题仍为"电子商务",并将其适用范围限定在"一缔约方采取或维持的影响电子商务的措施"①。而影响以电子方式交付所提供服务的措施应遵循 RCEP 第8章(服务贸易)以及第10章(投资)相关条款所包含的义务,以及适用此类义务的任何例外之规定。与《中国—韩国自由贸易协定》类似,RCEP 的规定也主要围绕货物贸易而展开,其关于贸易便利化的规定涉及无纸化贸易、电子认证与电子签名等内容。虽然 RCEP 关于线上消费者保护与线上个人信息保护的规定远比《中国—韩国自由贸易协定》的规定更为详细,但除规定缔约国应当采取或维持相关保护措施或法律框架之外,并无进一步的实体性要求。② 此外,RCEP 还有关于计算设施的位置以及通过电子方式传输信息的规定,其内容均体现出国家主导特性。如相关条款首先承认各缔约方的规制主权,然后规定基本原则,或是缔约方不得要求计算设施本地化,或是不得阻止跨境数据流动,最后再规定类似于 GATT 1994 第20条(一般例外)和第21条(安全例外)的例外。③

长期以来,欧盟关于哪些数据治理事项可被纳入贸易规制体系的立场介于中美之间。在2019年2月1日正式生效的《欧盟—日本经济伙伴关系协定》(以下简称"欧日 EPA")第8章的标题为"服务贸易、投资自由化和电子商务"。这里传达着两个信号:一是双方仍然采用"电子商务"一词,与美国主推的广义数字贸易概念保持距离;二是"电子商务"同"服务贸易"和"投资自由化"并列,并未列入欧日 EPA 第2章(货物贸易)之中,从而与中国主张的狭义电子概念保持距离。就其适用范围而言,欧日 EPA 一方面规定,本章适用于影响电子方式贸易的一方采取的措施,另一方面又规定"如果本条规定与本协议其他规定有任何不一致之处,则在不一致的范围内以其他规定为准",从而体现出鲜明的折中色彩。虽然名为"电子商务",但欧日 EPA 的诸多规定与美国的"数字贸易"概念存在对应关系,在具体内容方面有所保留。比如,就源代码问题,欧日 EPA 第8.73条仅规定,"任何一方不得(may not)要求转让或者访问另一方的软件源代码",与 USMCA 第19.16条项下的强制性义务形成对比。又如,就跨境数据流动问题,欧日 EPA 第8.81条与 USMCA 第19.12条存在较大区别。后者就数据自由流动设置了强制性义务,前者只是规定:"双方应在本协议生效之日起三年内重新评估在本协议中加入数据自

---

① RCEP 第12.3条。
② 参见 RCEP 第12.7条、第12.8条。
③ 参见 RCEP 第12.14条、第12.15条。

由流动条款的必要性。"

表 2-5　USMCA/RCEP/欧日 EPA 条款比较

	USMCA	RCEP	欧日 EPA
适用范围	本章适用于一方采取或维持的影响电子方式贸易的措施。为确定起见,影响以电子方式交付或执行的服务供应的措施受第 14 章(投资)、第 15 章(跨境服务贸易)和第 17 章(金融服务)的约束,包括列出的任何例外或不符合规定的措施在本协议中适用于这些章节中所包含的义务(Art. 19.2)	本章应当适用于一缔约方采取或维持的影响电子商务的措施。影响以电子方式交付所提供服务的措施应遵循第八章(服务贸易)和第十章(投资)相关条款所包含的义务(Art. 12.3)	本章适用于一方采取的影响电子方式贸易的措施。如本条的规定与另一条的规定有任何不一致之处,在不一致的范围内以其他规定为准(Art. 8.70)
贸易便利化	电子认证和电子签名(Art. 19.6)、无纸化贸易(Art. 19.9)、开放政府数据(Art. 19.18)	无纸化贸易(Art. 12.5)、电子认证和电子签名(Art. 12.6)	通过电子方式缔约(Art. 8.76)、电子认证和电子签名(Art. 8.77)
电子商务环境	海关关税(Art. 19.3)、数字产品的非歧视待遇(Art. 19.4)、国内电子交易框架(Art. 19.5)、线上消费者保护(Art. 19.7)、个人信息保护(Art. 19.8)、非经邀请商业电子信息(Art. 19.13)、合作(Art. 19.14)、网络安全(Art. 19.15)	线上消费者保护(Art. 12.7)、线上个人信息保护(Art. 12.8)、非应邀商业电子信息(Art. 12.9)、国内监管框架(Art. 12.10)、海关关税(Art. 12.11)、透明度(Art. 12.12)、网络安全(Art. 12.13)	海关关税(Art. 8.72)、国内规章(Art. 8.74)、无须事前授权原则(Art. 8.75)、消费者保护(Art. 8.78)、非经邀请的电子信息(Art. 8.79)、电子商务合作(Art. 8.80)
数字贸易/电子商务促进	数字贸易接入和使用互联网原则(Art. 19.10)、通过电子方式跨境传输信息(Art. 19.11)、计算设施的位置(Art. 19.12)、源代码(Art. 19.16)、交互式计算机服务(Art. 19.17)	计算设施的位置(Art. 12.14)、通过电子方式跨境传输信息(Art. 12.15)	源代码(Art. 8.73)、数据自由流动(Art. 8.81)

与上述涵盖范围相一致,中美欧三方关于贸易壁垒的认定也存在显著差异。如上章所述,美国所界定的数字贸易壁垒不仅包括边境措施,还包括大量的境内限制措施,如针对数字产品和数字产品之间的歧视、数据隐私和保

护要求、网络安全措施、内容审查措施、对跨境数据流动的限制、数据当地化要求、强制技术转让和源代码披露等。与美国不同,中国更为关注电子商务所面临的传统的贸易壁垒,如高额关税、复杂的通关手续等。① 欧盟则特别强调,根据各国法律,一国有权采取或维持措施,保障电子商务使用者的个人信息。② 这些主张与美国试图引入国际标准限制各国规制自主权的做法形成鲜明对比。③

总体而言,美国关于数字贸易的诸多规定远远超出了现有 WTO 协定的覆盖范围。如在 USMCA 的数字贸易章节之中,除常规性的认证方式、电子签名和电子合同等规定之外,④USMCA 还就开放互联网接入、源代码、跨境数据流动、数据当地化、数据保护问题等作出特别规定,施加明确的国际义务。⑤ WTO 体制必须在规制哲学和规制框架方面进行重新设计,方能容纳美国上述关于数字治理的主张。与之形成对比,中国关于对电子商务的诸多主张旨在将 WTO 体制的多边贸易规则适用于新兴的数字贸易领域,无意于引入新的国际贸易规制条款,⑥与 WTO 体制存在高度的契合性。欧盟则小心翼翼地维护其关于互联网规制的主权,并不轻易就跨境数据流动作出国际承诺,也无意仿效 USMCA 第 19.8 条,在国际贸易协定中引入"限制收集、选择、数据质量、目的规范、使用限制、安全保障措施、透明度、个人的参与和问责制"等体现数据治理"公平信息实践"的诸原则。值得注意的是,RCEP 虽然采用"电子商务"的标题,但在内容上已经涵盖禁止数据本地化和促进数据自由流动等数字贸易核心议题,这就为中美两国之间寻求进一步贸易规制共识打下了良好的基础。

---

① 如《中国—澳大利亚自由贸易协定》第 12.1 条关于"双方应努力确保通过电子商务进行的双边贸易所受的限制不超过其他形式的贸易"的规定,第 12.5 条关于"各方应将电子商务的监管负担最小化"的规定等,均旨在缓解和消除传统贸易壁垒对电子商务的影响。
② 参见欧日 EPA 第 8.78 条。
③ USMCA Art. 19.8(个人信息保护)。
④ USMCA Art. 19.6(电子认证和电子签名)。
⑤ USMCA Art. 19.8(个人信息保护)、Art. 19.10(开放互联网接入)、Art. 19.12(计算设施的位置)、Art. 19.16(源代码)。
⑥ See WTO General Council, Council for Trade in Goods, Council for Trade in Services, Committee on Trade and Development, Work Programme on Electronic Commerce: Aiming at the 11th Ministerial Conference, Communication from the People's Republic of China and Pakistan, Revision, JOB/GC/110/Rev.1, JOB/CTG/2/Rev.1, JOB/SERV/243/Rev.1, JOB/DEV/39/Rev.1, 16 November 2016.

二、贸易协定纳入数据治理的制度根源

根据各国不同的数据治理模式来预测或证成相关贸易协定的涵盖范围蕴含着这样一个基本的原理:归根结底,国际经济法是一个自下而上、缺乏体系性的应急体制。① 依据该原理,中美欧三大阵营之所以主张或支持不同的贸易协定版本,根本原因在于,不同贸易协定所提倡的贸易规制模式,既能维护本国相关企业在全球化市场中的优势地位,又不会限制本国国内数字治理主权。②

就相关企业的优势地位而言,美国和中国数字经济巨头分别在全球市场和国内市场占据较为突出的竞争优势地位,两国企业业务有所重叠,但并不处于完全竞争的状态之中,而欧盟数字经济企业承受美国数字经济巨头的直接竞争压力,很难有竞争优势可言。③

如美国的 Amazon、Google (Alphabet)、Facebook(Meta)、Netflix 等公司大多将其业务集中在网上搜索、社交媒体和内容服务等领域,而中国的京东、阿里巴巴等公司则聚焦于线上销售货物。即使中美公司从事类似业务的公司,如腾讯之于 Facebook、百度之于 Google、京东之于 Amazon 等,因为前者主要服务于中国市场的特殊需求,其对于跨境数据流动的需求不如后者那么迫切和强烈。对于 Facebook、Google 和 Amazon 等公司而言,其全球化运营要求在全球各地设立计算设施和数字中心,公司顺利运转必须依赖于数据跨境自由流动。在此情况下,美国数字经济企业自然有动力要求本国政府在全球层面倡导数据自由流动,反对数据本地化。④

与美国不同,中国数字经济企业成长于受严格限制的国内互联网环境,

---

① 实际上,整个法律体制之创造也是首先依赖于意外事件。参见〔美〕卢埃林:《荆棘丛:关于法律与法学院的经典演讲》,明辉译,北京大学出版社 2017 年版,第 171 页。
② See Andrew Moravcsik, Taking Preferences Seriously: A Liberal Theory of International Politics, 51 Int'l Org. 513 (1997); Joseph S. Nye, The Regime Complex for Managing Global Cyber Activities, Global Commission on Internet Governance, November 2014, https://www.cigionline.org/sites/default/files/gcig_paper_no1.pdf.
③ See Henry S. Gao, Digital or Trade? The Contrasting Approaches of China and US to Digital Trade, 21 J. Int'l Eco. L. 317, 317-318 (2018).
④ See Joshua P. Meltzer, The Internet, Cross-Border Data Flows and International Trade, 2 Asia & Pacific Policy Stud. 90, 100-102 (2013).

庞大的中国市场足以支撑此类企业快速发展,并获取垄断利润。① 对于此类企业而言,跨境数据自由流动意味着将在国内市场面临更为激烈的国际竞争,为维护其在国内市场中的优先地位,自然也无意于积极推动本国政府在数字贸易方面作出额外承诺。

相对于中美两国数字经济企业而言,欧盟数字经济企业规模偏小,同时欧盟也没有如同中国一样,通过各种规制手段,设立较高的互联网准入门槛,这就形成了一方面欧盟数字经济企业既不能在全球市场与美国数字经济企业一争高下,另一方面也不能利用相对封闭的境内市场,在特定区域市场中占据相对竞争优势的不利局面。但是,作为经济发达体,欧盟拥有众多的互联网用户,其数字市场的规模极其庞大。既然数字经济巨头的国际化运营离不开欧洲市场,欧盟自然可以借助市场的吸引力,对数字经济企业施加较高的数据收集、存储、处理等义务。理论上,欧盟对他国数字经济企业在欧盟运行施加较高的制度成本,反而有助于熟悉欧盟规制体系的本地数字经济企业获得相对竞争优势,自然不会招致欧盟数字经济企业的反对。

就国内规制框架而言,各国数字经济之所以呈现出不同的发展样态和阶段,在很大程度上与该国国内法律制度有关。

如欧盟之所以在数字经济发展方面暂时落后于中美两国,很大一部分原因是欧盟未能及时建立单一数字市场。然而,即使该单一数字市场完全建立,即无论国籍或居住地,在公平竞争、高水平消费者和个人数据保护的条件下,个人和企业可以无缝地访问和参与在线活动,从而实现个人、服务和资本自由流动,欧盟的数字企业仍然会承担较高的合规成本。②

与欧盟情况形成对比的是,美国数字经济及互联网公司的兴起在很大程度上得益于该国宽松的法律环境。《1996年电信法》③将美国的互联网政策定位为促进因特网和其他交互式计算机服务以及其他交互式媒介的发展,维护和保护目前存在的充满活力和竞争的自由市场,互联网和其他交互式计算机

---

① See Y. Cho, Tencent and Alibaba Top Asia's Market Cap Ranking in 2017, Nikkei Asian Review, 11 January 2018.

② See Maria José Schmidt-Kessen, Eu Digital Single Market Strategy, Digital Content and Geo-Blocking: Costs and Benefits of Partitioning EU's Internal Market, 24 Colum. J. Eur. L. 576 (2018); Séverine Dusollier, The 2019 Directive on Copyright in the Digital Single Market: Some Progress, a Few Bad Choices, and an Overall Failed Ambition, 57 Common Market L. Rev. 979, 979-980 (2019).

③ Telecommunications Act of 1996, 47 U.S. Code § 230(b)(1), (2).

服务不受联邦或州监管约束等。最为相关的法律规定包括:《美国宪法》第一修正案关于保护自由言论权利的规定,即国会不得制定法律,"剥夺言论自由或出版自由";《通信规范法》(CDA)第 230 条免除互联网公司为第三方或用户在其平台发布的内容承担责任的规定,即"交互式计算机服务的提供者或使用者,就非出于己的信息内容,不应被视为内容的出版人及发表人";《数字千年版权法》(DMCA)关于网上著作权侵权责任限制的规定,即互联网服务提供者(ISP)只有在明知网络用户上载信息的行为已构成侵权,仍不采取措施删除信息或者阻止他人再次访问时,才需要承担侵权责任等。不难想象,得益于上述法律规定的美国互联网公司,自然希望在全球市场中继续享受此类"制度红利"或"法律特权"。

与美国相对宽松的法律环境不同,中国互联网的发展一直受到政府的严密监控。根据被监控对象的不同,相关法律规制大致可以分为两类:硬件或设施规制,以及内容规制等。就前者而言,国家对互联网接入实施严格管制。根据《计算机信息网络国际联网管理暂行规定》,国家对国际联网实行统筹规划、统一标准、分级管理、促进发展的原则;中国境内的计算机信息网络必须通过互联网络进行国际联网,计算机信息网络直接进行国际联网,必须使用邮电部国家公用电信网提供的国际出入口信道等。[①] 就后者而言,互联网信息提供者承担内容合法的严格责任。根据《互联网信息服务管理办法》,互联网信息服务提供者应当向上网用户提供良好的服务,并保证所提供的信息内容合法;互联网信息服务提供者不得制作、复制、发布、传播含有诸如危害国家安全、扰乱社会秩序、侮辱或者诽谤他人、侵害他人合法权益等内容的信息。[②] 虽然违反上述行政规定并不必然承担民事责任,[③]但相关当事人依然需承担相应的行政责任乃至刑事责任。正是通过严格的基础设施限制以及内容审查机制,在中国经营的数字平台承担了较为沉重的法律责任。不过,严格管控的互联网市场也在另一方面保护了中国互联网企业,使其在国内免于直面国际竞争。在此情况下,中国政府在国际层面推行集中于货物买卖的电

[①] 参见《计算机信息网络国际联网管理暂行规定》第 2 条、第 4 条和第 6 条。
[②] 参见《互联网信息服务管理办法》第 13 条和第 15 条。
[③] 无须承担责任的案例,可参见北京丹鼎四海文化传播有限公司与葛洲坝电力投资有限公司侵害作品信息网络传播权纠纷再审审查与审判监督民事裁定书[(2020)京民申 2566 号];承担责任的案例,可参见北京快手科技有限公司等网络侵权责任纠纷二审民事判决书[(2020)京 04 民终 53 号]。

子商务,而非数字服务自然会得到国内企业的支持。

然而,问题在于,即便我们认识到各国之所以提出具体的贸易规制模式和贸易协定条款,根源在于相关模式或条款最能符合该国国内法律框架以及最能维护本国企业利益,该分析依然没有解决一个显而易见的难题:如何在国际制度层面容纳和协调各国不同的利益诉求和权利主张?①

就此,有观点从如下四个方面,反对将数据治理问题纳入贸易协定之中,通过贸易规制模式规范各国数据治理实践:②

其一,数据治理问题并不具有贸易专向性。数据治理问题具有多维性,③贸易问题只是其中一个方面。数字化深入到社会的方方面面,仅仅从贸易规制的视角切入,会忽视乃至压制其他利害相关者利益的表达。因此,关于数据治理的场所应当放置在更为全面的国内法,而非国际法层面。以源代码的规定为例,诸多贸易协定,如 USMCA 第 19.16 条、欧日 EPA 第 8.73 条等均限制缔约国将政府获得源代码作为市场准入的条件。问题是,通过版权、专利和全球范围内的商业秘密保护等传统知识产权保护方式,源代码足以获得充分保护。政府获得源代码的正当性在于,它能够保护个人数据的安全和隐私,在专利和商业秘密保护已有的规定之外,进一步扩大禁止要求获取源代码的范围,将会不适当地拔高数字经济企业经济利益的重要性,忽视其他利害相关者的正当利益诉求。

其二,贸易协定中纳入数字章节会阻碍各国政府从事数据治理的多样化尝试。贸易协定旨在从全球视野,对各国规制全球化市场的政府行为进行再度规制,从而缓解单个国家规制治理的不足。④ 在国际贸易协定中加入特定

---

① See e. g. Tim Maurer and Robert Morgus, Tipping the Scale: An Analysis of Global Swing States in the Internet Governance Debate, Global Commission on Internet Governance, May 2014; Oran R. Young, Political Leadership and Regime Formation: On the Development of Institution of International Society, 45 Int'l Org. 281, 301 (1991).

② See Duncan McCann, The Future Is Digital, but We Should Keep Digital Chapters out of Our Trade Deals, 1 October 2020, https://www.equaltimes.org/the-future-is-digital-but-we? lang=en.

③ 参见周汉华:《网络法治的强度、灰度与维度》,载《法制与社会发展》2019 年第 6 期,第 67 页。

④ See Dale D. Murphy, The Business Dynamics of Global Regulatory Competition, in D. Vogel and R. Kagan (eds.), Dynamics of Regulatory Change: How Globalization Affects National Regulatory Policies, University of California Press, 2002, pp. 84-117. 另可参见〔美〕奥利·洛贝尔:《作为规制治理的新治理》,宋华琳、徐小琪译,载冯越主编:《社会性规制评论》(第 2 辑),中国财政经济出版社 2014 年版,第 127—145 页。

的数字章节,将限制缔约国政府对数字经济关键新兴领域进行监管的能力。以 USMCA 关于跨境数据自由化的规定为例,根据协定第 19.11 条,"任何一方不得禁止或限制包括个人信息在内的信息跨境传输",只有在为取得正当政策目标所必需时,才可偏离该义务,且相关限制措施的实施不得在情形相同的国家之间构成武断或不合理的歧视,或构成对贸易的变相限制,以及不得就信息传输施加超过必要限度的限制。这就大大限制了缔约方政府就数字治理进行制度创新的合理空间。

其三,数字技术发展带来的制度扰乱问题会因贸易协定的引入而更难以得到缓解。数字技术渗透到社会的各个层面,已经在影响和扰乱着传统经济治理模式。[1] 不管数据治理以何种方式被纳入国际贸易协定,只要存在相关的国际条约义务,则相关的数字章节将会把缔约国锁定在一个倾向于自由贸易、轻互联网规制的环境中。数字技术扰乱所产生的社会不稳定以及风险增加将难以得到有效缓解。

其四,随着数字经济的发展,贸易协定数字章节的影响将越来越大,很有可能超出制度设计者的初衷。虽然数字章节在整个贸易协定中的占比较小,但这不妨碍其对整个数字经济的潜在影响力。传统经济越是进行数字化转型,随之而来的数字治理越有可能受到国际贸易协定的约束。以农业数字化为例,当大型科技公司进军农业和更广泛的食品体系后,那些试图通过小型农业谋生和养活自己的人必然面临一系列前所未有的挑战。自由的数据制度也将有助于我们所看到的农业科技部门的纵向和横向整合。显然,如果跨境数据自由流通的体制得以建立,跨国农业科技企业将更为容易从世界各地收集和汇编数据,这将使它们生产出更好的产品,[2] 但代价是削弱当地农民的生产能力,不利于培育当地产业。

---

[1] 参见中国信息通信研究院:《数字经济治理白皮书(2019)》,http://www.caict.ac.cn/kxyj/qwfb/bps/201912/P020191226515354707683.pdf.

[2] 参见 Nikola M. Trendov、Samuel Varas、Meng Zeng:《农业和农村地区数字技术(摘要文件)》,联合国粮食及农业组织,2019 年,http://www.fao.org/3/ca4887zh/ca4887zh.pdf.

表 2-6　在农业食品系统中应用数字技术的实例

沃尔玛从农场到区块链追溯生菜①	阿里巴巴集团和京东集团启动养猪场智脑计划②
经过一个为期两年的示范项目,沃尔玛使用区块链记录每一袋菠菜和每一棵生菜的追溯信息。沃尔玛开始要求生菜和菠菜供应商向区块链数据库提供信息,以便迅速追踪污染情况。 超过100家向沃尔玛供应绿叶蔬菜的农场被要求向IBM为沃尔玛及其他几家有同样打算的零售商开发的区块链数据库提供详细食品信息。 对于沃尔玛来说,该计划正好符合两个关键战略:提高数字化水平以及向消费者强调其新鲜食品的质量。区块链还可以为沃尔玛节约成本	阿里巴巴的"ET农业大脑"是一项人工智能计划,利用面部、温度和语音识别评估每头猪的健康状况。该技术可以通过母猪的睡眠及站立姿势,以及进食习惯,识别出母猪是否怀孕,目前已经被中国许多领先的养猪场采用。利用人工智能,可以检测出病猪,从而最大限度地减少事故的发生,优化猪群生长环境,并减少养殖过程中的人为错误。 根据该公司估计,利用人工智能,养猪场将降低人工成本30%—50%,并降低饲料需求,以及通过优化动物生长环境,缩短生猪养殖周期5—8天

鉴于上述四个方面的原因,相关贸易协定将数据保护和数据本地化问题纳入数字章节确有过于冒进之嫌。在数字技术、数字经济和数字贸易仍处于快速发展阶段,几乎所有经济部门很快都会有一个数字组成部分。通过贸易协定将数据治理问题固定化和全球化,其直接后果是其中的数字章节将可能会影响到数字经济中的所有参与者,进而陷入超级全球化的陷阱。正如丹尼·罗德里克所言:"市场需要规则,而全球市场需要全球规则。一个真正无边界的全球经济,其经济活动完全超脱于国家的疆域,必然推动跨国规则制定机制的形成,使其符合全球性市场的规模与范围。但即便实现了这一点,我们也不会达成理想的结果。因为市场支持型规则并非只有一个模板,保持多样性制度之间的实验和竞争才能达到理想状态。而且,不同地方群体的需求和对制度形式的偏好大相径庭,历史传承和地理因素仍限制着这些需求和偏好的趋同。"③

---

① 资料来源:https://www.nytimes.com/2018/09/24/business/walmart-blockchain-lettuce.htm。
② 资料来源:https://www.yicaiglobal.com/news/chinese-aging-farms-step-into-ai-era-with-facial-recognition-for-pigs-。
③〔土〕丹尼·罗德里克:《贸易的真相:如何构建理性的世界经济》,卓贤译,中信出版社 2018 年版,第 27—29 页。

为避开超级全球化陷阱,当前各国政府不应仅仅基于本国利益之考量,强行在国际贸易协定中塞入未经审慎考量、缺乏民主正当性的数据治理规则,并利用国际法机制将之推行到全球。真正的解决之道或许存在于超级全球化与完全地方化之间。为此,我们有必要再次回顾国际经济法的治理功能及其在数据治理方面的限度。

三、国际经济法的功能及介入数据治理的限度

面对市场,国际法规制相对于国内法规制通常处于辅助地位,这不仅因为一国政府行使国家主权的最主要方式是国内法规制而非国际法规制,还因为国际法规制以国家行为为主要对象,包括国家之间的行为以及国际对市场的规制行为等,而市场交易仅在间接意义上受到国际法的约束。[1] 随着通信效率的提高、交通运输成本的降低、全球价值链的稳固,市场全球化程度越来越深,国内规制者对于市场规制的"力不从心"之感也越来越强。面对全球化市场对国内规制的挑战,受重商主义的诱惑,一些国家尝试运用其规制权影响国际经济活动,以达到增强本国福利之目标,而完全不考虑此类行为对于其他社会造成的负面效应。当越来越多的国家加入这种"以邻为壑"(beggar-thy-neighbor approach)的游戏时,全球经济福利因陷入"囚徒困境"而迟迟难以得到提升。正是从维护和提升全球经济福利的高度,国际经济法的宪政功能得到了证成。[2]

然而,从宪政角度,自上而下理解国际经济法的功能极有可能变成大词的堆砌或抽象概念的空谈。毕竟,在缺乏全球政府存在的前提下,任何国际宪政的提法均面临深刻的正当性危机。[3] 为便于理解国际经济法的功能,可从"市场—政府"这一对基本范畴出发,自下而上地讨论在处理天然具有国际性的经济与天然具有地方性的政治之间的冲突时,法律所能发挥的独特作用。具体而言,在国内层面,"市场—政府"之间相互构成,各国通常会通过法治形式塑造混合型的经济体制:一方面法律为市场设置框架性的背景规则;

---

[1] See John Gerard Ruggie, International Regimes, Transactions, and Change: Embedded Liberalism in the Postwar Economic Order, 36 Int'l Org. 379, 383 (1982).

[2] See John H. Jackson, Reflection on Constitutional Changes to the Global Trading System, 72 Chi. Kent L. Rev. 511, 519 (1996).

[3] See Allen Buchanan, The Legitimacy of International Law, in S. Besson and J. Tasioulas (eds.), The Philosophy of International Law, Oxford University Press, 2010, p.79.

另一方面,当市场出现失灵时,还需要政府出台具体的前台规则,取得具体政策目标。[1] 在国际层面,国内"市场—政府"混合经济体制则被纳入全球化的"市场—政府"混合体制之中,其中,市场是全球化的市场,规制也呼唤着全球化的规制,只不过与更为严格的国内法治形式相比,国际层面的规制大多采用规则导向体系,以此来缓和纯粹权力导向对全球化市场中合理预期的侵蚀。通过国际层面的争端解决机制、国内层面的条约实施机制等方式,几乎所有引起政府关注并被予以规制的经济活动均会受到国际法规制直接或间接的影响。由此,国际法规制与国内法规制一样,越来越呈现庞杂、应急和无体系的特征。

问题是,如果把所有可能受到国际法规制影响的经济活动均纳入国际经济法所要调整的对象范围,则很难在理论上梳理出一个具有内容自治和逻辑一致的国际经济法体系。即便将国际经济交易行为排除在国际经济法的范围之外,剩余的国际经济规制行为仍然呈现出足以比肩于国内经济规制的繁杂样态。在此情况下,我们依然要确定,国际经济法在发挥规制全球化市场的功能时,其合理限度何在?就此,"国际贸易法之父"约翰·H. 杰克逊(John H. Jackson)认为,"对跨境经济行为的规制"这一问题应该成为国际经济法的基本主题。与该基本主题相关,国际经济法理论所关注的问题包括:政策制定者(和学者)应该如何处理跨境经济行为的规制问题?是否存在一般经济规制原则,适用于跨境经济行为?我们能否为此类政策分析制定一些一般性框架?[2]

如果将国际经济法的功能限定为规制跨境经济行为,则国际经济法的国内镜像就是规制经济行为的国内经济法。国内经济法以市场为主要规制对象,[3]与之相关,国际经济法的规制对象将限定在全球化市场之上。就市场问题而言,法律规制最为关心的是对"市场失灵"的补救。在完全封闭的市场中,典型的市场失灵包括垄断问题、信息不对称问题、公共物品问题,对于开

---

[1] See Justin Desautels-Stein, The Market as a Legal Concept: Classical Liberalism, Modern Liberalism, Pragmatic Liberalism, in Ugo Mattei and John D. Haskell (eds.), Research Handbook on Political Economy and Law, Edward Elgar Publishing, 2015, p. 36.

[2] See John H. Jackson, Global Economics and International Economic Law, 1 J. Int'l Eco. L. 1, 12 (1998).

[3] 参见〔德〕沃尔夫冈·费肯杰:《经济法》(第一卷),张世明、袁剑、梁君译,中国民生法制出版社2010年版,第23页。

放的全球化市场而言,同样存在类似的"市场失灵"类型,只不过随着市场范围的扩大,原本在封闭市场中被认定为"市场失灵"的具体情形,是否会在全球化市场中继续构成具体的"市场失灵"存在着较大的不确定性。以垄断问题为例,因为相关市场的扩大,一个国内市场中的垄断并不必然构成国际市场中的垄断,在此情况下,原本需要政府介入加以补救的"市场失灵"也就不复存在。与垄断情形不同,在全球化市场中,国内市场中原本存在的信息不对称问题,可因语言、文化、距离、法律体系等的不同,得以加剧。

在经济规制的框架下,即便确定了存在"市场失灵",也并不必然能够证成政府干预的必要性和正当性。市场经济体制坚持市场作为资源配置的基础手段,计划经济下则以政府调控作为资源配置的基础手段,与前者相比,后者更倾向于推定政府干预的必要性和正当性。由于全球化市场中缺乏国际政府的存在,经济自由主义所推动的全球化市场天然与市场经济体制相适应,当出现全球化市场失灵时,各国第一反应是,如果相关失灵影响到本国,则从地缘政治和现实政治的角度,采取规制措施,维护本国利益;如果相关失灵仅仅影响到他国,则会容忍此类全球化市场失灵现象存在,而非积极让渡规制主权,并从全球福利之视角,对全球化市场进行干预,以补救"市场失灵"。问题在于,即便此类国家采取措施,就全球化市场失灵现象作出相关的干预和补救,相关政府规制本质上仍属于国内法措施,其国际合法性仍需依赖于国际法在多大程度上允许一国行使相应的规制主权。更进一步的问题是,即便该国可基于属人管辖、属地管辖、保护管辖或普遍管辖原则,就干预全球化市场取得了相应的规制管辖权,[①]该形式合法性并不能保证相关规制政策内容的正当性。特别是,当两个以上的国家基于相同或不同的管辖权依据,对相互关联的全球化市场中存在的"市场失灵"进行管辖而出现规制冲突时,全球化市场的失灵现象反而会更加严重。

就如何补救地方性政府干预与全球化市场运行之间的结构性缺陷,存在着放任自由主义与嵌入式自由主义之争。前者认为,"国家、社会与全球经济都应按自律性市场来规划运行",政府干预是所有问题的根源;后者则认为,"人类的经济活动总是嵌含在社会之中",政府积极介入的经济体绝对优于自

---

① See Paul Schiff Berman, The Globalization of Jurisdiction, 151 U. Pa. L. Rev. 311, 533 (2002).

律性市场。① 依放任自由主义之观念,自律性市场,包括全球化自律性市场,虽然会出现所谓的"市场失灵",但均可通过自我调节机制而自我修复。依嵌入式自由主义之观念,市场社会包含两种对立的力量,自由放任运动扩张市场,使经济脱嵌于社会;反向而生的保护主义运动限制市场,防止经济脱嵌于社会。历史实践证明,"通向自由市场的大道是依靠大量且持久的统一筹划的干涉主义,来加以打通并保持畅通的"②。虽然自由放任经济是有计划的政府措施造成的,但对于自由放任的限制,却是自然而然发生的。因为作为自在和自为的人,是无法忍受一种激烈波动的经济体制来干扰其日常经济生活,人们必然会动员起来,保护自身免受经济冲击。在全球化市场中,为攫取最大经济利益,跨国企业极力主张贸易与投资自由,以便将企业的全球化运营脱嵌于各个社会,进而脱离于主权国家的控制,甚至形成"国中之国"超级主权。③ 面对跨国公司脱嵌举措,各国政府不应袖手旁观,而是应加强合作,以全球化的规制来应对全球化市场的挑战,在制度层面使全球化的市场主体承担社会责任。然而,国家间能力的不平等以及对关于何为良好国际治理的理念冲突决定了,即便各国存在相互合作的意愿,该意愿能否实现,仍需依赖于诸多不确定的外部条件。此外,依嵌入式自由主义之观念,国际制度的权威性受国家间权力结构之影响,对于相关国际制度的建构和运行,各国均持有极为谨慎和警觉的态度,并以维护国家主权为由,对相关国际组织之任何可能滥用条约权利的行为予以谴责和阻止。④

将上述关于国际经济法功能理论应用到数据治理问题,有如下几个发现:

其一,并非所有数据治理问题都适于国际层面的规制。国际经济法应仅

---

① 参见〔美〕弗雷德·布洛克:《导论》,载〔英〕卡尔·波兰尼:《巨变:当代政治与经济的起源》,黄树民译,社会科学文献出版社 2017 年版,第 13、21 页。
② 〔英〕卡尔·波兰尼:《巨变:当代政治与经济的起源》,黄树民译,社会科学文献出版社 2017 年版,第 209 页。
③ 参见〔阿〕弗雷德里克·C. 特纳、亚历杭德罗·L. 科尔巴乔:《国家的新角色》,陈思译,载《国际社会科学杂志(中文版)》2001 年第 1 期,第 116 页;俞可平:《论全球化与国家》,载《马克思主义与现实》2004 年第 1 期,第 15—16 页。
④ 比如,美国对 WTO 上诉机构的一系列指责根源在于,前者认为后者超越了 WTO 协定所赋予的权限,侵害到美国的规制主权。See United States Trade Representative, Report on the Appellate Body of the World Trade Organization, February 2020, https://ustr.gov/sites/default/files/Report_on_the_Appellate_Body_of_the_World_Trade_Organization.pdf.

规制那些涉及跨境数据治理的问题。就此,一些纯属国内法性质的数据治理事项大多被纳入国内经济法的调整范围。只有国内经济法的相关规制影响到跨境数据治理,此类国内规制才成为国际经济法的调整对象。

其二,并非所有跨境数据治理问题均应纳入国际经济法的适用范围。国际经济法的主题聚焦于国家之间的规制协调与合作,具体表现为对国家规制跨境数据行为的再规制。在"市场—规制—再规制"的三重模式下,国际经济法所建构的国际体制可为特定类型的国际交易,如数据交易的出现提供宽松的环境,并不直接指向国内市场的交易行为,以及市场主体的自我规制行为。

其三,并非所有可被纳入国际经济法适用范围的跨境数据问题最终能通过国际经济法得以解决。受权力和目标所限,国际制度虽拥有规制数据治理的国际权威,但相对于国内规制而言,国际规制具有强烈的附属性和补充性。无论从维护主权的角度,还是从实现特定政策目的的角度,各国都会优先运用国内规制来矫正跨境数据流动中的市场失灵问题,而国际经济法将只能以零星的和应急的方式入场,解决国内规制不足所遗留下来的问题。

因此,尽管较传统的货物贸易和服务贸易而言,数据的跨境流动成本显著更低,并不意味着所有数据治理问题均适合在国际层面,通过贸易规制模式予以解决。即使各国就跨境数据治理问题在国际层面达成一致,国际规制也很少能如其国内镜像一样,就数据治理问题达成协调一致(harmonization)的最低标准,并将之直接适用于市场主体,而是更多地通过国家间互惠(reciprocity)的方式,就相互间数字贸易措施进行持续的"交易"或"互换",促进贸易自由化,[①]或者促进国家间交往,通过制度性措施,如引入缓冲或例外条款,在承认不同经济体系存在差异的前提下,缓解因此类差异引发的国际紧张局势。[②] 至于协调一致、互惠和交往等贸易规制技术如何具体结合,显然受制于诸多因素的约束。特别是,主权国家能在多大程度上愿意与国际体制分享规制权力,将根本决定国际规制的形态和行使边界。

与贸易自由主义者所设想的超级全球化相比,将国际规制置于国内规制

[①] 如《马拉喀什建立世界贸易组织协定》序言规定,本协定各参加方,"期望通过达成互惠互利安排,实质性削减关税和其他贸易壁垒,消除国际贸易关系中的歧视待遇,从而为实现这些目标做出贡献"。

[②] See John H. Jackson, Global Economics and International Economic Law, 1 J. Int'l Eco. L. 1, 21 (1998).

补充和附属地位的有限全球化方案并不能完全清除跨境数据流动所可能存在的贸易障碍。问题在于,数据自由流动是不是一种不可置疑的价值追求？还是说数据自由流动如同其他经济活动一样,也应嵌入到社会生活之中,接受各国规制的约束？如果是后者,则不应仅仅因为数据天然具有流动性,就推定跨境数据流动可以免除国内规制。当前,以 WTO 协定为代表的国际贸易规制模式所采取的正是有限全球化策略,①该规制模式一方面照顾到各国市场之间的异质性,另一方面也体现出对国家规制主权的尊重。如果认同数据国际规制应采取有限国际化的方案,就意味着各国仍然可以借助现有的多边、区域或双边国际贸易体制框架,引入全新跨境数据流动问题,使新的数据治理问题泯然于传统的贸易规制问题。各国也能充分利用相对熟悉的国际体制,降低国际协调和合作的成本,缓解各国因数字治理方面各自为政引发的贸易冲突问题。

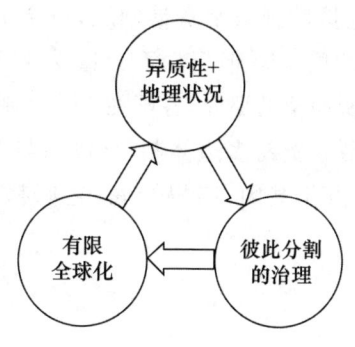

图 2-2　有限全球化的结构

资料来源:Dani Rodrik, Who Needs the Nation State? 89 Eco. Geography 1 (2013)。

一旦将跨境数据治理问题,特别是跨境数据流动的规制问题纳入传统的国际贸易体制,WTO 体制将成为无可回避的制度性存在。不可否认,"贸易治理只是全球治理的一个方面,WTO 只是全球行为体之一。但作为一个相对(我强调的是相对)强大和运转良好的参与者,WTO 通常被视为一个更广

---

① 如《马拉喀什建立世界贸易组织协定》序言规定,本协定各参加方,"认识到在处理它们在贸易和经济领域的关系时,应以提高生活水平、保证充分就业、保证实际收入和有效需求的大幅增长以及扩大货物和服务的生产和贸易为目的,同时应依照可持续发展的目标,考虑对世界资源的最佳利用,寻求既保护和维护环境,又以与它们各自在不同经济发展水平的需要和关注相一致的方式,加强为此采取的措施"。

泛的治理工具,它应该引入其他问题,并成为一个中心的全球治理机器……这不是对所有全球问题的正确回应。全球化也需要在一系列其他政策领域改善治理"[1]。但在数字贸易和电子商务领域,很少有其他机构能够在贸易争端解决和贸易新规则制定方面有比肩于 WTO 的能力和威望。究其原因,基于路径依赖,受自我强化机制和转换成本所限,[2]各国决策者从来就不是在一张白纸上擘画全新的国际经济贸易规则,而只能在现有制度特别是 WTO 制度这一"纽特拉之船"(Neurath's boat)上,[3]作出修修补补的工作。至于何种类型的国际贸易体制,经过何种体制内和体制间的演化机制能够最终成为数字经济时代的"天命之选",[4]远非一国所能左右。因此,尽管诞生于数字经济时代之前的 WTO 协定应对层出不穷的数字贸易规制问题已捉襟见肘,[5]它仍是当前讨论和建构数字贸易规制的重要起点。将数字贸易问题嫁接在 WTO 体制之上,利用 WTO 相对成熟的国际贸易协调和合作机制,使得 WTO 协定中的成熟规范扩散到数字贸易领域,虽会引发数字治理之灵活性可能因此而受到限制的质疑,[6]但至少不会遭受 WTO 主要成员方的强烈反对。即便如美国政府所期望的那样,各国在 WTO 制度之外,再造一个以互联网开放原则为圭臬的数字贸易多边体制,该体制与 WTO 制度之间仍然可能存在着共同的贸易自由化基因,归根结底,它们都是"忒修斯之船"(The Ship of Theseus)。

---

[1] Stuart S. Malawer, Global Governance of E-Commerce and Internet Trade: Recent Developments, 14 Virginia Lawyer 14, 19(2001).

[2] See Mariana Prado and Michael Trebilcock, Path Dependence, Development, and the Dynamics of Institutional Reform, 59 U. Toronto L. J. 341, 350 (2009).

[3] 在纽特拉看来,科学研究不是一张白板(tabula rasa),不能抛弃旧见。See Sander Verhaegh, Boarding Neurath's Boat: The Early Development of Quine's Naturalism, 55 J. History of Phil. 317, 337 (2017).

[4] 理论上,面对新的领域,相关的国际体制的演化机制分为四类:(1)当一个体制与不同领域的另一体制相融合时,会产生体制的混合;(2)出现新的包罗万象的体制,将不同领域体制联合在一起;(3)出现界面体制,来协调不同体制之间的冲突;(4)一个体制可能会扩展到其他体制之中。See In Tae Yoo, New Wine into Old Wineskins? Regime Diffusion by the Powerful from International Trade into Cyberspace, 32 Pacific Focus 375, 381 (2017).

[5] See Anupam Chander, The Internet of Things: Both Goods and Services, 18 World Trade Rev. s1, s9 (2019).

[6] See Dan Ciuriak, Digital Trade: Is Data Treaty-Ready? Centre for International Governance Innovation, CIGI Paper No. 162, February 2018.

第三章

WTO 协定中的
数字贸易规则

数字贸易之存在和发展与互联网环境密不可分,随着数字技术的发展,数据越来越成为整个数字贸易得以立基的核心资源。数字和数字赋能贸易越来越依赖于对互联网的接入以及跨境数据流动,国际贸易与国内贸易之间的界限日趋模糊,这就为贸易规制"侵入"国内事项,以及国内规制"侵入"贸易事项创造了条件。在此情况下,旨在协调各国规制跨境经济行为,促进此类规制合作的国际经济法越来越具有"宪法"的特色。受传统互联网规制模式的影响,数字贸易规制也存在着自我规制与国家规制之争,并表征着自由主义与主权主义两大阵营的划分。将数字贸易规制问题纳入传统国际贸易法领域,不可避免地会引发数字贸易最佳规制模式之争。无论理论上的最佳模式为何,现实的情况是,只要主权国家决定介入,数字贸易的自我规制就难以维系,随之而来的国家规制冲突将无缝接入传统的国际法框架之中。根据其对全球化市场影响范围和程度的不同,相关国际贸易条约分为全球性、区域性和双边性,不同贸易条约中跨境数据流动的规定构成了数字贸易规则的实体部分。

WTO制度是经济全球化成果得以制度化的显著标志,它的确立意味着贸易规制从灵活的、以外交为基础的权力导向模式转向更为严格的、以法律原则和规范为基础的规则导向模式。[1] 在各国就 WTO 协定进行谈判期间(1986—1994),数字贸易尚未成形,协定条款中缺乏专门针对数字贸易或电子商务的规定。但这并不意味着 WTO 成员不能借助现有的法律规定,就数字贸易规制问题进行国际协调和合作。

第一节　WTO 的"适应性治理"机制

在 2017 年 OECD 发布的《数字贸易:开发一个分析框架》中,数字贸易被界定为数字经济赋能的货物贸易和服务贸易,可通过数字或实体交付,涉及

---

[1] See John J. Jackson, The Crumbling Institutions of the Liberal Trade System,12 J. World Trade L. 93,94-96 (1978).

消费者、公司和政府等参与方。[1] 在 2020 年 OECD、WTO 和 IMF 联合发布的《测度数字贸易手册》中,数字贸易的概念被再度精简为由数字订购和/或数字交付构成的所有贸易。[2] 根据上述定义,数字贸易位于数字经济与国际贸易的交叉领域。其中,旧的贸易模式和商业模式得以通过数字技术的赋能继续存在和发展,同时全新的贸易模式也开始出现。[3]

WTO 协定谈判"完美回避"了数字贸易问题,并不意味着面对数字贸易规制这一新的事项,WTO 体制无能为力。作为成熟的国际组织,WTO 完全可以借助本体制内在的"适应性治理"(adaptive governance)机制,[4]灵活地应对未来的不确定性。根据具体内容,相关"适应性治理"机制主要体现在实体和程序两个方面。

一、实体规则方面的"适应性治理"机制

《马拉喀什建立世界贸易组织协定》序言明确提出,本协定各参加方,"期望通过互惠互利安排,实质性削减关税和其他贸易壁垒,消除国际贸易关系中的歧视待遇",从而为实现"提高生活水平、保证充分就业、保证实际收入和有效需求稳定增长以及扩大货物和服务的生产和贸易"等目标做出贡献。由此,在国际贸易关系中,削减关税和其他贸易壁垒、消除歧视待遇等实体规定构成了实现贸易自由化的主要手段。

当一国缔结国际贸易协定时,至少持有双重目标:一方面,通过贸易协定获取和保持最大可能的优惠;另一方面,防止目前或未来的不利条件和歧视。

---

[1] See Javier López-González and Marie-Agnes Jouanjean, Digital Trade: Developing a Framework for Analysis. OECD Trade Policy Papers, No. 205, OECD Publishing, 27 July 2017, http://dx.doi.org/10.1787/524c8c83-en.

[2] See OECD, Handbook on Measuring Digital Trade (2020), https://www.oecd.org/sdd/its/Handbook-on-Measuring-Digital-Trade-Version-1.pdf.

[3] See Dan Ciuriak and Maria Ptashkina, Started the Digital Trade Wars Have: Delineating the Regulatory Battlegrounds. International Centre for Trade and Sustainable Development Opinion (blog), 9 January 2018, www.ictsd.org/opinion/started-the-digital-trade-wars-havedelineating-the-regulatory-battlegrounds.

[4] See Rosie Cooney and Andrew T. F. Lang, Taking Uncertainty Seriously: Adaptive Governance and International Trade, 18 Eur. J. Int'l L. 523,531-533 (2007).

为同时达成该双重目标,最惠国条款被认为是最方便和有效的手段之一。[1]究其原因,"贸易歧视助长着怨恨,毒害着国家之间的经济和政治关系。同时,歧视也不符合经济逻辑,因为一般而言,歧视扭曲了市场,使市场向价格更高或质量更低的商品和服务倾斜"[2]。其中,与对来自外国和本国的产品和服务实施不同待遇的做法相比,对来自不同外国国家的产品和服务进行歧视的做法尤为引人关注。毕竟,前者所扭曲的仅仅是本国和外国市场竞争关系,而后者所扭曲的是整个全球市场竞争关系。反之,在国民待遇下,双边谈判达成的优惠条件仅及于本国与外国的产品或服务,而在最惠国待遇下,一国对外国产品或服务的优惠承诺将惠及其他国家的产品或服务。相对于国民待遇的双边性而言,最惠国待遇的多边性决定了后者的乘数效应及其外部性会更大,[3]因而成为整个 WTO 体制中推行贸易承诺多边化最为重要的工具之一。[4] 如在 EC-Seal Products 案中,上诉机构指出,GATT 1994 第 1.1 条规定了基础性的非歧视义务。该义务被认为是"普遍的",构成 GATT 的基石以及 WTO 贸易体系的支柱之一。[5]

以最惠国待遇为核心的非歧视待遇之所以能被贸易协定缔约方所接受的另一个重要原因是,它不会直接限制一国规制自主权。申言之,非歧视待遇是相对标准而非绝对标准,一国完全有权基于特定的贸易规制目标,确定贸易规制手段,只要相关的规制手段同等适用于外国产品或服务,或者对外国产品或服务的待遇不低于对于本国产品或服务的待遇,就不会违反非歧视待遇义务。因此,非歧视待遇成为贸易自由化与规制自主权之间达成平衡的

---

[1] See Stanley K. Hornbeck, The Most-Favored-Nation Clause, 3 Am. J. Int'l L. 797, 810 (1909); Mitsuo Matsushita, Thomas J. Schoenbaum, Petros C. Mavroidis and Michael Hahn, The World Trade Organization: Law, Practice, and Policy, 3rd ed., Oxford University Press, 2015, p. 155.

[2] 〔比〕彼得·范德博思、单文华:《世界贸易组织法原理》(上册),尚宽、贺艳译,法律出版社2020年版,第 335 页。

[3] See Henrik Horn and Petros C. Mavroidis, Economic and Legal Aspects of the Most-Favored-Nation Clause, 17 Eur. J. Political Eco. 233, 253 (2001).

[4] WTO 协定中,最惠国待遇被分别规定在 GATT 1994 第 1 条、GATS 第 2 条、TRIPS 协定第 4 条。根据《马拉喀什建立世界贸易组织协定》第 10.2 条,对这些规定的修正需要经所有成员接受方可生效。

[5] See Appellate Body Report on EC-Seal Products, 2014, para. 5.86 (quoting Appellate Body Report, EC-Tariff Preferences, para. 101).

最佳通道。

就数字贸易而言,一旦被纳入 WTO 协定,则成员方的数字贸易规制措施也应受制于 WTO 协定的一般原则,特别是非歧视原则的约束。如上所述,非歧视原则并不意在就贸易规制的目标和手段施加绝对标准,而是更为关心相关贸易规制措施是否在本国产品或服务与外国产品或服务,以及外国产品或服务相互之间制造不平等的竞争关系。不管数字贸易采取传统贸易模式还是新兴贸易模式,只要一国对类似的数字贸易采取了不同的规制标准,就有可能违反 WTO 协定项下的非歧视待遇。

然而,恰恰是因为非歧视待遇仅关注各类贸易规制措施的相对标准而非绝对标准,导致某些措施虽然具有贸易保护效应,但并不违反非歧视待遇义务。以跨境数据流动为例,如果某一成员方不区分义务主体的国籍,同等限制本国数据跨境流出,或限制外国数据跨境流入,则该项规制措施依然符合非歧视待遇的要求。在此情况下,实体方面的"适应性治理"机制难以对相关贸易规制措施施加实质性的限制。

二、政治程序方面的"适应性治理"机制

政治解决的主要依据是《马拉喀什建立世界贸易组织协定》第 3.2 条,即"WTO 在根据本协定附件所列协定处理的事项方面,应为其成员间就多边贸易关系进行的谈判提供场所。WTO 还可按部长级会议可能作出的决定,为其成员间就它们多边贸易关系的进一步谈判提供场所,并提供实施此类谈判结果的体制"。该条再次重申,WTO 是一个成员驱动型国际组织,成员的政治参与既有助于维护该组织的正当性,也有助于确保该组织有足够的灵活性来应对未来的不确定性。[①] 与之相关,政治解决的根本动力在于各国愿意在国际层面,就贸易规制的协调和合作达成一致。如果没有经过成员方的同意,任何国家、机构或组织无权利用第 3.2 条施加国际义务,或赋予国际权利。如在 US-Shrimp 案中,上诉机构认为,《马拉喀什建立世界贸易组织协定》第 3.2 条没有为成员方设立权利和义务,也不是一项解释规则。[②] 申言之,第 3.2 条旨在为各成员解决其间争议提供一个谈判场所,而无意施加具体的权

[①] See Joost H. B. Pauwelyn, The Transformation of World Trade, 104 Mich. L. Rev. 1, 24-29 (2005).

[②] See Appellate Body Report on US-Shrimp, 1998, paras. 116 and 121.

利和义务。

（一）《电子商务工作计划》的发起与执行

在20世纪90年代初期，互联网经济初显端倪，其对国际贸易的影响尚未被各国普遍重视。WTO成立后，全球电子商务迅速增长，并为贸易带来新的机会，在1998年5月于日内瓦召开的第二届部长级会议上，部长们通过了《全球电子商务宣言》，承诺建立一个综合性工作方案，审查所有涉及全球电子商务的与贸易有关的事项。宣言指出："该工作方案将涉及WTO相关机构，会考虑到发展中成员经济、金融和发展的需要，并认识到其他国际论坛也在从事此类工作。"[1]1998年9月，WTO总理事会确立了《电子商务工作计划》，并将"电子商务"一词界定为，通过电子手段生产、分销、营销、销售或交付货物和服务。[2] 在此之后，部长级会议以及总理事会定期审查WTO具体负责实施机构提供的报告。

在1998年至2015年间，WTO《电子商务工作计划》进展缓慢。2015年内罗毕第十届部长级会议上，WTO成员对于是继续推进多哈发展议程，还是另辟蹊径迅速收获合作成果存在争议。《内罗毕部长宣言》指出："我们认识到许多成员愿意重申多哈发展议程，以及在多哈及此后历届部长级会议通过的宣言和决定，并重申其充分承诺以此为基础结束多哈发展议程。而其他成员并未重申多哈授权，因其认为有必要采取新方式以便在多边贸易谈判中获得有意义的结果。成员间对如何处理谈判存在不同观点。我们承认本组织所拥有的强有力法律框架。"该宣言进一步指出："很多成员希望在多哈框架的基础上开展工作，也有一些成员希望探索新的框架……尽管我们同意官员们应就尚未取得结果的议题优先展开工作，但是有些成员希望确定并讨论其他谈判议题，而其他成员并不希望如此。关于就此类议题启动多边谈判的任何决定需经全体成员同意。"[3]在此复杂背景下，WTO相关机构、总理事会和部长级会议所取得的电子商务成果极为有限，主要体现在如下三个方面：

一是WTO相关机构提供的报告。主要包括服务贸易理事会提交的进展

---

[1] WTO，The Geneva Ministerial Declaration on Global Electronic Commerce，WT/MIN(98)/DEC/2, 25 May 1998.

[2] See WTO，Work Programme on Electronic Commerce，WT/L/274，30 September 1998.

[3] WTO，Nairobi Ministerial Declaration，WT/MIN(15)/DEC, 21 December 2015.

报告①、货物贸易理事会提交的中期进展审查②、与贸易有关的知识产权(TRIPS)理事会提交的进展报告③,以及秘书处向WTO相关机构提供的背景说明(Background Note)④等。问题是,用部门化方法来处理非常复杂的电子商务问题,并没有顾及电子商务很难被适当地归入货物、服务和知识产权等类型。因此,相关讨论相对缓慢且分散,自1999年7月各相关机构提交进展报告直至2015年内罗毕第十届部长级会议,WTO关于电子商务的讨论基本陷入停顿。⑤

二是WTO总理事会对电子商务的专题讨论。考虑到电子商务的多样性和复杂性,自2001年5月以来,总理事会开始以专门讨论的方式,审查《电子商务工作计划》下的交叉事项。2001年6月15日,在总理事会的主持下,第一次专题讨论会正式举行。会后,秘书处分发了问题摘要和各代表团确定的交叉问题清单。⑥ 2016年10月18日,总理事会主持了第十二次也是最近的一次专题讨论会。自此之后,通过总理事会主席召集的非正式会议和总理事会对电子商务进展情况的审查等途径,相关讨论得以延续。⑦

---

① Council for Trade in Service, The Work Programme on Electronic Commerce: Progress Report to the General Council, Adopted by the Council for Trade in Services on 19 July 1999, S/L/74, 27 July 1999.

② Council for Trade in Goods, The Work Programme on Electronic Commerce: Information Provided to the General Council, G/C/W/158, 26 July 1999.

③ Council for Trade-Related Aspects of Intellectual Property Rights, The Work Programme on Electronic Commerce: Progress Report to the General Council, IP/C/18, 30 July 1999.

④ Council for Trade in Service, The Work Programme on Electronic Commerce, Noted by the Secretariat, S/C/W/68, 16 November 1998; Committee on Trade and Development, Development Implications of Electronic Commerce, Noted by the Secretariat, WT/COMTD/W/51, 23 November 1998; Council for Trade-Related Aspects of Intellectual Property Rights, The Work Programme on Electronic Commerce, Background Note by the Secretariat, IP/C/W/128, 10 February 1999.

⑤ International Centre for Trade and Sustainable Development (ICTSD), Debating the Future of E-Commerce and Digital Trade in Buenos Aires, Bridges Weekly 21(40), 2017.

⑥ 代表团确认的交叉问题清单包括:某些电子传输内容的分类、与发展有关的事项、电子商务的财政影响、电子商务与传统商业类型之间的关系(即可能的替代效应)、电子传输征收关税、竞争、管辖及适用法律/其他法律事项(General Council, Dedicated Discussion on Electronic Commerce Under the Auspices of the General Council on 15 June 2001, Summary by the Secretariat of the Issues Raised, WT/GC/W/4366 July 2001)。

⑦ See WTO, Electronic Commerce, https://www.wto.org/english/tratop_e/ecom_e/ecom_e.htm.

三是 WTO 部长级会议关于《电子商务工作计划》的决定。自 1998 年日内瓦部长级会议上发布《全球电子商务宣言》,确立《电子商务工作计划》以及继续不对电子传输征收关税的做法以来,在 2001 年多哈会议、2005 年香港会议、2009 年和 2011 年日内瓦会议、2013 年巴厘岛会议、2015 年内罗毕会议、2017 年布宜诺斯艾利斯会议上,部长们注意到关于电子商务的报告,并指示总理事会及其相关附属机构继续开展《电子商务工作计划》。部长们还同意在下届会议之前继续不对电子传输征收关税的做法。在 2019 年 12 月总理事会上,成员决定继续执行工作计划和暂停征收关税,直至第十二届部长级会议。① 值得注意的是,2022 年第十二届部长级会议和 2024 年第十三届部长级会议均通过决议,将电子传输暂免关税延长至下一届部长级会议,为全球数字贸易发展提供了稳定的规则环境。

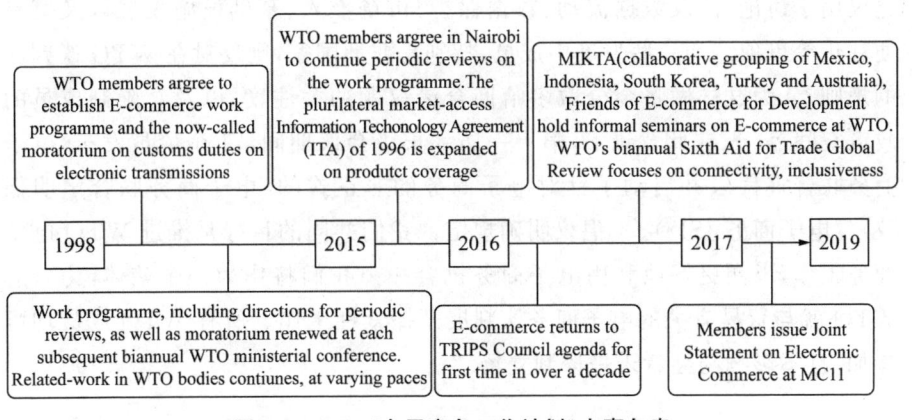

图 3-1　WTO《电子商务工作计划》大事年表

资料来源:ICTSD, Updating the Multilateral Rule Book on E-Commerce, March, 2018。

(二)《电子商务联合声明倡议》的发起与执行

及至 2016 年 7 月 5 日,在《电子商务工作计划》之外,由墨西哥、印度尼西亚、韩国、土耳其和澳大利亚五国组成 MIKTA 集团,并举行了关于电子商务

---

① General Council, Work Programme on Electronic Commerce, General Council Decision, WT/L/1079, 11 December 2019.

的工作坊,将数据流动和数据本地化界定为与贸易政策有关的新近事项。①WTO关于电子商务的工作开始进入一个新的阶段。2017年4月25日,"电子商务发展之友"(FED)将阿根廷、智利、哥伦比亚、哥斯达黎加、肯尼亚、墨西哥、尼日利亚、巴基斯坦、斯里兰卡和乌拉圭组织起来,举行了第一次部长级会议,讨论了电子商务的前景,特别是其在促进经济增长、缩小"数字鸿沟",以及为发展中成员与最不发达成员提供发展解决方案等方面的工具作用。FED将电子商务就绪策略之界定、获取信息和通信技术基础设施和服务、贸易物流和贸易便利化、网络支付解决方案、法律确定性和监管框架、能力建设和技术援助、融资渠道等确定为讨论的主要议题。②

在2017年布宜诺斯艾利斯第十一届部长级会议准备阶段,关于《电子商务工作计划》的讨论开始增加,日本、新加坡、俄罗斯和欧盟等成员开始提交建议用于讨论,涉及数据流动、数据保护、市场准入、基础设施发展以及贸易便利化等事项。而一些发展中成员,特别是非洲国家,则反对在WTO谈判新的规则,认为这样做将会分散多哈回合诸议题的关注度,以及会限制成员的政策空间等。③ 在此背景下,第十一届部长级会议期间,71个成员发布《电子商务联合宣言》,并启动了针对电子商务的非正式的《电子商务联合声明倡议》(《电子商务JSI》)。④ 倡议明确规定:"我们共同的目标是推进WTO电子商务工作,以便更好地利用电子商务机会……我们将作为一个整体,为以后WTO就与贸易有关的电子商务谈判展开探索性工作。所有WTO成员均可参加,且不影响与会者未来谈判立场。"⑤

---

① See WTO, MIKTA E-Commerce Workshop Reflections JOB/GC/99, 22 July 2016, https://docs.wto.org/do12fe/pages/SS/direcdoc.aspx? filename=q:/Jobs/GC/99.pdf&Open=True.

② See CNUCED, Friends of E-Commerce for Development Launch Roadmap for International Trade and Development Policy, 4 May 2017, https://unctad.org/fr/node/1553.

③ See Yasmin Ismail, E-Commerce in the World Trade Organization: History and Latest Development in the Negotiations Under the Joint Statement, International Institute for Sustainable Development and CUTS International, Geneva, January 2020, https://www.iisd.org/system/files/publications/e-commerce-world-trade-organization-.pdf? q = sites/default/files/publications/e-commerce-world-trade-organization-.pdf.

④ See WTO, New Initiatives on Electronic Commerce, Investment Facilitation and MSMEs, 13 December 2017, https://www.wto.org/english/news_e/news17_e/minis_13dec17_e.htm.

⑤ WTO, Joint Statement of Electronic Commerce, WT/MIN(17)/60, 13 December 2017.

在 2017 年《电子商务 JSI》的框架下，成员相继提交建议书和意见书，[①]内容涉及贸易便利化、协调监管框架、增加市场准入，以及数据自由流动等。2018 年参与成员共召开了 9 次会议，以为其后电子商务规则的"谈判阶段"设定议程。在此"探索阶段"，柬埔寨和危地马拉离开，中国、萨尔瓦多、格鲁吉亚、洪都拉斯、蒙古、尼加拉瓜、泰国和阿拉伯联合酋长国加入，JSI 参与成员变更为 76 家。在各成员所提交的建议文件中，通常涉及的事项包括：开放贸易环境/贸易便利化、关税、隐私保护和网络安全、数字贸易基础设施、电子支付和无纸化贸易、知识产权、数据本地化、国内规章、发展中成员和最不发达成员利益，以及关于妇女和中小微企业的包容等。[②] 2019 年 1 月，76 个 WTO 成员在达沃斯签署了第二份《电子商务 JSI》，标志着"探索阶段"结束，并正式进入"谈判阶段"。

在联合声明倡议的"谈判阶段"，成员活动更为活跃，自 2019 年 3 月开始第一轮谈判回合起，到 2019 年年底，参与各方已经完成了 6 个回合的谈判。同时，联合声明倡议阵容也在增加，随着贝宁、沙特阿拉伯、肯尼亚、科特迪瓦、喀麦隆的加入，联合声明倡议成员已扩充到 83 家。[③] 联合声明倡议的谈判机制逐渐成熟。具体而言，谈判主要围绕 15 类主题展开，每回合谈判由 4—6 个焦点小组构成，每一小组将被指派讨论与某 15 类主题有关的建议书。

[①] 阿根廷、哥伦比亚和哥斯达黎加三个成员联合提交建议书（WTO Negotiations on Trade-Related Aspects of E-Commerce—Elements of a Potential Approach Under the Framework of the Joint Statement on Electronic Commerce, Communication from Argentina, Colombia and Costa Rica (JOB/GC/174))、新西兰（Joint Statement on Electronic Commerce, Communication from New Zealand (JOB/GC/175))、巴西（Exploratory Work on Electronic Commerce, Non-paper from Brazil (JOB/GC/176))、日本（Joint Statement on Electronic Commerce Initiative—Proposal for the Exploratory Work by Japan (JOB/GC/177))、美国（Joint Statement on Electronic Commerce Initiative, Communication from the United States (JOB/GC/178))、新加坡（Joint Statement on Electronic Commerce—Possible Elements for Exploratory Work on Electronic Commerce and Development, Communication from Singapore (JOB/GC/179))、俄罗斯（Joint Statement on Electronic Commerce Initiative, Communication from the Russian Federation (JOB/GC/181))等陆续向总理事会提交了电子商务谈判探索性文件。

[②] See K. Garcia-Israel and J. Grollier, Electronic Commerce Joint Statement: Issues in the Negotiations Phase, CUTS International, Geneva, October 2019, http://www.cuts-geneva.org/pdf/1906-Note-RRN-E-Commerce%20Joint%20Statement2.pdf.

[③] 截至 2021 年 2 月，共有 87 个 WTO 成员参与电子商务 JSI，占 WTO 成员数过半，世界贸易量 90% 以上。JSI 机关成员较为复杂，包括所有发达成员，4 个最不发达成员（贝宁、老挝、缅甸和布基纳法索），以及 6 个非洲成员（贝宁、尼日利亚、科特迪瓦、肯尼亚、喀麦隆、布基纳法索）等。

表 3-1 联合声明倡议谈判回合及事项

焦点小组/ 主要事项主题	回合 (R)	分事项/主题	评注/备注
便利电子交易	R1—R4	• 电子交易框架 • 电子合同 • 电子认证和电子签名	"数字鸿沟"明显,很多发展中成员缺乏相关框架和技术能力来实施
非歧视和责任	R1—R4	• 数字产品的非歧视待遇 • 交互式计算机服务 • 无须事前授权原则	随着物理产品转化为电子版本,数字产品非歧视待遇会影响到一些成员的财政收入
消费者保护	R1—R4	• 网上消费者保护 • 非应邀商业电子信息	普遍认同增强消费者信任的重要性;就如何应对垃圾邮件,有三种方法:选择加入/同意、选择退出、最小化非应邀商业信息
透明度	R1—R4	• 透明度 • 国内法规 • 合作	与 WTO 透明度条款以及《服务国内法规联合宣言》的重合问题
电子传输关税	R2—R6	• 禁止征收关税的持续期 • 范围 • 征收国内税费的能力	相关建议条文受到自由贸易协定条款的启发,是否永久终止征收关税仍在讨论中
信息流通	R2—R5	• 通过电子手段跨境传输信息/跨境数据流动 • 计算设施的位置 • 涵盖的金融服务者金融服务计算设施的位置	关于数据流动和本地化的事项仍存在观点分歧,各方担忧因数据所有权而丧失价值创造,以及在面临安全威胁的情况下失去控制权
个人信息保护隐私	R2—R5	• 采取或维持法律框架或措施 • 个人信息和数据的定义	就促进数字贸易,特别是个人数据跨境流动的重要性存在共识,但在个人"信息"和"数据"、"法律框架"和"措施"、"电子商务"和"数字贸易"用语之间存在细微区别;参照 OECD 指南和 G20 倡议,讨论了现有最佳做法

(续表)

焦点小组/ 主要事项主题	回合 (R)	分事项/主题	评注/备注
网络安全	R2—R5	• 促进现有机制创设新机制 • 鼓励合作和能力建设	增强成员实体能力的重要性，以应对日益增长的安全担忧，并利用现有机制开展合作；"数字鸿沟"明显，且许多成员缺乏技术认知；有必要厘清诸如"网络主权"这类术语
电信	R2—R5	• 两大建议：更为综合性的建议主张修改关于电信的《参考文件》；第二份建议聚焦透明度	鉴于本领域的发展，修改《参考文件》有合理性，但各成员对于 JSI 是不是一个适当的论坛存在争议，特别是并非所有《参考文件》的成员均参加 JSI
数字贸易便利和物流	R5	• 无纸化贸易/电子贸易管理文件 • 电子传输记录 • 海关程序 • 改进贸易政策 • 贸易便利化提升 • 最低阈值（小额免税等相关概念，指低于该额度可享受特定政策） • 单一窗口数据交换与系统互操作性 • 电子方式提供贸易有关信息 • 利用技术实现货物放行和清关 • 物流服务	一些成员提出，建议的文本可能与 WTO 协定中的承诺和义务相重合
访问互联网和数据	R3—R6	• 公开政府数据 • 访问互联网 • 访问在线平台/竞争	所有提案认为，便利公众访问和使用政府数据对于促进经济、社会的发展和创新至关重要；很多代表团支持公开访问互联网；有建议提出，成员应采取充分方法，促进和保护数字市场竞争，强化合作机制，减少滥用市场主导地位导致的市场扭曲

(续表)

焦点小组/ 主要事项主题	回合 (R)	分事项/主题	评注/备注
商业信任	R3—R6	• 源代码 • 适用密码的 ICT 产品	存在显著"数字鸿沟"
能力建设和技术帮助 利害相关方、机构和国际组织相互合作	R3	• 发展方面	提案未提及强化电子商务的能力建设和技术帮助事项；科特迪瓦提案建议，应在讨论中考虑发展的重要性，与之相关的一个问题是，对谁以及如何适用特别和有区别的待遇(S&DT)
市场准入	R3—R6	• 服务市场准入 • 货物市场准入	货物方面：有两项提案聚焦于《信息技术协定》(ITA)及其扩展，这些提案的支持者鼓励签署《信息技术协定》及《信息技术协定第二阶段》； 服务方面：一些提案指出，需要确保相关规则适用于广泛的行业，而不仅仅是《服务贸易总协定》(GATS)下已作出承诺的行业
综合事项 法律事项	R6	• 能力建设 • 法律事项	问题集中在可供选择的法律框架与现有 WTO 协定的关系、争端解决体系的可适用性，以及一般和安全例外的适用

资料来源：Yasmin Ismail, E-Commerce in the World Trade Organization: History and Latest Development in the Negotiations Under the Joint Statement, IISD, January 2020。

联合声明倡议第六轮谈判的目的之一是为 WTO 第十二届部长级会议提供一个相对"清洁"的谈判文本，供 WTO 成员讨论。然而，基于如下三点原因，联合声明倡议"谈判阶段"的成果仍然有限：

其一，联合声明倡议成员尚未能就电子商务贸易方面的范围和处理方法达成一致。对于电子商务，无非两种谈判策略：或是在现有的基础上重新检讨，改进 WTO 规则；或是另起炉灶，就电子商务制定新的规则。联合声明倡议六轮谈判揭示出，成员之间并未就电子商务的范围以及基础的概念达成一致，相关讨论往往流于泛化，难以聚焦。

其二，联合声明倡议成员间存在着显著的"数字鸿沟"，发达成员与发展中成员的诉求和能力存在较大冲突。大部分协调人报告（facilitator's report）所提及的讨论在本质上具有技术性，涉及诸多术语解释以及发达成员所采用的电子框架和政策。而诸多发展议题，如社会包容、性别平等等很少被纳入讨论议题之中。

其三，联合声明倡议成员就"数据"事项存在较大分歧。尽管联合声明倡议成员原则上同意禁止非应邀商业电子信息、为贸易和投资便利化确保电子合同有效性、保护网上消费者免受欺诈或欺骗性商业行为的侵害以及规制电子商务竞争等，但三个主导成员——中国、欧盟和美国以及发达成员和发展中成员之间，在数据流动、数据本地化、数据收集人隐私侵害、源代码转让、征收关税和互联网税以及互联网审查等方面存在较大分歧。[1]

2019 年 12 月，总领事通过决议，指出成员同意在 1998 年《电子商务工作计划》的基础上重启相关工作，包括 2020 年年初进行的结构化讨论。总理事会将向第十二届部长级会议报告相关进展。[2] 由于 2020 年新冠病毒感染疫情在全球暴发，2020 年 3 月，原定于 6 月在阿斯塔纳举行的第十二届部长级会议被迫取消。在此特殊背景下，为第十二届部长级会议做准备的 JSI"谈判阶段"得以延长。作为会议共同召集人，澳大利亚、日本和新加坡将 2020 年 11 月 16 日设定为联合声明倡议参与各方提交新建议书的截止日期。[3] 2020 年 12 月 7 日，一份总结现有进展并构成下一阶段谈判基础的"合并谈判文本"（consolidated negotiating text）在成员间散发。共同召集人指出，该合并文本以成员的建议为基础，其目标是取得 WTO-plus 成果。基于谈判成果之不同，相关条款可分为两类：一是已经取得较大进展的条款，涉及电子签名和电子认证、无纸化贸易、电子传输的关税、开放政府数据、开放互联网访问、消费

---

[1] See Gary Hufbauer and Zhiyao Lu, Global E-Commerce Talks Stumble on Data Issues, Privacy and More, Policy Brief 19-14, Peterson Institution for International Economics, October 2019, https://www.piie.com/publications/policy-briefs/global-e-commerce-talks-stumble-data-issues-privacy-and-more.

[2] 讨论涉及成员（包括最不发达成员）提出的与贸易相关的议题，包括暂停征收电子传输关税的范围、定义和影响。See WTO, Work Programme on Electronic Commerce, General Council Decision, WT/L/1079, 11 December 2019.

[3] See WTO, Negotiations on E-Commerce Continue, Eyeing a Consolidated Text by the End of the Year, 23 October 2020, https://www.wto.org/english/news_e/news20_e/ecom_26oct20_e.htm.

者保护、垃圾邮件和源代码等事项。此外,就服务市场准入承诺,也达成了谈判框架。二是仍存在争议的条款,涉及数据流动以及数据当地化等事项。[1] 2020年12月14日,修订文本散发各成员,[2]内容包括6条和一个关于范围和一般条款的附件:A. 赋能电子商务;B. 开放与电子商务;C. 信任与电子商务;D. 综合事项;E. 电信;F. 市场准入。

表3-2 合并谈判文本内容

节/事项	分主题	内容
A. 赋能电子商务	A.1 便利电子交易	电子交易框架;电子认证和电子签名;电子合同;电子发票;电子支付服务
	A.2 数字贸易便利和物流	数字贸易便利化与物流;无纸化贸易;最低起征额;海关程序;贸易政策优化;单一窗口数据交换与系统互操作性;物流服务;强化贸易便利
B. 开放与电子商务	B.1 非歧视及责任	数字产品非歧视待遇;交互式计算机服务(责任限制);交互式计算机服务(侵权)
	B.2 信息流动	通过电子手段跨境传输信息/跨境数据流动;计算设施的位置;金融信息/涵盖的金融服务提供者金融计算设施的位置
	B.3 电子传输关税	
	B.4 访问互联网和数据	开放政府数据;开放互联网接入/(电子商务/数字贸易)互联网接入及使用原则;交互式计算机服务的接入及使用;竞争
C. 信任与电子商务	C.1 消费者保护	网上消费者保护;非应邀商业电子信息
	C.2 隐私	个人信息保护/个人数据保护
	C.3 商业信任	源代码;使用密码的ICT产品
D. 综合事项	D.1 透明度、国内法规和合作	透明度;以电子方式提供与贸易有关的信息;国内法规;合作;合作机制
	D.2 网络安全	
	D.3 能力建设	能力建设和技术援助选项

---

[1] See WTO, E-Commerce Co-Convenors Release Update on the Negotiations, Welcome Encouraging Progress, 14 December 2020, https://www.wto.org/english/news_e/news20_e/ecom_14dec20_e.htm.

[2] See WTO, WTO Electronic Commerce Negotiations: Consolidated Negotiating Text-December 2020-Revision, INF/ECOM/62/Rev. 1, 14 December 2020 (Restricted Access).

(续表)

节/事项	分主题	内容
E. 电信	E.1 更新 WTO 关于电信服务参考文件	范围；定义；有竞争力的保障互联；全球服务；许可和授权；电信规制机构；稀缺资源的分配和使用；基础设施
	E.2 网络设备和产品	电子商务有关的网络设备和产品
F. 市场准入	服务市场准入；与电子商务有关的个人临时进入和短期逗留
附件1：范围和一般条款	前言；定义；原则；范围；与其他协定的关系；一般例外；安全例外

资料来源：Yasmin Ismail, E-Commerce JSI Negotiations Among WTO Members: State of Play and the Impacts of COVID-19, CUTS International, Geneva, 2021.

2020年12月，各联合声明倡议共同召集人发布进展报告。[1] 在报告中，共同召集人指出："这些倡议已逐渐成为 WTO 日程中的重要组成部分……关于电子商务、投资便利化、服务国内法规和中小微企业的联合宣言倡议清晰表明，WTO 可以灵活、实用和及时的方式，对新的经济和基础变化作出反应。"[2]

必须指出的是，尽管联合声明倡议谈判在若干事项上取得了实质性进展，[3]但在数据流动、准入、隐私和网络安全事项上，各参与方仍存在较大的分歧。比如欧盟一直呼吁尊重基本权利，美国则倡导跨境数据自由流动，而中国将数据流动置于安全的前提之下。[4]

除此之外，在合法性与正当性方面，联合声明倡议谈判有若干问题需要

---

[1] WTO 第十一届部长级会议共发起了四项联合声明倡议，分别涉及电子商务、促进发展的投资便利化、服务国内法规、中小微企业等事项。

[2] WTO, Coordinators of Joint Initiatives Cite Substantial Progress in Discussions, 18 December 2020, https://www.wto.org/english/news_e/news20_e/jsec_18dec20_e.htm.

[3] 如在2021年2月5日举行的会议中，与会代表就非应邀商业信息即垃圾邮件达成"清洁文本"（WTO, E-Commerce Negotiations: Members Finalise "Clean Text" on Unsolicited Commercial Messages, 5 February 2021, https://www.wto.org/english/news_e/news21_e/ecom_05feb21_e.htm）；在4月20日举行的会议中，与会代表就电子签名和电子认证达成"清洁文本"（WTO, E-Commerce Negotiations: Members Finalise "Clean Text" on E-Signatures and Authentication, 20 April 2021, https://www.wto.org/english/news_e/news21_e/ecom_20apr21_e.htm）。

[4] See Jana Titievskaia, WTO E-Commerce Negotiations, European Parliamentary Research Service (EPRS), PE 659.263, October 2020, https://www.europarl.europa.eu/RegData/etudes/ATAG/2020/659263/EPRS_ATA(2020)659263_EN.pdf.

澄清。

其一,就合法性问题,对于联合声明倡议在 WTO 法律体系中的地位,已有 WTO 成员提出严正质疑。在 2021 年 2 月 18 日提交给总理事会的通信中,印度和南非认为,非正式的联合声明倡议与《马拉喀什建立世界贸易组织协定》中的核心原则不符。印度和南非指出,任何成员可就任何事项进行非正式讨论,但是一旦联合声明倡议项下的讨论被转化为谈判,并有可能成为 WTO 框架之下的规则,则只能按照《马拉喀什建立世界贸易组织协定》中的决策和修正程序进行。两成员认为,联合声明倡议的提案混淆了规则的修正与减让表的修改,且效果相当于绕开《马拉喀什建立世界贸易组织协定》第 10 条关于修正的要求,而引入了一个新的协定。不仅如此,JSI 还可能给 WTO 体系造成如下负面影响:(1) 通过破坏现有的规则和《马拉喀什建立世界贸易组织协定》的基础原则,侵蚀了以规制为基础的多边贸易体系的完整性;(2) 为某些国家集团在没有满足协商一致的情况下,将某些议题带入 WTO 创设了先例;[①](3) 绕过成员集体监督,就 WTO 现存规则引入新的规则或修正;(4) 侵占了有限的用于多边谈判的 WTO 资源;(5) 导致成员无视通过协商一致作出决定的多边强制要求,转向不再要求多边强制的事项;(6) 导致一些困难但对于多边贸易体系至关重要的事项被边缘化或被排除,从而动摇日程设定、谈判进程和结果的平衡;(7) 使得成员只能在加入和不加入之间选择,所讨论的事项往往与成员的经济发展优先性、需求、关注和发展水平不一致;(8) 将多边贸易体系碎片化,破坏了 WTO 的多边性等。[②]

其二,就正当性问题,联合国贸易和发展会议(UNCTAD)的一项研究认为,WTO 的联合声明倡议集团所谈判的数字规则将会产生高昂的履行成本,并影响到发展中成员在数字经济领域的贸易竞争力。[③] 比如,有联合声明倡议的提案建议成员制定关于电子认证、电子签名、电子合同和电子发票方面的法律,但发展中成员往往缺乏足够能力和技术来实施此类法律。又如,就

---

① 《马拉喀什建立世界贸易组织协定》第 10.1 条规定:"……部长级会议应经协商一致作出任何有关将拟议的修正提交各成员供接受的决定。"

② See WTO, The Legal Status of "Joint Statement Initiatives" and Their Negotiated Outcomes. WT/GC/W/819, 19 February 2021.

③ See Third World Network (TWN), UNCTAD Cautions Against JSI E-Commerce Negotiations at WTO, 18 February 2021, https://www.twn.my/title2/wto.info/2021/ti210213.htm.

电子支付,有联合声明倡议提案提议对其他成员在其境内的电子支付服务和服务提供者提供国民待遇,该建议必然会限制发展中成员制定灵活的法规,促进电子支付服务业的发展。再如,就信息流动,有 JSI 谈判建议书主张跨境数据自由流动,但现有研究表明,通过数字技术,非个人数据可转化为个人数据,进而侵害到个人隐私。此外,存储和处理数据的数据中心就是数字经济时代"工厂",就数据本地化措施加以限制,其效果相当于限制一成员在数字经济时代的生产力。因此,考虑到各成员数字能力和数字经济水平不一,当前在国际层面上推出具有强制性的电子商务规则有可能损害到发展中成员的根本利益等。

总而言之,电子商务 JSI 是 WTO 诸边谈判机制的一个制度创新。但其在 WTO 项下的合法性,以及在整个 WTO 体制中的正当性仍存在争议。① 与此同时,在 WTO 之外,七国集团(G7)和二十国集团(G20)也在积极推动数据对话,从而与 WTO 的 JSI 形成竞争关系。

三、法律程序方面的"适应性治理"机制

法律解决可细分为两部分——"立法"修正或解释与"司法"解释。"立法"修正的法律依据是《马拉喀什建立世界贸易组织协定》第 10 条,根据不同条款之于整个 WTO 体系重要性的不同,修正的条件也相应不同。② "立法"解释的主要依据是《马拉喀什建立世界贸易组织协定》第 9.2 条,即"部长级会议和总理事会拥有通过对本协定和多边贸易协定所作解释的专有权力(exclusive authority)"。"司法"解释的主要依据是《关于争端解决规则与程序的谅解》(DSU)第 3.2 条,即"WTO 争端解决体制在为多边贸易体制提供可靠性和可预测性方面是一个重要因素。各成员认识到该体制适于保护各成

---

① See Jane Kelsey, The Illegitimacy of Joint Statement Initiatives and Their Systemic Implications for the WTO, 25 J. Int'l Econ. L. 2 (2022);石静霞:《世界贸易组织谈判功能重振中的"联合声明倡议"开放式新诸边模式》,载《法商研究》2022 年第 5 期,第 3 页。

② 如应经所有成员接受方可生效的修正提案限于:《马拉喀什建立世界贸易组织协定》第 9 条、GATT 1994 第 1 条和第 2 条、GATS 第 2 条第 1 款、TRIPS 协定第 4 条。其他条款如具有改变各成员权利和义务的性质,经成员的 2/3 多数接受后,应对接受修正的成员生效,并在此后对接收修正的每一其他成员自其接受时起生效。在 Peru-Agricultural Products 案中,上诉机构指出,"WTO 协定包含针对区域贸易协定的修正、豁免或例外的具体条款,这些条款优于《维也纳条约法公约》的一般条款,如第 41 条"。See Appellate Body Report on Peru-Agricultural Products, 2015, para. 5.112.

员在适用协定项下的权利和义务及依照解释国际公法的惯例澄清这些协定的现有规定。争端解决机构(DSB)的建议和裁决不能增加或减少适用协定所规定的权利和义务"。

就如何处理"立法"解释与"司法"解释之间的关系,DSU 第 3.9 条给出了明确的答案,即"本谅解的规定不损害各成员通过 WTO 协定或一属诸边贸易协定的适用协定项下的决策方法,寻求对一适用协定规定的权威性解释的权利"。在 US-FSC 案中,上诉机构注意到上述"立法"解释与"司法"解释之间的区别,认为后者只能"澄清",而不能增加或减损权利和义务。[①] 在 EC-Bananas Ⅲ (Article 21.5-Ecuador Ⅱ)/ EC-Bananas Ⅲ (Article 21.5-US)案中,上诉机构将"立法"解释视为《维也纳条约法公约》第 31(3)(a)项下的"当事国嗣后所订关于条约之解释或其规定之适用之任何协定",从而构成条约解释的上下文。[②]

理论上,通过上述政治解决和法律解决两个方面,WTO 制度可发挥"适应性治理"机制,以应对因立法不足引发的不确定性问题。然而,自 WTO 成立以来,各成员方利益冲突难以弥合,发达成员与发展中成员很难再达成进一步贸易自由化的共识,多哈回合谈判因此陷入僵局。[③] 以美国为首的传统贸易主导国开始频繁采用单边主义、双边主义、区域主义策略,在 WTO 协定之外创设新的贸易规则。此类新的贸易规则往往具有先发效应,通过经济因素(如竞争)、政治因素(如认证)、文化因素(如模仿)以及法律因素(如借鉴)等的综合作用,逐渐形成一股潮流,为后来的贸易协定所仿效。在此情况下,美国等更无动力启动或推进多边主义谈判,推进 WTO 协定的"数字化"变革。

与政治解决面临的窘境类似,"立法"解释也存在各成员共识不足的问题。根据《马拉喀什建立世界贸易组织协定》第 9.1 条,WTO 应继续实行 GATT 1947 遵循的经协商一致作出决定的做法。只有在无法经协商一致作出决定的情况下,方可利用投票机制予以决定。虽然通过一项解释的决定可由成员的 3/4 多数作出,并适用于全体成员方,但对于拥有 164 个成员的国际

[①] See Appellate Body Report on US-FSC, 2000, fn. 127.

[②] See Appellate Body Reports on EC-Bananas Ⅲ (Article 21.5-Ecuador Ⅱ)/ EC-Bananas Ⅲ (Article 21.5-US), 1997, para. 393; Panel Report on US-Clove Cigarettes, 2011, paras. 7.569-7.576.

[③] 参见廖凡:《世界贸易组织改革:全球方案与中国立场》,载《国际经济评论》2019 年第 2 期,第 35 页。

组织而言,想要撮合3/4成员达成一致意见,其难度可想而知。不仅如此,在WTO的实践中,通过投票方式进行决策非常少见。任何可能偏离协商一致程序的决策,都可能被认为"与WTO行使方式相悖",缺乏民主正当性。[①] 因此,理论上的多数决机制并不能发挥预期效用。与束之高阁的"立法"解释条文不同,WTO成立之后,DSB的专家组和上诉机构利用DSU所赋予的职能,裁决了多达350余起案件。然而,根据DSU的制度设计,即使对于那些具有政治敏感性的、法律不确定性的以及涉及"制度平衡"的争议事项,专家组和上诉机构既不能拒绝受理,[②]也不能宣称WTO协定的规定过于不确定而难以适用。[③] 即使专家组和上诉机构严格履行其职责,当成员方对具体判决结果不满,特别是对所依据的规则不满时,依然可被扣上"司法能动主义"之名。[④]

由于制度设计缺陷,在WTO实践中,除了协商一致外,各政治机构(如部长级会议和总理事会)几乎无法采取实质性行动,而与之相配套的争端解决机制却没有有效的办法来阻止"无能为力案件"(impossible cases)的提出。[⑤] 在此情况下,DSB的司法裁决实际上承担了"小马拉大车"的功能。而无论专家组或上诉机构如何行事,均会被成员指责为做得过多或做得过少。

随着上诉机构逐渐成为敏感和复杂争端的有能力和权威的裁决者,各成

[①] 如在西雅图部长级会议以失败告终之后的几个星期后,时任WTO总干事迈克·穆尔(Mike Moore)指出:"协商一致原则既是WTO体系的核心,也是基础性的民主保障,不容妥协。"See Peter Van den Bossche and Werner Zdouc, The Law and Policy of the World Trade Organization: Text, Cases and Materials, 4th ed., Cambridge University Press, 2017, pp. 151-152.

[②] DSU第3.7条规定:"在提出一案件前,一成员应根据这些程序采取的措施是否有效作出判断。"据此,判断一项争议是否适于通过争端解决机制来解决的最终决定权在成员,而非DSB的专家组或上诉机构。关于判断一成员是否"善意"提起相关诉讼的法律争议,可参见Appellate Body Report on EC-Bananas III, 1997, para. 135; Appellate Body Report, Mexico-Corn Syrup (Article 21.5-US), 2001, paras. 73-74; Appellate Body Report on Peru-Agricultural Products, 2015, paras. 5.18-5.19, 5.28; Panel Report on Saudi Arabia-Intellectual Property Rights, 2020, paras. 7.22-7.23.

[③] DSU第3.4条规定:"DSB所提建议或所作裁决应旨在依照本谅解和适用协定项下的权利和义务,实现问题的满意解决。"第11条规定:"专家组的职能是协助DSB履行本谅解和适用协定项下的职责。"为履行其职责,DSB专家组和上诉机构对是否行使管辖权没有裁量的余地。相关争议可参见Panel Report on Saudi Arabia—Intellectual Property Rights, 2020, paras. 7.10-7.12.

[④] See Lorand Bartels, The Separation of Powers in the WTO: How to Avoid Judicial Activism, 53 Int'l & Comp. L. Quarterly 862, 894 (2004).

[⑤] See C. O'Neal Taylor, Impossible Cases: Lessons from the First Decade of WTO Dispute Settlement, 28 U. Pa. J. Int'l Econ. L. 309, 331 (2007).

员不断通过任命程序,[1]试图对上诉机构成员的意识形态施加控制。任命新成员的程序逐渐从评估被提名者的专业知识和是否"适合"现有成员的能力,转向一种更具政治动机的博弈,成员间的关系因此日趋紧张。受此影响,传统的 WTO 成员与上诉机构之间的委托—受托关系与基于控制的委托—代理关系之间的界限日益模糊。个人之所以被提名为上诉机构成员候选人,更主要的是因为其被认为在某些重要问题上能够与提名 WTO 成员保持一致。[2]一旦上诉机构成员的提名被政治化,受制于协商一致原则,各成员之前的分歧很难通过法律程序加以弥合。如在 2013 年和 2016 年的遴选过程中,WTO 成员行使或威胁行使否决权变得频繁和明显,遴选过程几度陷入僵局,所幸在遴选委员会的多方转圜之下,各方尚能就最终人选达成共识。[3] 但是,自 2016 年起,以否定韩国籍上诉机构成员张胜和连任为契机,美国开始单方阻碍遴选程序的顺利进行,并从政策的角度对候选成员的判决进行实质性评价,从而将上诉机构成员任命彻底政治化。及至 2019 年 12 月 10 日,最后三位上诉机构成员中的两位任期届满,而新的上诉机构成员因美国的阻挠,迟迟不能补足,致使上诉机构不能够再受理新的上诉案件。[4] WTO 引以为荣的争端解决机制就此休眠。

2020 年 4 月,基于 DSU 第 25.1 条之规定,即"WTO 中的迅速仲裁作为争端解决的一个替代手段,能够便利解决涉及有关双方已明确界定问题的争端",欧盟、中国、加拿大、澳大利亚、巴西等 WTO 成员达成《多方临时上诉仲裁安排》(MPIA),以期在上诉机构停摆期间继续维护两审终审。问题是,美国并不认可 MPIA。鉴于美国是争端解决机制的大客户——涉美案件分别占

---

[1] DSU 第 17.2 条规定:"DSB 应任命在上诉机构任职的人员,任期 4 年,每人可连任一次。"

[2] See Mark Huber and Greg Tereposky, The WTO Appellate Body: Viability as a Model for an Investor—State Dispute Settlement Appellate Mechanism, 32 ICSID Review 545, 556 (2017).

[3] See Po-Ching Lee, Appointment and Reappointment of the Appellate Body Members: Judiciary or Politics, in Chang-fa Lo, Junji Nakagawa and Tsai-fang Chen (eds.), The Appellate Body of the WTO and Its Reform, Springer, 255 (2000); Manfred Elsig and Mark A. Pollack, Agents, Trustees, and International Courts: The Politics of Judicial Appointment at the World Trade Organization, 20 Eur. J. Int'l Relations 391, 403 (2014).

[4] DSU 第 17.1 条规定:"DSB 应设立一常设上诉机构。上诉机构应审理专家组案件的上诉。该机构应由 7 人组成,任何一个案件应由其中 3 人任职。"See United States Continues to Block New Appellate Body Members for the World Trade Organization, Risking the Collapse of the Appellate Process, 113 Am. J. Int'l L. 822, 823-825 (2019).

所有WTO案件的47%和上诉案件的66%,[1]缺失美国参加的MPIA并不能根本缓解WTO争端解决机制僵局带来的法律体系上的不确定性。而美国对于上诉机构"越权"审判的态度表明,[2]即使DSB上诉机构能够浴火重生,其处理数字贸易等新兴争议的适应性治理能力只会受到更为严格的控制,不会有所放松。

第二节　与数字贸易规制有关的WTO货物贸易协定规则

如上所述,WTO协定是前数字经济时代的产物。虽然在1986—1994年的乌拉圭回合谈判期间,互联网技术突飞猛进,且已经得到部分商用,[3]但各谈判方并没有预见到数字经济的到来与迅猛发展,更没有预见到数字技术对于整个社会、政治、经济和文化的颠覆性影响。因此,WTO协定所规范的对象大多囿于传统贸易规制措施。随着互联网的普及和应用,传统经济开启了互联网化的过程,与此同时,基于互联网的新经济形态开始大量涌现。在"+互联网"和"互联网+"的迭代效应下,传统经济形式与数字经济形式相互渗透,受全球经济发展不平衡以及数字技术扩散程度不同之影响,传统经济形态与数字经济形态长期共存。传统经济形式与数字经济形式相互渗透与长期共存意味着,数字贸易总是能够找到与之对应的传统贸易镜像,反之亦然。与之相对应,尽管WTO协定的"适应性治理"机制受到实体和程序两个方面的限制,在此过渡时期,WTO协定的现有规定仍有适用空间。

就数字产品而言,其与传统贸易中的货物存在对应关系。理论上,WTO协定中的相关规定可通过条约解释与法的续造两种法学方法,[4]适用到数字

---

[1] 参见石静霞:《WTO〈多方临时上诉仲裁安排〉:基于仲裁的上诉替代》,载《法学研究》2020年第6期,第182页。

[2] See United States Trade Representative(USTR), Report on the Appellate Body of the World Trade Organization, 11 February 2020, https://ustr.gov/sites/default/files/Report_on_the_Appellate_Body_of_the_World_Trade_Organization.pdf.

[3] See National Telecommunications and Information Administration(NTIA), The Department of Commerce Internet Policy Task Force, Cybersecurity, Innovation and the Internet Economy, 8 June 2011, https://www.nist.gov/system/files/documents/itl/Cybersecurity_Green-Paper_FinalVersion.pdf; Internet Society, A Brief History of the Internet, https://www.internetsociety.org/internet/history-internet/brief-history-internet/.

[4] 参见〔德〕卡尔·拉伦茨:《法学方法论(全本·第六版)》,黄家镇译,商务印书馆2020年版,第393、460页。

产品规制争议之中。在 WTO 多边货物贸易协定适用于数字贸易规制的过程中，诸如产品定性（characterization）、商品归类（classification）、标准（standards）和便利化（facilitation）等方面的法律技术问题需要澄清。

一、产品定性与商品归类争议

在 WTO 的语境下，数字产品的"定性"与电子商务谈判进程紧密相连。有 WTO 成员认为，如下四类交易可被纳入 WTO 的"电子商务"——通过电子手段生产、分销、营销、销售或交付货物和服务——的概念之下：[1]

（1）以电子方式进行交易，并以实物交付货物。在这种情况下，关贸总协定的传统承诺将适用。

（2）与电子商务有关的货物贸易（如电脑）。在这种情况下，关贸总协定的传统承诺也将适用。

（3）销售数字化信息（如软件或音乐）的传媒载体，如光碟或磁带；传媒载体的内容问题将涉及海关估价问题。

（4）通过电子方式传输的数字化信息，即电子传输。

就前三类交易而言，WTO 货物贸易协定的适用性基本无争议。比如，通过互联网订购但线下交付的货物，其关税待遇依然受制于 GATT 1994 第 2 条关税承诺的约束。[2] 而对于那些被列入《信息技术协定》（ITA）附件的产品而言，[3]除适用 WTO 货物贸易协定之外，还可享受 ITA 项下的零关税待遇。

---

[1] See Council for Trade in Goods, Work Programme on Electronic Commerce, G/C/W/158, 26 July 1999.

[2] 这是因为美国国际贸易委员会（USITC）将数字订购但并非数字交付的货物贸易排除在数字贸易的概念之外。See U. S. International Trade Commission, Global Digital Trade 1: Market Opportunities and Key Foreign Trade Restrictions, 2017, http://www.usitc.gov/publications/332/pub4716/pdf.

[3] See WTO, Ministerial Declaration on Trade in Information Technology Products, WT/MIN(96)/16, 13 December 1996. 1996 年 12 月 13 日在新加坡举行的世界贸易组织第一届部长级会议上，通过《信息技术产品贸易部长级宣言》达成了《信息技术协定》（ITA）。ITA 涵盖了大量的高科技产品，包括计算机、电信设备、半导体、半导体制造和测试设备、软件、科学仪器以及这些产品的大部分零部件和配件。ITA 现已包括世贸组织的 83 个成员，约占世界信息技术产品贸易的 97%。由于 ITA 的减让包括在世贸组织的减让表中，关税取消是在最惠国的基础上实施的。这意味着，即使没有加入 ITA 的国家或地区也可以受益于消除 ITA 产品关税所带来的贸易机会。See WTO, Information Technology Agreement—An Explanation, https://www.wto.org/english/tratop_e/inftec_e/itaintro_e.htm.

实践中,综合性的、多功能的甚至是全新的数字产品以何种方式纳入传统的关税减让表,将决定其能否享受类似于传统产品的优惠关税待遇。总体而言,订立于1996年的ITA有助于IT产品全球价值链的形成,但它也有两个缺陷:一是ITA仅就关税减让设置了具有拘束力的义务,对于非关税壁垒,缔约方无须承担额外条约义务;[①]二是ITA缔约方根据协调制度(harmonized system)商品编码(6位或8位)产品分类表作出承诺,该产品分类表源于1989年,并不能适当涵盖技术变化所催生的新产品。[②] 如1998年的EC-Computer Equipment案就涉及商品分类。该案专家组认为,欧盟不将局域网设备列入自动数据处理器(ADP machine),而是重新归类,并征收高额关税的行为,违反了谈判阶段其他WTO成员的正当期待,应予以纠正。该案上诉机构则认为,关税谈判是一个相互要求和让步的过程,也就是"互惠互利",澄清谈判期间关税减让的范围是所有有关各方的一项任务,并因此推翻了专家组的裁决。[③] 在EC-IT Products案中,专家组对于成员方的关税减让表作了严格文义解释,认为欧盟对平板显示器(FPDs)、有通信功能的机顶盒(STBCs)、自动数据处理和非自动数据处理多功能器(MFMs)征收关税,违反其作出的零关税承诺。[④] 尽管两起案件的最终结果不一,但方法论保持高度一致。由此带来的问题是,DSB的专家组和上诉机构拘泥于承诺的文义,很难真正考虑到数字技术发展的特殊情况,作出适应性的调整与裁决。[⑤] 可以认为,对于数字贸易而言,即使WTO货物贸易协定可以适用,仍需澄清新出现的综合性、多功能产品的海关归类问题。

与前三类交易不同,对于第四类交易——电子传输的"定性"问题,WTO

[①] See Committee of Participants on the Expansion of Trade in Information Technology Products, The Non-Tariff Measures Work Programme, G/IT/SPEC/Q2/11/Rev.1, 14 April 2003.

[②] See Mira Burri, The International Economic Law Framework for Digital Trade, 135 Zeitschrift für Schweizerisches Recht 1, 20-21 (2015).

[③] See Appellate Body Report on EC-Computer Equipment, 1998, paras. 109-110.

[④] See Panel Report on EC-IT Products, 2010, paras. 7.383, 7.443-7.548, 7.929, 7.1329.

[⑤] See Mira Burri, The International Economic Law Framework for Digital Trade, 135 Zeitschrift für Schweizerisches Recht 1, 21 (2015).

成员的看法存在较大差异。① 一些成员认为,数据的电子传输本身就是一种交付服务,受 GATS 的约束,而 GATS 具有技术中立特征,禁止在不同的交付模式间进行歧视。② 而另一些成员则提出,如果通过电子手段交付的数字化内容可被定性为货物,③将涉及 GATT 法律规定可否平等适用的问题。比如,当软件可从互联网上下载,足以替代存储软件的磁盘或 CD 时,仅就后者征收关税,相当于认为两者并不属于"同类产品",这与将数字交付的内容定性为货物的前提不符。然而,如果对前者征收关税,必须首先确定相关货物越过边境。问题是,在互联网领域中,特别是云计算的环境下,很难确定何种"物品"(thing)在何时实际跨越边境。如果是否进出口尚难以确定,又如何对电子传输本身征收关税? 更有成员认为,将电子传输定性为货物或服务均徒劳无功,因为所有数字化产品均可通过互联网交易,由于传输的数据流字节仅由"1"和"0"组成,如何可能就每一个案决定某一特定传输是属于产品还是服务?④ 尽管一些产品,如软件或音乐被下载后可存储在载体之中,但在很多

---

① 有理论将上述四类交易统一纳入"数字产品"的概念之下,并根据其物理特征和经济价值,分为三类:第一类数字产品本质上是传统商品,体现为有形的物理存在,典型的例子包括计算机、电信设备、半导体、半导体制造和测试设备、科学仪器及其零部件和附件等;第二类数字产品有实体载体,但载体的价值很小,其货币价值主要来源于编码内容,典型的例子包括 CD、DVD 和实体支持的软件等;第三类数字产品没有物理载体,完全在线传输,产品的货币价值完全来自它们的内容,典型的例子包括电子书、流媒体电影以及在线支付功能。目前,97%的第一和第二类数码产品受世贸组织框架下的多边协议 ITA 的保护。ITA 将第一和第二类数字产品归类为适用关税和非关税壁垒的商品,要求成员废除所有涉及产品和零部件的关税,旨在消除贸易中的非关税壁垒。在数字贸易中,相比前两类数字产品,第三类数字产品更为重要,本质上是跨区域的信息流动,它广泛分布于云计算、大数据分析、物联网、3D 打印、区块链技术等领域。虽然 ITA 通过降低关税和非关税措施的方式实现贸易自由化,但对于跨境信息流动几乎没有保护。See Jie Huang, Comparison of E-commerce Regulations in Chinese and American FTAs: Converging Approaches, Diverging Contents, and Polycentric Directions? 64 Netherland Int'l L. Rev. 309,312 (2017).

② 欧盟为该观点的坚定支持者。See Catherine L. Mann, Transatlantic Issues in Electronic Commerce, Electronic Commerce and Multilateral Liberalization, IAI, October 2000, https://www.piie.com/sites/publications/wp/00-7.pdf.

③ 比如将在互联网上以数字形式销售的图书视为货物,因为它是一种"标准化产品",而将定制数据视为非标准化产品并归类为服务。See Gregory Shaffer, Globalization and Social Protection: The Impact of EU and International Rules in the Ratcheting Up of U. S. Privacy Standards, 25 Yale J. Int'l L. 1, 48 (2000).

④ 当然,如果将数据传输简化为字节流通而不涉及内容,则理论上属于基础电信服务。但是,根据 GATS 对服务部门的分类,除基础电信服务之外,还有增值电信服务。在此制度设计下,不能剥离字节所对应的内容。

情况下,此类载体并非必需品。究其原因,此类产品的价值在于功能展示,而非固定形式,将之列入货物或服务并不能很好地描述其特殊性。①

二、技术法规与互联网国际标准争议

全球化的信息基础设施,包括信息系统和电信等形成了全球数字贸易和电子商务的基础平台。通过该平台,各国的国内信息通信基础设施可实现互联互通,数字订购或数字交付得以顺利完成。为保证信息基础设施的互联互通,国际标准必不可少。互联网的架构具有层级性,可大致分为物理层、逻辑/代码层和内容层,②三个层次的相互连接和相互操作均存在着相应的国际标准。此类国际标准大多由国际电信联盟(ITU)、国际标准化组织(ISO)、国际电工委员会(IEC)、电气与电子工程师协会(IEEE)、美国国家标准协会(ANSI)、互联网工程任务组(IETF)所制定,具有国际权威性而被业界所广泛接受。尽管如此,各国仍会基于各种政策理由而倾向于采取不同的标准。③不同的标准会降低相关产品的互操作性,进而赋予某类生产商以特定的竞争优势。从经济学视角而言,标准化有两个效应:一方面,在国际层面推进标准的协调一致有助于提升贸易便利化的程度,对于某一商品而言,只要符合国际标准,即可行销全球,可大幅度减少产品的合规成本;另一方面,标准化也可被制定者作为市场策略而使用,特别是在具有强大网络效应的行业,一国企业如果占据制定标准的主导权,完全可以利用制定规则的权利维护自身的垄断地位。④

---

① See Council for Trade in Goods, Work Programme on Electronic Commerce, G/C/W/158, 26 July 1999, paras. 2.4-2.8.

② See Yochai Benkler, From Consumers to Users: Shifting the Deeper Structures of Regulation Toward Sustainable Commons and User Access, 52 Federal Comm. L. J. 561, 568 (2000).

③ 一个典型的例子是各国就电源插头制定了不同的标准。就外形构造,存在国标(三个扁头)、美标(一圆两扁)、英标(三个方头)、欧标(两个圆头)、南非标(三个圆头);就形状型号,存在2芯电源插头、3芯电源插头和多芯电源插头;就接线颜色,一般是左火线 L 常用黑色或茶色,右零线 N 常用白色、红色或浅蓝色,上地线常用绿色或绿间黄色(黄间绿或绿黄色或黄绿色)等。

④ See Maya Cohen-Meidan, The Effects of Standardization Process on Competition: An Event Study of the Standardization Process in the US Cable Modem Market, 31 Tel. Policy 619, 621-630 (2007); Raymond G. Kammer, The Role of Standards in Today's Society and in the Future, 13 September 2000, https://www.nist.gov/speech-testimony/role-standards-todays-society-and-future.

表 3-3　互联网的层级架构

Content Layer Text, Speech, Music, Pictures, Video, etc.	
Logical/Code Layer	
Application/Service	Web Browsers, E-mail Client Programs, MP3, Ripping Software, Word Processors, etc.
Application Layer	HTTP, SMTP, FTP, DNS, etc.
Transport Layer	TCP, UDP
Network/IP Layer	IP, ICMP, IGMP
Link Layer	Interface to the Physical Layer
Physical Layer Ethernet, Modem, DSL, Cable, T1, Fiber Optics, Satellite, Bluetooth, etc.	

资料来源：Lawrence B. Solum and Minn Chung, The Layers Principle: Internet Achitecture and the Law, 79 Notre Dame L. Rev. 815 (2004).

就数字贸易和电子商务而言，标准所能发挥的作用要远远大于其他国际交易形式。互联网之运行特别强调层级性与模块化，如果国际贸易的从业者利用互联网平台从事国际交易，则无论是交易对象还是交易平台，均要满足一定的标准化要求。而不同标准之间的错配，不仅会限制贸易，还会在各类平台的运行之间植入非同步性，进而形成垄断。

WTO 协定本身并不制定产品技术标准，而是通过《技术性贸易壁垒协定》(TBT 协定)中的一般原则条款对于相关国内技术法规和标准是否符合 WTO 协定加以判断。根据 TBT 协定第 2.4 条，WTO 成员"如需制定技术法规，而有关国际标准已经存在或即将拟就，则各成员应使用这些国际标准或其中的相关部分作为其技术法规的基础"。根据 TBT 协定第 2.5 条，如果技术法规与国际标准相一致，则原则上应推定未对国际贸易造成不必要的障碍。① 反之，如果不存在相应的国际标准，根据 TBT 协定第 2.2 条，技术法规对贸易的限制不得超过实现合法目标所必需的限度。在 US-Tuna Ⅱ (Mexico)案中，上诉机构将第 2.2 条项下的评估步骤总结如下：

---

① 此处涉及复杂的举证责任问题。即如果被告希望援引 TBT 协定第 2.5 条项下的有利推定，则应证明其国内技术法规符合国际标准。此后，才由原告一方证明，即便相关国内技术法规符合国际标准，依然构成对国际贸易的不必要障碍。See Panel Reports on Australia—Tobacco Plain Packaging, 2018, para. 7.288.

专家组应首先考虑以下因素:(1)该措施对所涉合法目标所做的贡献程度;(2)该措施的贸易限制性;(3)该成员未实现通过该措施所追求的目标所产生的风险的性质和后果的严重性。在大多数情况下,应将受挑战的措施与可能的替代措施进行比较。特别是,为了进行比较的目的,考虑拟议的替代方案是否具有较少的贸易限制,它是否对有关的合法目标做出同等贡献,考虑到不履行将产生的风险,以及它是否合理。[①]

无论 WTO 成员是否参照国际标准制定本国或地区的技术法规,TBT 协定的上述规定都限制了成员利用技术手段设置贸易壁垒的规制空间。不仅如此,TBT 协定还对 WTO 成员施加了非歧视待遇、透明度和程序保障等义务。[②] 总体上,TBT 协定为纳入互联网国际标准留下了充分的制度空间,有助于在国际贸易规制中纳入互联网治理的合理因素,便利信息技术的全球传播以及 WTO 协定的与时俱进。然而,由于互联网国际标准以及数字贸易的特殊性,在如下几个方面,TBT 协定的适用存在显著局限性:

其一,相关国际标准被 TBT 协定认可后的合法性问题与标准本身的正当性之间并不存在一一对应关系。互联网治理在很大程度上采取的是多元利害关系方模式,互联网巨头所代表的市场力量和技术专家所代表的技术力量共同塑造着互联网的国际标准,而这两股力量主要集中于数字经济成熟的发达成员。由此引发的问题是,相关国际标准的制定因缺乏发达成员利害关系方的参与而缺少国际正当性。然而,通过 TBT 协定第2.4条和第2.5条的转介,此类国际软法被转化为国际硬法,反而取得了 WTO 体制的合法性。当正当性与合法性之间的差距越来越大时,互联网国际标准的形成与 WTO 体制的实施机制均会遭受国际社会的质疑。

其二,在若干互联网治理领域,仍然缺乏足够的共识,来达成协调一致的国际标准。这就为某些国家和企业利用市场规模和技术专家发挥先发优势提供了契机。[③] 一旦时机成熟,此类主导国家和企业可以将本国的标准"上

[①] See Appellate Body Report on US-Tuna Ⅱ (Mexico), 2012, para. 322; Appellate Body Report on US-COOL, 2012, paras. 374-378.

[②] 参见 TBT 协定第2.1条、第2.9—2.12条、第4.1条、第10条等。

[③] See Walter Mattli and Tim Büthe, Setting International Standards: Technological Rationality or Primacy of Powers? 56 World Politics 1, 16 (2003); 杨蕙馨、王硕、冯文娜:《网络效应视角下技术标准的竞争性扩散——来自 iOS 与 Android 之争的实证研究》,载《中国工业经济》2019年第9期,第135—136页。

传"到国际标准发展组织(SDO),并经由 SDO 的认可,将此类国内标准转换为国际标准,进而被其他国家和企业下载到本国,最终利用本国法律机制予以实施。正是通过"互动—解释—内化"这一典型的跨境法律过程,来源于主导国家的标准被其他国家所接受。[①] 显然,对于如何控制和评价该国际标准的形成过程,旨在承认国际标准国际法效力的 TBT 协定无能为力。

其三,数字贸易所涉及的诸多互联网标准与货物贸易并无直接关联,仅在相关标准嵌入货物时才会适用 TBT 协定。以阿尔卡特(Alcatel)、诺基亚(Nokia)、爱立信(Ericsson)、摩托罗拉(Motorola)、西门子(Siemens)等大公司组成的 GSM 标准联盟为例,与之相关的国际贸易的方式有三种:一是专利许可费用;二是购买 GSM 的设备;三是手机生产商支付的专利费用。[②] 其中,第二种和第三种贸易方式均将标准嵌入在实体(如设备和手机)之中,有 TBT 协定适用的余地。第一种贸易形式则属于典型的知识产权交易。而在数字贸易中,诸多涉及电子交付的电子传输行为可归入此类。

表 3-4　国际标准联盟列举

标准联盟	标准性质	联盟成员
ATSC	国际标准	美国、韩国、日本、荷兰
Bluetooth	事实国际标准	芬兰、日本、瑞典、美国
CDMA 2000	国际标准	美国、法国、日本、韩国、荷兰
Digital Radio Mondiale	事实国际标准	美国、瑞典、法国、德国、日本、荷兰、加拿大
IEEA 1394	国际标准	日本、荷兰、美国、韩国、瑞士
MPEG-4 system	国际标准	美国、日本、荷兰、法国、德国
UHF-RFID	国际标准	韩国、德国、美国
VC-1	国际标准	韩国、美国、法国、日本、荷兰、德国、挪威
WIMAX	国际标准	美国、韩国、中国

资料来源:宋明顺、张华:《专利标准化对国际贸易作用的机理研究及实证——基于标准与国际贸易关系研究现状》,载《国际贸易问题》2012 年第 2 期。

[①] See Harold Hongju Koh, Is There a "New" New Haven School of International Law? 32 Yale J. Int'l L. 559, 567 (2007).

[②] 参见宋明顺、张华:《专利标准化对国际贸易作用的机理研究及实证——基于标准与国际贸易关系研究现状》,载《国际贸易问题》2012 年第 2 期,第 98—99 页。

因此,尽管标准在数字贸易和电子商务中发挥巨大作用,但 TBT 协定并不制定具体的标准,也无从保证标准形成的过程符合正当性。在欧美日韩等国互联网巨头和技术专家主导国际标准设定的情况下,TBT 协定仅凭某一国内技术法规符合国际标准就推定该法规具有合法性,有进一步考察的必要。

三、贸易便利化与中小企业发展

在贸易实践中,如果货物通关所需的时间不确定,将降低物流的可预见性,增加企业开支,而这笔费用最终会转嫁到消费者身上。此外,低效的过境程序也会增加海关等边境主管部门的成本。虽然 GATT 1994 第 5 条(过境自由)、第 8 条(进出口相关收费和手续)和第 10 条(贸易法规的发布和管理)均涉及贸易便利化问题,但相关规定仅是原则性的,不足以缩短清关时间以及降低清关成本。对于从事数字贸易和电子商务的众多中小企业而言,如果相关交易的交付方式仍然采取线下模式,则仍将承担与其交易规模和交易频率不成比例的清关费用。受此影响,中小企业有效参与国际贸易的程度将大打折扣。

早在 1993 年,乌拉圭回合的多边贸易谈判刚结束,一些 WTO 成员就开始酝酿下一轮的构想了。[①] 1996 年,在新加坡举行的世界贸易组织第一届部长级会议上,各成员同意成立工作组对四大议题开展研究或进一步工作,议题之一就是贸易便利化。2004 年 7 月,根据 1996 年以来进行的探索和审议工作,各成员最后同意将贸易便利化加入多哈发展议程的谈判日程。同年 10 月,世界贸易组织成立贸易便利化谈判小组(NGTF)。自此以后,各成员就在此小组会晤以达成协议。2013 年 12 月,WTO 巴厘岛部长级会议通过《贸易便利化协定》(TFA),既简化了货物清关所需的文件,又简化了边境当局所采用的程序。及至 2017 年 2 月,随着卢旺达、阿曼、乍得、约旦等四个成员向 WTO 提交批准书,已有 112 个成员接受该协定,超过了 WTO 协定规定的 2/3 接受的生效条件,协定正式生效。[②] 该协定主要分为三个部分:第一部分规定了各成员在贸易便利化方面的实质性义务,涉及信息公布、预裁定、货物放

---

① 参见国际贸易中心:《WTO 贸易便利化协定:发展中国家商业指南》,2013 年,https://www.intracen.org/uploadedFiles/intracenorg/Content/Publications/AssetPDF/WTO%20Trade%20Facilitation%20Agreement_Chinese%20(SIMP).pdf.

② 截至 2024 年 9 月 1 日,共有 160 个 WTO 成员加入《贸易便利化协定》,占 WTO 成员总数的 96.4%。

行与结关、海关合作等40项贸易便利措施；第二部分规定了发展中成员在实施协定第一部分条款方面可享有的特殊和差别待遇；第三部分涉及机构安排和最后条款。

虽然《贸易便利化协定》并非针对数字贸易或电子商务所设，但其实施有助于切实降低中小企业从事电子商务的成本，有助于中小企业积极融入全球价值链。① 《贸易便利化协定》的达成与施行再次印证，通过"适应性治理"机制，WTO有能力针对数字贸易作出适当调整，当前的数字贸易规制仍应以WTO协定为基础加以构建。

第三节　与数字贸易规制有关的WTO服务贸易协定规则

服务贸易之勃兴与20世纪后期技术的发展密不可分。长期以来，服务被认为是一种非贸易品，因为很多服务的性质要求服务提供者和服务接收者同时存在，且能密切接触，而国际贸易恰恰以地理空间的延展以及生产和消费的分离为其主要特征。在前数字经济时代，一个富裕的家庭可以将儿童送往国外学习当地语言，但同时意味着学生将脱离家庭和当地社会，受金钱成本和社会成本的双重挤压，此类服务贸易的规模有限。随着互联网技术的发展以及商业模式的创新，国际服务贸易不仅在时间和空间上可行，还可大大缓解与之相关的金钱成本和社会成本。② 仍以儿童学习外语为例，通过网上教育平台，学习者可与外国教师实时对话和沟通，无须远离家乡，就可接触到纯正的外国语。同时，相关的教育费用也会直线下降，即使是普通家庭也能轻松负担。

与GATT类似，WTO的《服务贸易总协定》(GATS)也是在互利的基础上促进所有参与方的利益，保证权利和义务的总体平衡，以便早日实现服务贸易自由化水平的逐步提高。由于服务不同于货物，一国很难对之施加边境管理措施，在推进贸易自由化的方法和框架方面，GATS与GATT存在重要区别。具体而言，GATS关于贸易自由化的实质性条款分为以下两类：

---

① 参见江小平：《WTO〈贸易便利化协定〉在中国的实施及展望》，载《国际经济合作》2021年第2期，第19—20页；杨欣、王淑敏：《〈贸易便利化协定〉单一窗口条款对我国的影响及对策研究》，载《上海对外经贸大学学报》2017年第6期，第8—12页。

② See Mitsuo Matsushita, Thomas J. Schoenbaum, Petros C. Mavroidis, and Michael Hahn, The World Trade Organization: Law, Practice, and Policy, 3rd ed., Oxford University Press, 2015, p.556.

第一类是一般义务和纪律(general obligation and disciplines),包括最惠国待遇和"良好贸易治理"——透明度和国内法规等义务,适用于所有WTO成员。与GATT的规定有所不同,GATS的某些一般义务和纪律与一成员作出的特别承诺相挂钩,只有在作出具体承诺的部门,一成员才承担相关的义务。[1] 而GATS第2条第2款更是直接规定,一成员可维持与第1款(最惠国待遇义务)不一致的措施,只要该措施列入《关于第2条豁免的附件》,并符合该附件中的条件。根据《关于第2条豁免的附件》的规定,一成员只能在GATS生效时,一次性地豁免其在GATS第2条第1款项下的义务,WTO协定生效之日后提出的任何新的豁免,应根据《马拉喀什建立世界贸易组织协定》第9.3条的规定处理。[2] 原则上,此类豁免不应超过10年。然而,实践中,一旦一成员豁免被列入《关于第2条豁免的附件》之中,则可以永久存续。[3]

第二类是特别承诺(specific commitments),包括市场准入、国民待遇以及附加承诺等,仅在一成员作出承诺的限度内承担相应的条约义务。这与GATT中的一般原则规定形成对比,究其原因,服务规制通常涉及境内规制事项,且若干主导成员的服务比较优势较大,如果一成员贸然开放本地服务市场,则不仅会冲击本地的服务行业,还会大大限制政府的规制空间,不利于本地服务业的发展。而利用正面清单的方式就服务贸易的市场准入和国民待遇作出承诺,有助于在逐步推进服务贸易自由化的同时,确保一成员可根

---

[1] 如GATS第3条(透明度)第3款规定:"每一成员应迅速并至少每年向服务贸易委员会通知对本协定项下具体承诺所涵盖的服务贸易有重大影响的任何新的法律、法规、行政准则或现有法律、法规、行政准则的任何变更。"第6条(国内法规)第1款规定:"在已作出具体承诺的部门中,每一成员应保证所有影响服务贸易的普遍使用的措施以合理、客观和公正的方式实施。"第8条(垄断和专营服务提供者)第1款规定:"每一成员应保证在其领土内的任何垄断服务提供者在相关市场提供垄断服务时,不得以与其在第2条和具体承诺下的义务不一致的方式行事。"第8条第2款规定:"如一成员的垄断提供者直接或通过附属公司参与其垄断权范围之外且受该成员具体承诺约束的服务提供的竞争,则该成员应保证该提供者不滥用其垄断地位在其领土内以与此类承诺不一致的方式行事。"第11条(支付和转移)第1款规定:"除在第12条中设想的情况下外,一成员不得对与其具体承诺有关的经常项目交易的国际转移和支付实施限制。"

[2] 《马拉喀什建立世界贸易组织协定》第9.3条规定:"在特殊情况下,部长级会议可决定豁免本协定或任何多边贸易协定要求一成员承担的义务,但是任何此类义务的决定应由成员的四分之三多数作出,除非本款另有规定。"

[3] See Mira Burri, The International Economic Law Framework for Digital Trade, 135 Zeitschrift für Schweizerisches Recht 1, 27 (2015).

据本地具体情况实施灵活的规制措施。①

在数字经济时代,GATS 的上述规定依然可以适用于电子交付的服务。② 只不过,由于 GATS 的一般义务和纪律条款存在诸多豁免,市场准入和国民待遇等依赖于成员具体承诺,必须进行个案分析方可确定具体争议涉及的权利和义务。与之相关,与数字贸易规制有关的 GATS 规则存在如下几个方面需要澄清的争议:

一、适用范围和定义的争议

GATS 第 1 条第 1 款规定:"本协定适用于各成员影响服务贸易的措施。"第 1 条第 3 款 b 项强调,"服务"包括任何部门的所有服务,"但在行使政府职权时提供的服务除外"。就如何理解 GATS 的适用范围,China-Publications and Audiovisual Products 案专家组指出,"影响"一词的范围要宽于"规制或管理"。③ EC-Banana Ⅲ 案专家组认为:"GATS 的范围包括影响服务供应的任何成员措施,而不论这种措施是否直接管理服务的供应,抑或规制其他事项,但仍然影响服务贸易。"④

GATS 未就服务给出确切定义,而是列举了四种服务类型:跨境提供(Mode 1)、境外消费(Mode2)、商业存在(Mode 3)和自然人流动(Mode 4)。DSB 的专家组认为,以电子交付方式提供的服务仍是 GATS 第 1 条第 1 款项下的服务。如在 US-Gambling 案中,专家组指出,当一个成员在其市场准入栏中使用"无(None)"一词时,意味着该成员承诺将不在相关部门或分部门中禁止使用一种、几种或所有交付手段。其他成员的供应商有权通过所有交付方式提供服务,无论是通过邮件、电话、互联网等。专家组认为,这一理解符合在 WTO 成员中得到普遍认同的"技术中立"原则。⑤ China-Publications and Audiovisual Products 案专家组也认为,在就相关承诺是否包括非物理媒

---

① See Bernard Hoekman, Aaditya Mattoo and André Sapir, The Political Economy of Services Trade Liberalization: A Case for International Regulatory Cooperation? 23 Oxf. Rev. Eco. Policy 367, 385-387 (2007).

② See Council for Trade in Service, Work Programme on Electronic Commerce: Progress Report to the General Council, S/L/74, 27 July 1999.

③ Panel Report on China-Publications and Audiovisual Products, 2009, para. 7.971.

④ Panel Report on EC-Bananas Ⅲ, 1997, para. 7.285.

⑤ Panel Report on US-Gambling, 2004, paras. 6.285, 6.287.

介上的供应存在疑问时,"技术中立"原则可发挥作用。①

问题是,WTO成员可分别就四种服务模式作出不同的市场准入和国民待遇承诺,这意味着,即使各类服务模式均可采取电子传输方式交付,在具体争端中依然需要区分相关电子交付所属的服务贸易类型。如上所述,GATS第1条第2款将服务贸易定义为四种模式。其中,Mode 3 涉及一成员的服务提供者通过在任何其他成员领土内的商业存在提供服务,Mode 4 涉及一成员的服务提供者通过在任何其他成员领土内的自然人存在提供服务。两者的共同之处是均需要服务提供者在服务消费者所在地有物理存在。如果一成员允许其他WTO成员在其境内通过Mode 3 或 Mode 4 提供服务,虽采用电子传输方式交付,但并不直接涉及跨境数据流动问题。与之不同,Mode 1 和 Mode 2 均涉及跨境因素。前者指在一成员领土向任何其他成员领土提供服务,后者指在一成员领土内向任何其他成员的服务消费者提供服务。一旦服务贸易采取电子方式进行,则很难在两者之间作出区别。②

就为何以及如何区分Mode 1 和 Mode 2,服务贸易理事会认为,一般情况下,在GATS的管理过程中,除了贸易统计之需要外,并不存在严格区分两者的紧迫理由。③ 然而,如果一成员就Mode 1 和 Mode 2 作出具体承诺,则相关区分有助于确定一成员具体贸易规制措施是否违反其国际义务。具体而言,当一成员就特定服务,在Mode 1 模式下填入"无(None)"时,则意味着任何限制外国服务提供者跨境提供服务的措施均是非法的;当一成员在Mode 2 模式下填入"无(None)"时,则意味着任何限制境内消费者购买境外服务的措施均是非法的。实践中,可通过分析相关措施所影响的对象——服务提供者或服务消费者来区分Mode 1 和 Mode 2,并进一步分析相关措施是否符合一成员在GATS项下的具体承诺。

---

① Panel Report on China-Publications and Audiovisual Products, 2009, paras. 7.1256-7.1258.
② See Andrew D. Mitchell, Toward Compatibility: The Future of Electronic Commerce Within the Global Trade, 4 J. Int'l Eco. L. 683, 690 (2001).
③ See Council for Trade in Services, The Work Programme on Electronic Commerce: Note by the Secretariat, S/C/2/68, 16 November 1998. 有理论认为,基于如下三个方面的原因,应严格区分Mode 1 和 Model 2:(1) 与 Mode 2 相比,WTO成员关于Mode 1 的具体承诺更加严格;(2) 当成员在Mode 1 下作出承诺时,应允许必要的跨境资本流动;(3) Mode 1 和 Mode 2 影响到具体争议中的管辖权问题[Andrew D. Mitchell, Toward Compatibility: The Future of Electronic Commerce Within the Global Trade, 4 J. Int'l Eco. L. 683, 691 (2001)]。

二、是否征收关税的争议

在 WTO 诸协定中,仅多边货物贸易协定,如 GATT 1994、《反倾销措施协定》《补贴与反补贴措施协定》《保障措施协定》《海关估价协定》等明确规定了关税问题,[1]GATS 并没有规定关税方面的义务。实践中,除一些成员就境外购买船舶修理服务征收关税外,很少有贸易服务涉及关税问题。然而,作为一类边境措施,关税之征收确有可能构成各成员影响服务贸易的措施,因而可被划入 GATS 第 1 条第 1 款项下的措施。由于 GATS 未就服务贸易关税施加强制性义务,理论上存在着一成员通过加征关税的方式阻止电子传输,进而阻碍数字贸易自由化进程的可能性。

早在 1998 年 5 月,WTO 部长级会议通过《全球电子商务宣言》,明确提出"各成员将继续它们不对电子传输征收关税的现行做法"[2]。该延期宣言的承诺需要在每届 WTO 部长级会议上进行延续,但延期宣言的适用范围并不明晰。申言之,它"仅仅是 WTO 成员间的政治承诺,而且只是阶段性有效,不具有长期性和确定性"[3]。

对于那些在数字经济方面占据主导地位的成员而言,进口方对电子传输征收关税的威胁如同达摩克利斯之剑,随时可能阻碍乃至切断跨境数据流动。因此,前者自然希望能在国际层面达成一个类似于《信息技术协定》(ITA)的国际条约,将软法承诺硬化为国际法上的义务。但是,这一做法显然与 GATS 所主张的"在互利基础上促进所有参与方的利益,并保证权利和义务的总体平衡,以便早日实现服务贸易自由化水平的逐步提高"存在抵牾之处。具体体现为:

其一,虽然各成员就服务贸易征收关税的现象非常少见,[4]但并不排除在

---

[1] 如 GATT 1994 第 1 条(最惠国待遇)、第 2 条(减让表)、第 6 条(反倾销税和反补贴税)、第 7 条(海关估价)、第 19 条(对某些产品进口的紧急措施)、第 24 条(使用领土—边境贸易—关税同盟和自由贸易区)、第 28 条(减让表的修改)、第 28 条之二(关税谈判)、《反倾销措施协定》第 9 条(反倾销税的征收)、《补贴与反补贴措施协定》第 19 条(反补贴税的征收)、《保障措施协定》第 6 条(临时保障措施)等。

[2] WTO Ministerial Conference, Declaration on Global Electronic Commerce, WT/MIN(98)/DEC/2, 25 May 1998.

[3] 谭观福:《论数字贸易的自由化义务》,载《国际经济法学刊》2021 年第 2 期,第 31 页。

[4] 原因之一在于执行上的困难。See Stewart A. Baker, Peter Lichtenbaum, Maury D. Shenk and Matthew S. Yeo, E-Products and the WTO, 35 Int'l L. 5, 10 (2001).

某些特殊情况下，进口方动用该贸易规制手段。即便在更为自由化的货物贸易领域，一成员也有权采取关税方式保护本地产业，只要相关关税税率不超过约束税率即可。而将1998年《全球电子商务宣言》中免税的做法硬法化，将剥夺进口方征收关税的规制权。与相对自由的货物贸易相比，免除电子传输的关税可促使服务贸易更为自由化。

其二，由于服务贸易通常贯穿边境和境内，将关税问题单独抽取出来特别处理，反而不利于保证WTO各参与方权利与义务的总体平衡。具体而言，Mode 3和Mode 4均依赖于相关服务提供者"存在"于一方境内才能提供相应的服务，因而很少会涉及关税征收问题，而Mode 1和Mode 2之间的区别主要依赖于是服务提供者还是服务消费者受到相关措施的影响。不管由哪一方负责关税，根据GATS第1条第1款的定义，相关关税均构成影响服务贸易的措施，受GATS的约束。一旦一成员就某一服务部门的国民待遇作出承诺，就会引发关税与国民待遇之间的微妙关系。申言之，如果一成员未作出国民待遇承诺，即使该成员不能对相关服务贸易征收关税，依然可以通过征收歧视性国内税的方式达到同样效果。反之，一成员就国民待遇作出承诺，如果依然可以通过征收关税的方式来实现歧视之目的，则该国民待遇之承诺的效果将大打折扣。有鉴于此，WTO各成员仅就电子传输的关税问题达成免税之协定的意义有限。

三、与数字贸易有关的部门承诺争议

在服务贸易所涉的各部门中，电信部门、计算机及相关部门以及视听服务部门等与数字贸易最为息息相关，它们分别与互联网架构中的物理层(networks)、逻辑/应用层(applications)和内容层(content)一一对应。[①] 由于GATS允许各成员就各服务部门，根据不同的贸易模式作出不同的市场准入和国民待遇承诺，因此各成员的服务贸易自由化千差万别。不仅如此，WTO

[①] 金融服务承诺至少涉及内容层，就此，WTO的《关于金融服务承诺的谅解》就金融的"信息传送和信息处理"作出专门规定，即"如信息传送、金融信息处理或设备转移是金融服务提供者开展正常业务所必需的，则任何成员不得采取阻止此类信息传送或金融信息处理的措施，包括以电子方式传送数据，或在遵守与国际协定相一致的进口规则的前提下，采取阻止设备转移的措施。本款的任何规定不得限制一成员保护私人数据、个人隐私以及个人记录和账户的机密性的权利，只要此类权利不用于规避该协定的规定"。资料来源：https://www.wto.org/english/tratop_e/serv_e/21-fin_e.htm。

成员在就服务贸易作出部门承诺时,所依据的是过时的《服务部门分类表》(Services Sectoral Classification List,又称"W/120文件")[1]。该分类表由1991年GATT秘书处根据《联合国临时核心产品分类目录》(CPC)[2]综合而来,采取正面清单方式,旨在便利各成员在作出具体承诺时具有可比性和一致性。由此产生的问题是,新出现的数字服务贸易形式并不能在W/120文件中找到对应分类和栏目。当数字服务贸易与传统服务贸易发挥同样功能时,就会出现一成员是否就该数字服务贸易作出过承诺的法律争议。[3]

(一) 电信服务承诺及潜在争议

电信服务的目的之一是实现长距离交流和沟通,包括跨境交流和沟通。而电信服务一旦跨越国境,就面临非常棘手的国际协调问题。即便一家国际电信巨头有能力在全球搭建电信服务所必需的基础设施,也不能保证相关的电信服务可获得当地政府的许可。对于当地政府而言,任何缩短长距离交流和沟通的行为均可能对当地的政治、经济、社会和文化造成扰乱,因而有足够正当的理由,对跨境电信服务实施限制。早在1865年,国际电信联盟(ITU)宣告成立,旨在促进国际通信网络的互联互通。它是国际电信领域最早的标准化组织,也是世界各国政府的电信主管部门之间协调电信事务事项的一个国际组织,包括电信标准化部门(ITU-T)、无线电通信部门(ITU-R)和电信发展部门(ITU-D)。[4] 国际电信联盟制定的标准(又称"建议书"),是当今ICT网络运行的根本。"没有国际电联的标准,人们就无法拨打电话或进行网上冲浪。就互联网接入、传输协议、语音和视频压缩、家庭网络以及ICT的诸多其他方面而言,数以百计的国际电联标准使各类系统得以在本地及全球运行。"[5]

---

[1] WTO, Services Sectoral Classification List, MTN.GNS/W/120(1991), 10 July 1991.

[2] United Nations, Provisional Central Product Classification (CPC), UN Statistical Papers, Series M, No. 77, Ver. 1.1, E. 91. XVII.7, 1991.

[3] See Aaditya Mattoo and Ludger Schuknecht, Trade Policies for Electronic Commerce, Policy Research Working Paper, No. 2380, World Bank, pp. 13-14, 18, June 2000.

[4] 国际电信联盟的发展历史已经超过130年。1865年5月17日,20个欧洲国家政府在巴黎签订《国际电报公约》并成立国际电报联盟(International Telegraph Union)。1906年,27个国家代表在柏林签订了《国际无线电报公约》。1932年,70多个国家的代表在西班牙决定把上述两个公约合并为《国际电信公约》,并将国际电报联盟改名为国际电信联盟。

[5] 国际电信联盟:《国际电联的职责》,https://www.itu.int/zh/about/Pages/whatwedo.aspx。

对于旨在进入国际电信市场,提供电信服务的跨国公司而言,致力于制定国际标准的 ITU 并不能为其提供市场准入的制度保证。WTO 则提供了一个更为恰当和专业的谈判场所。[①] 由于各成员电信业基本处于垄断或专营的状态,[②]任何电信服务业的开放均将影响到现有垄断者的利益。在谈判过程中,正是"认识到电信服务部门的特殊性,特别是其作为经济活动的独特部门和作为其他经济获得基本传输手段而起到的双重作用"[③],WTO 成员采取了区别对待的策略。具体表现为,电信服务被区分为基础电信服务和增值服务两类。前者允许成员施加更多规制,以保护现有电信垄断者的利益,后者则鼓励成员放松管制,作出更多的自由化承诺。

就基础电信服务而言,乌拉圭回合谈判期间,缔约各方仅就有关影响进入和使用公共电信传输网络和服务的措施达成框架性的《关于电信服务的附件》。[④] 该附件要求每一成员应保证,任何其他成员的任何服务提供者,可按照合理和非歧视的条款和条件进入和使用其公共电信传输网络和服务,以提供其减让表中包括的服务。[⑤] 特别是,"每一成员应保证任何其他成员的服务提供者,可进入和使用其境内或跨境提供的任何公共电信传输网络和服务,包括专门租用电路"[⑥];以及"每一成员应保证任何其他成员的服务提供者,可使用公共电信传输网络和服务在其境内和跨境传送信息,包括此类服务提供者的公司内部通信,以及使用在任何成员领土内的数据库所包含的或以机器可读形式存储的信息"[⑦]。就效果而言,上述关于基础电信的基本义务不仅能便于一成员履行其关于增值电信服务的承诺,也有助于非电信服务业利用电信服务,高效提供相关服务。

值得注意的是,GATS《关于电信服务的附件》未包含任何成员的具体承诺。根据《关于基础电信谈判的部长决定》,基于自愿原则,WTO 成员应于

---

① 参见《马拉喀什建立世界贸易组织协定》第 3.2 条。
② See Chantal Blouin, The WTO Agreement on Basic Telecommunications: A Reevaluation, 24 Tel. Policy 135, 136 (2000).
③ 参见 GATS《关于电信服务的附件》第 1 条。
④ 根据 GATS《关于电信服务的附件》第 1 条和第 2(c)条,该附件为 GATS 提供注释和补充规定,并不额外增加权利和义务。See Panel Report on Mexico-Telecommunications, 2004, paras. 7.290-7.294.
⑤ 参见 GATS《关于电信服务的附件》第 5(a)条。
⑥ GATS《关于电信服务的附件》第 5(b)条。
⑦ GATS《关于电信服务的附件》第 5(c)条。

1994年5月开始,就基础电信的市场准入进行谈判。① 经过近三年的努力,直至1997年,WTO成员才完成相关谈判。在谈判过程中,除就基础电信服务作出市场准入承诺之外,还有成员提议,应建立有利于市场准入的规制环境,并将相关规制纪律作为额外承诺列入减让表,以确保市场准入承诺的价值不打折扣。最终,参与谈判的各方拟定出一套原则,涵盖竞争保障、互联保证、透明的许可程序和监管机构的独立性等事项,以《参考文件》(Reference Paper)的形式,供成员方选择是否列入减让表。② 在1997年2月截止日之前,69个提交减让表的WTO成员中有63个成员在减让表中纳入关于规制纪律的承诺,更有53个成员以全部或微调的方式纳入《参考文件》。1998年2月2日,《基础电信服务协议》(ABT)及《参考文件》正式生效。③ 问题是,该《基础电信服务协议》和《参考文件》并未涉及日渐重要的互联网服务提供者(ISPs)的公共责任。鉴于ISPs之于数字经济和数字贸易的重要性,有成员提议,应将《基础电信服务协议》和《参考文件》中的纪律扩展适用于ISPs,但该建议遭到了美国的极力反对。④

如果说每一个经济快速发展阶段都是由核心技术推动的,那么,在数字经济时代,允许电信服务竞争,有助于充分发挥互联网在多种应用、创新和提高生产率方面的潜力。与《信息技术协定》(ITA)一道,《基础电信服务协议》

---

① Decision on Negotiations on Basic Telecommunications, https://www.wto.org/english/docs_e/legal_e/50-dstel.pdf.

② 在Mexico-Telecoms案中,专家组指出,虽然《关于电信服务的附件》和《参考文件》中的义务在某些方面可能重叠,但两者之间有明显的差别。首先,附件规定了进入和使用公共电信运输网络和服务的一般义务,适用于所有成员和已作出具体承诺的所有部门,而《参考文件》中的义务作为额外承诺,只适用于已将其列入其减让表的成员,并且只适用于基础电信。第二,附件适用于成员所有公共电信运输网络和服务的经营者,而不管其竞争情况如何,《参考文件》中的互联义务仅适用于"主要供应商"。第三,附件涉及"进入和使用"公共电信运输网络和服务,而《参考文件》则侧重于具体的"竞争保障"和"互联"。尽管有这些差异,附件承认其规定涉及并建立在GATS条款所载的义务和纪律的基础上,附件明确规定"为本协定提供了注释和补充规定"。同样,《参考文件》的许多规定也借鉴和增加了GATS的现有义务,如第3条、第6条、第8条、第9条以及附件等。因此,尽管在范围、义务程度和所提供的具体细节上有所不同,附件和《参考文件》的义务确实有一定程度的重叠。当《参考文件》要求以合理的条款和条件进行以成本导向型的互联时,它要求"主要供应商"承担额外义务,补充了附件第5条。在此意义上,《参考文件》的承诺并不能从附件中减除或使其成为多余。See Panel Report on Mexico—Telecoms, paras. 7.331-7.332.

③ See WTO, History of the Telecommunication Negotiations, https://www.wto.org/english/tratop_e/serv_e/telecom_e/telecom_history_e.htm.

④ See Andrew D. Mitchell, Towards Compatibility: The Future of Electronic Commerce Within the Global Trading System, 4 J. Int'l Eco. L. 683, 701 (2001).

和《参考文件》对贸易自由化的意义要远远大于在其他部门作出的承诺。[1] 在各 WTO 成员就基础电信服务作出具体承诺的前提下，GATS《关于电信服务的附件》第 5 条（公共电信传输网络和服务的进入和使用）的相关自由化原则以及例外规定将得以适用。其中，如何适用第 5(d)条——保证信息的安全和机密性和第 5(e)条——保障公共电信传输网络和服务提供者的公共服务责任、保护公共电信传输网络或服务的技术完整性，以及保证服务提供者不提供该成员减让表中承诺允许之外的服务等例外规定，将成为未来数字贸易争议的焦点。

(二) 计算机及相关服务争议

在 1986 年 GATT 的乌拉圭回合启动之初，数字技术初显端倪，及至参与乌拉圭回合各方就服务贸易达成协议，提出具体承诺之际，数字经济已基本成形。然而，WTO 成员主要参照 1991 年《服务部门分类表》及 W/120 文件作出承诺，并没有充分考虑到数字技术变革对服务部门分类的影响。根据 GATS 第 20 条第 3 款，"具体承诺减让表应附在本协定之后，并应成为本协定的组成部分"。因此，如何解释具体承诺，也应依据 DSU 第 3.2 条的规定，即"依照解释国际公法的惯例澄清这些协定的现有规定"[2]。

在 China-Publications and Audiovisual Products 案中，上诉机构认为，应当采动态解释法解释 GATS 减让表的条款。申言之，只要一成员关于 GATS 具体承诺的用语足够通用，其具体含义可随时间而变化。反之，如果将 GATS 的具体承诺解释为作出这些承诺时所具有的意义，则意味着非常相似或措辞相同的承诺会因为其通过日期或成员加入 GATS 日期的不同而被赋予不同的含义、内容和覆盖范围。这种解释方法将破坏 GATS 具体承诺的可预见性、稳定性和明确性。在 US-Gambling 案中，上诉机构指出，W/120 文件构成《维也纳条约法公约》第 32 条意义上的"补充"解释手段。同时，上诉机构强调，"W/120 文件应乌拉圭回合谈判各方的要求编写和分发，其目的是协助各方拟订它们的出价。毫无疑问，这些文件也有助于各方审查和评估其他各

---

[1] See Chantal Blouin, The WTO Agreement on Basic Telecommunications: A Reevaluation, 24 Tel. Policy 135, 139 (2000).

[2] Appellate Body Report on US-Gambling, 2005, paras. 159-160; Panel Report on China-Publications and Audiovisual Products, 2009, para. 7.922; Panel Report on EU-Energy Package, 2018, para. 7.294.

方的报价。它们提供了一种通用的语言和结构,虽然不是强制性的,但被广泛使用和依赖"[①]。

表 3-5　W/120 文件中商业服务分类表列示

1	BUSINESS SERVICES	CPC
A.	Professional services	
B.	Computer and related services	
a.	Consultancy services related to the installation of computer hardware	841
b.	Software implementation services	842
c.	Data processing services	843
d.	Data base services	844
e.	Other	845+849
...	...	...
F.	Other business services	

资料来源:WTO,Services Sectoral Classification List,MTN. GNS/W/120, 10 July 1991。

乌拉圭回合谈判期间,计算机及相关服务属于新兴部门,各成员内部规制和贸易壁垒相对匮乏。各成员在就计算机以及相关服务作出具体承诺时,大多出于内部产业政策的考量,采取了较为自由化的立场。对数字经济发展至关重要的服务部门,如数据处理服务、数据库服务等均获得了较高水准的市场准入和国民待遇承诺。[②] 与计算机及相关服务高度自由化的承诺相对应,各成员内部规制的空间受到严格限制。问题是,随着互联网技术的高速发展,作为商业服务类别的计算机及相关服务与其他通信服务之间的界限愈加模糊。当某一成员在两类服务之间的具体承诺存在差别时,就会出现典型的数字贸易归类争议。即便 DSB 专家组和上诉机构采用所谓的动态解释法,也很难将过时的《服务部门分类表》与新兴的服务类型一一对应。

(三) 视听服务争议

与计算机及相关服务方面的自由化承诺不同,除美国、日本和新西兰之外,很少有 WTO 成员在视听服务方面作出市场准入和国民待遇承诺。抽象

[①] Appellate Body Report on US-Gambling,2005,para. 204.

[②] See Mira Burri, The International Economic Law Framework for Digital Trade,135 Zeitschrift für Schweizerisches Recht 1,34 (2015).

层面,这同贸易与文化之间的复杂关系有关;[1]具体层面,这分别涉及以美国和欧盟为代表的两类经济体对文化产业、文化利益和文化多样性的不同定位。长期以来,欧盟主张以数字形式的视听产品为服务,受 GATS 的约束,而美国则主张视听产品应被视为货物,受制于 GATT 的约束。该争议的核心就在于成员是否有足够的规制主权来规划文化产业的发展。[2]

虽然 WTO 成员对视听产品的双重性存在争议,一旦在 GATS 项下处理相关争议,则问题很快就转化为相关成员是否作出过具体承诺这一法律问题。与计算机及相关服务不同,从一开始,WTO 成员关于视听服务的自由化水准相对较低。因此,将视听产品和服务界定为服务,有助于维护成员对相关产品和服务的规制主权。随着互联网技术的普及,信息服务、通信以及媒体服务等之间的界限愈加模糊,各方关于一成员在服务减让表中承诺的解读也越发重要。

表 3-6 W/120 文件中的通信服务分类表列示

2	COMMUNICATION SERVICES	CPC
A.	Postal services	7511
B.	Courier services	7512
C.	Telecommunication services	
a.	Voice telephone services	7521
b.	Packet-switched data transmission services	7523 *
c.	Circuit-switched data transmission services	7523 *
…	…	…
h.	Electronic mail	7523 *
i.	Voice mail	7523 *
j.	On-line information and data base retrieval	7523 *
k.	Electronic data interchange (EDI)	7523 *
l.	Enhanced /value-added facsimile services, incl. store and forward, store and retrieve	7523 *
m.	Code and protocol conversion	n. a.

---

[1] 参见彭岳:《贸易与道德:中美文化产品争端的法律分析》,载《中国社会科学》2009 年第 2 期,第 147 页。

[2] See Tania Voon, A New Approach to Audiovisual Products in the WTO: Rebalancing GATT and GATS, 14, UCLA Entertainment L. Rev. 1, 17 (2007).

(续表)

2	COMMUNICATION SERVICES	CPC
n.	On-line information and/or data processing (incl. transaction processing)	
o.	Other	
D.	Audiovisual services	
a.	Motion picture and video tape production and distribution services	9611
b.	Motion picture projection service	9612
c.	Radio and television services	9613
d.	Radio and television transmission services	7524
e.	Sound recording	n. a.
f.	Other	
E.	Other	
*	The (*) indicates that the services specified constitute only a part of the total range of activities covered by the CPC concordance	

资料来源：WTO, Services Sectoral Classification List, MTN. GNS/W/120, 10 July 1991。

除了对具体承诺的解释存在争议之外，2005年联合国教科文组织第三十三届大会通过并于2007年生效的《保护和促进文化表现形式多样性公约》（以下简称《文化多样性公约》）为如何妥当处理贸易与文化之间的关系增添了新的复杂性。具体而言，不管将文化产品确定为货物还是服务，均有WTO协定适用的空间。《文化多样性公约》将文化与经济并立，[1]并将主权原则作为公约指导原则，[2]客观上造成了文化产品或服务之文化性与经济性的对立。[3] 然而，考虑到WTO体制自成一体，[4]且《文化多样性公约》第20(2)条明确规定，"本公约的任何规定不得解释为变更缔约方在其为缔约方的其他条约中的权

---

[1] 《文化多样性公约》第2.5条（经济和文化发展互补原则）规定："文化是发展的主要推动力之一，所以文化的发展与经济的发展同样重要，且所有个人和民族都有权参与两者的发展并从中获益。"

[2] 《文化多样性公约》第2.2条（主权原则）规定："根据《联合国宪章》和国际法原则，各国拥有在其境内采取保护和促进文化表现形式多样性措施和政策的主权。"

[3] See Christoph Beat Graber, The New UNESCO Convention on Culture Diversity: A Counterbalance to the WTO, 9 J. Int'l Eco. L. 553, 564-565 (2006).

[4] See Bruno Simma and Dirk Pulkowski, Of Planets and the Universe: Self-contained Regimes in International Law, 17 Eur. J. Int'l L. 483 (2006).

利和义务",《文化多样性公约》只有在 WTO 协定对之打开通道的情况下才能进入 WTO 体制,并发挥相应的作用。这意味着,在 DSB 争端解决程序中,当一方援引《文化多样性公约》的相关条款证成其措施的合法性时,囿于权限,专家组和上诉机构通常会采取极为谨慎的态度,依照虽缺乏想象力但较为稳妥的传统分析方法,将争议放置在与贸易有关的语境之中,小心翼翼地平衡贸易自由化与文化多样化例外之间的关系。[1] 在此情况下,《文化多样性公约》的规定被压缩进 WTO 协定所承认的几种例外情形之中,受相应规则的约束,其被成功援引的概率极小。此外,由于《文化多样性公约》更像是一个政治宣言,其所采用的告诫条款仅设定基本目标和框架,很少包括实质性的法律义务,[2]即便"缔约方解释和实施其为缔约方的其他条约或承担其他国际义务时应考虑到本公约的相关规定"[3],上述文化性与经济性的冲突也并不必然会对具体争端之裁决产生实质性影响。

然而,《文化多样性公约》在 WTO 体制内"合法性"不彰并不意味着该公约对于 WTO 体制的运转毫无影响。毕竟,一个基于《文化多样性公约》而提出的主张不被 DSB 所承认,会减损 WTO 体制的正当性。在模拟时代,受技术所限,视听服务具有高度集中的特征,人们只能通过很少的视听服务终端——收音机、电视或电影来接收相关内容。此类视听服务大多采用"单点—多点"(point-to-multipoint)的运营模式,由经营者控制内容输出的形式和内容。受制于市场竞争压力,往往是 20% 左右的视听服务内容产生 80%左右的利润,而剩余 80%左右的视听服务内容很少有机会出现在收音机节目、电视机频道、电影院屏幕、CD 或 DVD 商店货架之上。[4] 因此,文化市场化有

---

[1] DSU 第 3.2 条规定:"WTO 争端解决体制在为多边贸易体制提供可靠性和可预测性方面是一个重要因素。各成员认识到该体制适于保护各成员在适用协定项下的权利和义务,及依照解释国际公法的惯例澄清这些协定的现有规定。DSB 的建议和裁决不能增加或减少适用协定所规定的权利和义务。"

[2] See Rachael Craufurd Smith, The UNESCO Convention on the Protection and Promotion of the Diversity of Cultural Expressions: Building a New World Information and Communication Order? 1 Int'l J. Comm. 24, 26-30 (2007).

[3] 《文化多样性公约》第 20 条(与其他条约的关系:相互支持,互为补充和不隶属)第 1 款规定:"一、缔约方承认,他们应善意履行其在本公约及其为缔约方的其他所有条约中的义务。因此,在本公约不隶属于其他条约的情况下:(一)缔约方应促使本公约与其为缔约方的其他条约相互支持;(二)缔约方解释和实施其为缔约方的其他条约或承担其他国际义务时应考虑到本公约的相关规定。"

[4] See Mira Burri-Nenova, Trade Versus Culture in the Digital Environment: An Old Conflict in Need of a New Definition, 12 J. Int'l Eco. L. 17, 34-35 (2008).

可能会对文化多样性产生负面影响,旨在促进贸易自由化的WTO协定因此与《文化多样性公约》的宗旨存在实践意义上的矛盾关系。一项旨在提升文化多样性的视听服务规制措施可同时具有WTO协定项下的"非法性"与《文化多样性公约》项下的正当性。

及至数字经济时代,数字化的视听服务将贸易自由化和文化多样化更为紧密地联系在一起,视听服务的自由化反而有可能提升文化多样性。总体而言,这一情形的出现,主要得益于数字视听服务之于传统视听服务如下两个方面的改变:

其一,市场机制发生改变。数字技术的发展大幅度提升了供给和需求之间的匹配能力,基于长尾效应(long tail effect),原本可被传统市场机制淘汰、遗弃或隐藏的视听服务内容重新焕发市场活力。具体而言,在供给侧,数字技术大大降低了视听产品(服务)存储和销售的成本,向客户销售相对来说不那么流行的产品(服务)也变得有利可图。在需求侧,用户搜索和发现心仪视听产品(服务)的成本大大降低,或是通过其他用户的评价机制,或是通过数字平台的客观数据联想机制,用户可迅速缩小搜索范围,并定位所需要的产品(服务)。[1]

其二,内容之创造、销售和使用模式发生改变。数字化媒体不仅仅是一种与传统媒体相平行的存在,还是一种新的交流模式、创造模式和内容生产模式。随着万物互联——所有事物均上网且有些事物仅在网上存在——时代的来临,互联网的内容层变得越来越丰富,也越来越多样。前者体现为,志趣相同者可利用成熟数字技术在网上组建虚拟团体,贡献知识点,使内容更为丰富。后者体现为,任何互联网用户均可从不同的角度、身份出发,表达自己的观点并与其他用户交流,使相关内容更为多样。这种大众参与的创造、销售和使用模式增加了数字化媒体的互动性,用户不再仅仅是消费者,还是积极的创造者。[2]

可以认为,数字经济时代,文化多样性与贸易自由化两种价值可以并行不悖。但前提是,WTO体制必须开放一个通道,允许文化多样性的价值进入

---

[1] See Chris Anderson, The Long Tail: Why the Future of Business Is Selling Less of More, Hyperion, 2006, p. 26.

[2] See Mira Burri-Nenova, Trade Versus Culture in the Digital Environment: An Old Conflict in Need of a New Definition, 12 J. Int'l Eco. L. 17, 37-38 (2008).

该体制之内,并影响到WTO成员的权利和义务。如上所述,在GATS的减让表中,仅美国、日本和新西兰就视听服务作出了自由化的具体承诺,以欧盟为首的其他WTO成员,基于对美国商业文化入侵的担忧,并没有放开本国的视听服务业。如果说在传统媒体占主导地位的情况下,上述限制有其合理性,则在面临数字媒体冲击的情况下,某一WTO成员就视听服务所作的限制性规定很有可能阻碍而非保护本地文化的多样性。特别是,当美国以互联网开放原则为基础,大力发展数字视听服务业时,欧盟等以互联网自治为基础,限制数字视听服务业的创新,长此以往,在国际层面,美式的数字视听服务业将得到长足发展,而旨在维护本国文化多样性的欧式视听服务业只能在本国规制者精心建构的当地语境之下存在。受严格保护而失去市场竞争力的文化多样性最终可能被互联网用户所抛弃。

第四节 与数字贸易规制有关的WTO知识产权贸易规则

世界知识产权组织(WIPO)管理的《巴黎公约》(1967)和《伯尔尼公约》(1971)以及WTO管理的TRIPS协定构成了当代国际知识产权体系的根基。[1]《巴黎公约》与《伯尔尼公约》均缘起于19世纪后半叶。当时万国博览会流行于世,工业发明和文学艺术的国际交流不断涌现,就如何保护作者和发明者的权利,以工业家与出版社为代表的经济主体普遍要求各国在国际层面达成统一规则。在知识产权国际合作初期,政治和政策考量的确会影响乃至决定一国的立场和诉求。19世纪80年代,随着《巴黎公约》《伯尔尼公约》的签订,以及巴黎联盟和伯尔尼联盟的成立,知识产权的国际合作很快进入到专家驱动和单一规制方法——国际条约阶段。

20世纪90年代随着数字化和互联网时代的来临,上述以协商一致为基础,通过专家意见修正国际知识产权公约的国际合作模式很快遭遇瓶颈。受新技术变革及其多样化应用的影响,各国知识产权规制方法和方式之间的差异越来越难以通过国际层面的专家意见达成一致。在此背景下,乌拉圭回合所达成的TRIPS协定可以说是各国利用传统方式,在国际层面统一知识产权

---

[1] See Wolf R. Meier-Ewert and Jorge Gutierrez, Intellectual Property and Digital Trade: Mapping International Regulatory Response to Emerging Issues, WTO Staff Working Paper ERSD-2021-4, 3 February 2021.

规制的又一成功典范。与《巴黎公约》《伯尔尼公约》等修订工作受制于专家驱动力不足,进而停滞不前不同,乌拉圭回合关于知识产权的谈判增加了诸多非知识产权考量因素,一些持观望态度的国家就知识产权保护国际化进行讨论的意愿得以强化。以美国为首的发达成员力主将知识产权问题纳入乌拉圭回合有两个重要原因:一是如果与贸易相关的知识产权在出口市场或进口来源国得不到尊重,其效果相当于对拥有相关知识产权的货物或服务构成市场准入壁垒,货物贸易或服务贸易自由化的成果将受到侵蚀。因为,拥有知识产权的货物或服务会被仿制或复制,该仿制或复制品会挤占正品的海外市场。[1] 二是美国等发达成员拥有大量知识产权,在贸易协定中纳入知识产权保护问题,特别是规定知识产权的实施问题,[2]可以最大限度地提高知识产权保护的力度和成效。与此同时,发展中成员也逐渐认识到,与其在双边协定中受发达成员所迫,提高知识产权保护水平,不如将之纳入乌拉圭回合谈判之中,在保护知识产权的同时,限制该类权利的滥用。[3]

一、TRIPS 协定的创新与挑战

与 WIPO 管理的纯知识产权公约不同,受政治和政策考量因素以及传统知识产权公约立法模式的双重影响,TRIPS 协定具有明显综合性和平衡性。[4]

一方面,TRIPS 协定具有浓厚的知识产权色彩。TRIPS 协定第 1.3 条将《巴黎公约》《伯尔尼公约》《罗马公约》和《关于集成电路的知识产权条约》并入 TRIPS 协定,所有 WTO 成员应对其他成员的国民给予 TRIPS 协定项下的待遇。TRIPS 协定第 2 条强调,TRIPS 协定的第一部分至第四部分,即"总则和基本原则""关于知识产权效力、范围和使用的范围""知识产权的实施"以及"知识产权的取得和维持以及当事方之间的相关程序"的任何规定,不得

---

[1] See Thomas Cottier, The Agreement on Trade-Related Aspects of Intellectual Property Rights, in P. F. J. Macrory, A. E. Appleton and M. G. Plummer (eds.), The World Trade Organization: Legal, Economic and Political Analysis, Springer, 2005, p.1054.

[2] TRIPS 协定第三部分(知识产权的实施)规定了一般义务、民事和行政程序及救济、临时措施、与边境措施相关的特殊要求、刑事程序等内容。

[3] See Peter Drahos, Developing Countries and International Intellectual Property Standard-Setting, 5 J. World Intell. Prop., 765, 774 (2002).

[4] TRIPS 协定的平衡性尤为显著地体现在该协定的前言、第 7 条和第 8 条之中。See Panel Reports on Australia-Tobacco Plain Packaging, 2018, para. 7.2403.

背离上述四大知识产权公约项下相互承担的现有义务。在 US-Large Civil Aircraft（2nd complaint）（Article 21.5-EU）案中，就涉及 TRIPS 协定关于知识产权的定性问题。原告欧盟认为，波音公司与美国政府之间就知识产权的分配达成协议，构成《补贴与反补贴措施协定》(SCM 协定）第 1.1(a)(1)(iii) 条项下政府提供的"货物"。就此，通过参考 TRIPS 协定相关条款，专家组指出："虽然在通常用语中'货物'一词含义广泛且不确定，但该术语通常适用于有形物，有别于无形服务……欧盟认为，知识产权之所以是第 1.1(a)(1)(iii) 条所指的'货物'，是因为：(a)'货物'一词被定义为'财产或财物'；(b) 专利、商业秘密权利和数据权利均被视为知识产权，事实证明，美国法律明确规定'专利应具有个人财产的属性'。然而，在提出这些论点时，欧洲联盟没有考虑到上诉机构仅对第 1.1(a)(1)(iii) 条中所使用的"货物"作出有形物品的定义。"专家组进一步认为："知识产权一般被理解为是一种经济资产，并且是一种……可交易的产权类别，它们通常被国家司法管辖区和国际组织视为非物质财产或无形资产。因此，作为产权和资产，知识产权通常与货物本身区分开来；TRIPS 协定本身明确区分了货物和嵌入该货物的知识产权。如 TRIPS 协定提到了'商标保护的货物或服务'，并将商标的功能定义为将一个企业的货物或服务与其他企业的货物或服务区别开来，将这种知识产权与货物归入不同类别。同样的，商标'适用'于货物，它们'针对货物'进行注册。TRIPS 协定有关实施知识产权的要求，包括边境措施，将知识产权与涉及此类权利、涉及侵犯知识产权或侵犯受知识产权保护的货物系统地区分开来。"①

另一方面，TRIPS 协定是一项贸易协定。在范围上，该协定并没有涵盖所有类型的知识产权权利。② TRIPS 协定的前言明确提及"期望减少对国际贸易的扭曲和阻碍，并考虑到需要促进对知识产权的有效和充分保护，并保证实施知识产权的措施和程序本身不构成合法贸易的障碍"。US-Section 110(5) Copyright Act 案涉及如何解释 TRIPS 协定与其他知识产权公约，从而避免冲突的问题。该案专家组认为："作为一项解释的基本原则，应选择一

---

① Panel Report on US-Large Civil Aircraft (2nd complaint) (Art. 21.5-EU), 2019, paras. 8.382-8.386.
② See Appellate Body Report on US-Section 211 Appropriations Act, 2002, para. 335; Panel Report on Indonesia-Autos, 1998, para. 14.275.

个可协调不同条约之条文,避免其间产生冲突的文义。"①在 Australia-Tobacco Plain Packaging 案中,当事双方就《巴黎公约》第 6 条之五的解释是否因为《巴黎公约》被并入 TRIPS 协定而有所不同产生争议。通过参考 US-Section 110(5) Copyright Act 案上述裁决,专家组指出:"我们认为,这一关于纳入 TRIPS 协定的《伯尔尼公约》条款的声明,同样适用于对纳入 TRIPS 协定的《巴黎公约》条款的解释。争端解决小组和上诉机构一直参照这些公约中的含义,来理解被并入到 TRIPS 协定之相关《巴黎公约》和《伯尔尼公约》条款的含义,甚至包括 TRIPS 协定本身某些条款。在 TRIPS 协定文本中,没有任何迹象表明,通过纳入《巴黎公约》,谈判代表希望修改《巴黎公约》第 6 条之五的内容。因此,在没有任何相反迹象的情况下,我们没有理由假定,列入这一条款,是为了指向《巴黎公约》所载内容以外的任何东西。因此,我们认为也没有理由将之解释为公约含义以外的任何其他含义。值得注意的是,在对第 6 条之五进行广泛审查的过程中,上诉机构是在《巴黎公约》的上下文中审查该规定,并引用了一项《巴黎公约》标准评注来确定其范围。在此背景下,我们不同意洪都拉斯的观点,即并入 TRIPS 协定的第 6 条之五应解释得与《巴黎公约》项下不一致。"②

随着数字经济时代的来临,大部分互联网上的交易以及交易所赖以存在的通信网络均或多或少涉及知识产权问题。对于远程消费者而言,他们会更为依赖商标或其他独特标志来辨别不同质量的产品或服务,同时知识产权得到保护是促进通信网络基础设施发展的重要因素之一。TRIPS 协定的综合性和平衡性决定了,其在面对新的数字贸易中的知识产权问题时,必须在如下两者之间作出平衡:一是奖励知识产权持有人,鼓励创新;二是允许传播知识产权,维护公共利益。③

在乌拉圭回合谈判期间,与会者已经注意到数字技术发展带来的新问题。发达成员谈判方认为,现有的 WIPO 公约"不足以满足其商业部门在'后工业时代'或'信息时代'的需求"④。最终,TRIPS 协定的条文包含了若干与

---

① Panel Report on US-Section 110(5) Copyright Act, 2000, para. 6.66.
② Panel Reports on Australia-Tobacco Plain Packaging, 2018, para. 7.1773.
③ See Peter Van den Bossche and Werner Zdouc, The Law and Policy of the World Trade Organization: Text, Cases and Materials, 4th ed., Cambridge University Press, 2017, p.1054.
④ Duncan Matthews, Globalising Intelectual Property Rights: The TRIPS Agreement, Routledge, 2002, p.46.

数字贸易有关的规定,涉及计算机程序和数据汇编的版权保护[①]、计算机程序、电影作品和音像制品的出租权[②],以及集成电路的布图设计等[③]。问题是,TRIPS 协定于 1991 年 12 月已基本结束。当时,保护和执行知识产权之于全球数字网络的意义尚未完全展现,TRIPS 协定谈判各方根本无法就与数字贸易有关的知识产权问题展开深入的讨论。尽管如此,鉴于 TRIPS 协定大量采用技术中立语言,其条款仍然可以适用于数字贸易环境。由此,问题就转换为,针对大量的数字贸易事项,TRIPS 协定能否提供"有效且充足的知识产权保护"。[④]

二、总则与基本原则的争议

TRIPS 协定第一部分(总则和基本原则)规定了 TRIPS 协定的义务性质和范围,TRIPS 协定与其他知识公约,特别是《巴黎公约》《伯尔尼公约》《罗马公约》以及《关于集成电路的知识产权条约》之间的关系,国民待遇和最惠国待遇,权利用尽以及目标和原则等内容。

如同此前的国际知识产权公约,TRIPS 协定也是一个最低标准协定。在满足国际条约所涉最低义务的基础之上,各成员方拥有如何实施其 TRIPS 协定义务的灵活性。TRIPS 协定第 1.1 条明确规定:"各成员可以,但并无义务,在其法律中实施比本协定要求更广泛的保护,只要此种保护不违反本协定的规定。各成员有权在各自的法律制度和实践中确定实施本协定规定的适当方法。"China-Intellectual Property Rights 案专家组指出,在执法层面,不同的法律体系和实践会影响乃至决定各成员最终采取何种方式来实施 TRIPS 协定,但是,法律体系和实践的不同不能被用来证成一成员可以偏离其最低义务。[⑤]

在 TRIPS 协定第一部分中最有争议也是与数字贸易最为相关的一个议题是权利用尽。传统经济中,知识产权通常依附于某一产品(如书籍、光盘或

---

① 参见 TRIPS 协定第 10 条(计算机程序和数据汇编)。
② 参见 TRIPS 协定第 11 条(出租权)、第 14 条[对表演者、录音制品(唱片)制作者和广播组织的保护]。
③ 参见 TRIPS 协定第二部分第六节。
④ See Council for Trade-Related Aspects of Intellectual Property Rights: The Work Programme on Electronic Commerce, IP/C/W/128, para. 14, 10 February 1999.
⑤ See Panel Report on China-Intellectual Property Rights, 2009, para. 7.513.

药物)之上,同时知识产权本身可以独立存在。因此,即使相关产品通过正常交易而转手,理论上,相关知识产权仍可附随该产品而不受影响。这意味着,不管产品转手多少次,知识产权权利人仍可控制知识产权及其依附产品的转售。为平衡知识产权权利人与其他当事人之间的关系,产品第一次销售后即推定相关知识产权权利用尽的学说和原则开始出现。① 基于反垄断之考量,各成员基本会设定权利用尽原则,②有所差别的是权利用尽的地理范围。根据地理范围之不同,知识产权的权利用尽可分为三类:③(1) 国家性权利用尽,即产品在某国市场第一次销售后,知识产权权利人不得在该国市场,就相关产品的再次销售主张知识产权。④ (2) 地区性权利用尽,即产品在某一区域贸易协定成员第一次销售后,知识产权权利人不得在该区域市场,就相关产品的再次销售主张知识产权。⑤ (3) 国际性权利用尽,即产品在一国市场第一次销售后,知识产权人不得在全球市场,就相关产品的再次销售主张知识产权。

  不同的权利用尽规定会影响到国际贸易中的平行进口问题。当一成员或是采取国家性权利用尽模式,或是采取地区性权利用尽模式,赋予知识产权权利人禁止投放到其他国家或地区的产品进口到本国或地区的权利时,必然涉及是否符合 GATT 1994 的疑问。

  GATT 1994 第 11.1 条规定:"任何缔约方不得对任何其他缔约方领土产品的进口或向任何其他缔约方领土出口或销售供出口的产品设立或维持除关税、国内税或其他费用外的禁止或限制,无论此类禁止或限制通过配额、进口许可或其他措施实施。"在 India-Quantitative Restrictions 案中,专家组指出,GATT 1994 第 11.1 条的范围非常广泛,它适用于"除关税、国内税或其他费用"之外的所有进出口禁止或限制措施。⑥ India-Autos 案专家组则认为,只要在某种情况下,相关措施使得进口更为烦琐,产生抑制进口的效应,该措施

---

  ① See Jack Walters & Sons Corp. v. Morton Building, Inc., 737 F. 2d 698, 704 (7th Cir. 1984); Michael V. Sardina, Introduction, Exhaustion and First Sale in Intellectual Property, 51 Santa Clara L. Rev. 1055, 1055-1056 (2011).
  ② See WIPO Secretariat, Interface Between Exhaustion of Intellectual Property Rights and Competition Law, CDIP/4/4 REV./STUDY/INF/2, 1 June 2011.
  ③ See Marco M. Slotboom, The Exhaustion of Intellectual Property Rights: Different Approaches in EC and WTO Law, 6 J. Intell. Prop. 421, 422 (2003).
  ④ See Keeler v. Standard Folding Bed Co., 157 U.S. 659, 660 (1895).
  ⑤ See Case 15/74, Centrafarm v. Sterling Drug, [1974] E.C.R 1147, at § 10.
  ⑥ See Panel Report on India-Quantitative Restrictions, 1999, para. 5.129.

就有可能构成 GATT 1994 第 11.1 条项下的禁止或限制措施。[1] 在 China-Raw Materials 案中，上诉机构认为，如果某一措施对于正在进出口的产品产生限制效应，则应受制于 GATT 1994 第 11.1 条。[2] Argentina-Import Measures 案的上诉机构进一步指出，限制效果可通过相关措施的设计、架构以及揭示出来的结构加以说明，无须求助于数量效果。[3]

与 GATT 1994 第 11.1 条上述规定相对应的一个问题是，如果 WTO 成员就知识产权实施国家或地区权利用尽措施，则禁止或限制这些知识产权所依附产品的"进口"是否违反 WTO 协定？还是说，此类措施将构成 GATT 1994 第 3.4 条项下的国内措施？[4] 值得注意的是，根据关于 GATT 1994 第 3 条的"注释和补充规定"，"对于适用于进口产品和同类国产品的任何国内税或其他国内费用或本条第 1 款所指类型的任何法律、法规或规定，如在进口时，或在进口口岸对进口产品征收或执行，仍应被视为国内税或其他国内费用或第 1 款所指类型的法律、法规或规定，并因此应遵守第 3 条的规定"。有观点认为，该"注释和补充规定"意味着，GATT 1994 第 11.1 条不适用于 GATT 1994 第 3 条所覆盖的国内措施。[5] 就此，不管是 GATT 时代的专家小组报告，还是 WTO 时代的争端解决机构裁决，均与上述观点相一致。[6] 如果 GATT 1994 第 3 条可排除 GATT 1994 第 11.1 条关于国内措施的适用，则无论何种类型的权利用尽措施均不构成对 GATT 1994 第 3.4 条的违反。

退一步而言，即使相关权利用尽措施违反 GATT 1994 第 3.4 条或第 11.1 条，WTO 成员方依然可援引 GATT 1994 第 20 条作为例外。根据第 20 (d)条，GATT 1994 的任何规定不得解释为阻止任何缔约方采取或执行为保

---

[1] See Panel Report on India-Autos, 2001, para. 7.269.
[2] See Appellate Body Reports on China-Raw Materials, 2012, paras. 319-320.
[3] See Appellate Body Reports on Argentina-Import Measures, 2014, para. 5.217.
[4] GATT 1994 第 3.4 条规定："任何缔约方领土的产品进口至任何其他缔约方领土时，在有关影响其国内销售、标价出售、购买、运输、分销或使用的所有法律、法规和规定方面，所享受的待遇不得低于同类国产品所享受的待遇。"
[5] See Michael J. Trebilcock and Robert Howse, The Regulation of International Trade, 2nd ed., Routledge, 1999, p.139.
[6] See GATT Panel Report on Canada-Administration of the Foreign Investment Review Act (BISD 30S/140, 1984, para. 5.14); Panel Report on Canada-Import, Distribution and Sale of Alcoholic Drinks by Canadian Provincial Marketing Agencies (BISD 39S/27, 1992, para. 4.24); Panel Report on EC-Asbestos (WT/DS135/R, 2000, para. 8.100).

证与本协定不相抵触的法律或法规得到遵守所必需的措施,"包括与海关执法、根据第 2 条第 4 款和第 17 条实行有关垄断、保护专利权、商标和版权以及防止欺诈行为有关的措施",且此类措施的实施不在情形相同的成员之间构成任意或不合理的歧视的手段,或构成对国际贸易的变相限制。权利用尽措施是一种与专利权、商标权和版权保护有关的措施。既往的 WTO 案件表明,如何证明相关措施的采取或执行符合"必需"要件,[1]以及措施的实施符合最低歧视标准才是争议的焦点。[2]

在乌拉圭回合谈判中,由于各方分歧较大,最终 TRIPS 协定文本未能就权利用尽设定国际标准,而是在第 6 条规定:"就本协定项下的争端解决而言,在遵守第 3 条和第 4 条规定的前提下,本协定的任何规定不得用于处理知识产权的权利用尽问题。"《TRIPS 协定与公共健康多哈宣言》进一步明确:"TRIPS 协定中关于知识产权用尽的条款……具有允许各成员不受质疑自行确定关于权利用尽体制的效果。"[3]各成员不会因为允许知识产权的国际用尽,并因此允许平行进口,而在 TRIPS 协定项下被诉诸 WTO 争端解决。

知识产权的国际性权利用尽可最大限度促进贸易自由化,同时知识产权权利人所受限制也最大。在数字贸易的背景下,越来越多的交易通过网上进行,线上订购、线下交付的方式已经威胁到 TRIPS 协定所力图建构的平衡。随着越来越多的交易采取电子交易的方式,TRIPS 协定能否继续维持平衡,有待进一步观察。

三、知识产权效力、范围和适用标准的争议

TRIPS 协定第二部分就知识产权保护的最低标准作出了规定,要求各成

---

[1] See e.g. Appellate Body Report on India-Solar Cells, 2016, para. 5.59; Panel Report on Argentina-Hides and Leather, 2000, para. 11.304; Appellate Body Report on Korea-Various Measures on Beef, 2000, paras. 161-162 and 164; Panel Report on Canada-Wheat Exports and Grain Imports, 2004, paras. 6.223-6.224; Appellate Body Report on US-Customs Bond Directive, 2008, paras. 316-317; Panel Report on Colombia-Ports of Entry, 2009, paras. 7.482-7.620.

[2] See e.g. Appellate Body Report on US-Shrimp, 1998, para. 150; Appellate Body Report on US-Gasoline, 1996, pp. 28-29; Appellate Body Reports on EC-Seal Products, 2014, para. 5.298; Appellate Body Report on Brazil-Retreaded Tyres, 2007, paras. 229-230; Appellate Body Report on US-Tuna II (Mexico) (Article. 21.5-Mexico), 2012, para. 7.316.

[3] WTO, Declaration on the TRIPS Agreement and Public Health, WT/MIN(01)/DEC/2, 20 November 2001, para. 5(d).

员在其境内应确保此类知识产权得到保护。根据 TRIPS 协定第 1.2 条，TRIPS 协定的国际义务仅涵盖 TRIPS 协定第二部分第一至七节所明确规定的类别。①

（一）版权和相关权利争议

数字经济时代，互联网和其他电子网络就受到保护的物品提供了新的分销手段。网上销售和交付书籍、软件、音乐、影视作品，在线提供服务等已经成为一种主流的商业模式。TRIPS 协定第二部分第一节涉及版权和相关权利，该节纳入并补充了《伯尔尼公约》的相关规定。② 无论是《伯尔尼公约》还是 TRIPS 协定，均没有就上述数字贸易下的版权和相关问题作出特别规定。③ 由此，一个在传统环境中较为确定的法律事项，很可能因为网络的介入而出现新的不确定性。其中，如何认定网络环境下的出版及起源国一直是各界关注的重点之一。

《伯尔尼公约》第 3 条和第 4 条通过 TRIPS 协定第 1.3 条而被并入 WTO 协定，用于确定哪些作者可受公约保护。在 WTO 的语境下，如果作者是 WTO 成员的国民或居民，或者作品第一次在 WTO 成员出版，或同时在非 WTO 成员和 WTO 成员出版，④则可享受相应的版权和相关权利保护。

在互联网环境下，上述规定在适用时会产生额外的争议。《伯尔尼公约》

---

① Panel Report on EC-Trademarks and Geographical Indications (US), paras. 7.126-7.128.
② 如第 10 条项下的计算机程序和数据汇编就是 TRIPS 协定新补充的内容。
③ WTO 成立之后，WIPO 才就数字环境下知识产权保护达成新的条约。其中，《WIPO 版权条约》（WCT）属于《伯尔尼公约》所称的特别协议，涉及数字环境中对作品和作品作者的保护。任何缔约方（即使不受《伯尔尼公约》的约束）均须遵守《伯尔尼公约》1971 年（巴黎）文本的实质性规定。此外，该条约还提及受版权保护的两个客体：(1) 计算机程序，无论其表达方式或表达形式如何；(2) 数据或其他资料的汇编（"数据库"），无论采用任何形式，只要由于其内容的选择或编排构成智力创作（如果数据库不构成智力创作，则不在该公约范围内）。《WIPO 表演和录音制品条约》（WPPT）涉及两种受益人在数字环境中的知识产权：(1) 表演者（演员、歌唱家、音乐家等）；(2) 录音制品制作者（最先将声音录下来并负有责任的自然人或法人）。这些权利之所以在同一个条约中处理，是因为由该条约授予表演者的大部分权利都是与其录制的、纯粹有声的表演（即录音制品中的内容）相关的权利。《视听表演北京条约》于 2012 年 6 月 20 日至 26 日在北京举行的保护音像表演外交会议上通过。该条约规定表演者对其以视听录制品录制的表演享有四种经济权利：(1) 复制权；(2) 发行权；(3) 出租权；(4) 提供权。对于未录制的（现场）表演，该条约规定表演者享有三种经济权利：(1) 广播权（转播的情况除外）；(2) 向公众传播的权利（除非表演已属广播表演）；(3) 录制权。
④ 根据《伯尔尼公约》第 3(4) 条，一个作品在首次出版后 30 天内在两个或两个以上国家内出版，则该作品应视为同时在几个国家内出版。

第3(1)(b)条规定:"作者为非本同盟任何成员国的国民者,其作品首次在本同盟一个成员国出版,或在一个非本同盟成员国和一个同盟成员国同时出版的都受到保护。"第3(3)条规定:"'已出版作品'一词指得到作者同意后出版的作品,而不论其复制件的制作方式如何,只要从这部作品的性质来看,复制件的发行方式能满足公众的合理需要。戏剧、音乐戏剧或电影作品的表演,音乐作品的演奏,文学作品的公开朗诵,文学或艺术作品的有线传播或广播,美术作品的展出和建筑作品的建造不构成出版。"当作者在网站上发布(post)作品,该发布(post)是否构成《伯尔尼公约》项下的出版(publish)?如果构成出版,如何确定出版起源国?①

就此,除适用《伯尔尼公约》相关规定之外,TRIPS协定第3.1条关于国民待遇的规定对于解决上述争议有一定的启示意义。具体而言,在知识产权保护方面,在遵守《伯尔尼公约》规定的前提下,"每一成员给予其他成员国民的待遇不得低于给予本国国民的待遇"。根据TRIPS协定第1.1条,"各成员可以,但并无义务,在其法律中实施比本协定要求更广泛的保护,只要此种保护不违反本协定的规定"。即便《伯尔尼公约》没有明确规定网上发布是否构成出版以及如何确定出版起源地,只要相关成员国内法有相关规定,该规定应当以不低于给予本国国民待遇的方式,保护其他WTO成员方公民的版权和相关权利。当然,用相对方法解决绝对保护标准问题只是回避而非解决了上述两个问题。在向1996年WIPO外交会议提交的《与保护文学和艺术作品若干问题有关的条约实质条款基本建议》中,专家委员会主席认为,《伯尔尼公约》第3(3)条可适用于电子出版这一新形式。在传统出版中,先是生产副本,然后分销;而在通过网络的电子出版中,先是传播,然后在接收端生产副本。前者的制造方式是当地生产,后者是远程再生产。《伯尔尼公约》第3条并不排除通过通信网络,分散化生产副本。该建议就《WIPO版权公约》(WCT)所拟定的条款为:"当文学或艺术作品通过该有线或无线方式向公众

---

① 根据《伯尔尼公约》第5(4)条,起源国指的是:"(a)对于首次在本同盟某一成员国出版的作品,以该国家为起源国;对于在分别给予不同保护期的几个本同盟成员国同时出版的作品,以立法给予最短保护期的国家为起源国;(b)对于同时在非本同盟成员国和本同盟成员国出版的作品,以后者为起源国;(c)对于未出版的作品或首次在非本同盟成员国出版而未同时在本同盟成员国出版的作品,以作者为其国民的本同盟成员国为起源国,然而(i)对于制片人总部或惯常住所在本同盟一成员国内的电影作品,以该国为起源国;(ii)对于建造在本同盟一成员国内的建筑作品或构成本同盟某一成员国建筑物一部分的平面和立体艺术作品,以该国为起源国。"

开放,公众成员可独立选择何地何时访问这些作品,使此类作品的副本可以利用时,缔约方应在《伯尔尼公约》第3(3)条项下,认为这些作品是已出版作品。"①然而,WIPO外交会议并未就该事项作出任何举措,WCT的最后文本也没有包括该建议条款。WCT关于出版问题的立法过程说明,对于《伯尔尼公约》第3(3)条是否可以无争议地适用于网上发布,仍存在争议。②

(二) 商标争议

"商标"的主要功能是传递关于商品或服务来源的信息,便于消费者加以区分和选择。在数字贸易和电子商务中,由于消费者在购买前很难实际检验产品或服务,从维护声誉、提高信誉和增加商誉的角度,商标或其他独特标志对于商品或服务提供者而言必不可少。然而,互联网的超国界性也决定了,此前着眼于境内市场的商标体系在面临互联网所构建的全球市场的挑战时,仍存在若干部分需要调整。

首先,在商标注册之前,对于将使用作为注册条件的法律体系,会出现如何适用原有规定的争议。具体而言,TRIPS协定第15.2条规定,一成员可以其他理由拒绝商标的注册,只要这种理由不背离《巴黎公约》的规定。第15.3条规定,各成员可将商标的使用作为注册的条件,但不得将实际使用作为接受申请的条件。第19条规定,如维持注册需要使用商标,则只有在至少连续3年内不使用后方可注销注册。在 US-Section 211 Appropriations Act (2002)案中,上诉机构梳理了TRIPS协定第15.1条与15.2条之间的关系。即第15.1条仅仅规定了哪些标记或标记的组合能够构成商标,而非给各成员施加一种只要某一标记或标记的组合构成商标,就应当予以注册的义务。第15.2条中提及的"其他理由"指的是不同于第15.1条所提及的理由。申言之,第15.2条的"其他理由"与某一标记或标记的组合是否足以构成商标无直

---

① WIPO, Basic Proposal for the Substantive Provisions of the Treaty on Certain Questions Concerning the Protection of Literary and Artistic Works to be Considered by the Diplomatic Conference, CRNR/DC/4, 30 August 1996, paras. 3.05-3.06.

② 类似的争议也发生在《WIPO表演和录音制品公约》(WPPT)的制定过程之中(WIPO, Basic Proposal for the Substantive Provisions of the Treaty for the Protection of the Rights of Performers and Producers of Phonograms to be Consider by the Diplomatic Conference, CRNR/DC/5, 30 August 1996)。

接关联。① 以使用作为条件注册显然属于"其他理由"。但问题是,在互联网上使用相关注册商标,是否构成上述第15条和第19条项下的使用？还是说,相关互联网使用应与注册国存在必要的物理连接？

其次,在商标注册之后,就商标专有权,会出现如何判断"使用导致混淆的可能性"的问题。具体而言,TRIPS协定第16.1条规定："注册商标的所有权人享有专有权,以阻止所有第三方未经该所有权人同意在贸易过程中对与已注册商标的货物或服务的相同或类似货物或服务使用相同或类似标记,如此类使用会导致混淆的可能性。在对相同货物或服务使用相同标记的情况下,应推定存在混淆的可能性。"就如何理解第16.1条,Australia-Tobacco Plain Packaging案专家组指出："实践中,该私人权利的行使取决于对相关时间市场性质的评估,用以确定相关事实情况是否存在,在评估混淆的可能性时尤其如此。然而,成员方在其法律体系下提供该权利的义务应当与商业主体在其国内市场中的活动法内的相区别。第16.1条义务的目的是允许权利持有人保护自己免受贸易过程中第三方某些行动的影响,如果这些行动可能引起混淆。"②互联网交易所带来的问题是,在何种条件下,第三方在互联网上使用相同或类似标记,构成对注册商标的侵害,以及注册商标所有权人如何合法行使其专有权？更为极端的情况是,在不同国家,不同权利人对相同货物或服务同时拥有相同或类似标记的注册商标时,这些注册商标的所有权人之间,如何合理行使其专有权？

最后,就注册商标本身,会出现如何解决商标和域名之间的冲突问题。一方面,受技术所限,每一个顶级域名（一级域名）之前只能加入一个特别的二级域名,而二级域名大多采取"先到先得"的分配方式。另一方面,不同成员的不同货物或服务经营者可拥有相同或类似商标或商号,导致众多市场经营者会在同一一级域名下申请同一二级域名的情况。而随着域名商业价值的增加,一些个人或企业更是通过先是取得知名商标的域名,然后高价待沽给商标所有权人的域名抢注（cyber-squatting）方式赚取利益。不管是域名抢注,还是域名先注,均涉及域名持有人与商标所有权人权利冲突的问题：哪一类权利人享有优先等级？如何救济某一成员合法商标持有人因域名被第三

---

① See Appellate Body Report on US-Section 211 Appropriations Act, 2002, paras. 176-177, 187 and 195.

② Panel Reports on Australia-Tobacco Plain Packaging, 2018, para. 7.1999.

人先注或抢注而遭受的损失？[①]

(三) 其他类型知识产权争议

除上述版权和商标之外,其他类型的知识产权,如地理标识、专利等的保护也会遇到类似的数字贸易和电子商务冲击。

如就地理标识而言,其功能类似于商标,只不过地理标识主要用来表明某一货物的特定质量、声誉和其他特征主要归因于其地理来源。TRIPS 协定第 22 条规定了地理标识保护的最低标准,要求各成员向利害关系方提供法律手段,防止公众在该货物的地理来源方面产生误解,或构成不公平竞争的使用;[②]第 23 条则对葡萄酒和烈酒地理标识提供了附加保护,即使这些地理标识的使用不会误导公众或不构成不公平的竞争。[③] 在 EC-Trademarks and Geographical Indications (Australia)案中,专家组指出地理标识应得到优先保护。申言之,"第 22.2 条载于 TRIPS 协定第二部分第三节。第二部分列明了知识产权的可得性、范围和使用的最低标准,如序言部分第二段(b)所强调的,这是 TRIPS 协定的目标和宗旨之一。第二部分的前七节载有与知识产权类别有关的标准。每一节都规定了不同类别的知识产权,列出了有资格受到保护的事项、相关类别知识产权赋予权利的范围以及这些权利的例外情况。正如其标题——'地理标识的保护'所强调的那样,第三节包含了地理标识类别的所有这些特征。第 23.1 条明确规定了对葡萄酒和烈酒地理标识的保护,以防其被不当使用。虽然第 22.3 条和第 23.2 条明确承认,地理标识的保护会影响商标保护,但第三节并未规定商标保护,除非商标体系被用于保护地理标识。因此,基于上下文,第 22.2 条中'就'地理标识提供某些法律手段的义务,是一种保护地理标识的义务。澳大利亚的诉讼请求似乎并不涉及地理标识的保护,而是关乎其他主题事项免受地理标识保护的影响。因此,该主

[①] 就此,WIPO 仲裁与调解中心提供了互联网域名争议解决机制,无须进行法院诉讼。这项服务包括 WIPO 发起的《统一域名争议解决政策》(UDRP)。UDRP 由 ICANN 于 1999 年 10 月 24 日批准实施,其后的两个版本(2009 年版和 2013 年版)均由 ICANN 批准实施。WIPO 还为 UNDP 制定了补充规则(1999 年、2009 年和 2015 年)。See WIPO, Dispute Policy and Procedural Rules. https://www.wipo.int/amc/en/domains/rules/.

[②] 参见 TRIPS 协定第 22 条(地理标识的保护)。

[③] See Carlos Maria Correa, Trade-Related Aspects of Intellectual Property Rights: A Commentary on the TRIPS Agreement, Oxford University Press, 2007, p.231.

张并未表明存在基于第 22.2 条的诉因"[①]。

　　与上述 TRIPS 协定第 22 条和第 23 条相对应，TRIPS 协定第 24 条规定了相关例外，包括善意使用例外、商标例外以及通用语言例外等。如 TRIPS 协定第 24.4 条规定："本节的任何规定均不得要求一成员阻止其任何国民或居民在货物或服务方面继续以类似方式使用另一成员识别葡萄酒或烈酒的一特定地理标识，如其国民或居民在相同或有关的货物或服务上在该成员领土内已连续使用该地理标识(a)在 1994 年 4 月 15 日前已至少有 10 年，或(b)在该日期之前的使用是善意的。"在互联网的环境下，一个新的问题是，如果一成员的民众将相关地理标识用于数字贸易或电子商务，则是否还可继续享有第 24 条项下的例外？毕竟，在 TRIPS 协定第 24 条框架下，所有的例外均暗含着地理限制，而互联网全球市场的来临恰恰打破了这一前提预设。

　　就专利而言，TRIPS 协定第 27 条就可授予专利的客体作出了规定，即专利可授予所有技术领域的任何发明，无论是产品还是方法，只要它们具有新颖性、包含发明性步骤并可供工业应用。同时，对于专利的获得和专利权的享受不因发明地点、技术领域、产品是进口的还是当地生产的而受到歧视。在互联网环境下，一个与之相关的问题是，如果在网上披露相关信息，是否会影响到相关发明的可专利性？此外，TRIPS 协定第 28 条规定，如一专利的客体是产品，专利所有权人有权防止第三方未经所有权人同意而进行制造、使用、标价出售、销售或为这些目的而进口该产品的行为；如一产品的客体是方法，专利所有权人有权防止第三方未经所有权人同意而使用该方法的行为，并防止使用、标价出售、销售或为这些目的而进口至少是以该方法直接获得产品的行为。在互联网环境下，一个与之相关的问题是，专利所有权人的专有权利是否可以无限制地扩张到整个互联网市场之中？

　　就集成电路的布图设计而言，TRIPS 协定第 36 条规定，如未经权利持有人授权，为商业目的的进口、销售或分销一受保护的布图设计、含有受保护的布图设计的集成电路或含有此种集成电路的物品，只要该集成电路仍然包含非法复制的布图设计，则上述行为应被视为非法。第 37 条规定，如果从事或命令从事第 36 条所指的与含有非法复制的布图设计的集成电路或包含此种

[①] Panel Report on EC-Trademarks and Geographical Indications (Australia), 2005, para. 7.714. See also Panel Reports on Australia-Tobacco Plain Packaging, 2018, para. 7.2845.

集成电路的物品有关的行为的人,在获得该集成电路或包含该集成电路的物品时,不知道且无合理的根据知道其中包含此种非法复制的布图设计,则任何成员不得将从事该条所指的任何行为视为非法。在互联网环境下,一个与之相关的问题是,如何判断通过互联网传输集成电路布图设计的行为受制于第 36 条项下的一般义务,还是构成第 37 条项下的例外?

综上所述,鉴于国际层面已经存在较为成熟的国际贸易法律治理体系,从规制成员行为的角度而言,一项数字经济行为是被归属于一般数字经济行为还是被归属于贸易行为,以及被归属于何种贸易行为具有体制性意义。实践中,各成员数字经济和数字贸易方面的发达程度不同,在处理相关规制管辖冲突时,或是注重维护防御性利益(defensive interests),妥当解决来自数字"扰乱"的副作用;或是注重拓展攻击性利益(offensive interests),占取正在兴起的以知识为基础经济(knowledge-based economy)或数据驱动经济(data-driven economy)的市场份额。[1] 因此,在分析和评估各类解决规制冲突的方案时,一方面,需考虑法律术语背后的成员利益之争;另一方面,还需考虑与之相关的国际贸易规则。

就如何认识国际法的拘束力,存在两种完全不同的哲学。一种观点将国际法视为一套为主权国家量身定制的"紧身衣",构成纯粹的约束。由此产生的一个结果是,由于国际法只是一种约束,所以主权国家应该在任何可能的情况下抵制它。当面临数字贸易这一新的领域时,抵制国际法"延伸"适用到该领域,具有政策上的吸引力。毕竟,旧的法律并不是为这些新的挑战而建立的,为迎接新的挑战,应把旧的法律抛在脑后。另一种观点不把国际法视为一种纯粹的约束,"它解放了我们,赋予我们权力去做那些没有法律的正当性我们永远无法做的事情。如果我们成功地促进了遵从文化,我们就会从中获益。如果我们赢得了遵从的名声,我们所采取的行动将因其遵守法治而在世界范围内获得更强的正当性"[2]。

对于数字贸易和电子商务这一新兴贸易形式而言,现有的 WTO 协定规

---

[1] See Dan Ciuriak and Marija Ptaškina, The Digital Transformation and the Transformation of International Trade, Geneva: International Centre for Trade and Sustainable Development (ICTSD) and the Inter-American Development Bank (IDB), 2018, https://www.rtaexchange.org/research/view?id=4012.

[2] Harold Hongju Koh, International Law in Cyberspace, 54 Harv. Int'l L. J. Online 1, 11-12 (2012).

则以及贸易争端解决机制不足以应对新经济形态带来的挑战。在 1998 年《电子商务工作计划》的框架下，WTO 就电子商务国际规制合作并未取得任何实质性的成果。[1] 1996 年达成、2015 年扩围的《信息技术协定》以及 2013 年通过、2017 年生效的《贸易便利化协定》仍主要关注前互联网时代的贸易问题。有鉴于此，以美国为首的拥有数字经济比较优势的国家选择了"国际立法赋能"这一道路，试图在 WTO 多边框架之内，通过法律地位存疑的诸边联合声明倡议谈判机制，达成有利于本国数字贸易发展的国际规则。在万众瞩目的 WTO 第十二届部长级会议召开之前，联合声明倡议的"合并谈判文本"已然散发给相关成员，客观上给 WTO 成员造成了"二选一"的局面：或是加入联合声明倡议谈判，或是被排除在外。鉴于半数以上 WTO 成员已经加入联合声明倡议谈判，且经济体量占 WTO 整体 90% 以上，联合声明倡议谈判机制将在很大程度上决定着 WTO 数字贸易规制的发展方向。

---

[1] See Mira Burri and Rodrigo Polanco, Digital Trade Provisions in Preferential Trade Agreement: Introducing a New Dataset, 23 J. Int'l Eco. L. 187 (2020).

第四章

区域贸易协定中的数字贸易规则

在数字贸易成为当代国际经济法重要主题之前，WTO 已于 1998 年启动《电子商务工作计划》，讨论 WTO 协定之于电子商务/数字贸易规制的可适用性问题。[1] 该工作计划整合了货物贸易、服务贸易、知识产权和经济发展等议题。同时，通过 1998 年 WTO《全球电子商务宣言》及其后的几个延期宣言，WTO 成员承诺，对电子传输采取"零关税"。然而，在长达二十多年的时间内，除了《信息技术协定》[2]和《贸易便利化协定》相关条款之外，WTO 很少就与数字贸易有关的规则作出重要调整。可以认为，WTO 法律整体上仍然停留在前互联网时代。[3] 由于数字贸易已经成为当前经济增长不可或缺的重要类型，且越来越多的成员采取与数字贸易有关的政策，WTO 法律之于数字贸易的不适配性显得尤为突出。理论上，通过 WTO 的"适应性治理"机制，特别是其政治程序和司法程序方面的"适应性治理"机制，可以适当缓解 WTO 法律的僵化。然而，一方面，移动通信和云计算等数字技术的快速发展，强化了数字平台在当代数字经济中的核心地位；另一方面，商业和生活的数字平台化对经济、社会和文化产生了深远影响，致使数据的获取、存储和处理越来越在数字经济中占据核心地位。任何与贸易无关的数据政策均有可能严重影响到数字贸易的发展。而无论是 WTO 的 JSI 谈判机制还是争端解决机制，

---

[1] See WTO, Work Programme on Electronic Commerce, WT/L/274, 30 September 1998.

[2] 《信息技术协定》是旨在将 IT 产品关税降为零的多边协定,1997 年 3 月由占全球信息技术产品 92.5% 的 40 个参加方在日内瓦签字生效（WTO, Ministerial Declaration on Trade in Information Technology Products, WT/MIN(96)/16, 13 December 1996）。该协定涉及计算机、电信产品、半导体、半导体制造设备、软件和科学仪器 6 大类共 200 多项产品，从 1997 年 4 月 1 日开始实行，分四个阶段，每个阶段减少关税 25%，到 2000 年 1 月 1 日将信息技术的关税削减到零。2015 年 12 月 16 日，WTO 扩大《信息技术协定》产品范围谈判参加方在肯尼亚内罗毕宣布，就扩围谈判达成全面协议，并发表《关于扩大信息技术产品贸易的部长声明》（WTO, Ministerial Declaration on the Expansion of Trade in Information Technology Products, WT/MIN(15)/25, 16 December 2015）。

[3] See Mira Burri, The Governance of Data and Data Flows in Trade Agreements: The Pitfalls of Legal Adaptation, 51 U. C. D. L. Rev. 65, 98 (2017); Andrew D. Mitchell and Neha Mishra, Data at the Docks: Modernizing International Trade Law for the Digital Economy, 20 Vand. J. Ent. & Tech. L. 1073, 1088-1096 (2018); Andrew D. Mitchell and Neha Mishra, Regulating Cross-Border Data Flows in a Data-Driven World: How WTO Law Can Contribute, 22 J. Int'l Econ. L. 389, 391 (2019).

均受制于集体行动的逻辑,只有在满足极为严苛的条件时,方可附带地推动WTO纳入与贸易有关的数据规制事项。① 更为重要的是,两者在制度建构层面相互勾连,JSI谈判机制所表征的"发言"策略与争端解决机制所表征的"忠诚"策略相互强化,使得相关WTO成员在面对"退出"选项时,面临进退维谷的局面。②

为缓解前互联网时代WTO法律框架之羁绊,一些成员开始寻求利用更为灵活的区域贸易协定(RTAs)来推进数字贸易国际规则的形成。③ 区域贸易的关键特征是:协定的缔约方可在贸易方面,相互给予相对于非协定缔约方更为优惠的待遇。理论上,如果相关非协定缔约方同属于WTO成员,则区域贸易协定更为优惠的规定将直接违反WTO协定项下的最惠国待遇。④ 就此,GATT 1994和GATS均规定,在符合特定条件的情况下,允许区域贸易协定建立关税同盟或自由贸易区。⑤ GATT 1994第24(7)(a)条和GATS第

---

① 集体行动的逻辑指的是,除非相关集团的人数较少,或存在强制性机制使得个体基于共同利益行为,否则理性的、自利的个体不会采取行动来追求共同或集团的利益。See Mancur Olson, The Logic of Collective Action: Public Goods and the Theory of Groups, Harvard University Press, 1971.

② 关于"退出""发言"和"忠诚"的一般理论阐述,可参见Albert O. Hirschman, Exit, Voice, and Loyalty: Responses to Decline in Firms, Organizations, and States, Harvard University Press, 1970, pp. 15-19.

③ 需要说明的是,"区域贸易协定"(RTAs)一词有狭义和广义两说。狭义说的"区域贸易协定"仅指邻近国家/地区或属于同一区域的国家/地区之间签订的,促进经济一体化的贸易协定,如《北美自由贸易协定》(NAFTA)、《南方共同市场协定》(MERCOSUR)、《东盟自由贸易区协定》(AFTA)等。广义说指经济一体化进程中所涉及的国家/地区,并不局限于某一特定区域,如《中国—瑞士自由贸易协定》和《欧盟和非洲、加勒比和太平洋国家间经济伙伴关系协定》(EPA)等。严格说来,广义上的RTAs属于跨区域的"优惠贸易协定"(PTAs),而非"区域贸易协定"。但正如WTO《2011年世界贸易报告》所指出的那样,当前生效的PTAs中具有明显的跨区域特征(World Trade Report 2011, The WTO and Preferential Trade Agreement: From Co-existence to Coherence)。一方面,WTO秘书处及成员广泛使用"区域贸易协定"指代区域内的优惠贸易协定和跨区域的优惠贸易协定;另一方面,WTO将"优惠贸易协定"界定为单边贸易优惠,包括给予发展中成员优惠关税的普惠制计划(如澳大利亚、欧盟、日本、新西兰、挪威、俄罗斯、白俄罗斯、哈萨克斯坦、瑞士和土耳其等给予中国普惠制待遇)以及总理事会同意的其他非互惠计划等(WTO, Preferential Trade Arrangements, https://www.wto.org/english/tratop_e/region_e/rta_pta_e.htm)。

④ 参见GATT 1994第1条、GATS第2条。

⑤ 参见GATT 1994第24条、GATS第5条;Appellate Body Report on Turkey-Textiles, para. 45;Panel Report on US-Line Pipe, para. 7. 144等。

5(7)(a)条以及《区域贸易协定透明度机制》进一步要求,[①]WTO成员应迅速将其参加的货物贸易和服务贸易区域协定的情况通知WTO。通过缔结更具针对性的区域贸易协定,就数字贸易规则达成一致的WTO成员可实现填补WTO框架漏洞、澄清WTO规制适用、应对新的贸易壁垒等多重目标。当然,区域贸易协定的非多边性和成员驱动性决定了其关于数字贸易的实体规则与程序规则,将不可避免地与其他区域贸易协定的相应规则存在不一致乃至相互冲突的现象。[②] 这无形中提升了梳理区域贸易协定、探究共同规制模式、确定既有国际共识的理论难度。有鉴于此,本章先从整体层面讨论现有RTAs中的数字贸易规则的特点;然后分类比较涉及美国、中国、欧盟、日本、加拿大等的《全面与进步跨太平洋伙伴关系协定》(CPTPP)、《美国—墨西哥—加拿大协定》(USMCA)、《欧盟—日本经济伙伴关系协定》(EU-Japan EPA)和《区域全面经济伙伴关系协定》(RCEP)等巨型贸易协定中的数字贸易规则,力图构建一幅较为立体的区域贸易协定数字规则图景。

第一节 区域贸易协定中的三类数字贸易规则

就区域贸易协定而言,存在若干数据库,较为著名的有世界银行旗下的"全球优惠贸易协定数据库"(The Global Preferential Trade Agreements Database, GPTAD)、WTO旗下的"区域贸易协定数据库"(Regional Trade Agreements Database, TRAD)以及学者发起的"贸易协定设计数据库"

[①] 2006年12月14日,总理事会就所有区域贸易协定设定了临时性的透明度机制。《区域贸易协定透明度机制》强化了WTO成员的通知义务,并引入新的措施增强区域贸易协定的透明度(WTO, Transparency Mechanism for Regional Trade Agreements, WT/L/671, 18 December 2006)。相关理论问题,可参见许多:《论WTO区域贸易协定透明度机制的不足及其完善》,载《南京大学学报》2012年第5期,第38页;Jo-Ann Crawford and C. L. Lim, Cast Light and Evil Will Go Away: The Transparency Mechanism for Regulating Regional Trade Agreements Three Years After, 45 J. World Trade 375, 376-377 (2011)。

[②] See Mira Burri and Rodrigo Polanco, Digital Trade Provisions in Preferential Trade Agreements: Introducing a New Dataset, 23 J. Int'l Eco. L. 187, 189 (2020); Dan Ciuriak and Maria Ptashkina, The Digital Transformation and the Transformation of International Trade, RTA Exchange, Geneva: International Center for Trade and Sustainable Development (ICTSD) and the Inter-American Development Bank(IDB), 2018, https://www.rtaexchange.org/research/view?_id=4012.

[Design of Trade Agreement(DESTA) Database]。其中，GPTAD 由世界银行和国际商业中心联合开发，包含已通知 WTO 的优惠贸易协定原始文本，以及尚未通知的协定。该数据库定期更新，目前包括 330 多个优惠贸易协定，允许用户根据条款或关键字搜索世界各地的优惠贸易协定文本，并比较多个协定条款。[1] DESTA 数据库是一个合作研究项目，旨在收集 1945 年以来签订的优惠贸易协定。[2] 2011 年，开发者已经就 10 个广泛领域(包括市场准入、服务、投资、知识产权、竞争、公共采购、标准、贸易救济、非贸易问题和争端解决等)达成了编码协议，且每一个领域均包含大量的条目。由此形成的 DESTA 数据库是迄今为止涵盖范围最广、所涉区域贸易协定最全的数据库。[3] TRAD 由 WTO 开发，主要包括 WTO 成员通知的区域贸易协定，更具权威性。截至 2021 年 5 月底，TRAD 共有 348 个贸易协定。其中，根据 GATT 1994 第 24 条通知的贸易协定有 316 个，根据 GATS 第 5 条通知的贸易协定有 185 个，根据"授权条款"通知的贸易协定有 62 个。[4]

在上述综合数据库基础之上，下文将聚焦区域贸易协定中的数字贸易规则。在简要描述完区域贸易协定数字规则的整体状况后，将根据相关条款与 WTO 协定的关系，集中研究区域贸易协定中的三类数字贸易规则。

一、区域贸易协定数字贸易规则的整体状况

如前所述，对于数字贸易，存在广义和狭义两种概念。其区别在于，对于将哪些以电子交易或数字赋能的商业交易行为纳入数字贸易范畴，存在范围上的不同。一项常规的网上商业交易可分为三个阶段：广告和搜寻阶段、订

---

[1] See World Bank, Global Preferential Trade Agreements Database, https://wits.worldbank.org/gptad/trade_database.html.

[2] 项目发起人为：Leonardo Baccini (McGill University)、Andreas Dür (University of Salzburg)、Manfred Elsig (University of Bern) 和 Karolina Milewicz (Oxford University)。

[3] See Andreas Dür, Leonardo Baccini and Manfred Elsig, The Design of International Trade Agreements: Introducing A New Dataset, 9 Rev. Int'l Org. 353, 355 (2014).

[4] "授权条款"(Decision on Differential and More Favourable Treatment, Reciprocity, and Fuller Participation of Developing Countries, 28 November 1979, L/4903, BISD 26S/203)源于 GATT 缔约方全体在东京回合中所采纳的一项决议，旨在鼓励各缔约方给予发展中成员差别的和更优惠的待遇，既无须遵守最惠国待遇原则，也无须得到总协定的批准。在 EC-Tariff Preferences 案中，上诉机构裁定，该"授权条款"构成 GATT 1994 第 1(b)(iv)项下"GATT 1947 缔约方全体的其他决定"，因此是 GATT 1994 的一部分(Appellate Body Report on EC-Tariff Preferences, para. 90)。

购和支付阶段以及交付阶段。① 广义的数字贸易至少涵盖这三个阶段,而狭义的数字贸易仅包括第二和第三阶段,甚至是仅指第三阶段。② 数字贸易的广义和狭义概念之争具有深刻的政策内涵。数字贸易的概念越广,则相关国际层面的规则对国内数字贸易规制的影响越大。相对于传统的货物贸易和服务贸易,与数字贸易息息相关的跨境数据流动不仅频率更快、规模更大,而且其牵涉的国内规制事项更为广泛。这就为各国贸易规制者如何促进跨境数据流动与当地规制相共存提出了严峻挑战。

目前,基于各类政策理由,参与数字贸易规制的政府日益倾向于限制全球数据流动,要求数据本地化,从而削弱了数字贸易的潜在经济效益。理论上,为促进跨境数据流动,同时不至于损害一国核心利益,各国有必要在全球层面构建一个含有两大关键要素的数字贸易治理体系:一是新的数字贸易规则,其中一小部分已经体现在 WTO 协定之中,更多的部分包括在区域贸易协定之中;另一是国际监管合作,即在隐私和消费者保护等领域制定标准或达成相互承认协议,使国内监管机构相信,即使允许数据离开其管辖范围,也不会实质性影响国内监管目标的实现。在缺乏此类监管合作或监管合作尚未成熟的情况下,各国政府将会继续依据现有的数字贸易规则,在跨境数据流动和国内监管目标之间实现平衡。③ 就具体区域贸易协定而言,上述做法主要体现为:一方面,各国就数字贸易作出具体承诺;另一方面,各国通过适用具体承诺的例外条款,来证成本国限制措施的合法性。

以 2000 年欧盟发布《电子商务指令》以及约旦与美国达成含有电子商务条款的自由贸易协定为起点,④WTO 成员越来越倾向于在区域贸易协定中纳入数字贸易规则,数字贸易条款、电子商务条款或数据流动条款已然成为区域贸易协定的新"风尚"。2009 年起,DESTA 数据库开始系统收集各类贸易协定,截至 2019 年 3 月,DESTA 数据库所含贸易协定已达 993 份。其中,既有已经生效且已通知 WTO 的区域贸易协定,也有已经签署但尚未生效的区

---

① See WTO, Work Programme on Electronic Commerce, 30 September 1998, WT/L/274.

② See United States International Trade Commission (USITC), Digital Trade in the U.S. and Global Economies, Part I, Investigation No. 332-531, USITC Publication 4415, July 2013, p. 1.

③ See Joshua P. Meltzer, Governing Digital Trade, 18 World Trade Rev. s23, s24 (2019).

④ Directive 2000/31/EC of the European Parliament and of the Council of 8 June 2000 on certain aspects of information society service, in particular electronic commerce, in the Internal Market, OJ L 178 (2000); Jordan-US FTA, Art. 7 (concluded on 24 October 2000, in force 17 December 2001).

域贸易协定,还包括已经完成磋商且形成条文的区域贸易协定。以此数据库为基础,一份研究指出,自 2000 年至 2019 年 10 月,共有 184 份贸易协定含有与电子贸易有关的条款、108 份贸易协定含有明确的电子商务条款[①]、78 份贸易协定含有专门的电子商务章节或附件[②]。

在这 184 份贸易协定中,相关条款的拘束力有"软""硬"和"混合"承诺之分。"软"的承诺指相关当事方仅认识到相关问题,或仅承诺尽最大努力行事;"硬"的承诺指相关当事方承诺为或不为某一行为,并且其他当事方有权采取法律措施,要求该相关当事方履行其承诺;"混合"的承诺指相关承诺同时包含"软""硬"两部分。就这些条款所涉内容而言,存在异质性和多样化的特点,不仅包括数字产品的关税和非歧视待遇等传统边境事项,还涉及国内规制框架、电子签名、消费者保护、数据保护、无纸化贸易和非应邀电子信息等与数字贸易密切相关的新兴事项。

虽然 2000 年《约旦—美国自由贸易协定》已有电子商务条款,2000 年《新西兰—新加坡更紧密经济伙伴关系协定》(ANZSCEP)就金融信息传送以及数据处理设定了相应规则,[③] 2003 年《澳大利亚—新加坡自由贸易协定》专设电子商务一章,2007 年《韩国—美国自由贸易协定》(KORUS)更是就数据流动规定了一般条款,[④] 但在 2000 年到 2010 年间,关于数字贸易条款的相对数量仍然有限。及至 2011 年到 2019 年期间,新签区域贸易协定中的数字贸易条款出现井喷现象。2019 年开始,专门数字贸易协定开始出现,标志着数字贸易的国际治理进入新的阶段。2019 年 10 月 7 日,美国贸易代表罗伯特·莱特希泽(Robert Lighthizer)与日本驻美国大使杉山晋辅签署了《美日贸易协定》和《美日数字贸易协定》。其中,《美日数字贸易协定》确立了这一领域的高标准规则。2020 年 6 月,新加坡、智利和新西兰签订了《数字经济伙伴关系协定》,该协定旨在就数字贸易问题探索新方法和进行国际合作,促进不同

---

① 第一份含有电子商务条款的贸易协定是 2000 年签订、2001 年生效的《约旦—美国自由贸易协定》(Jordan-US FTA)。
② 第一份含有电子商务专章的贸易协定是 2003 年签订和生效的《新加坡—澳大利亚自由贸易协定》(Singapore-Australia FTA)。
③ 参见 ANZSCEP 附件 2.1 新西兰承诺表。
④ KORUS 于 2007 年 6 月 30 日签订,2012 年 3 月 15 日生效。

制度之间的互操作性,并解决数字化带来的新问题。① 同年8月,新加坡和澳大利亚又签署了《数字经济协定》,该协定在CPTPP和《新加坡—澳大利亚自由贸易协定》的基础上制定了一系列贸易规则。作为《数字经济协定》的一部分,两国已就电子发票、电子政府、个人数据保护和数字身份等领域签署了一系列谅解备忘录。

随着数字贸易条款的增加,相关条款所含字数也在增加,2015年至2019年期间,贸易协定中数字贸易条款的平均字数约为1500字。随着数字贸易协定的签署,数字贸易条款体量大幅度增加,如2019年《日本—美国数字贸易协定》共有22条数字贸易条款,多达5346个字。② 这些变化趋势充分说明,数字贸易条款已成为当前区域贸易协定的重要组成部分之一。

就区域贸易协定所含数字贸易条款的实质内容而言,可按其与WTO协定的关系分为三种类型:(1)补充WTO项下欠发展的事项,或处理WTO《电子商务工作计划》所涉事项;(2)不改变WTO框架,通过削减复杂的程序和繁文缛节赋能数字贸易,降低交易成本;(3)处理WTO项下未涉及(WTO-extra issue)的事项,以及更具争议性的新事项等。③ 第一类数字贸易规则(WTO-itself)属于WTO自身规则的澄清,不会给WTO成员额外增加权利和义务;第二类数字规则(WTO-plus)指区域贸易协定缔约方所承担的双边承诺超出了它们在多边层面所接受的承诺;第三类数字贸易规则(WTO-extra)所涉内容超出当前WTO规则之外,缔约方承担全新条约义务。④

二、第一类数字贸易规则:WTO-itself

此类数字贸易条款所涉事项均有相对应的WTO条款,区域贸易协定之所以就此类事项制定数字贸易条款,主要目的在于澄清和补充相应WTO条

---

① 参见赵旸顿、彭德雷:《全球数字经贸规则的最新发展与比较——基于对〈数字经济伙伴关系协定〉的考察》,载《亚太经济》2020年第4期,第59页。

② See Mira Burri and Rodrigo Polanco, Digital Trade Provisions in Preferential Trade Agreements: Introducing a New Dataset, 23 J. Int'l Eco. L. 187, 195-196 (2020).

③ See Mira Burri and Rodrigo Polanco, Digital Trade Provisions in Preferential Trade Agreements: Introducing a New Dataset, 23 J. Int'l Eco. L. 187, 197-203 (2020).

④ 关于区域贸易协定中的WTO-plus和WTO-extra的理论,可参见Henrik Horn, Petros C. Mavroidis and André Sapir, Beyond the WTO? An Anatomy of EU and US Preferential Trade Agreements, 33 World Eco. 1565, 1567 (2010).

款是否适用于数字贸易以及如何适用。① 就其内容而言,相关条款还可细分为以下三类:

(一) WTO 规则的可适用性

根据现有研究,在含有电子商务章节或附件的区域贸易协定中,有一半以上的协定涉及 WTO 规则的可适用性问题。② 对于具体表述,各区域贸易协定有所不同。

一些区域贸易协定指出,WTO 规则可适用于电子商务交易,但未能明确相关的 WTO 规则。如《欧盟—新加坡自由贸易协定》第 8.57.1 条仅规定"各方认识到电子商务增加了许多部门的贸易机会,同意促进其利用和发展以及 WTO 规则适用于电子商务的重要性",关于如何适用 WTO 规则则付之阙如。又如欧盟和加拿大之间的《综合性经济贸易协定》(CETA)第 16.2.1 条规定:"缔约方认识到电子商务促进了许多部门的经济增长和贸易机会,并确认 WTO 规则适用于电子商务。"同样,就如何适用 WTO 规则,CETA 并没有作出明确规定。

还有一些区域贸易协定指出,相关措施影响到电子商务的前提下,WTO 规则可予以适用。如《加拿大—洪都拉斯自由贸易协定》第 16.2.1 条规定:"缔约方认识到电子商务提供的经济增长和机会,并认识到 WTO 规则在影响电子商务的范围内适用于电子商务。"又如《韩国—美国自由贸易协定》第 15.1 条规定:"双方认识到电子商务提供的经济增长和机会、避免使用和发展电子商务障碍的重要性,以及 WTO 协定对影响电子商务措施的适用性。"

另有一些区域贸易协定则仅仅提及,缔约方重申其在 WTO 协定项下的相应承诺,并同意将电子商务纳入 WTO 规则和承诺范围之内,或是承诺致力于发展电子商务的法律框架,适用于 WTO 框架内关于此类事项的决定。如《欧亚经济委员会—越南自由贸易协定》第 13.7(a)条规定,缔约方应"使用数据收集的国际标准并符合国际惯例,包括 WTO 框架内就电子商务作出的决定,致力于发展电子商务的法律框架"。又如《欧盟与欧洲原子能共同体及其成员国(一方)与摩尔多瓦共和国(另一方)之间的联合协议》第 202.1 条规定:

---

① 典型条款如《新加坡—美国自由贸易协定》(Singapore-US FTA)第 14.1 条。该条规定如下:"缔约方认识到电子商务提供的经济增长和机会、避免电子商务使用和发展障碍的重要性,以及世贸组织规则对电子商务的适用性。"

② See Mira Burri and Rodrigo Polanco, Digital Trade Provisions in Preferential Trade Agreements: Introducing a New Dataset, 23 J. Int'l Eco. L. 187, 197 (2020).

"双方重申各自在 WTO 协定下的承诺,特此为相互设立机构和服务贸易逐步互惠自由化以及电子商务合作制定必要安排。"

表面上,区域贸易协定仅规定 WTO 协定、WTO 规则乃至 WTO 项下相关决定适用于电子商务措施仅具宣示效应,但其意义不限于此。申言之,通过上述条款,任何 WTO 框架下关于电子商务或数字贸易的新发展均可顺利传导到各区域贸易协定之中,从而保证区域贸易协定的相关规定不会与 WTO 框架的最新发展相脱节。

(二) 电子传输的关税

自 1998 年 WTO《电子商务工作计划》实施以来,每隔两年,WTO 成员均通过部长级会议决定的方式,暂停对电子传输征收关税。WTO 成员认为对电子传输暂不征收关税的举措有重要政策意义。该决定使数字贸易得以蓬勃发展,防止了贸易壁垒的产生和繁重的关税;该决定还帮助消费者获得新的产品和服务,并使企业,特别是中小微企业能够进入新的市场。更为重要的是,该决定还预示:对于 WTO 协定缔结后出现的新贸易形式,WTO 成员的默认立场是不征收关税。[1]

由于 WTO 成员尚未就永久停止征收电子传输关税达成共识,[2]理论上,仍存在一成员就相关交易施加关税的可能性。这就凸显了区域贸易协定就电子传输关税作出规定的重要性。考诸现有区域贸易协定,一个明显的趋势是越来越多的协定就电子传输的关税问题作出相应规定。此类规定有助于为特定类型的数字贸易,特别是可下载的数字产品,如软件、电子书或影视音乐作品等的跨境交易提供一个较为稳定的规范预期。

就电子传输是否永久终止征收关税,相关区域贸易协定可大致分为两大类。第一大类协定仅规定暂时中止征收关税。如一些贸易协定仅仅提及,缔约方之间存在着不对电子传输征收关税的惯常做法。如《约旦—美国自由贸易协定》第 7.1(a)条规定,缔约方应寻求避免偏离现行的对电子传输不征收

---

[1] See International Chamber of Commerce (ICC), The Business Case for a Permanent Prohibition on Customs Duties on Electronic Transmissions ICC Issues Brief, No. 2, International Chamber of Commerce, Paris, 2019, https://iccwbo.org/content/uploads/sites/3/2019/11/icc-issues-brief-2-moratorium.pdf.

[2] See Andrea Andrenelli and Javier López González, Electronic Transmissions and International Trade-Shedding New Light on the Moratorium Debate, OECD Trade Policy Papers, No. 233, OECD Publishing, 2019, http://dx.doi.org/10.1787/57b50a4b-en.

关税的做法。① 另有一些贸易协定则明确规定,应维持不对电子传输征收关税的做法。如《日本—蒙古自由贸易协定》第13.3条规定:"各缔约方将保持不对电子传输征收关税的做法。"还有一些贸易协定要求缔约方通力合作,在WTO框架内维护不对电子传输征收关税做法的拘束力,如《日本—瑞士自由贸易协定》第76条规定:"双方认识到维持不对电子传输征收关税的现行做法的重要性,应合作使该做法在世界贸易组织框架内具有约束力,以便考虑将其纳入本协定。"② 更有一些区域贸易协定规定,根据WTO部长级会议决定之变化,缔约方有权调整其相关做法。③ 第二大类协定也是更为普遍的一类,直接规定永久终止对电子传输征收关税。如一些贸易协定明确规定,缔约方不得(may not)或不应(shall not)对其他缔约方的电子产品征收关税。④ 另有一些贸易协定则规定,电子传输应当被视为服务的提供,因而不受制于关税的约束。⑤ 如《欧盟—格鲁吉亚自由贸易协定》第127.3条规定:"双方同意应考虑电子传输作为本章第三节(跨境提供服务)所指的服务的提供,不能受限于海关关税。"还有一些贸易协定规定,缔约方不应就电子交付征收关税。⑥ 与上述将电子传输直接界定为服务的提供有所不同,该规定并不影响缔约方关于电子交付属于货物贸易或是服务贸易的立场。⑦

一旦相关区域贸易协定规定暂时中止或永久终止对电子传输的关税,一个不可回避的附带问题是,如何解决数字传输与介质载体(carrier medium)

---

① 含有类似表述的区域贸易协定还包括:Australia-Singapore FTA, Ch. 14, Art. 3; Jordan-Singapore FTA, Art. 5.1(a); Australia-Thailand FTA, Art. 1102; New Zealand-Thailand FTA, Art. 10.2; New Zealand-Taiwan FTA, Ch. 9, Art. 4。

② 含有类似表述的区域贸易协定还包括:Central America-EFTA, Annex Ⅱ, Art. 2; Singapore-Sri Lanka FTA, Art. 9.3; Korea-Vietnam FTA, Art. 10.2.1。

③ 如《中国—澳大利亚自由贸易协定》第12.3条、《中国—韩国自由贸易协定》第13.3条注释以及 Singapore-Sri Lanka FTA, Art. 9.3.2。

④ "may not"出现在 Chile-US FTA, Art. 15.3 之中。"shall not"出现在以下贸易协定条款中:Australia-Chile FTA, Art. 16.4; Australia-Korea FTA, Art. 15.3; EU-Singapore FTA, Art. 8.58; EU-Vietnam FTA, Art. 8.51; EU-Japan EPA, Art. 8.72。

⑤ 欧盟在其缔结的区域贸易协定中力推此类条款,具体包括:EU-Moldova AA, Art. 254.3; EU-CARIFORUM ECA, Art. 119.3; Colombia-EU-Peru FTA, Art. 162.3; EU-Georgia FTA, Art. 127.3; EU-Ukraine FTA, Art. 139.3; EU-Armenia CEPA, Art. 193.3。该规定被其他区域贸易协定所效仿,如 Colombia-Israel FTA, Annex B, Art. 1.3。

⑥ 具体包括:EU-Korea FTA, Art. 7.48.3; Central America-EU FTA, Art. 201.3。

⑦ 如 EU-Korea FTA, Art. 7.48.3 的注释指出,对电子商务的规定不影响韩国关于电子交付属于服务贸易或货物贸易的立场。

可能存在的不一致待遇问题？申言之，如果一成员对含有软件、电子书或影视音像的介质载体征收关税，同时又免除其电子传输关税，是否具有充足的理据？就此，有理论认为，基于如下三个方面的原因，应免除电子传输关税：[1]

其一，法律方面的原因。WTO 成员通过《电子商务工作计划》以及此后每隔两年的部长级会议决定，在法律层面限制 WTO 成员对电子传输征收关税，但对含有类似内容的介质载体没有作出要求。

其二，技术方面的原因。各成员海关就无形电子传输征收关税几乎不可能：对于绝大多数电子传输而言，从价评估难以操作，非从价评估会严重扭曲数字经济。

其三，经济方面的原因。暂停征收电子传输关税的经济收益要远远大于数字化产品或服务的关税所得。特别是，相对于边境关税，境内税收更有利于增加政府财政收入。[2]

（三）数字产品的非歧视待遇

对于数字产品是否适用传统的非歧视待遇，各类区域贸易协定也没有形成统一模式。在传统的 WTO 的 GATT 1994、GATS 和 TRIPS 协定体制下，非歧视待遇可细化为国民待遇和最惠国待遇。虽然两者同属非歧视待遇，但具体内容存在差异：前者指对于外国产品或服务/服务提供者的待遇不低于针对本国产品或服务/服务提供者的待遇；后者指对于外国产品或服务/服务提供者的待遇不低于针对第三国产品或服务/服务提供者的待遇。根据《马拉喀什建立世界贸易组织协定》第 10.2 条，对最惠国待遇条款的修正，应经所有成员方接受方可生效，而对国民待遇条款的修正，"如其具有改变成员权利和义务的性质，则经成员的三分之二多数接受后，应对接受修正的成员生效"。《马拉喀什建立世界贸易组织协定》之所以在最惠国待遇和国民待遇的修正问题上作出不同规定，主要原因是国民待遇只有轮辐效应，而最惠国待遇具有网络效应，最能保证 WTO 体制的多边性。[3] 就区域贸易协定而言，缔

---

[1] See International Chamber of Commerce (ICC), The Business Case for a Permanent Prohibition on Customs Duties on Electronic Transmissions ICC Issues Brief, No. 2, International Chamber of Commerce, Paris, 2019, https://iccwbo.org/content/uploads/sites/3/2019/11/icc-issues-brief-2-moratorium.pdf.

[2] See Craig Elliffe, Taxing the Digital Economy: Theory, Policy and Practice, Cambridge University Press, 2021, pp.237-262.

[3] See Petros C. Mavroidis, The Regulation of International Trade: GATT, The MIT Press, 2016, p.194.

约方在相关条款中加入最惠国待遇条款,有助于将特定贸易协定中的承诺多边化。

国民待遇条款和最惠国待遇条款为贸易协定中最为常见的条款之一,在长期的 GATT 和 WTO 司法实践中,相关条款的含义较为明确。尽管如此,对于含有电子商务/数字贸易章节的区域贸易协定而言,仅有不到一半的协定含有国民待遇条款和最惠国待遇条款。① 究其原因,这与电子商务/数字贸易的形态有密切关联。一般情况下,对于以电子方式提供的服务,缔约方可沿用关于服务贸易的国民待遇和最惠国待遇条款加以处理。如《新加坡—美国自由贸易协定》第14.2条规定:"为求更明确,双方确认,与以电子方式提供服务相关的措施,属于第8章(跨境服务贸易)、第10章(金融服务)和第15章(投资)相关条款所包含义务的范畴,但适用于此类义务的任何例外情况除外,且若依据第8.7条(不符措施)、第10.9条(不符措施)或第15.12条(不符措施),某项义务不适用于任何此类措施,则不在此列。"具体而言,如果以电子方式提供的服务构成跨境服务贸易,则可按照该贸易协定第8.3条和第8.4条的规定,分别享受国民待遇和最惠国待遇;如果以电子方式提供的服务构成金融服务,则可按照该贸易协定第10.2条和第10.3条的规定,分别享受国民待遇和最惠国待遇。但是,对于电子产品,鉴于其归类——货物还是服务——存在争议,②区域贸易协定就其是否适用非歧视待遇,以及如何适用存在诸多差别。主要体现在如下三个方面:

其一,对于数字产品的界定存在不同规定。通常,数字产品被界定为数字编码的计算机程序、文本、视频、图像、录音或其他产品。③ 但在细节处理上,各区域贸易协定存在些许不同。一类协定限缩电子产品的范围,如《新加坡—澳大利亚自由贸易协定》一方面涵盖诸如 FinTech 和 RegTech 等新兴事物,④另一

---

① See Mira Burri and Rodrigo Polanco, Digital Trade Provisions in Preferential Trade Agreements: Introducing a New Dataset, 23 J. Int'l Eco. L. 187, 200 (2020).

② 如《新加坡—澳大利亚自由贸易协定》第14.1(g)条注释2规定:"数字产品"的定义不应被理解为反映缔约方关于通过电子传输进行的数字产品贸易应被归类为服务贸易还是货物贸易的观点。

③ See CAFTA-DR-USFTA, Art. 14.3.6; Bahrain-US FTA, Art. 13.4.1; India-Singapore ECA, Art. 10.2; Nicaragua-Taiwan FTA, Art. 14.06; Panama-US FPA, Art. 14.6; Colombia-Northern Triangle FTA, Art. 14.1; Canada-Peru FTA, Art. 1510.

④ 根据《新加坡—澳大利亚自由贸易协定》第14.1(r)条和第14.1(x)条,FinTech 被界定为"利用技术改进金融服务的提供和使用并使其自动化";RegTech 被界定为"利用信息技术改进和管理对法规流程的遵从"。

方面对数字产品施加两项限制:(1)此类数字产品的生产应用于商业销售或分发,并可被电子传输;(2)数字产品不包括金融工具(含货币)的数字化表示。又如,《日本—澳大利亚经济伙伴关系协定》除要求数字产品的生产应含有商业目的且可被电子传输之外,还特别规定,数字产品不包括被固定在载体媒介(carrier medium)之上的产品。[①] 另一类协定则适当扩大数字产品的范围,如《韩国—美国自由贸易协定》一方面将数字产品界定为包括计算机程序、文本、视频、图像、录音等为商业销售或分发而制作的数字编码产品,另一方面强调,此类电子产品是否固定在载体媒介上,或是否以电子方式传输无关紧要。区域贸易协定关于数字产品范围的不同界定有其法律后果。申言之,如果某类产品被纳入数字产品的范围之内,根据特别法优于一般法之法理,[②]应优先适用区域贸易协定电子商务/数字贸易章节的规定。反之,如果某类产品未被纳入数字产品的范围,则应进一步分析其是属于货物还是服务,然后再适用与之相对应章节的内容。

其二,对于如何适用国民待遇存在不同规定。根据现有区域贸易协定的相关规定,有两种关于数字产品国民待遇条款的表述方式。第一种表述方式较为简单,大多出现在以日本为一方的区域贸易协定之中。如《日本—瑞士自由贸易协定》第73.1(a)条规定,任何一方不得采取或维持对另一方数字产品的优惠待遇低于其对自己同类数字产品的优惠待遇的措施。第二种表述方式较为复杂。如《澳大利亚—美国自由贸易协定》第16.4.1条规定,任何一方对某些数字产品给予的优惠不得低于对其他类似数字产品给予的优惠;基于受到较不优惠待遇的数字产品是在其领土以外创造、生产、出版、存储、传输、签约、委托或首次以商业条款提供的;基于该等数字产品的作者、表演者、生产者、开发者或分销商是另一方或非缔约方人士;或以其他方式对在其领土内创造、生产、出版、存储、传输、签约、委托或首次以商业条款提供的其他类似数字产品提供保护。相对于前者,后一种表述更能为缔约方提供法律上的稳定性和可预见性。

---

① 除《日本—澳大利亚经济伙伴关系协定》第13.2(a)条之外,《日本—瑞士经济伙伴关系协定》第72(a)条也有类似规定。

② See Fragmentation of International Law: Difficulties Arising from the Diversification and Expansion of International Law, Report of the Study Group of the International Law Commission, para. 56, A/CN.4/L.682, 13 April 2006.

其三,对于如何适用最惠国待遇存在不同规定。与上述关于国民待遇的规定类似,现有区域贸易协定关于数字产品的最惠国待遇条款也存在两类表述方式。其中,简单的表述仍大多出现在以日本为一方的协定之中,即"任何一方不得采取或维持对另一方数字产品的优惠待遇低于其对非当事方同类数字产品的优惠待遇的措施"①。复杂的表述则是,一方对"在另一方领土上创建、生产、出版、存储、传输、签约、委托或首次商业化销售的"数字产品的优惠待遇,不得低于其对第三方领土上同类数字产品的优惠待遇。同样,一方对"作者、表演者、生产者、开发者或分销商"是另一方人士的数字产品的优惠待遇,不得低于其对第三方人士的数字产品的优惠待遇。② 在具体法律争端中,相对于前一种表述,后一种表述更能提供法律上的稳定性和可预见性。

三、第二类数字贸易规则:WTO-plus

数字贸易不仅体现为货物和服务的数字化,还体现为贸易过程的数字化。区域贸易协定中的赋能数字贸易条款主要有两个功能:一是价值层面,充分肯定电子商务/数字贸易的正面价值,并就如何促进和便利电子商务/数字贸易的发展提出相应的原则;二是手段层面,通过贸易协定承认贸易过程数字化的法律效果,从而降低与数字贸易有关的交易成本。③

(一) 促进和便利电子商务/数字贸易的贸易协定条款

电子商务/数字贸易为新兴的数字经济的一部分,而数字经济依托于互联网,天然具有跨境经营的特征。为促进这一新兴经济的快速发展,一些区域贸易协定会在电子商务/数字贸易章节专辟条款,说明发展电子商务/数字贸易的重要性,并提出促进和便利电子商务/数字贸易发展的基本原则。就其性质而言,"促进"一词带有倡导性,与之相关的区域贸易协定条款往往不具法律拘束力。缔约方很难依据此类条款要求另一方采取积极举措为电子

---

① Japan-Mongolia FTA, Art. 9.4.1(b); Japan-Switzerland FTA, Art. 73.1(b).

② See Singapore-US FTA, Art. 14.3; Chile-US FTA, Art. 15.4.2; Australia-US FTA. Art. 16.4.2; Panama-Singapore FTA, Art. 13.3.3; Nicaragua-Taiwan FTA, Art. 14.03.4; Colombia-US TPA, Art. 15.3.4; Chile-Colombia FTA, Art. 12.4.2; Colombia-Northern Triangle FTA, Art. 14.4.4; Costa Rica-Singapore FTA, Art. 12.4.4; GCC-Singapore FTA, Art. 7.4.4; Central America-Mexico FTA, Art. 15.4.4.

③ See Mira Burri and Rodrigo Polanco, Digital Trade Provisions in Preferential Trade Agreements: Introducing a New Dataset, 23 J. Int'l Eco. L. 187, 203-211 (2020).

商务/数字贸易营造良好的营商环境,并承担促进不能的法律后果。与之不同,相对于"促进"一词,"便利"一词更具明确指向性,可被具体化为特定的义务。

就贸易促进而言,其具体表述相当多样化。在区域贸易协定电子商务/数字贸易章节的"一般条款"(general provision)中,大都含有促进电子商务/数字贸易发展的一般性陈述。如《韩国—越南自由贸易协定》第10.1条规定:"双方认识到电子商务提供的经济增长和机会,以及促进缔约方之间电子商务、加强缔约方之间在电子商务发展方面的合作和促进在全球范围内更广泛使用电子商务的重要性。"这一规定的意义在于从法律上确认了电子商务之于经济增长的正面效应,并认为国际合作对于发展电子商务具有重要性。除了上述一般性陈述之外,还有区域贸易协定就如何促进电子商务/数字贸易发展提出了具体的要求,涉及防止采取不当限制措施[1]、为电子商务创造信任和信心的环境[2]、就相关国内规制措施作出具体承诺等[3]。

就贸易便利而言,其内容更具针对性。除一般性地提及便利数字产品贸易,提升电子商务的效力和效率,并将便利电子商务确定为双方合作的行为之外,一些区域贸易协定还就如何促进电子商务作出更为明确的规定。如《加拿大—韩国自由贸易协定》第13.2.2条规定:"考虑到电子商务作为社会和经济发展工具的潜力,缔约方认识到以下几个方面的重要性:(a)国内规制框架的清晰度、透明度和可预测性可在最大限度上便利电子商务的发展;(b)鼓励私营机构在顾及使用者利益的情况下,通过业界指引、示范合约及行为守则等措施,加强对电子贸易的信任和信心;(c)通过互用性、创新和竞争便利电子商务;(d)确保全球和国内的电子商务政策考虑到所有利益相关方的利益,包括企业、消费者、非政府组织和相关公共机构;(e)便利中小企业和发展中国家使用电子商务。"除此之外,第13.2.3条还规定:"每一缔约方应努

---

[1] 如《加拿大—韩国自由贸易协定》第13.2.4条规定:"缔约方认识到避免通过电子手段实施不必要的贸易壁垒的重要性。每一缔约方应考虑到国家政策目标,努力防止下列措施:(a)不当妨碍以电子方式进行贸易;或(b)对以电子方式进行贸易的限制效果比对以其他方式进行贸易的限制效果更大。"

[2] 如《日本—蒙古经济伙伴关系协定》第9.1.2条规定:"本章之目的在于为电子商务之使用创造信心和信任的环境,并在缔约方之间促进电子商务,以及在全球广泛使用电子商务。"

[3] 如《欧盟—日本经济伙伴关系协定》第8.74条规定:"每一缔约方应确保以合理、客观和公正的方式管理其所有影响电子商务的一般适用措施。"

力采取措施,通过解决与电子环境有关的问题,便利通过电子手段进行的贸易。"

综上所述,电子商务/数字贸易促进和便利条款的主要功能在于,它在国际法上确定了电子商务/数字贸易之于全球经济能够起到积极作用。缔约各方不仅应各自发展有利于电子商务/数字贸易的法律环境,还应在国际层面积极合作,促进电子商务/数字贸易的发展,并且采取措施便利中小企业和发展中国家参与到这一新的经济形态之中。由此,电子商务/数字贸易之发展不仅因具有经济效率而获得了法律的认可,更因为捎带上中小企业和发展中国家而带有些许公平的色彩。

(二) 涉及贸易过程数字化效果的贸易协定条款

在电子商务和数字贸易的发展过程中,不仅交易的对象可被数字编码,交易的过程同样可以被数字化。与作为交易对象的数字产品不同,交易过程数字化可渗透到所有贸易类型之中。如在货物贸易和服务贸易中,当事人也会积极推进交易过程数字化,以降低交易成本。就此,一些区域贸易协定也会在相关章节中就交易过程数字化的法律后果作出规定。如《新加坡—澳大利亚自由贸易协定》第4.4条就无纸化贸易作出了特别规定,即"双方海关当局在实施规定使用无纸化贸易的倡议时,应考虑亚太经合组织和世界海关组织商定的方法。每一缔约方的海关管理部门应努力在切实可行的情况下尽快拥有其所有海关报告要求的电子手段。每一缔约方的海关管理部门应提供电子系统,支持其与贸易界之间的业务应用"。

就电子商务/数字贸易而言,发挥赋能作用的贸易过程数字化规定更是不可或缺。就其目的而言,此类规定旨在确定,无纸化贸易、电子签名、电子发票与对应的纸质贸易文件、书面签名或书面发票具有同等法律效力。理论上,无纸化贸易按其功能可分为两类:一是贸易管理文件的无纸化,另一是贸易交易文件的无纸化。两者相互结合,能够大幅度降低交易成本,便利电子商务/数字贸易的发展。

实践中,区域贸易协定将无纸化贸易限定为贸易管理文件的无纸化。与之相关的规定或是倡导性的,或是强制性的。《澳大利亚—韩国自由贸易协定》第15.7条为倡导性条款,即"每一缔约方应努力以电子形式向公众提供贸易管理文件。各方应努力接受电子贸易管理文件,将其视为这些文件的纸质版本的法律等效物"。《新加坡—澳大利亚自由贸易协定》第14.12条为强制性条款,即"各方应以英文公开其所有贸易管理文件的电子版本,其中可包括通过该方规定的程序予以公开",此外,"每一缔约方应努力建立或维持一个单一窗口,使贸易商能够通过一个单一入口点向参与当局或机构提交关于货物进出口或过境的贸易管理文件和数据要求"。

在区域贸易协定将无纸化贸易限定为贸易管理文件无纸化的情况下,关于贸易交易文件无纸化的规定则被统一纳入电子认证的名目之下。需要指出的是,就贸易交易文件无纸化,联合国国际贸易法委员会(UNCITRAL)基于不歧视使用电子手段、功能等同和技术中性等基本原则,制定了《1996年电子商务示范法》《2001年电子签名示范法》《2017年电子可转让记录示范法》等。其中,《1996年电子商务示范法》确立了关于电子信息和纸介信息一视同仁以及法律承认电子交易及程序的规则;《2001年电子签名示范法》旨在为电子签名和手写签名之间的等同性规定技术可靠性标准,从而促成和便利电子签名的使用;《2017年电子可转让记录示范法》适用同样的原则,以促成和便利使用电子形式的可转让单据和票据,如提单、汇票、支票、本票和仓单等。①

联合国国际贸易法委员会所提倡的不歧视、功能等同和技术中性原则也体现在区域贸易协定之中。相关电子认证条款通常会要求缔约方使用认证技术以及相互承认电子证书和签名,来促进电子商务/数字贸易的发展。如在《约旦—美国自由贸易协定》关于电子商务的联合声明中,缔约方指出:"各国政府应努力采取一种全球办法,在国内和国际上支持承认和执行电子交易和电子认证方法(包括电子签名)。在国际层面,应包括共同努力制定一项公约或其他安排,以达成一种共同的法律办法,支持电子交易以及各种认证技术和执行模式。"其中,法律方法之一,就是采纳《1996年电子商务示范法》的相关规定,消除基于纸张的电子交易障碍。

除上述倡导性条款之外,区域贸易协定还纳入强制性规定。按其性质,可分为禁止性规定和命令性规定两类。《新加坡—土耳其自由贸易协定》从禁止的角度为缔约方施加了强制性义务。协定第9.6.1条规定:"除法律另有规定,一方不得仅因为签名为电子形式而否认签名的法律效力。"协定第9.6.2条规定:"缔约方不得就电子认证采取或维持措施,禁止电子交易各方相互决定该交易的适当认证方法,或防止各方有机会在司法或行政当局面前

---

① 参见联合国国际贸易法委员会:《电子商务》,https://uncitral.un.org/zh/texts/ecommerce。

确定其电子交易符合有关认证的任何法律要求。"《澳大利亚—韩国自由贸易协定》则从命令的角度,要求缔约方就电子认证和电子签名采取相应行动。协定第15.5.1条规定,"各方应采取或维持电子认证管理措施,以允许各方进行电子交易",包括"为该交易确定适当的认证方法"以及使当事人"有机会向司法或行政当局确认其电子交易符合有关认证的法律要求"等。

在电子商务/数字贸易中,除电子签名外,电子证书的认证也是一大争议焦点。按电子证书发行人之不同,可分为公共电子证书和私人电子证书两类。分别代表着国家公权力或市场私主体对于电子证书持有人某类状态或资格的认可。前者的权威性来自国家主权;后者的权威性来自市场主体的认可。对于如何促进电子证书的互认,区域贸易协定也有涉及。如就公共电子证书的认证,《韩国—越南自由贸易协定》第10.3.2条规定:"双方应在可能的情况下,就它们基于国际公认标准签发或承认的数字证书和电子签名,努力实现相互承认。"[①]就私人电子证书的认证,《日本—瑞士自由贸易协定》第78.4条规定:"各方应根据其电子签名和认证服务立法,努力促进已根据另一方立法获得认证或认可的认证服务供应商的认证或认可程序。"[②]《澳大利亚—韩国自由贸易协定》第15.5.2条则进一步规定:"……但在一方法律和法规规定的情况下,一方可要求,对于需要高度可靠性和安全性的交易,如电子金融交易,认证方法符合一定的安全标准或由根据一方的法律或政策认可的权威机构认证。"

总体而言,作为贸易交易文件无纸化的电子签名和电子认证获得了区域贸易协定的认可,但私人电子证书的认证需满足缔约方国内法或国际标准的要求。

四、第三类数字贸易规则:WTO-extra

除补充规则和赋能规则外,关于数据流动的新规则也常常出现于区域贸易协定之中。此类规则并不局限于对交易过程数字化的认可,而是对缔约方

---

① 有类似规定的区域贸易协定条款还包括:Korea-Peru FTA, Art. 14.8.2;Australia-US FTA, Art. 16.5.2;Mexico-Panama FTA, Art. 14.9.2;PAAP, Art. 13.10.2;Chile-Thailand FTA, Art. 11.7(e);Australia-Malaysia FTA, Art. 15.6.2;Australia-Chile FTA, Art. 16.6.2;Korea-Singapore FTA, Art. 18.3.3;Australia-Thailand FTA, Art. 1104.2。

② 有类似规定的区域贸易协定条款还包括:PAAP, Art. 13.10.2;Central America-Mexico FTA, Art. 15.5(c)。

进一步施加实质性义务。其范围超出了 WTO 协定,构成了当前数字贸易规则的核心。

就其内容而言,新的数字贸易规则主要分为三类:数据流动、数据本地化和数据保护。前两者分别从正反两面规定数字贸易:数据流动是贸易自由化题中之义,如果数据不能流动,数字贸易自然难以得到长足发展;数据本地化并不反对数字贸易,只是要求在满足计算设施本地化的前提下,数据方能流动。后者通常与个人隐私相关联,具有特定的政策含义。

(一) 数据流动规则

虽然诸多区域贸易协定含有数据流动规则,但就法律拘束力方面,存在着"软"和"硬"之分。一般而言,早期的区域贸易协定倾向于选择软法方式规定数据流动问题。其后,越来越多的区域贸易协定开始采取更为强硬的措辞主张数据流动。晚近的区域贸易协定则倾向于对缔约方施加更为严格的数据流动义务。随着数据流动规则法律拘束力的逐渐增强,一个明显的趋势是,区域贸易协定对于数据自由流动的态度愈发谨慎。①

具体而言,早在 2000 年,《约旦—美国自由贸易协定》关于电子商务的联合宣言中有三处直接提及自由流动问题。首先,在"信息开放获取、文化多样性和内容"这一政策项下,联合宣言指出,应用户要求,内容应当(should)自由跨越国界传播。阻碍内容自由流动的贸易壁垒现在不存在,将来也不应该存在。其次,在同一政策项下,联合宣言强调,鼓励信息在互联网自由流动不应当(should not)损害知识产权人的权利。最后,在"隐私"这一政策项下,联合宣言规定,有必要确保全球信息网络上个人数据处理方面的隐私得到有效保护,因为这是使信息自由流动得以持续的要求。② 整体而言,在不对缔约方施加任何强制性义务的情况下,此类区域贸易协定倡导数据自由流动原则。而协定之所以保护隐私,是因为对后者的保护最终有助于促进信息的自由流动。

及至 2007 年,《韩国—美国自由贸易协定》开始强化数据流动条款的法律

---

① 参见彭岳:《贸易规制视域下数据隐私保护的冲突与解决》,载《比较法研究》2018 年第 4 期,第 178 页。
② 有类似规定的区域贸易协定条款还包括:Nicaragua-Taiwan FTA, Art. 14.05(c); Canada-Peru FTA, Art. 1508(c); Korea-Peru FTA, Art. 14.9(c); Central America-Mexico FTA, Art. 15.5(d); Colombia-Costa Rica FTA, Art. 16.7(c); Canada-Honduras FTA, Art. 16.5(c); Canada-Korea FTA, Art. 13.7(c); Japan-Mongolia FTA, Art. 9.12.5; Hong Kong-New Zealand, Ch. 10, Art. 2.1(h)。

拘束力。该协定电子商务章节第15.8条（跨境信息流动）规定，缔约方"认识到信息自由流动对促进贸易的重要性，认识到保护个人信息的重要性，缔约方应努力（shall endeavor to）避免对跨境电子信息流动设置或维持不必要的障碍"①。与此前宣示性规定有所不同，第15.8条将信息自由流动与保护个人信息并重，而非将后者依附于前者。在此情况下，缔约方自然可以为保护个人信息采取措施，但此类措施不应当对跨境电子信息流动造成不必要的障碍。

2014年，《墨西哥—巴拿马自由贸易协定》进一步强化了数据流动条款的法律拘束力。该协定第14.10条规定，每一缔约方"应（shall）根据有关个人数据保护的适用法律并考虑到国际惯例，允许其人员和另一方人员在上述人员要求时从其领土或向其领土传送电子信息"。2015年《太平洋联盟附加议定书》和2016年《跨太平洋伙伴关系协定》（TPP协定）延续了这一强制性规定，相关内容也更为详细。② TPP协定第14.11条指出，就电子方式传输信息，每一缔约方均可有自身规制要求。为商业所需，各方应允许通过电子方式跨境传输包括个人信息在内的信息。但是，这并不妨碍一方采取和维持措施来达成其他正当公共政策目标，只要该措施不构成武断或不合理的歧视，或构成对贸易的变相限制，并且对信息传输施加的限制不超过实现目标所需。TPP协定的上述规定为此后的区域贸易协定所广泛采纳。③ 如果将此规定与GATT 1994第20条（一般例外）、GATS第14条（一般例外）的规定相比照，可以发现，两者在结构上有类似之处。这充分说明，当前的区域贸易协定并非一味地追求数据自由流动，而是充分考虑到与数据有关的正当公共政策目标，并力图借助传统WTO规制哲学智慧，在两者之间寻求最佳平衡。

（二）数据本地化规则

在区域贸易协定中，数据本地化与数据流动并不相互排斥。在逻辑关系

---

① Korea-Vietnam FTA, Art. 10.8.2.3 也有类似规定。
② PAAP（2015），Art. 13.11；TPP/CPTPP, Art. 14.11。
③ 有类似规定的区域贸易协定条款还包括：CPTPP, Art. 14.11；Chile-Uruguay FTA, Art. 8.10；Singapore-Australia FTA, Ch. 14, Art. 13；Argentina-Chile FTA, Art. 11.6；Singapore-Sri Lanka FTA, Art. 9.9；Australia-Peru FTA, Art. 13.11；USMCA, Art. 19.11；Brazil-Chile FTA, Art. 10.12；Australia-Indonesia CEPA, Art. 13.11；Japan-US DTA, Art. 11；Japan-US DTA, Art. 11.2, fn 9；USMCA, Art. 11.19, fn. 6；EU-Japan EPA Art. 8.81；EU-Mexico Modernised Global Agreement, Digital Trade Chapter, Art. XX。

上，一方为保护核心数据，通常会采取包括数据本地化措施在内的各类手段对其自由流动实施限制，而符合数据本地化措施的数据流动则构成了整个数据流动的一部分。由于各方具体情况不一，规制目标和个人数据保护水准的设定存在差异，在具体内容方面，数据本地化措施呈现出多样化的特点。[①] 总体而言，数据流动与贸易自由化目标挂钩，数据本地化措施与非贸易自由化目标挂钩。对于旨在促进贸易自由化的区域贸易协定而言，缔约方采取数据本地化措施保护非贸易自由化目标的举措受到较为严格的限制，除非有正当理由，一方不得就数据的位置和使用提出禁止性或限制性要求。

与数据流动规则经由软法逐渐硬化到硬法的渐进过程不同，诸多区域贸易协定从一开始就赋予数据本地化规则强制性法律拘束力，[②]但在例外方面的规定不完全一致。

一类区域贸易协定采取了与GATT 1994第20条和GATS第14条序言相类似的措辞来限制数据本地化所示的实施方式。以第一个纳入数据当地化规则的《日本—蒙古经济伙伴关系协定》为例，[③]该协定第9.10条规定，任何一方均不得将计算设施在本方区域内使用或设置，作为另一方服务提供者、投资者或其投资在本方区域内开展业务的前置条件。但是，上述强制性义务"并不阻止一方采取或维持影响计算设施使用或位置的措施，只要该措施之实施不构成武断或不合理歧视的手段，或构成对贸易的变相限制"[④]。

另外一类区域贸易协定还就数据本地化措施的实施施加了额外条件。如2016年的TPP协定在三个方面扩充了《日本—蒙古自由贸易协定》关于数据本地化措施的规定：一是明确了计算设施的定义，即用于处理或者存储商业用信息的计算机服务器和存储设备；二是认可了缔约方数据本地化的规制主权，即"每一缔约方在使用计算设施方面可能有其自己的监管要求，包括寻求确保通信安全和保密性的要求"；三是就数据本地化措施的实施施加了额

[①] 参见彭岳：《数据本地化措施的贸易规制问题研究》，载《环球法律评论》2018年第2期，第179—180页。

[②] 一个显著的例外是 Argentina-Chile FTA, Art. 11.7。

[③] 该协定签订于2015年，当时，就数据流动施加强制性法律拘束力的《墨西哥—巴拿马自由贸易协定》已经订立。

[④] 有类似规定的区域贸易协定条款还包括：PAAP (2015), Art. 13.11bis; Singapore-Sri Lanka FTA, Art. 9.10; Australia-Peru FTA Art. 13.12; Brazil-Chile FTA, Art. 10.13。

外限制,即对计算机设施的使用或位置不施加超过实现目标所需的限制。①

第三类区域贸易协定明确禁止缔约方采取和维持数据本地化措施。如《美国—墨西哥—加拿大》(USMCA)第19.12条规定:"任何一方不得要求适用人员在其管辖区域内使用或设置计算设施,以此作为在该管辖区域内开展业务的条件。"与前两类区域贸易协定不同,此类贸易协定没有明确规定在何种例外情况下可以采取或维持数据本地化措施,也没有就数据本地化措施的实施施加额外的限制条件。② 尽管如此,该条款并非铁板一块。根据该协定第19.2.4条,如果服务以电子方式交付或履行,一项影响该服务提供的措施仍然受USMCA第14章(投资)、第15章(跨境服务贸易)和第17章(金融服务)的约束,包括该协定中规定的适用于上述各章所载义务的任何例外或不符合措施。因此,第19章(数字贸易)项下的数据本地化措施依然可以寻求第14章、第15章和第17章项下的一般例外和安全例外。

(三) 数据保护规则

一国可基于多种政策目标和理由对数据进行保护,最为常见的有维护网络安全、防止网络消费欺诈、禁止侵害个人隐私等。③ 严格而言,数据保护不仅仅涉及数据隐私,还包括数据安全事项。前者指如何控制个人信息的收集、使用和传播;后者指如何保护个人信息不受未经授权的访问或使用,以及如何应对此类未经授权的访问或使用。理论上,不管个人信息是否经由授权访问或使用,均存在个人信息被不当收集、使用和传播的风险。因此,对于如何解决数据隐私与数据安全之间的关系,各国立法例存在显著差别。④ 其中,与个人隐私密切相关的个人数据保护最受各国关注。究其原因,随着数字技术的普及和数字经济的发展,现在在互联网上传输个人数据的速度和数量呈指数级增长,这些数据由越来越多的"面对消费者"的行为人和"幕后"角色,

---

① 有类似规定的区域贸易协定条款还包括:CPTPP Art. 14.13; Chile-Uruguay FTA, Art. 8.11; Singapore-Australia FTA, Ch. 14, Art. 15。

② Japan-US DTA, Arts. 12 and 13 也有类似规定。

③ See Erik van der Marel, Digital-based Services Globalization and Multilateral Trade Cooperation, 12 Global Pol'y 392, 394 (2021).

④ 最典型的为欧盟的统一立法模式和美国的分散立法模式。除了美国加州等州,巴西、韩国、日本等一些国家也制定了全面的数据保护立法。特别是欧盟,长期以来实施了更广泛的数据保护监管计划,其数据保护法律《通用数据保护条例》(GDPR)已成为其他司法管辖区制定数据保护政策的典范。中国的立法模式介于这两者之间。

如数据经纪人收集、培育和维护。此类行为人与个人之间存在严重利益冲突,且双方力量对比悬殊。在此情况下,通过市场机制或许能解决好数据安全问题,但很难满足人们对数据隐私这一"奢侈品"的需求。① 因此,国家必须介入,以解决商业中的隐私、网络安全和个人数据保护等关键问题。②

具体到数字贸易领域,基于商业运营之需要,公司通常利用新兴网络数字技术在多个司法管辖区内收集和利用个人的数据,由此引发多个司法管辖区数据规制法的冲突。③ 缔约方签订区域贸易协定的目的之一就是要消除此类规制冲突的负面影响,在数据保护和数据流动之间达成最佳平衡。

与数据流动规则一样,区域贸易协定关于数据保护规则的法律拘束力也经历了一个由"软"变"硬"的过程。根据其保护个人隐私法律机制的不同,区域贸易协定可被大致分为国内导向和国际导向两种类型。

所谓国内导向,指相关区域贸易协定主要依赖于国内法律机制,包括国内标准对个人数据实施保护。早在2000年《约旦—美国自由贸易协定》关于电子商务的联合宣言中,缔约方就强调,为了使信息自由流动得以持续,与全球信息网络个人数据处理有关的隐私必须得到有效保护。"在个人数据保护框架方面,政府和企业应当(should)考虑到消费者对其个人信息的关注。由于不同行业的个人信息的内容、用途和收集方法不同,因此隐私保护的手段应当(should)是灵活的。各国政府应当(should)鼓励私营部门制定执行机制,包括拟定准则与制定核查和救济方法。经合组织隐私指南为政策制定提供了适当的基础。"虽然该联合宣言提及经合组织的隐私指南④,但直接保护依据依然是国内标准。《日本—欧盟经济伙伴关系协定》第18.1.2(h)条更是明确规定,为追求或促进在诸如个人数据和网络安全方面公共政策的目标,缔约方有权界定或调节自身的保护水平。同时,各缔约方不得被要求披露机密或敏感的信息或数据。⑤

所谓国际导向,指相关区域贸易协定转而通过国际合作机制,参照现存

---

① See Gregory Shaffer, Globalization and Social Protection: The Impact of EU and International Rules in the Ratcheting Up of U.S. Privacy Standards, 25 Yale J. Int'l L. 1, 83 (2000).
② 参见彭岳:《数字贸易治理及其规制路径》,载《比较法学研究》2021年第4期,第163—166页。
③ See Paul M. Schwartz and Daniel J. Solove, Reconciling Personal Information in the United States and European Union, 102 Calif. L. Rev. 877, 881 (2014).
④ 即1980年OECD《关于保护隐私和个人数据国际流通的指南》。
⑤ See EU-Japan EPA, Art. 18.16.7.

的国际标准,如有关国际组织或机构的标准或准则对个人数据实施保护。具体国际合作机制包括:分享有关数据保护的法律、法规和项目的信息和经验,技术援助和培训,以及就数据保护进行对话或磋商等。此外,还有部分区域贸易协定就个人如何寻求补救,以及企业如何遵守任何法律要求作出较为明确的规定。就国际标准,《新加坡—欧盟自由贸易协定》第8.57.4条的规定较为典型,即"双方同意,电子商务的发展必须完全(must)符合数据保护的国际标准,以确保电子商务用户的信心"。USMCA第19.8.2条则进一步规定:"各方应采取或维持法律框架,规定保护数字贸易用户的个人信息。在制定这一法律框架时,各缔约方应当(should)考虑相关国际机构的原则和指导方针,如《亚太经合组织隐私框架》和OECD《关于保护隐私和个人数据国际流通的指南》(2013年)。"

随着数据保护规则法律拘束力的增强,如何平衡其与数据流动规则之间的关系也变得复杂起来。就此,区域贸易协定采取了以下三类方法:①

方法之一是将数据保护视为某些贸易自由化承诺的例外,即尽管有关服务贸易、投资或设立、人员流动、通信、金融服务等的特别承诺,区域贸易协定仍然允许缔约方在处理和传播个人数据时,采取措施保护个人隐私,包括为个人记录和账户保密。②

方法之二是缔约方利用"等效"标准,在允许数据自由流动的同时,保护

---

① See Mira Burri and Rodrigo Polanco, Digital Trade Provisions in Preferential Trade Agreements: Introducing a New Dataset, 23 J. Int'l Eco. L. 187, 218-220 (2020).

② 采取此类方法的区域贸易协定条款包括:Japan-Singapore FTA, Arts. 69.1(c);Chile-EC AA, Art. 135.1(e)(ii);Japan-Singapore FTA, Art. 83.1(c)(ii);Japan-Singapore FTA, Arts. 95.1(c)(ii);USMCA, Art. 18.3.4;EU-Japan EPA, Art. 8.44.4;Australia-Peru FTA, Art. 12.4.4;Singapore-Sri Lanka FTA, Art. 8.3.4;Argentina-Chile FTA, Art. 10.3.4;Australia-Singapore FTA (2016), Art. 10.3.4;Singapore-Turkey FTA, Art. 8.3.5;Japan-Mongolia FTA, Annex 5, Art. 3;Korea-Peru FTA, Art. 13.3.4;Panama-US FTA, Art. 13.2.4;Japan-Switzerland FTA, Annex Ⅵ, Art. Ⅸ(a);Nicaraguan-Taiwan FTA, Art. 13.02.4;Korea-Singapore FTA, Art. 11.3.4;Morocco-US FTA, Art. 13.2.4(b);Chile-US FTA, Art. 13.2.4;USMCA, Annex 17-A;EU-Japan EPA, Art. 8.63;EC-Vietnam FTA, Art. 8.45;EC-Singapore FTA, Art. 8.54.2;Australia-Peru FTA, Art. 10.21;Armenia-EU CEPA, Art. 185;CETA, Art. 13.15.4;Australia-Singapore FTA (2016), Annex 9-B;TPP/CPTPP, Annex 11-B;Singapore-Turkey FTA, Art. 10.12;Japan-Mongolia FTA, Annex 4, Art. 11;EC-Ukraine AA, Art. 129.2;EC-Georgia AA, Art. 118.2;ASEAN-Australia-New Zealand FTA, Ch. 10, Annex on Financial Services Art. 7.2;Japan-Switzerland FTA, Annex Ⅵ, Art. Ⅷ;EFTA-Colombia FTA, Annex ⅩⅥ—financial services, Art. 8;EC-Moldova AA, Art. 245;Chile-EC AA, Art. 135.1(e)(ii)。

个人隐私。所谓"等效",指数据接收方保护个人数据的效果至少应与数据提供方对个人数据的保护效果等同、类似或足够充分,否则缔约方有权阻止数据流动。①

方法之三是缔约方授权第三方机构开发数据保护国际规则,满足该规则的数据保护措施被视为构成区域贸易协定项下的合法措施。如《哥伦比亚—欧盟—秘鲁自由贸易协定》第109(b)条规定,协定的贸易委员会可设立工作组,提出指导方针和战略,使签署协定的安第斯共同体(安共体)成为保护个人数据的安全港。

上述三类方法中,缔约方规制权所受限制逐渐增强。正是因为如此,第三类方法较为罕见。将个人数据保护视为自由贸易承诺的例外因能最大限度地维护国家主权,而成为当前主流的规制方法。

第二节　巨型贸易协定中的数字贸易规则

在过去20年里,各国越来越多地将数字贸易条款纳入区域贸易协定之中。然而,除有限的几个事项——促进电子商务、便利贸易管理和贸易交易之外,各国很难在其他方面达成一致。即使对相对简单的问题,如电子传输关税,各区域贸易协定的规定和法律效力也有差异。而在处理跨境数据流动、数据本地化和个人数据保护方面,差异更加明显。在此情况下,由区域贸易协定所构建的数字贸易治理框架呈现出支离破碎、零散和复杂的特征。②

从区域贸易协定的历史演进来看,它在数字贸易治理方面不成体系有其必然性。这首先是因为数字贸易治理存在着体系性的数据规制模式与应急式的贸易规制路径之分,后者仅调整跨境数据治理部分,并不全面纳入数字治理事项。而对于哪些数字贸易治理应被纳入区域贸易协定,各国存在较大

---

① 采取此类方法的区域贸易协定条款包括:EC-Singapore FTA, Art. 8.54.2; Understanding 3 Additional Customs-Related Provisions, Arts. 9.2 and 11.1; EC-Ghana EPA, Protocol on Mutual Administrative Assistance on Custom Matters, Art. 10; Bosnia and Herzegovina-EC SAA, Protocol 5 on Mutual Administrative Assistance on Custom Matters, Art. 10.2; Algeria EC Euro-Med Association Agreement, Art. 45 and Protocol No. 7; Argentina-Chile FTA, Arts. 11.6.2 and 11.5.7。

② See Mira Burri and Rodrigo Polanco, Digital Trade Provisions in Preferential Trade Agreements: Introducing a New Dataset, 23 J. Int'l Eco. L. 187, 220 (2020)。

差异。① 其次,区域贸易协定是 WTO 未能及时跟进数字贸易最新发展而逐渐被边缘化的应急产物之一。不仅区域贸易协定之间存在较大差异,而且这些协定与 WTO 协定之间也存在着微妙关系。而如何处理好两者的关系,将直接影响到区域贸易协定关于数字贸易的规制范围与形式。② 最后,区域贸易协定中诸多数字贸易条款虽大同小异,但不同组合却可以形成鲜明风格,无论是意在为数字经济创造良好国际规制环境的美式协定,还是倾向于保障消费者和个人隐私的欧式协定,其所表征的生产主义和消费主义冲突最终可归结为国家利益之争。③

虽然在短期内各国很难就数字贸易达成多边协议,但区域贸易协定的确有助于有类似数据规则的 WTO 成员达成较深层次的国际共识。④ 近年来,区域贸易协定中电子商务/数字贸易条款的数量和相似程度大幅增加。随着《美国—日本数字贸易协定》《新加坡—智利—新西兰数字贸易协定》《新加坡—澳大利亚数字贸易协定》等专门"数字"贸易协定的订立,可以认为,电子商务/数字贸易条款的相似度会继续提升。⑤ 总体而言,美国和澳大利亚区域贸易协定采用的电子商务/数字贸易条款往往更多地适用于其他区域贸易协定,而日本和欧盟区域贸易协定确立的条款的可复制性相对较低。一些国家因与美国和澳大利亚缔结了区域贸易协定,然后再与其他国家签订类似电子商务/数字贸易条款,而成为相关条款复制和推广的"中转站"。

当前,基于其国内法完善程度以及在数字市场的影响力,美国主导的区域贸易协定和欧盟主导的区域贸易协定具有体系重要性。中国主导的区域贸易协定虽较少被他国复制或借鉴,但鉴于自身市场的影响力,也不容忽视。

---

① 具体论述可参见彭岳:《数字贸易治理及其规制路径》,载《比较法研究》2021 年第 4 期,第 172 页。

② See Mark Wu, Digital Trade-Related Provisions in Regional Trade Agreements: Existing Models and Lessons for the Multilateral Trade System, RTA Exchange, International Centre for Trade and Sustainable Development (ICTSD) and the Inter-American Development Bank (IDB), 2017, p. 6.

③ See James Q. Whitman, Consumerism Versus Producerism: A Study in Comparative Law, 117 Yale L. J. 340, 349, 354 (2007).

④ See Manfred Elsig and Sebastian Klotz, Digital Trade Rules in Preferential Trade Agreements: Is There a WTO Impact? 12 Global Pol'y 25, 34 (2021).

⑤ See Peter Lovelock, The New Generation of 'Digital' Trade Agreements: Fit for Purpose? https://www.pecc.org/state-of-the-region-reports/287-2020-2021/888-chapter-2-the-new-generation-of-digital-trade-agreements-fit-for-purpose.

这些区域贸易协定或多或少带有主导国数据规制的特征。如在跨境数据传输方面，美国模式依赖于自我认证、自我评估机制以及事后问责机制；欧盟模式则通过过程监管保障个人隐私，个人数据在被输出到境外前，需要满足一系列功能等同条件；中国倡导的模式更关注国家安全，相关条款涉及禁止特定数据跨境传输、数据本地处理要求，以及数据传输需政府临时授权和事先安全评估等内容。[①] 对于意图与这三个主要数字经济体签订贸易协定的其他国家而言，必须考虑到这些谈判对手的政治底线与政策诉求。正是考虑到美国、欧盟和中国在全球数字经济中的突出地位及其所主导的区域贸易协定的国际影响，下文将对这些国际法主体所主导的巨型贸易协定——USMCA、CPTPP[②]、EU-Japan EPA 和 RCEP 作较为深入的比较分析，确定这些贸易协定中数字贸易规则的共同点和根本分歧所在。

一、数字贸易规则的类型

从立法技术而言，各巨型区域贸易协定关于电子商务/数字贸易的规定详略程度不一，内容存在较大差异，通常会涉及如下事项：非歧视和透明度等一般原则；关于电子传输的关税承诺；通过消费者权益保护、信息隐私和未经请求的电子信息等纪律，增强消费者使用电子商务的信心；通过无纸化交易及发展电子认证架构，促进更多跨境电子商务交易；促进区域贸易伙伴之间的电子商务合作等。[③] 如果不加分类，直接进行比较，很容易陷入细节之中难以自拔。[④] 有鉴于此，在比较之前，有必要依据一定的标准就电子商务/数字贸易条款进行分类，然后再根据分类结果进行条款的比较。由此可以获得一个相对清晰的认识。

第一种分类方法已在本章第一节有所展示。即根据区域贸易协定中相

---

① See Erik van der Marel, Digital-based Services Globalization and Multilateral Trade Cooperation, 12 Global Pol'y 392, 394 (2021).

② 之所以将 CPTPP 纳入考察范围，一是因为 CPTPP 的前身 TPP 由美国主导，二是因为中国正在积极考虑加入 CPTPP。

③ See José-Antonio Monteiro and Robert Teh, Provisions on Electronic Commerce in Regional Trade Agreements, WTO Staff Working Papers No. ERSD-2017-11, https://dx.doi.org/10.2139/ssrn.3005148.

④ 较为全面但并不清晰的对比，可参见 See Peter Lovelock, The New Generation of "Digital" Trade Agreements: Fit for Purpose? https://www.pecc.org/state-of-the-region-reports/287-2020-2021/888-chapter-2-the-new-generation-of-digital-trade-agreements-fit-for-purpose.

关电子商务/数字贸易条款与WTO协定相关条款的关系,将前者分为WTO现有条款的澄清(WTO-itself)、WTO条款的拓展(WTO-plus)和WTO条款的突破(WTO-extra)三类。① 这一分类的益处是,通过与WTO协定条款的比较,不仅可以大致定位相关区域贸易协定条款的发展阶段,还能为各缔约方在WTO多边体制内合作提供较为准确的指引。

第二种分类方法则从现有区域贸易协定的规定出发,根据相关条款所涉事项进行分类。就此,存在若干具体分类方案。

方案一将相关条款区分为:(1) 市场准入,包括关税、数字产品待遇、跨境信息流动、服务的电子提供等;(2) 规则和规章,包括消费者保护、个人信息保护、未经请求的电子邮件、国内电子交易框架等;(3) 便利化,包括无纸化贸易管理、合作、透明度和电子认证等。②

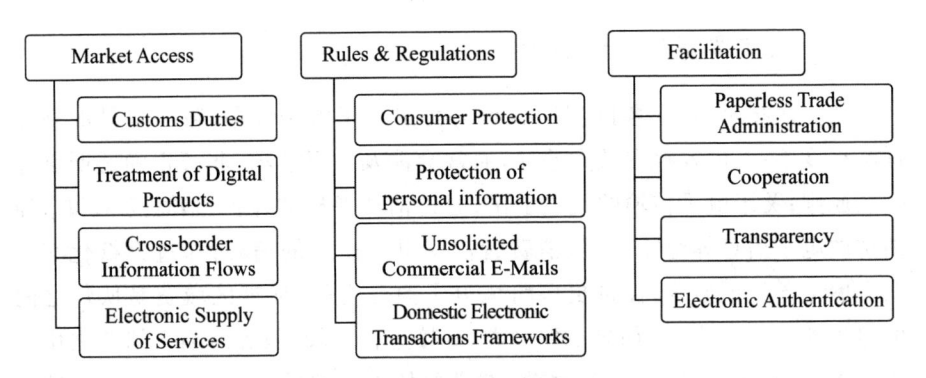

图 4-1 区域贸易协定电子商务/数字贸易条款三分法

资料来源:Loly A. Gaitan G and Julien Grollier, Electronic Commerce in Trade Agreements: Experience of Small Developing Countries, CUTS International, Geneva (2020)。

方案二将相关条款区分为:(1) 非歧视与市场准入,包括移除海关关税、定义数字产品和载体介质、直接和间接税、数字内容原产地、收益和成本等;(2) 电子商务驱动力和用户保护,包括电子签名和电子认证、未经邀请信息之

---

① See Mira Burri and Rodrigo Polanco, Digital Trade Provisions in Preferential Trade Agreements: Introducing a New Dataset, 23 J. Int'l Eco. L. 187, 196-197 (2020).

② See Amir Ebrahimi Darsinouei, Understanding E-Commerce Issues in Trade Agreements: A Development Perspective Towards MC11 and Beyond, CUTS International, 2017, http://www.cuts-geneva.org/pdf/STUDY%20-%20E-Commerce%20Towards%20MC11.pdf.

保护、消费者保护、个人隐私和数据保护以及网络安全等；(3) 跨境数据流动；(4) 知识产权，包括源代码和中介责任；(5) 无纸化贸易。[1]

方案三将相关条款区分为：(1) 一般条款，包括定义（如数字产品、电子认证、电子传输、未经请求的电子邮件）、电子产品的非歧视待遇、WTO 规则确认等；(2) 市场准入，包括关税、服务等；(3) 数字贸易赋能，包括采用 UNCITRAL 示范法、电子认证/电子签名、无纸化贸易等；(4) 电子商务用户的保护，包括消费者保护、个人信息保护、未经请求的电子邮件等；(5) 其他前沿事项，如跨境信息流动、数据本地化、源代码待遇等；(6) 其他章节或条款，如电子商务合作和争端解决章节、知识产权条款等。[2]

第三种分类方法不仅仅关注区域贸易协定相关条款，还将考察的重点放在了这些条款背后的规制原理和各国实践之上，并从促进成员间数字贸易一体化的角度，对区域贸易协定中的电子商务/数字贸易条款进行分类。就此，主要存在两种方案。

方案一认为，数字贸易一体化是一个复杂的多维过程，它将规制结构/政策设计、数字技术和业务流程整合到整个全球/区域数字价值链中。它不仅需要数字服务、产品和技术的自由跨境流动，还需要其他制成品、数据、资本、创意、人才以及实体和虚拟基础设施的集成。[3] 因此，数字贸易一体化不仅依赖于消除数字贸易壁垒，还需要各国之间广泛的技术、法律和政策协调。有鉴于此，从促进数字一体化的角度出发，可将区域贸易协定的电子商务/数字贸易条款分为相互支持的五大支柱：(1) 减少数字贸易壁垒，包括非歧视义务、跨境数据流动和数据本地化、电子传输的关税等；(2) 数字贸易便利，包括便利跨境贸易及无纸化贸易的电子交易、物流及电子商务、电子支付等；(3) 数字贸易规制框架和数字信任政策，包括隐私和数据保护条款、线上消费者保护、网络安全和垃圾邮件、知识产权和竞争条款等；(4) 数字发展和包容；

---

[1] See Gloria O. Pasadilla, E-commerce Provisions in RTAs: Implications for Negotiations and Capacity Building, ARTNeT Working Paper, No. 192, June 2020, Bangkok ESCAP, https://www.unescap.org/sites/default/files/AWP192%20Pasadilla%20Gloria_0.pdf.

[2] See Mark Wu, Digital Trade-Related Provisions in Regional Trade Agreements: Existing Models and Lessons for the Multilateral Trade System, RTA Exchange, International Centre for Trade and Sustainable Development (ICTSD) and the Inter-American Development Bank (IDB), 2017.

[3] See Andrew D. Mitchell and Neha Mishra, Digital Trade Integration in Preferential Trade Agreements, ARTNeT Working Paper, No. 191, May 2020, Bangkok ESCAP.

(5) 制度合作机制。①

方案二认为,目前,数字贸易仍然主要按照国家边界划分,这主要是由于消费者对在线交易缺乏信任、跨境规制差异以及商品国际化的固有挑战所引起的。一方面,数字规制措施在建立数字市场基础方面发挥着核心作用。它可以为远程合同提供必要的法律工具,明确数字交易中多方参与人的权利和义务,并建立一个框架,促进消费者对数字市场的信任。另一方面,数字规制措施也可能进一步分割数字贸易,将数字交易限制在国家范围内。这一现象既可能是限制跨境数据流动或在线销售等规制措施的预期结果,也可能是各国规制差异产生的不良影响,以至于企业被迫提供不同跨国商品和服务。因此,数字规制或是促进或是阻碍数字贸易。在数字市场中,数字规制可发挥三类不同的作用:首先,它可以为远程交易提供必要的规制工具,如电子文件、签名和电子支付;其次,它可以改善数字市场的信任条件,确保消费者受到保护,确保他们的信息是安全的和保密的,从而增加其对数字交易的依赖,并带来新的参与者;最后,它还可以出台限制措施,阻碍数字市场的发展。如限制可以在线购买的商品和服务的类型,限制或增加数据传输的成本,或为在线市场、平台和服务提供商设置繁重的条件,最终限制数字市场中商品和服务的提供。② 有鉴于此,旨在促进数字贸易一体化的区域贸易协定相关条款主要涉及三类规则:(1)数字贸易便利化规则,包括电子文件和电子签名等;(2)数字贸易信任规则,包括消费者保护、中介责任、隐私和数据保护、网络安全等;(3)数字贸易促进和限制规则,包括禁止在线销售和规制跨境数据流动等。

总体而言,第一种分类方法和第二种分类方法带有浓厚的实证分析色彩,只不过前者关注区域贸易协定条款与WTO协定条款的关系,后者聚焦于区域贸易协定条款自身。第三种分类方法则带有明显的规范主义色彩,它主要从国家数字规制的角度入手,讨论区域贸易协定相关规定是否纳入、如何纳入各国数字规制,以及如何在国际层面上解决此类数字规制冲突。如第二

---

① See Usman Ahmed, The Importance of Cross-Border Regulatory Cooperation in an Era of Digital Trade, 18 World Trade Rev. s99, s108-110 (2019); Wolfgang Kerber and Heike Schweitzer, Interoperability in the Digital Economy, 8 J. IPITEC 39, 40 (2017).

② See Lillyana Daza Jaller, Simon Gaillard and Martin Molinuevo, The Regulation of Digital Trade: Key Policies and International Trends, 2020, p. 3, https://openknowledge.worldbank.org/handle/10986/33164.

章所言,数字规制(互联网规制)与贸易规制不能完全等同。旨在协调各国贸易规制措施的区域贸易协定不应也不能全面纳入数字规制内容。对美国、欧盟和中国等大型数字经济市场而言,当其通过区域贸易协定解决各国数字贸易冲突时,恰恰是因为本国的数字规制与他国的数字规制存在差异,进而阻碍了数字贸易的发展。当从起因和动力而非结果来考察区域贸易协定条款时,重要的反而是规则制定国国内数字规范通过何种机制在多大程度上"上传"到区域贸易协定之中,成为国际法规范,进而能够被规则接受国"下载"到本国的国内法体系之中。[①] 因此,从跨境法律过程和法律实用主义的角度出发,选择第三种方法有理论上的优势,并有助于预测区域贸易协定发展的方向。

在第三种方法的两种方案中,方案一更加理想化,它试图在国际条约层面统一数字规制事项,自上而下地推进各国数字规制的趋同;方案二较为现实,它主要立足于主导国家数字规制现状,由此类国家作为规则制定者,通过与他国签订国际条约,自下而上地推进各国数字规制的趋同。[②] 相比较而言,方案一一开始就在理论上预设了多边数据规制条约,方案二则依赖于主导国家的国际实践成效。考虑到短期内,由主权国家主导订立一个综合性的数据规制条约并不可行,[③]而各主导国家主要通过区域贸易协定推行本国数字规制模式这一现实,方案二可为我们批判性地考察和分析巨型区域贸易协定提供一个较为妥当的路线图。[④]

二、数字贸易便利化规则

在数字市场中,存在一个强大而可靠的电子文件和电子签名规制框架对

[①] 关于国内法规范与国际法规范之间的"上传"与"下载"的跨境法律过程理论,可参见 Harold Hongju Koh, Is there a "New" New Haven School of International Law? 32 Yale J. Int'l L. 559, 567 (2007)。

[②] 关于区域贸易协定的规制趋同理论,可参见 Rodrigo Polanco Lazo and Pierre Sauvé, The Treatment of Regulatory Convergence in Preferential Trade Agreements, 17 World Trade Rev. 575, 579-580 (2018)。

[③] 参见彭岳:《数字贸易治理及其规制路径》,载《比较法研究》2021年第4期,第167页。

[④] 需要指出的是,方案二仅涉及电子商务/数字贸易核心事项,还有一些与数字贸易相关的其他政策,如竞争政策、税收、知识产权以及营业执照条件相关的法规等未涵盖在内,它们也可能会促成或破坏有利于数字商业的框架。

于企业间交易尤为重要。① 就此 UNCITRAL 制定了相关示范法,此类示范法被各国所采用,形成了广泛的国际实践。

(一) 电子文件

在远程电子交易中,交易双方和第三方要求交易当事人提供相关文件,如发票或合同等来证明交易关系的存在极为正常。然而,如果相关国家法律仅认可纸质发票或手写合同,或规定只能以纸质方式存档备查等,会给数字贸易带来较大合规成本。为减少交易成本,联合国贸易法委员会《1996年电子商务示范法》意在通过规定平等对待纸面信息和电子信息,克服无法通过契约改变的成文法规定所造成的障碍。② 该示范法具有显著的示范效应:截至 2019 年,共有 72 个国家,合计 151 家司法管辖区的立法采用了该示范法,或受到该示范法的影响。③ 此外,《2005 年联合国国际合同使用电子通信公约》是一部授权条约,其作用是通过确立电子形式和书面形式之间的等同性而消除形式上的障碍。

《1996 年电子商务示范法》的突出贡献之一是确立了电子交易法律框架三大原则:非歧视、技术中立和功能等同。《2005 年联合国国际合同使用电子通信公约》再次重申了这些基本原则。④ 其中,非歧视原则确保不会仅仅以一份文件是电子形式为理由而否认其法律效力、有效性或可执行性;技术中立原则规定必须采用不偏重使用任何技术的条款;功能等同原则规定了将电子通信视为等同于纸面通信所依据的各项标准。这些原则不仅体现在各国电子商务立法之中,也为若干区域贸易协定所吸收。

---

① 对于最终消费者的网上交易行为,通常不需要进行重大文件交换。早期的电子商务平台(如阿里巴巴)甚至可以在没有具体电子交易监管框架的情况下发展壮大。

② 需要指出的是,《1996 年电子商务示范法》的某些规定已由联合国贸易法委员会《2005 年联合国国际合同使用电子通信公约》按照新的电子商务做法作了修改。此外,《1996 年电子商务示范法》中述及货物运输方面的电子商务的第二部分也已得到其他法律文本的补充,其中包括《联合国全程或部分海上国际货物运输合同公约》。

③ United Nations Commission on International Trade Law (UNCITRAL), Status of Conventions and Model laws, Note by the Secretariat, 52nd Session, 2019.

④ 参见〔巴西〕约瑟·盎格鲁·艾斯特拉·法利亚、联合国国际贸易法委员会秘书处:《〈联合国国际合同使用电子通信公约〉简述》,卢熙译,载《武大国际法评论》2008 年第 2 期,第 9 页。

表 4-1　CPTPP、USMCA、EU-Japan EPA 和 RCEP 中电子文件条文比较

协定	电子文件
CPTPP	第 14.5 条　国内电子交易框架 1. 每一个缔约方应维持与联合国贸易法委员会《1996 年电子商务示范法》或 2005 年 11 月 23 日订于纽约的《2005 年联合国国际合同中使用电子通信公约》的原则相一致的管辖电子交易的法律框架。 2. 每一缔约方应努力： (a) 避免对电子交易施加任何不必要的监管负担；及 (b) 在制定电子交易的法律框架过程中便利利害关系人提出建议。
USMCA	第 19.5 条　国内电子交易框架 内容与 CPTPP 第 14.5 条基本相同，只不过 USMCA 第 19.5.1 条未提及"2005 年 11 月 23 日订于纽约的《2005 年联合国国际合同使用电子通信公约》"。
EU-Japan EPA	第 8.76 条　通过电子方式订立合同 除非其法律和法规另有规定，一方不得采取或维持以下管制电子交易的措施： (a) 仅以电子方式订立合同为由，否定该合同的法律效力、有效性或可执行性；或 (b) 对使用电子方式订立的合同造成其他障碍。
RCEP	第 12.10 条　国内监管框架 1. 每一缔约方应当，在考虑联合国贸易法委员会《1996 年电子商务示范法》、2005 年 11 月 23 日订于纽约的《2005 年联合国国际合同使用电子通信公约》，或其他适用于电子商务的国际公约和示范法基础上，采取或维持监管电子交易的法律框架。 2. 每一缔约方应当努力避免对电子交易施加任何不必要的监管负担。

EU-Japan EPA 虽未直接提及《1996 年电子商务示范法》，但其规定与示范法提倡的非歧视原则相符。CPTPP、USMCA 和 RCEP 均要求缔约方考虑或采用《1996 年电子商务示范法》关于管辖电子交易法律框架的原则，并努力避免对电子交易施加任何不必要的监管负担。这充分体现出《1996 年电子商务示范法》的影响力。

（二）电子签名和电子认证

当前，通过促进跨境的互动和协作，数字技术缩短了合同磋商的时间和距离，在没有面对面直接互动的情况下，交易双方依然可以缔结合同。在此过程中，电子签名和电子认证极为关键，它可以提供一种机制，对达成的远程

合同予以完全的法律确认。比如,在B2C交易中,通过点击一个方框接受网站或移动应用程序的使用条款,意味着消费者通过电子签名接受了合同。对于应用程序开发者或在线服务供应商来说,如果存在一个法律框架,将这种互动视为具有法律约束力,则相关的电子签名可为交易带来确定性。在B2B交易中,随着全球价值链的扩张,企业间的跨境交易具有长期稳定性和专项性。为此,客户和供应商需事先签订内容明确的合同,保证生产过程的无缝对接。对于这些约定,各方可能希望使用电子签名和电子认证来支持这些数字文件,以为防止当事方篡改或第三方窥探提供保证。在此情况下,一个认可电子签名和电子认证的法律框架不可或缺。[1] 同理,在电子政务中,允许通过数字渠道(如商业登记、税务报表、海关文件或行政、司法程序)提交信息,可以提高效率,便利服务提供,并最终降低政府、企业和个人的成本。这种类型的远程交互通常涉及敏感信息。在这种情况下,电子签名和电子认证不仅必须是安全的,而且还必须保证该签名和认证属于该特定活动中有关的个人。[2]

随着数字贸易的兴起,各国关于电子签名和电子认证的立法例大致可分为三类。第一类为限定模式,以政府主导为特征,为孟加拉国、巴西、马来西亚、秘鲁等所采用。该模式只承认一种电子签名,即采用特定加密机制并按照规定的程序发布的安全数字签名具有法律效力。第二类为允许模式,以市场主导为特征,为美国、加拿大、澳大利亚和新西兰等普通法系国家所采用。该模式允许当事人选择签名技术,并给予任何备选技术同等法律效力。第三类为混合模式,为欧盟、中国、日本、韩国、新加坡等所采用。该模式建立在有限技术中立原则的基础上,即电子签名不应仅仅因为它是电子的而被拒绝法律效力或可采性,使用某些技术的电子签名可获得有利的法律推定。[3]

---

[1] See Jackie Cyriac, E-Signature Law to Boost E-Commerce, 6 Pub. Int. L. Rep. 21 (2001).
[2] See UN Department of Economic and Social Affairs, E-Government Survey 2020: Digital Government in the Decade of Action for Sustainable Development, United Nations, New York, 2020, pp. 161-165. https://publicadministration.un.org/egovkb/Portals/egovkb/Documents/un/2020-Survey/2020％20UN％20E-Government％20Survey％20(Full％20Report).pdf.
[3] See Susanna Frederick Fischer, Saving Rosencrantz and Guildenstern in a Virtual World? A Comparative Look at Recent Global Electronic Signature Legislation, 7 B. U. J. Sci. & Tech. L. 229, 234-237 (2001).

当前，既考虑到市场创新，又顾及数字签名安全的混合模式逐渐成为国际主流。联合国贸易法委员会《2001年电子签名示范法》即采取混合模式来规范电子签名。该示范法以《1996年电子商务示范法》确立的非歧视、技术中立和功能等同等原则为基础，为电子签名和手写签名之间的等同性规定了技术可靠性标准。同时，该示范法还支持根据实质等同原则，承认外国证书和电子签名，而不考虑其来源地。正是在这一法律背景下，区域贸易协定对电子签名和电子认证作出了相应规定。

表 4-2　CPTPP、USMCA、EU-Japan EPA 和 RCEP 中电子签名和电子认证条文比较

协定	电子签名和电子认证
CPTPP	第 14.1 条　定义 电子认证指验证电子通信或交易的当事人身份并保证电子通信完整性的过程或行为。 第 14.6 条　电子认证和电子签名 1. 除非其法律项下另有规定，否则一缔约方不得仅根据一签名是电子方式而否认该签名的法律效力。 2. 任何缔约方不得对电子认证采取或维持下列措施： (a) 禁止一电子交易的当事方就该交易共同确定适当的认证方法；或 (b) 阻止一电子交易的当事方获得向司法或行政机关证明其交易符合有关认证的任何法律要求的机会。 3. 尽管有第 2 款，但是一缔约方可针对一特定交易类型，要求认证方法符合特定性能标准，或经一依照法律认可的授权机构的认证。 4. 缔约方应鼓励使用可交互操作的电子认证。
USMCA	第 19.1 条　定义 内容与 USMCA 第 14.1 条基本相同，只不过 USMCA 第 19.1 条还规定了电子签名的定义——"电子文件和信息中以电子形式所含、所附或逻辑关联的用于识别与电子文件和信息有关的签名人身份，并表明签名人认可其中信息的数据。" 第 19.6 条　电子认证和电子签名 内容与 USMCA 第 14.6 条相同。

(续表)

协定	电子签名和电子认证
EU-Japan EPA	第8.71条 定义 (a)"电子认证"指验证电子通信或交易的当事人身份或确保电子通信完整性的过程或行为; (b)"电子签名"指附在其他电子数据上或在逻辑上与其他电子数据相关联并满足下列要求的电子形式的数据: (i)被某人用于确认其所涉及的电子数据已根据各方法律法规由该人创建或签署;以及 (ii)证实电子数据中的信息没有被篡改。 第8.77条 电子认证和电子签名 1. 除非其法律项下另有规定,否则一缔约方不得仅根据一签名是电子方式而否认该签名的法律效力。 2. 任何缔约方不得对电子认证采取或维持下列措施: (a)禁止一电子交易的当事方就该交易共同确定适当的认证方法;或 (b)阻止一电子交易的当事方获得向司法或行政机关证明其交易符合有关认证的任何法律要求的机会。 3. 尽管有第2款,但是一缔约方可针对一特定交易类型,要求认证方法符合特定性能标准,或经一依照法律或规章认可的授权机构的认证。
RCEP	第12.1条 定义 (c)电子认证指为建立对一电子声明或请求可靠性的信心而对该声明或请求进行核实或检测的过程…… 第12.6条 电子认证和电子签名 1. 除非其法律和法规另有规定,否则一缔约方不得仅以签名为电子方式而否认该签名的法律效力。 2. 考虑到电子认证的国际规范,每一缔约方应当: (a)允许电子交易的参与方就其电子交易确定适当的电子认证技术和实施模式; (b)不对电子认证技术和电子交易实施模式的认可进行限制;以及 (c)允许电子交易的参与方有机会证明其进行的电子交易遵守与电子认证相关的法律和法规。 3. 尽管有第2款的规定,对于特定种类的电子交易,每一缔约方可以要求认证方法符合某些绩效标准或者由根据法律和法规授权的机构进行认证。 4. 缔约方应当鼓励使用可交互操作的电子认证。

就电子认证的定义而言,CPTPP、USMCA 和 EU-Japan EPA 的规定完全一致,RCEP 的规定有所不同。相对而言,前三者更为关注静态的交易身份与内容,后者更为关注动态的电子声明和请求。就电子签名的定义而言,

CPTPP 和 RCEP 有所缺失，USMCA 和 EU-Japan EPA 则基本等同。具体到电子认证和电子签名的具体要求，CPTPP、USMCA 和 RCEP 均采取了混合模式，即当事人可自由确定适当的认证方法，同时对于特定交易类型，须符合特定要求或授权机构的认可。

综上所述，可以认为，CPTPP、USMCA、EU-Japan EPA 和 RCEP 在如何规制远程电子交易方面存在高度共识。其中，联合国贸易法委员会的《1996年电子商务示范法》及其确立的非歧视、技术中立和功能等同三原则功不可没。

三、数字贸易信任规则

线上交易中，消费者与供应商缺少面对面的接触，导致前者难以借助所谓的"视觉线索"，如位置、设施和个性化互动等，衡量供应商的专业性。[1] 与此同时，消费者又被要求向供应商、在线中介或数字平台披露敏感信息和个人数据，引发交易身份、个人隐私和数据安全等方面的信任危机。[2] 因此，线上交易面临与线下交易完全不同的社会环境及法律问题。为提升消费者和网络用户对互联网及数字市场参与者的信任，减少身份盗用、不当披露和非法侵入的危害，[3] 各国在实践中采用如下几类规制策略：

其一，完善在线消费者保护措施。一个有效的消费者保护法律架构有助于消费者更清楚地了解供应商的身份、货品或服务的特点及交易条款的内容，明确自身的权利和救济途径，从而建立起对整个数字市场和特定交易对象的信任和信心。[4]

---

[1] See Sirkka L. Jarvenpaa and Emerson H. Tiller, Customer Trust in Virtual Environments: A Managerial Perspective, 81 B. U. L. Rev. 665, 667 (2001).

[2] See Zizi Papacharissi and Jan Fernback, Online Privacy and Consumer Protection: An Analysis of Portal Privacy Statements, 49 J. Broad. & Elec. Media 259, 261 (2005); Gerardo A. Guerra, Daniel J. Zizzo, William H. Dutton and Malcolm Peltu, Economics of Trust in the Information Economy: Issues of Identity, Privacy and Security, Oxford Internet Institute, Research Report, No. 1, April 2003, p. 6.

[3] See Lilian Edwards, Reconstructing Consumer Privacy Protection On-Line: A Modest Proposal, 18 Int'l Rev. L. Computers & Tech. 313, 317-318 (2004).

[4] See Erin O'Connor, Choice of Law for Internet Transactions: The Uneasy Case for Online Consumer Protection, 153 U. Pa. L. Rev. 1883 (2005); Helen Nissenbaum, Securing Trust Online: Wisdom or Oxymoron? 81 B. U. L. Rev. 635, 636 (2001).

其二,建立良好的数据治理体制。在交易过程中,为充分满足消费者偏好,提供更好的定制服务,在线消费者往往被要求提供敏感的个人数据,良好的数据治理体制有助于个人控制其信息,缓解因信息隐私泄露引发的诸多不利影响。[1]

其三,提高网络安全要求。通过确保企业在保护其数字信息方面达到一定的最低技术标准,并对非法访问此类数据的行为实施法律制裁,进一步提高消费者对网络和市场的信任度。[2]

(一) 在线消费者保护

根据非歧视、技术中立和功能等同等基本原则,虽然线上消费者所处环境与线下消费者不同,但其基本权利应得到水准一致的保护。为此,对在线消费者的保护可建立在传统消费者保护制度的原则和机制之上,通过扩大和调整这些保护,以适应数字市场,减少线上交易带来的挑战。[3]

当前,国际层面的消费者保护原则主要体现在两份软法文件之中。一份是联合国大会于 1985 年通过,经 1999 年和 2015 年持续修订的《联合国消费者保护准则》。最新版本特别引入电子商务一节,并强调"会员国应努力提高消费者对电子商务的信心,继续制定透明和有效的消费者保护政策,确保电子商务提供的保护程度不低于其他商务形式提供的保护程度"[4]。旨在落实该准则的《贸发会议消费者保护手册(2017 年版)》则分别从电子商务以及隐私和数据保护的角度对准则的内容进行了详细的解读。[5] 另一份为经济与合作组织(OECD)理事会 1999 年通过、2016 年修订的《OECD 电子商务消费者保护建议》。除了保留公平和透明的商业和广告做法,商业信息、商品和服务、交易的信息,以及充分的争议解决和救济机制、执行和教育等事项外,新

---

[1] See Lynn Chuang Kramer, Private Eyes Are Watching You: Consumer Online Privacy Protection—Lessons from Home and Abroad, 37 Tex. Int'l L. J. 387, 398-400 (2002).

[2] See Nathan Alexander Sales, Regulating Cyber-Security, 107 Nw. U. L. Rev. 1503, 1508 (2013); Kristen E. Eichensehr, Public-Private Cybersecurity, 95 Tex. L. Rev. 467, 518-521 (2017).

[3] United Nations Conference on Trade and Development (UNCTAD), Consumer Protection in Electronic Commerce, Note by the UNCTAD Secretariat, TD/B/C. I/CPLP/7, 24 April 2017.

[4] 《联合国消费者保护准则》(联合国大会 2015 年 12 月 22 日第 70/186 决议通过)第 63 段。

[5] 参见《贸发会议消费者保护手册(2017 年版)》第十二章和第十三章,UNCTAD/DITC/CPLP/2017/1。

的版本增加了非货币交易、数字内容产品、活跃消费者、移动设备、隐私和安全风险、支付保护和产品安全等事项,从而充分反映电子商务发展近况。①

根据上述准则和建议,一国立法应就交易的所有阶段,针对在线消费者的关注点,制定特殊保护框架。以线上购买货物为例,在购买前阶段,消费者关注的是,他们在线上提供的信息是否安全、销售的条件是否完整明确;在购买阶段,消费者关注的是,货物交付后是否满足其预期;在购买后阶段,消费者关注的是,如果在交易过程中或交易后出现问题,他们是否有权获得救济。

尽管存在较为成熟的国际软法可为各国立法提供有益参考,但各国发展阶段不同,致使最终立法形态和内容也存在较大差异。在此情况下,区域贸易协定就数字贸易中的消费者保护作出了补充规定。根据其法律性质,此类补充规定有的具有强制性,有的仅具有倡导性。

表 4-3　CPTPP、USMCA、EU-Japan EPA 和 RCEP 中在线消费者保护条文比较

协定	消费者保护
CPTPP	第 14.7 条　在线消费者保护 1. 缔约方认识到采取和维持透明和有效的措施以保护消费者在从事电子交易时免受如第 16.6.2 条(消费者保护)中所指的诈骗和商业欺诈行为侵害的重要性。 2. 每一缔约方应采用或维持消费者保护法,以禁止对从事在线商业活动的消费者造成损害或潜在损害的诈骗和商业欺诈行为。 3. 缔约方认识到,各自国家级消费者保护机构或其他相关机构之间在与跨境电子商务相关的活动中开展合作以增强消费者福利的重要性。为此,缔约方确认根据第 16.6.5 条和第 16.6.6 条(消费者保护)寻求的合作包括关于在线商业活动的合作。 第 14.10 条　关于接入和使用互联网开展电子商务的原则 在遵守适用政策、法律和法规的前提下,缔约方认识到其领土内的消费者拥有下列能力的益处: (a) 在遵守合理网络管理的前提下,按消费者选择接入和使用互联网上可获得的服务和应用; (b) 将消费者选择的终端用户设备接入互联网,只要该设备不损害网络;以及 (c) 获得消费者的互联网接入服务提供者的网络管理实践的信息。

---

① See OECD, Recommendation of the Council on Consumer Protection in E-commerce, OECD Publishing, Paris, 2016, http://dx.doi.org/10.1787/9789264255258-en.

（续表）

协定	消费者保护
USMCA	第19.7条　在线消费者保护 内容与CPTPP第14.7条基本相同，只不过CPTPP第14.7.1条中的第16.6.2条被置换为USMCA第21.4.2条；CPTPP第14.7.3条中的第16.6.5条和第16.6.6条被置换为USMCA第21.4.3条至第21.4.5条。
EU-Japan EPA	第8.78条　消费者保护 1. 缔约方认识到采取和维持透明和有效的保护消费者措施适用于电子商务，以及有助于建立消费者对电子商务信心措施的重要性。 2. 缔约方认识到各自负责消费者保护的主管当局就电子商务相关活动开展合作以加强消费者保护的重要性。 3. 缔约方认识到根据各自的法律及规例，采取或维持措施以保护电子商务用户个人数据的重要性。
RCEP	第12.7条　线上消费者保护 1. 缔约方认识到采取和维持透明及有效的电子商务消费者保护措施以及其他有利于增强消费者信心的措施的重要性。 2. 每一缔约方应当采取或维持法律或者法规，以保护使用电子商务的消费者免受欺诈和误导行为的损害或潜在损害。 3. 缔约方认识到各自负责消费者保护的主管部门间在电子商务相关活动中开展合作，以增强消费者保护的重要性。 4. 每一缔约方应当发布其向电子商务用户提供消费者保护的相关信息，包括： (a) 消费者如何寻求救济；以及 (b) 企业如何遵守任何法律要求。

从内容上看，CPTPP、USMCA、EU-Japan FTA和RCEP关于线上消费者保护的规定基本一致；在法律效力上，它们与《联合国消费者保护准则》和《OECD电子商务消费者保护建议》一脉相承，均未施加强制性要求。

（二）中介责任

互联网通常指由计算机基于TCP/IP协议相互联结而形成的网络空间。① 在此空间内，计算机主要通过端到端结构（end-to-end structure）传输数

---

① 参见方滨兴主编：《论网络空间主权》，科学出版社2017年版，第8页。

据,其中,网络的智能部分位于传输两端,中间为非智能通道。理论上,这一结构与分层原则和透明度原则一起,既能保障互联网通道的稳定性,又能维持互联网终端的灵活性。[1] 与端到端结构相对应,除最终用户外,必须存在若干结构承担中介责任,以维持数据传输通道的畅通。就一项网上商业交易而言,至少存在三类网络中介:网络服务提供商(ISPs)、电子支付中介和集中竞价中介等。根据其在数据传输中的作用,ISPs 又可细分为三类——主干提供商、来源地 ISPs 和目的地 ISPs。为充分发挥端到端通道作用,传统互联网规制将数据传输通道分为不同层次,并制定与实施不同规制方案,以充分尊重各层次的完整性。[2]

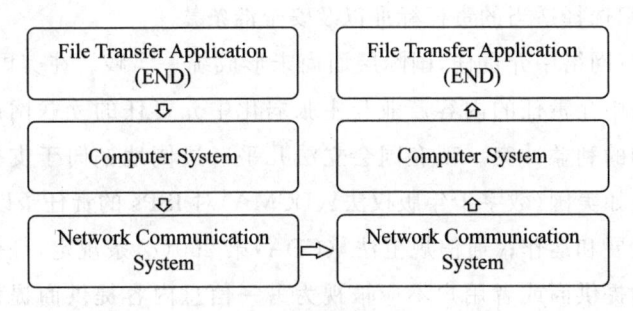

图 4-2 端到端结构

资料来源:Lawrence B. Solum and Minn Chung, The Layers Principle:Internet Achitecture and the Law, 79 Notre Dame L. Rev. 815 (2004)。

面对新兴事物、发现和发明,商业社会的反应大致可分为四个阶段:创新—商业化—创造性混乱—规则。[3] 当前,关于网络中介的责任制度仍处于从创造性混乱阶段向规则阶段过渡时期。对于网络用户所受侵害,网络中介是否承担责任,以及承担何种责任,学说纷呈、制度各异。[4] 如有观点认为,与

---

[1] See Lawrence B. Solum and Minn Chung, The Layers Principle:Internet Architecture and the Law, 79 Notre Dame L. Rev. 815, 821 (2004)。

[2] See Kevin Werbach, A Layered Model for Internet Policy, 1 J. Telecomm. & High Tech. L. 37, 59 (2002)。

[3] See Debora L. Spar, Ruling the Waves:Cycles of Discovery, Chaos, and Wealth from the Compass to the Internet, Harcourt Trade Publishers, 2001, pp.10-11。

[4] See United Stated International Trade Commission(USITC), Global Digital Trade I:Market Opportunities and Key Foreign Trade Restrictions, 2017, www.usitc.gov/publications/332/pub4716_0.pdf。

线下环境相比,互联网的崛起带来了如下三个变化,使得网络中介更有可能成为网络世界中成本最低的风险规避者:(1) 特定中介机构在大型交易中被识别的可能性大大增加;(2) 借助信息成本的降低,中介机构更容易监控终端用户的行为;(3) 随着匿名性增加,针对终端用户的救济措施效果不彰。[1] 如果这一观点成立,则中介责任规则需要在保护消费者权利和支持数字市场扩张(包括通过中介平台)之间取得平衡。对于网络中介来说,相关责任主要来自两种类型的行为:提供销售假冒产品,或由其用户发布非法内容,如图像或文本。与之相关,规制者可在无责任、实际知道侵权(平台知道内容不合法)、知道义务(平台应该知道内容不合法)和绝对责任(平台在任何情况下都要负责)之间选择适当的责任标准以及安全港条款。[2]

当前,就网络中介责任,国际层面尚未形成统一实践。在美国国内,主张施加更严格中介责任的内容产业与主张弱化中介责任的互联网产业间存在着不可调和的利益冲突。现有国会立法几乎一边倒地偏向于支持互联网产业的发展。如美国《数字千年版权法》(DCMA)对 ISPs 的责任予以限制,以确保网络的发展和运作;《通信规范法》(CDA)第 230(c)条规定,任何交互式计算机服务的提供商或者用户不应被视为另一信息内容提供商提供的任何信息的发布者和发言人,无须为第三人提供的内容承担责任。欧盟的《电子商务指令》[3]《数据保护指令》[4]《通用数据保护条例》[5]一直在协调个人数据保护

---

[1] Ronald J. Mann and Seth R. Belzley, The Promise of Internet Intermediary Liability, 47 Wm. & Mary L. Rev. 239, 259-265 (2005).

[2] 通常涉及通知和暂停程序,要求在收到侵权内容通知后,中介搜索并删除侵权内容的所有副本,确保不再上传。

[3] Directive 2000/31/EC of the European Parliament and of the Council of 8 June 2000 on certain legal aspects of information society services, in particular electronic commerce, in the Internal Market (Directive on Electronic Commerce).

[4] Directive 95/46/EC of the European Parliament and of the Council of 24 October 1995 on the protection of individuals with regard to the processing of personal data and on the free movement of such data.

[5] Regulation (EU) 2016/679 of the European Parliament and of the Council of 27 April 2016 on the protection of natural persons with regard to the processing of personal data and on the free movement of such data, and repealing Directive 95/46/EC (General Data Protection Regulation).

与言论自由之间的复杂关系。[1] 2017年,德国国会通过一部《改善社交网络法律执行法》[2],规定如果社交网络不遵守删除非法内容的义务,将被处以最高5000万欧元的罚款,这引发了关于该法律是否符合欧盟法的争议。[3]

除上述立法外,国际层面还有《关于中介责任的马尼拉原则》(以下简称《马尼拉原则》)。[4] 该原则由来自美国、英国、印度、韩国、阿根廷、智利、肯尼亚等国的民间团体联合提出,旨在保护言论自由和创造一个有利于创新的环境。该原则包括六大方面:(1)中介方应该免于对第三方内容承担责任;(2)没有司法机关命令中介方不得被要求对内容进行限制;(3)内容限制请求必须清晰、不含糊且遵循正当程序;(4)内容限制的法律、命令和实践必须通过必要性和相称性的检验;(5)法律及内容限制的政策和实践必须遵循正当程序;(6)必须在法律及内容限制政策和实践中建立透明化和问责机制。

从内容上看,《马尼拉原则》反对对互联网接入服务供应商、社交网络和搜索引擎等互联网通信中介方施加任何源于第三方内容的责任,认为"愚昧的中介方责任政策、生硬而严厉的监管措施以及缺乏一致性的规定使得政府和私人得以进行内容审查及其他违反人权的行为",故而倡议政策制定者和中介方在制定、采纳和复审有关中介方对第三方内容负责的法律、政策和实践时应该考虑上述原则。显然,相对于现有国家立法而言,《马尼拉原则》更加偏向于撇清互联网通信中介的责任。这一较为极端的立场很难为各国所接受。

由于存在巨大政策分歧,区域贸易协定电子商务/数字贸易章节很少就中介责任的规制问题作出明确规定。然而,在知识产权章节,仍有若干条款涉及中介责任问题。

---

[1] See David Erdos, Intermediary Publishers and European Data Protection: Delimiting the Ambit of Responsibility for Third-Party Rights Through a Synthetic Interpretation of the EU Acquis, 26 Int'l J. L. & Inf. Tech. 189, 190 (2018).

[2] Netzwerkdurchsetzungsgesetz-NetzDG, Notification Number 2017/0127/D—SERV60.

[3] See Gerald Spindler, Internet Intermediary Liability Reloaded—The New German Act on Responsibility of Social Networks and Its (In-) Compatibility with European Law, 8 J. Intell. Prop. Info. Tech. & Elec. Com. L. 166, 173 (2017).

[4] See Manila Principles on Intermediary Liability, https://manilaprinciples.org/.

表 4-4 CPTPP、USMCA、EU-Japan EPA 和 RCEP 中的中介责任条文比较

协定	中介责任
CPTPP	J 节:互联网服务提供商 第 18.81 条　定义 就本节而言: "版权"一词包括相关权;及 互联网服务提供商指: (a) 为在用户指定的两点或多点间对用户选择的材料进行传送、发送,或为数字在线通信提供连接,承担第 18.82.2 条(a)项中功能的在线服务提供商;或 (b) 承担第 18.82.2 条(c)项或第 18.82.2 条(d)项中功能的在线服务提供商。 为进一步明确,互联网服务提供商包括通过自动化过程从事高速缓存业务的以上所列服务的提供商。 　　　　18.82 条　法律救济和安全港 1. 缔约方认识到促进作为中介开展运营的合法在线服务继续发展的重要性,并认识到以符合遵守 TRIPS 协定第 41 条的方式,提供允许权利持有人对在线环境中发生的本章所涵盖的版权侵权采取有效行动的执行程序的重要性。因此,每一缔约方应保证权利持有人可获得法律救济以处理此类版权侵权,并应为属互联网服务提供商的在线服务建立或设立适当的安全港。这一法律救济和安全港的框架应包括: (a) 给予互联网服务提供商法律激励,促其与版权权利持有人合作以阻止未经授权存储或传送受版权保护的材料,或作为替代,采取其他行动以阻止未经授权存储或传送受版权保护的材料;及 (b) 在其法律中规定可产生排除针对互联网服务提供商因版权侵权而采取金钱救济效果的限制,如此种侵权并非由互联网提供商所控制、发起或指示,而是通过其或代表其控制或运营的系统或网络发生。 2. 第 1 款(b)项中所述的限制应包括对下列功能的限制: (a) 在不对内容进行修改的情况下传送、发送材料或为材料提供连接,或在该技术过程中自动完成的对该材料的中间存储和瞬时存储; (b) 通过自动化过程实现高速缓存; (c) 根据用户指示,存储驻留在由或为该互联网服务提供商控制或运营的系统或网络上的材料;以及 (d) 通过使用信息定位工具,包括超链接和目录,将用户指引至或链接至一在线位置。 3. 为便利处理侵权的有效行动,每一缔约方应在其法律中规定互联网服务提供商有资格使用第 1 款(b)项中所述限制的条件,或作为替代,应规定互联网服务提供商无资格使用第 1 款(b)项中所述限制的情况: (a) 对于第 2 款(c)项和第 2 款(d)项所指的功能,这些条件应包括要求互联网服务提供商在得知版权侵权的实际情况或意识到明显侵权的事实或情况下,如收到权利持有人或经授权代表权利持有人的人发来的涉嫌侵权通知,应快速移除或禁止访问驻留在其网络或系统内的材料;

(续表)

协定	中介责任
	(b) 根据(a)项善意移除或禁止访问材料的互联网服务提供商应被豁免由此产生的任何责任,只要其事先或事后迅速采取合理步骤通知其材料被移除或被禁止访问的人。 4. 如一缔约方的法律中规定反向通知制度且如材料已依照第 3 款被移除或禁止访问,则该缔约方应要求该互联网服务提供商恢复反向通知所针对的材料,除非作出原通知的人在一合理期限内寻求司法救济。 5. 每一缔约方应保证在其法律制度中可获得金钱救济,以针对在一通知或反向通知中作出故意重大虚假陈述导致互联网服务提供商因信赖该虚假陈述而对任何利害关系方造成损害的任何人。 6. 使用第 1 款中限制的资格不得以互联网服务提供商监控其服务或以肯定方式寻找显示侵权活动的事实作为条件。 7. 每一缔约方应依照其法律制度,并在符合正当程序和隐私原则的前提下规定司法或行政程序,使已经提出法律上充分的版权侵权请求的版权所有人,在寻求信息的目的在于保护或执行该版权的情况下,自一互联网服务提供商处快速获得该提供商持有的识别涉嫌侵权者的信息。 8. 缔约方理解,一互联网服务提供商未获得第 1 款(b)项中限制的使用资格本身不产生责任。此外,本条不损害一缔约方法律制度下对版权规定的其他限制和例外或任何其他抗辩的可获性。① 9. 缔约方认识到在履行其在本条下的义务的过程中考虑对权利人和互联网服务提供商所产生的影响的重要性。
USMCA	第 19.1 条 定义 ············ 信息内容提供者指:全部或部分创建或开发通过互联网或其他交互式计算机服务提供的信息的个人或实体; 交互式计算机服务指:提供或使多个用户能够以电子方式访问计算机服务器的系统或服务; ············ 第 19.17 条 交互式计算机服务 1. 缔约方认识到促进交互式计算机服务的重要性,包括为中小型企业提供的服务,对数字贸易的增长至关重要。 2. 为此,除了第 4 款规定,在决定与信息存储、处理、传输、分配或服务可用有关的损害责任时,任何一方不得采取或维持措施将交互式计算机服务的供应商或用户作为信息内容提供商,除非供应商或用户已经全部或部分地创造或开发了该信息。② 3. 任何一方均不得因以下原因向交互式计算机服务的供应商或用户追究责任:

---

① USMCA 为第 20.88.9 条。

② USMCA 第 19.17.2 条在此处加入脚注 7:"为了更大的确定性,一方可以通过其法律、法规或通过司法判决适用的现有法律原则来遵守本条。"

(续表)

协定	中介责任
	(a) 供应商或用户出于善意自愿采取的任何行动,以限制对可通过其提供或使用交互式计算机服务可访问或可获得的、供应商或用户认为有害或令人反感的材料的访问或可用性;或 (b) 为使信息内容提供商或其他人能够限制其认为有害或令人反感的材料的获取而采取的技术手段或提供技术手段的任何行动。 4. 本条任何规定均不应: (a) 适用于一方有关知识产权的任何措施,包括解决知识产权侵权责任的措施;或 (b) 被解释为扩大或削弱一方保护或执行知识产权的能力;或 (c) 被解释为防止: (i) 一方执行任何刑法,或 (ii) 交互式计算机服务的供应商或用户遵守执法机关具体的、合法的命令。① 5. 本条款受附件 19-A 的约束。 第 20.87 条　定义 与 CPTPP 第 18.81 条基本相同,只不过 CPTPP 第 18.81 条(a)项中的第 18.82.2 条(a)项被置换为 USMCA 第 20.82.2 条(a)项;CPTPP 第 18.81 条(b)项中的第 18.82.2 条(c)项或第 18.82.2 条(d)项被分别置换为 USMCA 第 20.82.2 条(b)项、(c)项和/或(d)项。 第 20.88 条　法律救济和安全港 与 CPTPP 第 18.82 条基本相同,只不过与 CPTPP 第 18.82.4 条规定不同,USMCA 第 20.88.4 条的规定是:"为履行第 2 款(c)项和第 2 款(d)项所述职能,每一缔约方应在其法律或法规中确立适当程序,以便对声称侵权的人发出有效通知,并对因错误或识别错误而材料被删除或失效的人发出有效反向通知。如果资料已根据第 3 款被删除或无法访问,则该方应要求互联网服务提供商恢复作为反向通知主体的资料,除非发出原始通知的人在其法律或法规规定的合理期限内通过民事司法程序寻求救济。" 相对于 CPTPP 第 19.88 条,USMCA 额外增加了第 20.88.6 条:"适用第 1 款限制的资格应基于互联网服务提供商: (a) 采取并合理执行一项规定在适当情况下终止重复侵权人账户的政策; (b) 容纳且不干涉缔约方境内所接受的保护和识别有版权材料的标准技术措施,这些措施是在版权所有者和服务提供者的广泛共识下,通过公开、自愿的过程制定,并以合理和非歧视性条款提供,且不会给服务提供商带来巨大成本或对其系统或网络造成巨大负担;和 (c) 关于第 2 款(c)项和第 2 款(d)项所述职能,在有权利和能力控制侵权活动的情况下,未获得可直接归因于侵权活动的经济利益。"

---

① USMCA 第 19.17.4(c)(ii)条在此处加入脚注 8:"双方理解,在适用第 2 款的情况下,第 4(c)(ii)款所述措施不得与第 2 款不一致。"

(续表)

协定	中介责任
EU-Japan EPA	第 8.80 条　电子商务合作 1. 缔约方应酌情合作并积极参与多边论坛,以促进电子商务的发展。 2. 缔约方同意就与电子商务有关的规制事项保持对话,以便酌情分享信息和经验,包括关于电子商务的相关法律、法规及其实施,以及在以下方面的最佳做法: …… (g) 知识产权;及 ……
RCEP	第 11.16 条　为技术措施和权利管理电子信息提供保护和救济的限制和例外 1. 每一缔约方可以依照其法律法规为执行第 11.14 条(规避有效技术措施)和第 11.15 条(保护权利管理电子信息)中的措施提供适当的例外和限制。 2. 第 11.14 条和第 11.15 条中规定的义务不得损害一缔约方法律法规规定的对任何著作权侵权或相关权利侵权规定的权利、限制、例外或抗辩。 第 11.75 条　数字环境反侵权的有效行动 每一缔约方确认,第二小节(民事救济)和第四小节(刑事救济)规定的实施程序应当在相同的范围内适用于数字环境中侵犯著作权或相关权利以及商标的行为。

就中介责任的免除问题,USMCA 第 19.17 条的规定源于美国《通信规范法》第 230(c)条。除此之外,对于互联网服务提供商,CPTPP 和 USMCA 规定了极为复杂的责任免除制度。其原则是,如果版权侵权并非由互联网提供商所控制、发起或指示,而是通过其或代表其控制或运营的系统或网络发生,则可免除金钱救济责任。总体上,这与美国立法例保持高度一致。而 EU-Japan EPA 和 RCEP 并未在协定中就中介责任问题达成明确共识。相对于 EU-Japan EPA 的立场不明,RCEP 更倾向于保护著作权人的利益。

(三) 隐私和数据保护

在数字经济中,参与市场交易的主体越来越意识到个人数据多方面的价值。一方面,特定个人数据构成个人隐私重要组成部分,[①]如果个人数据不能得到很好的保障,则会导致消费者缺乏必要信心参与电子交易,进而限制数字市场的发展;另一方面,充分利用个人数据可显著增加企业效率,如果对个人数据的使用和转移施加烦琐规定,可能会给企业特别是中小企业带来巨大合规成本。因此,各国规制者需要在支持数据传输与保护消费者个人数据之间维持平衡。与之相关,个人数据保护法律框架既包括数据主体关于收集、使用、存储和处置其个人数据的权利,又涉及控制者、处理者、接收者和第三方所应承担的相应义务,以及在某些特殊情况下此类权利和义务的再平衡等事项。

就如何保护个人数据,各国立法例存在四种模式:(1)综合立法模式。这是大多数制定数据保护法的国家以及欧盟所青睐的模式。在这些国家,一般会专门设置相关的官员或机构来监督法案的执行。(2)行业部门法模式。一些国家,如美国、澳大利亚、加拿大等,倾向于制定特定行业法律,针对不同情形,对个人数据施加不同类型的保护。在许多国家,部门法被用来补充综合立法,为电信、警方档案或消费者信贷记录等某些类别的信息提供更详细的保护。与综合立法相比,行业部门法律有两个突出缺陷:一是针对每一项新技术均需要引入新的立法,常常会出现立法滞后问题;二是此类法律往往缺少一个执行监督机构,致使相关规定流于表面。(3)自我规制模式。理论上,借助市场力量,数据保护还可以通过各种形式的自我规制来实现。[②] 在这种自我规制中,公司和行业组织制定行为守则。然而,适当性和执行性一直是自我规制模式的阿喀琉斯之踵。在缺乏外部规制的情况下,很难想象垄断性

---

① 个人隐私并无确定内涵和外延,通说认为,其核心要义在于维系个人独处之状态。也有观点认为,所谓隐私仅指"在别人的心目中没有关于我们的信息",而隐私权指"防止自己的信息泄露给他人的能力"[Jeffrey Bellin, Pure Privacy, 116 Nw. U. L. Rev. 463, 496 (2021)]。不同的法律体系定了形式多样、内容不一的隐私。在数字经济时代,受全球化、互操作性和多媒体合一的影响,个人隐私可分为如下四个部分:(1)信息隐私,包括个人数据,如信用信息和医疗记录等的收集和处理;(2)身体隐私,包括个人物理存在免受诸如面部识别、药物测试等的外部侵袭;(3)交流隐私,包括个人信件、电话、电子邮件和其他交流形式的安全与保密;(4)空间隐私,包括对家庭、工作空间和生活空间等的免于打扰等[David Banisar and Simon Davies, Global Trends in Privacy Protection: An International Survey of Privacy, Data Protection, and Surveillance Laws and Developments, 18 J. Marshall J. Computer & Info. L. 1, 6 (1999)]。

② See Lawrence Lessig, The New Chicago School, 27 J. Legal Stud. 661, 664 (1998).

信息平台会将诸多负外部性内化为行为守则,并加以严格执行。[1] (4) 技术规制模式。随着可商用技术系统的发展,互联网和一些物理应用程序的用户可以使用一系列程序和系统,以确保通信的不同程度的隐私和安全。其中包括加密、匿名邮件转发器、代理服务器、数字现金和智能卡。这些技术工具可以用来补充现有法律规定的不足。[2]

除各国国内立法,国际层面也存在关于如何协调数据流动和个人数据保护关系的尝试。根据个人数据保护与隐私权之间的关系,相关国际层面的制度可分为三代。第一代以经合组织 1980 年《关于保护隐私和个人数据国际流通的指南》及其 2013 修订版、1981 年欧洲理事会《个人数据自动化处理中的个人保护公约》("108 公约")和 2015 年《亚太经合组织隐私框架》为其代表,从保护隐私的角度规制个人数据保护事项;[3]第二代以欧盟 1995 年《数据保护指令》为代表,将个人数据保护纳入个人基本权利和自由的范畴之内,并特别提及隐私权;[4]第三代为 2018 年生效的欧盟《通用数据保护条例》(GDPR),仅关注个人数据保护自身。[5]

目前,美国仍在全球力推第一代个人数据保护制度,而欧盟已经进入了第三代。这种差异也反映在相关的区域贸易协定之中。

---

[1] See Philip J. Weiser, Internet Governance, Standard Setting, and Self-Regulation, 28 N. KY. L. Rev. 822, 834 (2001).

[2] See David Banisar and Simon Davies, Global Trends in Privacy Protection: An International Survey of Privacy, Data Protection, and Surveillance Laws and Developments, 18 J. Marshall J. Computer & Info. L. 1, 13-14 (1999).

[3] 如在《关于保护隐私和个人数据国际流通的指南》建议书中,OECD 理事会指出:"成员国应努力消除或避免以保护隐私的名义为个人数据的跨界流动设置不合理的障碍";OECD 指引的亚太版本——2015 年《亚太经合组织隐私框架》前言指出:"部长们批准了《亚太经合组织隐私框架》,认识到制定有效的隐私保护措施以避免信息流动障碍,确保亚太经合组织地区贸易和经济持续增长的重要性。"

[4] 典型的表述是:"protection of the rights and freedoms of individuals, notably the right to privacy"。与这一表述形成呼应的是,《欧盟基本权利宪章》区分了个人隐私权和个人数据保护。《欧盟基本权利宪章》第 7 条(尊重私人和家庭生活)规定:"人人享有使他或她的私人和家庭生活、家庭和通信得到尊重的权利。"第 8 条(保护个人数据)第 1 款规定:"人人享有关于他或她的个人数据得到保护的权利。"这一规定与《欧洲人权公约》的规定形成对比,后者仅规定"人人享有使自己的私人和家庭生活、家庭和通信得到尊重的权利",并没有特别提及个人数据保护。

[5] 如 GDPR 第 1.1 条规定:"本条例保护自然人的基本权利和自由,特别是保护个人数据的权利。"就此,个人数据保护并不必然依附于个人隐私保护。关于隐私权和个人信息保护之间的理论关系,参见周汉华:《个人信息保护的法律定位》,载《法商研究》2020 年第 3 期,第 44 页。

表 4-5　CPTPP、USMCA、EU-Japan EPA 和 RCEP 中隐私和数据保护条文比较

协定	隐私和数据保护
CPTPP	第 14.1 条　定义 个人信息指关于已识别或可识别的自然人的任何信息,包括数据; 第 14.8 条　个人信息保护 1. 缔约方认识到保护电子商务用户个人信息的经济和社会效益,及其对增强消费者对电子商务的信心所做的贡献。 2. 为此,每一缔约方应采用或维持规定保护电子商务用户个人信息的法律框架。在制定其个人信息保护的法律框架时,每一缔约方应考虑相关国际机构的原则和指南。① 3. 每一缔约方在保护电子商务用户免受其管辖范围内发生的个人信息保护侵害方面应努力采取非歧视做法。 4. 每一缔约方应公布其为电子商务用户提供的关于个人信息保护的信息,包括: (a) 个人如何寻求救济;及 (b) 企业如何符合任何法律要求。 5. 认识到缔约方可能采取不同法律方式保护个人信息,每一缔约方应鼓励建立促进这些不同体制之间兼容性的机制。这些机制可包括对监管结果的承认,无论是自主给予还是通过共同安排,或通过更广泛的国际框架。为此,缔约方应努力就其管辖范围内适用的此类机制交流信息,并探索扩大此类安排或其他适当安排的途径以促进各机制之间的兼容性。
USMCA	第 19.1 条　定义 与 CPTPP 第 14.1 条相同。 第 19.8 条　个人信息保护 与 CPTPP 第 14.8 条基本相同,只不过 USMCA 第 19.8.2 条额外增加了"如《亚太经合组织隐私框架》和 OECD《关于保护隐私和个人数据国际流通的指南(2013)》等"的规定。 相对于 CPTPP 第 14.8 条,USMCA 第 19.8 条额外增加了第 19.8.3 条: "缔约方认识到,根据第 2 款,关键原则包括:限制收集;选择;数据质量;特定目的;使用限制;安全保障措施;透明度;个人参与;问责制等。缔约方还认识到,必须确保遵守保护个人信息的措施,并确保对个人信息跨境流动的任何限制是必要的,并与所涉风险相称。" 不同于 CPTPP 第 14.8.5 条,USMCA 第 19.8.6 条特别指出:"缔约方认识到,《亚太经合组织跨境隐私规则》体系是便利跨境信息传输,同时保护个人信息的有效机制。"

---

① CPTPP 第 14.8 条在此处加入脚注 6:"为进一步明确,一缔约方可通过采取或维持措施以符合本款中的义务,如全面保护隐私、个人信息或个人数据的法律、涵盖隐私的特定部门法律或规定执行由企业作出与隐私相关的自愿承诺的法律。"

(续表)

协定	隐私和数据保护
EU-Japan EPA	无规定
RCEP	第12.8条　线上个人信息保护 1. 每一缔约方应当采取或维持保证电子商务用户个人信息受到保护的法律框架。① 2. 在制定保护个人信息的法律框架时，每一缔约方应考虑相关国际组织或机构的国际标准、原则、指南和准则。 3. 每一缔约方应当公布其向电子商务用户提供个人信息保护的相关信息，包括： (a) 个人如何寻求救济；以及 (b) 企业如何遵守任何法律要求。 4. 缔约方应鼓励法人通过互联网等方式公布其与个人信息保护相关的政策和程序。 5. 缔约方应在可能的范围内合作，以保护从一缔约方转移来的个人信息。

从 CPTPP、USMCA 和 RCEP 关于隐私和个人数据保护的规定可以看出，即便是同样的条文，通过添加特别条款和脚注等方式，带有美国主导痕迹的 CPTPP 和美国主导的 USMCA 仍试图将个人信息保护问题与隐私保护问题紧密勾连在一起。USMCA 第 19.8.6 条更是提及，《亚太经合组织跨境隐私规则》体系是便利跨境信息传输，同时保护个人信息的有效机制。与之形成对比的是，对于个人信息保护，RCEP 仅规定了若干倡导性义务，从而体现出更多的灵活性。而 EU-Japan EPA 之所以未规定个人信息保护问题，很大程度上与日本同时在寻求 GDPR 下的充分性认定有关。正如欧盟委员会于 2017 年 1 月在《在全球化世界中交换和保护个人数据通信》中宣布的那样，与日本的相互充分性安排（mutual adequacy arrangement）是欧盟在国际数据流动和保护领域战略的一部分。② 2018 年 7 月 17 日，欧盟和日本成功结束了对等充分性（reciprocal adequacy）谈判，双方同意承认对方的数据保护系统足够完善，允许个人数据在欧盟和日本之间安全地传输。2019 年 1 月 23 日，欧盟

---

① RCEP 第 12.8 条在此处加入脚注 8：“为进一步明确，一缔约方可以通过采取或维持全面的隐私权和个人信息保护的法律和法规，或涉及个人信息保护的具体部门法律和法规，或确保执行企业法人承担的与保护个人信息相关的合同义务的法律和法规等措施来遵守本款项下的义务。”

② See European Commission, Digital Single Market-Communication on Exchanging and Protecting Personal Data in a Globalised World Questions and Answers, Brussels, 10 January 2017.

委员会通过对日本的充分性认定,①补充了即将生效的 EU-Japan EPA 协定。②

(四) 网络安全

在数字经济中,维护网络安全不仅有利于防止和减少对个人的损害,也可减少公司经济损失,并能全方位地提升国家安全指数。虽然法学文献常常将"网络安全"(cybersecurity)与"数据安全"(data security)混为一谈,但是"网络安全"不仅关注个人、公司或国家数据的安全,还关注公共和私营部门计算机系统和通信网络的正常运行。换句话说,"网络"的范围要远远大于"数据"。③ 就何为网络安全,业界一般从"CIA 三件套"的角度加以理解。④ 其中,C 指保密性(confidentiality),即防止未经授权的信息披露;I 指完整性(integrity),即保证发送的消息与接收的消息相同,并且消息在传输过程中不会更改;A 指可用性(availability),即保证无论用户身在何处,当需要信息时,信息都能及时、不间断地提供给用户。有鉴于此,有理论将规制网络安全的法律界定为:通过前瞻性法规和激励措施,促进公共和私人信息、系统和网络的保密性、完整性和可用性,以保护个人权利和隐私、经济利益和国家安全。⑤

就随时发生、无处不在且伤害性极大的网络攻击行为,各国不仅应在国内法层面提升打击和预防的力度,还应通过各种国际合作机制减少规制套利行为。⑥ 前者包括制定综合性法律,赋予相关法律的域外管辖效力等;后者包括对话或临时信息交换,制定指南、原则、行为守则等软法,承认和并入国际标准,

---

① See European Commission, European Commission Adopts Adequacy Decision on Japan, Creating the World's Largest Area of Safe Data Flows, Brussels, 23 January 2019.

② EU-Japan EPA 谈判始于 2013 年 4 月 19 日,历经四年多 18 轮谈判,在 2017 年 12 月 8 日结束。2018 年 7 月 17 日,欧盟和日本在东京签署 EU-Japan EPA。继日本参议院于 2018 年 12 月 8 日批准该协定后,欧盟成员国部长理事会也在同月 20 日批准该协定。EU-Japan EPA 规定,本协定自 2019 年 2 月 1 日起生效。

③ See Nathan Alexander Sales, Regulating Cyber-Security, 107 Nw. U. L. Rev. 1503, 1507 (2013); Scott J. Shackelford, Andrew Proia, Brenton Martell and Amanda N. Craig, Toward a Global Cybersecurity Standard of Care? Exploring the Implications of the 2014 NIST Cybersecurity Framework on Shaping Reasonable National and International Cybersecurity Practices, 50 Tex. Int'l L. J. 305, 307 (2015).

④ See Ashish Agarwal and Aparna Agarwal, The Security Risks Associated with Cloud Computing, 1 Int'l J. Computer App. Engineering Sci. (Special Issue on CNS) 257, 258 (2011).

⑤ See Jeff Kosseff, Defining Cybersecurity Law, 103 Iowa L. Rev. 985, 1010 (2018).

⑥ See Oona A. Hathaway, Rebecca Crootof, Philip Levitz, Haley Nix, Aileen Nowlan, William Perdue and Julia Spiegel, The Law of Cyber-Attack, 100 Calif. L. Rev. 817, 822 (2012).

建立跨政府规制者网络,相互承认安排,签订合作协定,成立国际组织等。但是,网络安全保护措施很有可能产生负面贸易影响,就如何平衡两者之间的关系,当前缺乏统一的国际原则和实践。CPTPP、USMCA、EU-Japan EPA 和 RCEP 的相关规定对于如何在国际贸易领域维护网络安全有示范意义。

表 4-6 CPTPP、USMCA、EU-Japan EPA 和 RCEP 中的网络安全条款比较

协定	网络安全
CPTPP	第 14.16 条 网络安全事项合作 缔约方认识到下列各项的重要性: (a) 增强负责计算机安全事件应对的国家实体的能力;及 (b) 利用现有合作机制,在识别和减少影响缔约方电子网络的恶意侵入或恶意代码传播方面开展合作。
USMCA	第 19.15 条 网络安全 1. 双方认识到,网络安全威胁会损害数字贸易的信心。因此,双方应努力: (a) 建设各自国家实体负责网络安全事件响应的能力;及 (b) 加强现有合作机制,在识别和减少影响缔约方电子网络的恶意侵入或恶意代码传播方面开展合作,并利用这些机制迅速处理网络安全事件,以及分享信息以提高认识和最佳做法。 2. 鉴于网络安全威胁的性质不断演变,缔约方认识到基于风险的方法可能比规范性法规更有效地应对这些威胁。因此,各方应努力采用并鼓励其管辖范围内的企业采用基于风险的方法,即依靠基于共识的标准和风险管理最佳实践,来识别和防范网络安全风险,并从网络安全事件中发现、应对和恢复网络安全。
EU-Japan EPA	第 8.80 条 电子商务合作 1. 缔约方应酌情合作并积极参与多边论坛,以促进电子商务的发展。 2. 缔约方同意就与电子商务有关的规制事项保持对话,以便酌情分享信息和经验,包括关于电子商务的相关法律、法规及其实施,以及在以下方面的最佳做法: …… (b) 网络安全; ……
RCEP	第 12.12 条 网络安全 缔约方认识到下列各项的重要性: (a) 负责计算机安全事件应对的各自主管部门的能力建设,包括通过交流最佳实践;以及 (b) 利用现有合作机制,就与网络安全相关的事项开展合作。

就网络安全,CPTPP 和 RCEP 的规定基本一致,一方面认可各缔约方有权自主决定应对网络安全,另一方面倡导缔约方利用现有合作机制进行国际合作。EU-Japan EPA 对于网络安全事项着墨甚少,这很有可能与欧盟和日本两者之间达成相互承认对方数据保护体制的充分性有关。然而,网络安全不仅仅限于数据安全,故 EU-Japan EPA 第 8.80 条提出通过对话和酌情分享情报机制来促进网络安全方面的合作。[1] 值得注意的是,不同于 CPTPP,USMCA 强调基于风险的管控网络安全方法。这与美国国家标准与技术研究院(NIST)在其《改善关键基础设施网络安全框架》的立场基本一致,即对于网络安全风险,没有一刀切的解决方案,不同的组织有不同的技术基础设施和不同的潜在风险。[2]

四、数字贸易促进和限制规则

如同任何其他经济行为,数字贸易既可能推动社会进步,也可能对社会造成较大负外部性。为消除此类负外部性,有必要对数字贸易行为本身施加必要的规制。不仅如此,追求其他公共政策的规制措施,也有可能在目标、实施和结果等层面影响到数字贸易本身。因此,数字贸易限制规则应包括直接限制规则和间接限制规则两大部分。无论是直接限制还是间接限制,相关措施大多以数据为抓手,主要表现为跨境数据流动限制和数据本地化措施。

在数字经济中,信息时代的数据通常被喻为传统工业时代的石油。[3] 虽然该类比有助于说明数据之于数字经济的不可或缺性,但作为一种陈述方式,类比往往会不经意地掩盖两者之间的本质差异。如数据和石油在稀缺性、竞争性、可替代性、与人权的关系、可溯及特定商业和组织等方面存在不

---

[1] GDPR 第四章(控制者和处理者)第二节(个人数据安全)第 32 条至第 34 条仅规定了"个人数据安全",不包括范围更广的系统安全和网络安全。

[2] See National Institute of Standards and Technology, Framework for Improving Critical Infrastructure Cybersecurity (Version 1.1), 16 April 2018, https://nvlpubs.nist.gov/nistpubs/CSWP/NIST.CSWP.04162018.pdf.

[3] See Dennis D. Hirsch, The Glass House Effect: Big Data, the New Oil, and the Power of Analogy, 66 Me. L. Rev. 373, 377 (2014); Jack M. Balkin, Free Speech in the Algorithmic Society: Big Data, Private Governance, and New School Speech Regulation, 51 U.C.D.L. Rev. 1149, 1157 (2018); Newton N. Minow and Fred H. Cate, Government Data Mining, in David G. Kamien (ed.), The McGraw-Hill Homeland Security Handbook: The Definitive Guide for Law Enforcement, EMT, and All Other Security Professionals, McGraw-Hill, 2005, pp. 1065-1066.

同。除此之外,还有观点将数据比拟为知识产权和人格。就前者,数据和知识产权类似,具有非竞争性、非替代性、非稀缺性,且同为信息经济重要组成要素。针对这些相似之处,一些欧洲司法管辖区根据数据库是有价值的商业资源的理论,倾向于将数据库视为一种知识产权。然而,规制知识产权的传统法律目标不太适合数字经济的现实。有理论指出,现代数据处理经济依赖于公司之间频繁的数据转移、收集和共享,而知识产权法鼓励个人投资,非但不能促进,有时还会阻碍知识产权所有者之间的合作。[①] 此外,将知识产权规则适用于数据可能会催生垄断。如果说,专利垄断的目的是给予发明者应有的创造力,那么,仅仅因为某些公司恰好是早期信息时代数据库的收集者而被授予垄断地位,则理由显然不足。[②] 就后者,早在信息时代来临之前,已有理论将数据隐私与人格以及人的尊严相联系,数据隐私是否构成人格或人格之一部分将影响到数据隐私的法律定性。[③] 具体而言,如果数据隐私侵权行为构成对人格的侵犯,该行为与人格尊严受到侵害之间应存在直接且紧密的关联。问题在于,尽管数据传输、处理和收集的综合效果可能会侵犯隐私,但并不意味着对个人数据的每次侵害均构成对人格的侵犯。这种直接且紧密关联关系间的差异可能会削弱人格和数据之间的相似性。[④]

正是在对数据法律定位存在诸多争议的情况下,与数据有关的各国数字贸易限制措施存在较大差异。

(一) 跨境数据流动

数据流是数字贸易的血液。在数字贸易中,数据交换不仅是促成数字交易的信息通道,当涉及服务贸易时,数据本身还是交易的实际对象。对其他活动而言,数据因能显著提高行为能力和活动效率而变得越来越重要。以全

---

① See Michael Mattioli, The Data-Pooling Problem, 32 Berkeley Tech. L. J. 179, 179, 222-235 (2017).

② See Lauren Henry Scholz, Big Data Is Not Big Oil: The Role of Analogy in the Law of New Technologies, 86 Tenn. L. Rev. 863, 887 (2019).

③ 如有观点认为隐私构成人格最为基础的一面[James Q. Whitman, The Two Western Cultures of Privacy: Dignity Versus Liberty, 113 Yale L. J. 1151, 1155-56 (2004)]。反对观点则认为,"用人格理论……这种方式谈论我对别人已经拥有数据的控制似乎有些奇怪"[Julie E. Cohen, Examined Lives: Informational Privacy and the Subject as Object, 52 Stan. L. Rev. 1373, 1382 (2000)]。

④ See Lauren Henry Scholz, Big Data Is Not Big Oil: The Role of Analogy in the Law of New Technologies, 86 Tenn. L. Rev. 863, 889-890 (2019).

球价值链中的数据流动为例,在生产过程中,不受阻碍的数据流动可以增强企业控制和协调能力、生产前的研发能力,确保供应链管理和生产管理的适时调整,以及对产品和服务提供及时售后服务等。可以认为,跨境数据自由流动对于数字贸易的繁荣至关重要。与此同时,基于某些公共政策,一国会采取措施阻止特定数据在全球范围内自由流动。显然,仅从一国之角度考虑价值选择并进行成本收益分析,不足以解决各国间的规制冲突和规制竞争问题。

理论上,对于规制冲突和规制竞争,存在着所谓"特拉华效应"和"加州效应"之分。"特拉华效应"指被规制对象倾向于转移到规制较少的管辖区,降低规制成本,进而导致政府被迫降低规制要求,引发规制标准的"逐底竞争"。[①]而"加州效应"指在特定情况下,更高的规制标准反而有利于维持本国生产者相对于外国竞争者的比较优势,从而形成"逐顶竞争"。[②]除此之外,面对无序规制冲突和规制竞争,各国还可以通过协调、合作乃至统一的方式促进规制趋同。在此情况下,比较 CPTPP、USMCA、EU-Japan EPA 和 RCEP 等区域贸易协定的相关规则具有启发意义。

表 4-7　CPTPP、USMCA、EU-Japan EPA 和 RCEP 中的数据流动条款

协定	数据流动
CPTPP	第 14.1 条　定义 电子传输或通过电子方式传输指采用任何电磁形式进行的传输,包括光子形式。 第 14.11 条　通过电子方式跨境传输信息 1. 缔约方认识到每一缔约方对通过电子方式传输信息可设有各自的监管要求。 2. 每一缔约方应允许通过电子方式跨境传输信息,包括个人信息,如这一活动用于涵盖的人开展业务。 3. 本条中任何内容不得阻止一缔约方为实现合法公共政策目标而采取或维持与第 2 款不一致的措施,只要该措施: (a) 不以构成任意或不合理歧视或对贸易构成变相限制的方式适用;及 (b) 不对信息传输施加超出实现目标所需限度的限制。

---

① See William L. Cary, Federalism and Corporate Law: Reflections upon Delaware, 83 Yale L. Rev. 663 (1974).

② 如一旦拥有超大市场的富有国家采取了更高的标准,为了不丧失在该国可观的市场份额,外国生产者将被迫采用更高的标准。在此情况下,外国政府也会相应提高规制标准。See David Vogel, Trading Up: Consumer and Environmental Regulation in a Global Economy, Harvard University Press, 1995, p. 6.

(续表)

协定	数据流动
USMCA	第19.1条 定义 信息内容提供者指全部或部分创建或开发通过互联网或其他交互式计算机服务提供的信息的个人或实体； 交互式计算机服务指提供或使多个用户能够以电子方式访问计算机服务器的系统或服务。 第19.11条 通过电子方式跨境传输信息 与CPTPP第14.11条基本相同。但有两点变化：一是缺失类似于CPTPP第14.11.1条的规定；① 二是就USMCA第19.2条(b)项添加脚注5：如果一项措施仅根据数据跨境传送方式改变竞争条件，损害另一缔约方服务供应商的利益，而给予数据传送不同的待遇，则该措施不符合本款的条件。
EU-Japan EPA	第8.81条 数据自由流动 缔约方应在本协定生效之日起3年内重新评估是否需要将关于数据自由流动的规定纳入本协定。
RCEP	第11.15条 通过电子方式跨境传输信息 1.缔约方认识到每一缔约方对于通过电子方式传输信息可能有各自的监管要求。 2.每一缔约方不得阻止涵盖的人为进行商业行为而通过电子方式跨境传输信息。 3.本条的任何规定不得阻止一缔约方采取或维持： (a) 任何与第2款不符但该缔约方认为是其实现合法的公共政策目标所必要的措施，② 只要该措施不以构成任意或不合理的歧视或变相的贸易限制的方式适用；或者 (b) 该缔约方认为对保护其基本安全利益所必需的任何措施。其他缔约方不得对此类措施提出异议。

从上述规定可以看出，EU-Japan EPA并未在条约层面就数据自由流动问题达成协议。这与2018年7月17日欧盟和日本成功结束对等充分性(reciprocal adequacy)谈判，双方同意允许个人数据在欧盟和日本之间安全地传输的特殊情势有关。然而，根据美国与欧盟签署的《安全港协议》和《隐私盾框架》的经验来看，欧盟对日本数据保护充分性的认定存在法律上的不

---
① 相应的，USMCA第19.11.1条和第19.11.2条分别对应CPTPP第14.11.2条和第14.11.3条。
② RCEP第11.15.3(a)条在此加入脚注14："就本项而言，缔约方确认实施此类合法公共政策的必要性应当由实施的缔约方决定。"

确定性。① 因此,双方在 EU-Japan EPA 中添加了重新评估条款。与 EU-Japan EPA 的回避态度不同,CPTPP、USMCA 和 RCEP 均明确规定,每一缔约方不得阻止涵盖的人为进行商业行为而通过电子方式跨境传输信息。但对于该原则之例外,三者存在显著不同。相对于 CPTPP 的规定,USMCA 的贸易自由化倾向更加明显,后者不仅未在条款中明确每一缔约方对通过电子方式传输信息可设有各自的监管要求,还额外规定,不得对数据传送方式给予歧视待遇。相对于 CPTPP,RCEP 更倾向于维护国家规制主权,不仅实施相关公共政策的必要性由缔约方自我认定,而且对于特定政策目标——保护基本安全利益之必要措施,其他缔约方不得提出异议。

(二) 数据本地化措施

因特网是一个建立在 TCP/IP 协议基础上,使计算机相互连接的全球网络。其中,本地路由器自主和自动选择最优效率的传输路径,并不考虑政治边界。② 然而,基于保护隐私、维护安全、增强监管和便于执法等政策考量,越来越多的国家试图为网络空间划定边界。与试图限制信息进入一个国家的跨境数据流动的限制措施不同,数据本地化要求当事人在提供服务的国家内存储或处理数据。就其效果而言,数据本地化措施类似于冷战时期柏林的"查理检查站"(Checkpoint Charlie),③除国家安全数据外,普通个人数据流动也受到严重影响。

不可否认,政府有权力也有责任在其居民的个人数据跨境流动时,确保其隐私和安全。为达到该目的,政府可要求公司遵守拥有高度安全和隐私标准的合同条款、对外国供应商进行必要审计和认证、要求外国供应商所在地法律提供相应保护,以及遵守相关国际协议和标准等。然而,当信息服务提

---

① See Maximillian Schrems v. Data Protection Commissioner (Case C-362/14), Judgment of the Court (Grand Chamber) of 6 October 2015; Data Protection Commissioner v. Facebook Ireland and Maximillian Schrems (Case C-311/18), Judgment of the Court (Grand Chamber) of 16 July 2020; Martin A. Weiss and Kristin Archick, U. S. -EU Data Privacy: From Safe Harbor to Privacy Shield, Congressional Research Service, R44257, 19 May 2016, https://sgp.fas.org/crs/misc/R44257.pdf.

② 正是因为路由器选择传输路径不考虑政治边界,有观点认为,互联网会终结主权——"工业世界的政府,你们这些令人厌倦的钢铁巨人,在我们聚集的地方,你们没有主权。"See John P. Barlow, A Declaration of the Independence of Cyberspace, Electronic Frontier Foundation, 11 September 2021, https://www.eff.org/cyberspace-independence.

③ 关于查理检查站,可参见 Iain MacGregor, Checkpoint Charlie: The Cold War, The Berlin Wall, and the Most Dangerous Place on Earth, Scribner, 2019, pp. 167-174。

供商被要求在其运营的每个管辖区内建立一个实体性本地基础设施时,该数据本地化措施将会增加服务提供商和消费者的成本和负担,并使诸多全球服务无法实现。不仅如此,服务器本地化本身并不是一种特别有效的网络安全措施,因为数据分布在世界各地的服务器上可能比分布在单个地点或单个国家内得到更好的保护。强制数据本地化的努力反而分散了为世界各地的个人提供更好保护的一些努力。[1]

当前,执法所需成为支持数据本地化措施最为有力的论据之一。具体而言,当执法部门需要访问存储在境外的数据,而又缺乏特殊手段迫使在线提供者提交相关数据时,数据本地化措施成为较优选项。当然,基于各国具体情况之不同,数据本地化措施的迫切性也有所不同。

一种情况是,一国可通过国际合作方式,要求数据存储地国根据双方签订的条约,提供相应的司法协助。理论上,这一方法有助于建构"网络空间命运共同体",[2]问题在于,与其他单边主义措施相比,双边和多边合作的程序复杂、要求烦琐、效果有限。就此,发生在美国联邦政府和微软公司之间的一场法律争议较为充分地揭示出数字经济时代境外获取数据的法律困境。

2013年,在一起贩毒调查案中,美国联邦检察官依据《存储通信法》(SCA)向微软公司发出搜查令,要求后者提供个人电子邮件。微软提交了存储在美国服务器和个人通信录上的数据,但没有提交个人电子邮件的实际内容,称这些邮件存储在爱尔兰都柏林的微软数据中心,美国当局的搜查令不能域外适用。检察机关则认为:微软公司是美国本土企业,复制这些信息并不会产生域外效力。第二巡回法院认为,即使有搜查令,政府也不能强迫互联网服务提供商(ISP)交出存储在海外的数据。[3] 在案件提交至最高法院期间,因国会于2018年通过了《澄清海外合法使用数据法》(CLOUD Act),允许联邦执法部门通过搜查令或传票,强制要求美国科技公司提供存储在服务器上的数据,无论这些数据存储在美国或外国的某个地方,案件最后被法院撤销。[4] 尽管美国政府与微软公司之间的争议因国会立法介入而告一段落,但

---

[1] See Anupam Chander and Uyên P. Lê, Data Nationalism, 64 Emory L. J. 677, 680 (2015).

[2] 参见周建青:《"网络空间命运共同体"的困境与路径探析》,载《中国行政管理》2018年第9期,第46页。

[3] See Microsoft Corp. v. United States, 829 F. 3d 197, 222 (2d Cir. 2016).

[4] Privacy-Stored Communications Act—Second Circuit Holds that the Government Cannot Compel an Internet Service Provider to Produce Information Stored Overseas. See Microsoft Corp. v. United States, 829 F. 3d 197 (2d Cir. 2016)[130 Harv. L. Rev. 769 (2016)].

在庭审中的若干争议仍有继续分析之必要。比如,纽约南区法院指出,如果允许微软扣留存储在爱尔兰的数据,将会使犯罪分子逃脱 SCA 搜查令,迫使政府只能依靠相互法律援助条约(MLATs)来获取存储在国外的信息。问题在于,MLATs 既缓慢又不可靠,且很多国家尚未与美国签订类似条约,因此,不能认为国会在制定 SCA 时,将其适用范围局限于域内。[①] 姑且不论纽约南区法院观点正确与否,其主要论点——与 MLATs 相比,SCA 域外管辖更能有效达成目标——有助于证成数据本地化的合理性。[②]

上述争议的特殊性在于,微软是一家总部在美国、业务遍及全球的跨国公司,美国有足够的政治、经济和法律资源来合法获取微软存储在海外的数据。但是,对于那些缺乏足够资源的发展中国家,与其要求 ISP 提供海外数据,进而引发国家间数据主权冲突,还不如将数据留在本国,这就使得数据本地化成为唯一可行的单边主义措施。问题是,任何从一国执法角度施加的数据本地化措施,均有可能被滥用,从而阻碍数字贸易的发展。在此情况下,通过区域贸易协定的规定加以协调有其必要性。[③]

表 4-8 CPTPP、USMCA、EU-Japan EPA 和 RCEP 中的数据本地化条款

协定	数据本地化
CPTPP	第 14.1 条 定义 计算设施指处理或存储用于商用信息的计算机服务器和存储设备。 第 14.13 条 计算设施的位置 1. 缔约方认识到每一缔约方对于计算设施的使用可设有各自的监管要求,包括寻求保证通信安全性和机密性的要求。 2. 任何缔约方不得要求一涵盖的人在该缔约方领土内将使用或设置计算设施作为在其领土内开展业务的条件。 3. 本条中任何内容不得阻止一缔约方为实现合法公共政策目标而采取或维持与第 2 款不一致的措施,只要该措施: (a) 不以构成任意或不合理歧视或对贸易构成变相限制的方式适用;及 (b) 不对计算设施的使用或位置施加超出实现目标所需限度的限制。

---

① See Warrant to Search, 15 F. Supp. 3d at 474-475.

② See Jonah Force Hill, Problematic Alternatives: MLAT Reform for the Digital Age, Harv. Nat'l. Sec. J., 28 January, 2015, https://harvardnsj.org/2015/01/problematic-alternatives-mlat-reform-for-the-digital-age/.

③ See Martin Molinuevo and Simon Gaillard, Trade, Cross-Border Data, and the Next Regulatory Frontier: Law Enforcement and Data Localization Requirements, MTI Practice Notes, No. 3, December 2018.

（续表）

协定	数据本地化
USMCA	第 19.12 条　计算机设施的位置 任何缔约方不得要求一涵盖的人在该缔约方领土内将使用或设置计算设施作为在该领土内开展业务的条件。
EU-Japan EPA	无
RCEP	第 12.1 条 …… (a) 计算设施，是指用于处理或者存储商业用途信息的计算机服务器和存储设备； …… 第 12.14 条　计算机设施的位置 1. 缔约方认识到每一缔约方对于计算设施的使用或位置可能有各自的措施，包括寻求保证通信安全和保密的要求。 2. 缔约方不得将要求涵盖的人使用该缔约方领土内的计算设施或者将设施置于该缔约方领土之内，作为在该缔约方领土内进行商业行为的条件。 3. 本条的任何规定不得阻止一缔约方采取或维持： (a) 任何与第 2 款不符但该缔约方认为是实现其合法的公共政策目标所必要的措施，①只要该措施不以构成任意或不合理的歧视或变相的贸易限制的方式适用；或者 (b) 该缔约方认为对保护其基本安全利益所必要的任何措施。其他缔约方不得对此类措施提出异议。 第 12.16 条　电子商务对话 1. 缔约方认识到对话，包括在适当时与利益相关方对话，对于促进电子商务发展和使用的价值。在进行此类对话时，缔约方应当考虑以下事项： …… (b) 当前和正在显现的问题，如数字产品待遇、源代码、金融服务中跨境数据流动和计算设施的位置； ……

　　与数据流动条款类似，EU-Japan EPA 未就计算机设施的位置问题达成协议。这仍与 2018 年 7 月 17 日欧盟和日本成功结束对等充分性谈判，双

---

① RCEP 第 12.14.3(a) 条在此加入脚注 12："就本项而言，缔约方确认实施此类合法公共政策的必要性应当由实施政策的缔约方决定。"

方同意允许个人数据在欧盟和日本之间安全地传输的特殊情势有关。根据现有欧盟规定,即使一国未获得充分性认定,欧盟 GDPR 仍存在其他体制,如经主管监管机构授权的合同条款或经主管监督机构批准的有约束力的公司规则等,[1]实现有条件的数据跨境传输。CPTPP、USMCA 和 RCEP 则对数据本地化措施作出了明确规定,即任何缔约方不得要求一涵盖的人在该缔约方领土内将使用或设置计算设施作为在其领土内开展业务的条件。但是,关于该原则性的例外,CPTPP、USMCA 和 RCEP 各有不同。其中,USMCA 最为严格,没有就禁止数据本地化规定例外情形。与 CPTPP 的例外规定相比,RCEP 的例外规定更倾向于维护缔约方的规制主权,即不仅实施相关公共政策的必要性由缔约方自我认定,而且对于特定政策目标——保护基本安全利益之必要措施,其他缔约方也不得提出异议。

根据国际经济法的随机理论和自下而上理论,国际数字贸易规则的形成具有很大的偶然性,它是各国在国际层面附带地、补充性地解决国内规制不足的产物。[2] 因此,对巨型区域贸易协定中数字贸易条款的理解不能脱离对主要国家相关国内规制的分析。与任何经济和社会规制一样,数字市场规制也需要平衡政策目标冲突,此类冲突通常发生在经济自由和其他公共政策利益之间。[3] 在互联网世界,规制还必须考虑到电子交易带来的额外挑战。仅就经济性目标而言,数字贸易规制涉及远程电子交易的控制、市场信心和消费者信任的建构等。而最终所采取的措施,无论是数据本地化要求还是有条件跨境数据传输要求,均需每个政策制定者根据本国具体情况作出决定。

通过对比分析 CPTPP、USMCA、EU-Japan EPA 和 RCEP 中关键性数字贸易条款可以发现,由美国、欧盟、中国、日本和加拿大等主要贸易国参与的巨型区域贸易协定,既有一定共识,也有明显分歧。共识主要集中在贸易便利化(如电子文件、电子签名和电子认证)、线上消费者保护和网络安全等事

---

[1] GDPR Art. 46.3(a), Art. 47.1.
[2] See Asif H. Qureshi and Andreas R. Ziegler, International Economic Law, 3rd ed., Sweet & Maxwell, 2011, pp.7-14.
[3] 参见〔英〕安东尼·奥格斯:《规制:法律形式与经济学理论》,骆梅英译,中国人民大学出版社2008年版,第29页。

项。这或是因为在国际层面上已经存在国际软法,客观上有助于共识的达成,或是因为各国国内规制政策基本一致,更容易在国际层面协调。分歧主要体现为中介责任、隐私和个人数据保护、跨境数据流动以及数据本地化措施。这主要是因为以欧盟、美国和中国为代表的贸易国,对于个人隐私、数据保护等敏感问题,存在法律理念、制度和技术层面的根本冲突,[①]只能在国际层面达成浅层次的、未完全理论化的共识。[②]

[①] 参见彭岳:《数字贸易治理及其规制路径》,载《比价法研究》2021 年第 4 期,第 158 页;James Q. Whitman, The Two Western Cultures of Privacy: Dignity Versus Liberty, 113 Yale L. J. 1153, 1160 (2004)。

[②] See Cass R. Sunstein, Incompletely Theorized Agreements Commentary, 108 Harv. L. Rev. 1733, 1735 (1994).

第五章

数字贸易治理的中国方案

面对数字贸易规则的变革,作为数字经济和数字贸易大国,中国不仅要关注数字贸易规则的最新变化,还要积极参与数字贸易规则的塑造过程。就数字贸易,国际层面存在互联网规制和贸易规制两大路径。该两大路径在规制主体、具体对象、实施方式和制度环境方面存在较大差异。其中,以网络空间国际合作为突破口,在互联网规制路径之下,中国政府已经提出了若干涉及数字贸易治理的中国方案,并主要体现在"十三五""十四五"发展规划、《网络空间国际合作战略》和相关国内法律法规之中。然而,在贸易规制路径之下,中国方案仍处于酝酿发展的阶段,随着中国加入RCEP,以及申请加入CPTPP和《数字经济伙伴关系协定》(DEPA),相关中国方案可选择的余地也在逐渐减少。

就研究领域而言,中国参与制定数字贸易国际规则,制定、提出和推行中国方案可被放置在两层法律体系下加以理解。在国内法体系之下,根据统筹推进国内法治和涉外法治理念,数字贸易中国方案的制定应充分考虑到对外关系法的特殊性以及相关国内实体法和程序法的限制。为此,有必要首先廓清与数字贸易有关的国内互联网规制法和贸易规制法的相关规定。在国际法体系之下,相关中国方案的提出和推行必须借助某一类国际法体制,由于互联网规制和贸易规制所依赖的国际法体制并不完全等同,因此,有必要分别加以阐述和分析。

第一节　数字贸易治理中国方案的界定

2021年10月18日,在十九届中央政治局第三十四次集体学习的讲话中,中共中央总书记习近平提出七点关于"不断做强做优做大我国数字经济"的政策建议:(1)加强关键核心技术攻关;(2)加快新型基础设施建设;(3)推动数字经济和实体经济融合发展;(4)推进重点领域数字产业发展;(5)规范数字经济发展;(6)完善数字经济治理体系;(7)积极参与数字经济国际合作等。其中,就积极参与数字经济国际合作,习近平强调,"要密切观察、主动作为,主动参与国际组织数字经济议题谈判,开展双多边数字治理合作,维护和完善多边数字经济治理机制,及时提出中国方案,发出中国声音"①。在此,中国方案的提出与两个具体语境相关——国际组织谈判和双多边治理合作。结合中国国家主导型数字贸易的发展现状,可以认为,最为相关的国际组织谈判涉及 WTO 电子商务谈判,最为典型的双多边治理合作包括互联网规制路径下的国家主导治理模式和贸易规制路径下的区域贸易协定模式。因此,有必要将这两个语境作为中国方案之应用场景,从有利于促进规制合作、协调和一致化的角度,在现有法律制度的框架之下,②具体分析数字贸易中国方案所要实现的具体政策目标、实现该目标的可行手段以及相应的评估标准等。

一、作为全球治理举措与作为社会制度的中国方案

21 世纪以来,随着国际金融危机爆发、全球气候变化加剧、地缘政治冲突抬头等,"全球治理"议题受到越来越多的关注。同时,随着中国综合国力的稳步提升和日益广泛地参与国际事务,具有特殊内涵的"中国方案"开始登上世界舞台,并崭露头角。③ 从其具体内容而言,中国方案可以大致分为两类。

一类是作为全球治理举措的中国方案。当"中国方案"首次在外交舞台上被提及时,主要指向该内涵。如 2013 年 9 月,时任外交部部长王毅介绍习近平主席出席二十国集团领导人第八次峰会有关情况时说:"新形势下,中国正站在更高、更广的国际舞台上纵横驰骋。我们将为世界奉献更多的中国智慧,提供更多的中国方案,传递更多的中国信心,同各国一道,致力于建设持久和平、共同繁荣的和谐世界。"④此后,习近平也在多个对外交往场合提及"中国方案"。如 2014 年 3 月,应德国科尔伯基金会邀请,习近平在柏林发表

---

① 习近平:《不断做强做优做大我国数字经济》,载《求是》2022 年第 2 期。

② 关于法律框架下的协调理论,可参见 Richard H. McAdams and Janice Nadler, Coordinating in the Shadow of the Law: Two Contextualized Tests of the Focal Point Theory of Legal Compliance, 42 L. & Soc. Rev. 865 (2008)。

③ 参见吴晓明:《"中国方案"开启全球治理的新文明类型》,载《中国社会科学》2017 年第 10 期,第 5 页。

④ 《宣示中国理念 提供中国方案 传递中国信心——外交部长王毅谈习近平主席出席圣彼得堡二十国集团领导人第八次峰会》,载《光明日报》2013 年 9 月 7 日第 2 版。此后,在多个场合,王毅均将习近平提出的全球治理方案称为"中国方案"(如《提供中国方案 传递中国信心——外交部部长王毅谈习近平主席出席二十国集团领导人第十次峰会和亚太经合组织第二十三次领导人非正式会议》,2015 年 11 月 19 日,http://politics.people.com.cn/n/2015/1119/c1001-27834589.html;《王毅:为世界经济治理提供中国方案——深入学习贯彻习近平主席在二十国集团领导人杭州峰会上重要讲话精神》,2016 年 9 月 20 日,http://cpc.people.com.cn/n1/2016/0920/c64102-28725409.html)。

的演讲中表示,中国愿以开放包容心态加强同外界对话和沟通,"我们将从世界和平与发展的大义出发,贡献处理当代国际关系的中国智慧,贡献完善全球治理的中国方案,为人类社会应对21世纪的各种挑战做出自己的贡献"①。2014年7月,习近平接受拉美四国媒体联合采访时表示:"我们将更加积极有为地参与国际事务,致力于推动完善国际治理体系,积极推动扩大发展中国家在国际事务中的代表性和发言权。我们将更多提出中国方案、贡献中国智慧,为国际社会提供更多公共产品。"②当前,中国积极参与国际和地区事务,为解决各种全球性问题和地区热点问题提出的各类应对原则、政策方案和具体举措等,均被视为构成中国方案的一部分。③

另一类是作为社会制度的中国方案。2016年7月1日,在庆祝中国共产党成立95周年大会上的讲话(以下简称"七一"讲话)中,习近平指出:"全党同志必须牢记,我们要建设的是中国特色社会主义,而不是其他什么主义。……中国共产党人和中国人民完全有信心为人类对更好社会制度的探索提供中国方案。"④就作为社会制度的中国方案,更为经典的表述体现在中国共产党的十九大报告之中:"中国特色社会主义进入新时代……意味着中国特色社会主义道路、理论、制度、文化不断发展,拓展了发展中国家走向现代化的途径,给世界上那些既希望加快发展又希望保持自身独立性的国家和民族提供了全新选择,为解决人类问题贡献了中国智慧和中国方案。"⑤这是"中国方案"概念第一次出现在党的全国代表大会报告之中,广受社会各界关注。⑥ 值得注意的是,在庆祝中国共产党成立95周年讲话和党的十九大报告中,均提及中

---

① 《习近平在德国科尔伯基金会的演讲》,2014年3月29日,http://www.gov.cn/xinwen/2014-03/29/content2649512.htm。

② 《习近平接受拉美四国媒体联合采访》,2014年7月15日,http://politics.people.com.cn/n/2014/0715/c1024-25280466.html。

③ 如《外交部长王毅就中国外交政策和对外关系答记者问》,2014年3月9日,http://www.gov.cn/2014lh/2014-03/09/content_2634267.htm;《王毅谈2021年中国外交:中国方案为全球治理体系变革注入强劲动力》,2021年12月20日,https://www.mfa.gov.cn/web/ziliao_674904/zt_674979/ywzt_675099/2020/kjgzbdfyyq_699171/202112/t20211220_10471819.shtml。

④ 习近平:《不忘初心,继续前进》,载《习近平谈治国理政》第二卷,外文出版社2017年版,第37页。

⑤ 习近平:《决胜全面建成小康社会,夺取新时代中国特色社会主义伟大胜利》,载《习近平谈治国理政》第三卷,外文出版社2020年版,第9—10页。

⑥ 参见陈建兵、梅长青、胡姣姣:《"中国方案"研究:文献回顾与进路展望》,载《北京工业大学学报(社会科学版)》2019年第3期,第17页。

国将积极参与全球治理体系建设,但在进行具体表述时,并没有采用"中国方案"的概念,而是强调"努力为完善全球治理贡献中国智慧"以及"中国将继续发挥负责任大国作用,积极参与全球治理体系改革和建设,不断贡献中国智慧和力量。"

对于两类不同目标指向的中国方案,有学者总结为:"七一"讲话前,习近平使用"中国方案"一词,"主要指涉全球气候治理、全球互联网治理、世界减贫和发展等国际事务领域,表示中国作为负责任大国积极参与全球治理,对国际社会中一些重大问题和难题,中国可以提供自己的方略和答案"。"七一"讲话则把"中国方案"与"人类对更好社会制度的探索"联系起来,"意味着现当代中国的实践、经验和道路本身,就是中国为探索一种更加美好的社会制度所提供的答卷","中国方案"因此被赋予了更加丰富、极为深刻、更为根本的内涵。[1]

就如何协调作为全球治理举措的中国方案与作为社会制度的中国方案,学者们采取了"中国话语说"[2]"人类命运共同体说"[3]"多维度说"[4]"公共物品说"[5]等理论。如有观点认为,应将中国方案作三个层次的抽象理解:第一层次的意义在于中国自身的发展及持续性发展。中国方案是对中国自身经验

---

[1] 参见刘晨光:《试论"中国方案"的核心要义》,载《新疆师范大学学报(哲学社会科学版)》2017年第5期,第23页。

[2] 如李思学:《习近平"中国方案"思想若干问题研究》,载《社会科学家》2017年第8期,第35页;郭璇:《全球治理的"中国方案"与中国话语的建构》,载《浙江社会科学》2017年第5期,第121页;孙敬鑫:《借"中国方案"提升国际话语权》,载《理论视野》2016年第4期,第10页。

[3] 如刘洋:《人类命运共同体:世界现代性问题的中国智慧与方案》,载《马克思主义研究》2017年第11期,第101页;郝立新、周康林:《构建人类命运共同体——全球治理的中国方案》,载《马克思主义与现实》2017年第6期,第1页;杜飞进:《解决人类问题的"中国方案"——论习近平同志的东方智慧与全球视野》,载《哈尔滨工业大学学报(社会科学版)》2017年第1期,第4页。

[4] 如徐建飞:《进路·意涵·价值:认识"中国方案"的三重维度》,载《齐鲁学刊》2017年第5期,第101页;杜飞进:《解决人类问题的"中国方案"——论习近平同志的东方智慧与全球视野》,载《哈尔滨工业大学学报(社会科学版)》2017年第1期,第4页;张发林:《全球金融治理体系的演进:美国霸权与中国方案》,载《国际政治研究》2018年第4期,第9页;任剑涛:《国际规则与全球化的中国方案》,载《探索与争鸣》2019年第2期,第99页;何志鹏:《国际法治的中国方案——"一带一路"的全球治理视角》,载《太平洋学报》2017年第5期,第1页;公丕祥:《法治现代化的中国方案》,载《江苏社会科学》2020年第4期,第41页。

[5] 如蔡昉:《金德尔伯格陷阱还是伊斯特利悲剧?——全球公共品及其提供方式和中国方案》,载《世界经济与政治》2017年第10期,第4页;陈凤英:《十九大报告诠释全球治理之中国方案——中国对全球治理的贡献与作用》,载《当代世界》2017年第12期,第16页。

的累积,对持续发展意义重大。第二层次的意义在于它的世界性。中国方案既是世界经验的组成部分,也是对世界经验的有效整合。第三层次的意义在于它对于整个世界社会主义运动的价值。中国方案要保有社会主义的原则和理想,大量的突破性理论创新需与中国实践紧密结合。[1] 也有观点从微观、中观和宏观角度分析中国方案:在微观构成上,中国方案是一套"方案体系",包括政治、经济、社会、文化、生态、党的建设和对外关系等若干子方案。在中观向度上,中国方案是一套整体规定,其中总依据是社会主义初级阶段,总布局是社会主义经济建设、政治建设、文化建设、社会建设、生态建设"五位一体",总任务是实现社会主义现代化和中华民族伟大复兴。在宏观维度上,中国方案是一套探索现代化道路,构建人类命运共同体的方案。与西方资本主义国家所具有的殖民主义扩张的现代化历程不同,中国的现代化道路是一条合作共赢和平发展道路,在这一过程中,中国将为完善全球治理贡献中国智慧和力量,"为全世界人民探索更优秀的社会制度提供中国方案,以期最终构建超越民族国家和意识形态的人类命运的共同体和利益共同体"[2]。还有观点从全球公共品的角度认为,随着中国在世界经济中地位的不断提升,中国也必将积极参与全球治理,并代表新兴经济体和广大发展中国家争取更大的话语权。但是,"这并不意味着中国要寻求霸主国家地位及其蕴涵的全球公共品供给者的主导地位。从努力为人类和平与发展事业做出更大贡献的愿望出发,中国愿意与世界各国分享其改革开放促进发展的成功经验,也有责任和能力提出关于全球减贫的中国方案"[3]。更有观点认为,中国方案是为了探索中国问题与人类问题的答案,在中国道路实践中所形成的一整套理论体系、治理体系以及相应的内外战略和政策的总和。因此,中国方案既是对更好社会制度的中国探索,也是为全球治理提供的中国答案,同时具有国内国外双重意义。[4]

---

[1] 参见刘玲:《"中国方案"应对全球挑战的优势及启示》,载《人民论坛·学术前沿》2018 年第 20 期,第 84—85 页。
[2] 徐建飞:《进路·意涵·价值:认识"中国方案"的三重维度》,载《齐鲁学刊》2017 年第 5 期,第 101、104 页。
[3] 蔡昉:《金德尔伯格陷阱还是伊斯特利悲剧?——全球公共品及其提供方式和中国方案》,载《世界经济与政治》2017 年第 10 期,第 4 页。
[4] 参见刘晨光:《试论"中国方案"的核心要义》,载《新疆师范大学学报(哲学社会科学版)》2017 年第 5 期,第 22 页。

虽然上述各类理论解说存在角度、关注点和结论的差异,但它们均与协调推进国内治理和国际治理这一重大命题存在密切关联。在这一命题下,中国推进国家治理体系和治理能力现代化,本身就包含着积极参与全球治理体系改革和建设。① 与之最为直接相关的成果就是中国方案。②

二、位于国内层面与位于国际层面的中国方案

在理论上静态地界分中国方案,指出其所含有的政策分析阶段和政治决断阶段,仅是研究的第一步。如果从其所处的体系层次和体系语境来看,中国方案还可被动态地界分为面向国内的方案和面向国际的方案两种。③ 之所以要在理论上作出这一划分,主要是因为"中国方案"命题的提出,体现出"从世界看中国"到"从中国看世界"的观察角度与研究视角的深刻转换。④ 申言之,如果中国无意积极参与数字经济国际合作,则相关中国方案完全可以带有强烈的单边主义特征,其内容的合理性和合法性等问题,将被放置在中国法体系下加以考量。反之,如果中国需要借助现有的国际制度框架提出中国方案,并寻求他国的认同,则必须通过两个层次的政策分析和政治决断过程:一是国内层面,需要按照国内体制,制定相关中国方案,并获得国内政治决断程序的认可;二是国际层面,需要按照国际体制,提交此类中国方案,并努力使中国方案成为国际谈判的议题和焦点,最终被国际社会所采纳。

国内层面,每个国家都有自己独特的政策分析和政治决断体制。同时,国家内部不同机构之间和同一机构的不同层级之间,政策分析和决断程序也存在较大差异。在法治的理念下,政策与法律存在形式上的不同,前者更注

---

① 如在《中共中央关于坚持和完善中国特色社会主义制度 推进国家治理体系和治理能力现代化若干重大问题的决定》(2019年10月31日中国共产党第十九届中央委员会第四次全体会议通过)第十三部分(坚持和完善独立自主的和平外交政策,推动构建人类命运共同体)指出:"推动党和国家事业发展需要和平国际环境和良好外部条件。必须统筹国内国际两个大局,高举和平、发展、合作、共赢旗帜,坚定不移维护国家主权、安全、发展利益,坚定不移维护世界和平、促进共同发展。"具体内容包括四个方面,即健全党对外事工作领导体制机制、完善全方位外交布局、推进合作共赢的开放体系建设,以及积极参与全球治理体系改革和建设。

② 参见刘宏:《"中国方案"的世界贡献》,载《人民论坛》2017年第33期,第38页。

③ See J. David Singer, The Level-of-Analysis Problem in International Relations, 14 World Politics, 77, 90-91 (1961).

④ 参见陈建兵、梅长青、胡姣姣:《"中国方案"研究:文献回顾与进路展望》,载《北京工业大学学报(社会科学版)》2019年第3期,第19页。

重治理的实质内容,后者则强调治理的合法形式。也正是因为如此,在特定情况下,形式与实质之间的差别可以被视为"正当但非法"的可操作性定义。[1] 理论上,一项经过理性政策分析过程,并被政治决断所采纳的政策方案可能有助于社会问题的解决,但如果相关政策方案所建议之实施措施与现有的法律规定相抵触,则此类政策方案仍然不具可行性。

国际层面,一项被国内政治决断程序所采纳的政策方案被重新提起,交由相关国际体制内的权威决策者进行政治决断。与国内决断程序类似,在国际层面的政治决断程序中,被提交的政策方案或是作为单独议题,或是作为关联议题加以讨论。如果作为单独议题,相关政策方案能否被采纳,往往要视其相对于其他替代政策方案的优劣而定。如果作为关联议题,根据互惠互利议题关联理论,在国际磋商和谈判中,各方将考虑相关政策方案关联之后的成本和收益,尽量降低公平分配障碍,增加成功的概率。[2] 在此情况下,相关政策方案能否被最终采纳,需要考虑其与其他议案的综合效应。无论是单独议题还是关联议题,一旦被相关国际体制的政治决断程序所认可,将获得该体制所认可的正当性。

就数字贸易中国方案而言,其同样需经过国内和国际两个层次的筛选。在此意义上,未经国内权威程序认可的政策建议,尚不足以冠名为"中国方案",[3] 经过国内权威认定,但具体内容待定,尚未提交给相关国际体制加以政治决断的政策方案,只不过是一种立场或经验的表达。[4] 如上所述,中国方案

---

[1] See Theodore J. Lowi, Law vs. Public Policy: A Critical Exploration, 12 Cornell J. L. & Pub. Pol'y, 493, 501 (2003).

[2] See Robert D. Tollison and Thomas D. Willett, An Economic Theory of Mutually Advantageous Issue Linkages in International Negotiations, 33 Int'l Org. 425, 448 (1979).

[3] 如有学者将"外国经验"与中国实践相对照,在隐喻的意义上将后者称为"中国方案"(如王建文、许飞剑:《公司高管勤勉义务判断标准的构造:外国经验与中国方案》,载《南京社会科学》2012 年第 9 期,第 112 页;张欣:《算法影响评估制度的构建机理与中国方案》,载《法商研究》2021 年第 2 期,第 102 页),而更为常规的用法是"应对方案"(如褚童:《巨型自由贸易协定框架下国际知识产权规则分析及中国应对方案》,载《国际经贸探索》2019 年第 9 期,第 92—93 页;徐程锦:《WTO 电子商务规则谈判与中国的应对方案》,载《国际经济评论》2020 年第 3 期,第 29 页)。

[4] 如有学者通过国内立法草案中的原则,推定存在"中国方案"(许可:《自由与安全:数据跨境流动的中国方案》,载《环球法律评论》2021 年第 1 期,第 22 页),但更为妥当的提法是"中国立场"(廖凡:《世界贸易组织改革:全球方案与中国立场》,载《国际经济评论》2019 年第 2 期,第 32 页)。中国国家主席习近平在 2015 年巴黎气候大会上以《携手构建合作共赢、公平合理的气候变化治理机制》为题,提出若干政策方案,并作出呼吁("让我们携手努力,为推动建立公平有效的全球应对气候变化机制、实现更高水平全球可持续发展、构建合作共赢的国际关系做出贡献"),为全球环境治理提供"中国方案"(王雨辰:《人类命运共同体与全球环境治理的中国方案》,载《中国人民大学学报》2018 年第 4 期,第 68 页)。

是中国推进国家治理体系和治理能力现代化,特别是积极参与全球治理体系改革和建设成果最为直接的体现。因此,在表现形态上,数字贸易中国方案最终可能表现为国家领导人所确立的一套规则、原则或制度。易言之,中国方案是由中国政府创造性提出,并经中国领导人不断丰富完善的系列政策方案,具有高度的权威性和代表性。如党的十八大以来,中国聚焦全球经济治理、贫困治理、气候治理、能源治理、互联网治理等全球性挑战,陆续提出了一系列治理方案。这些方案从最初的规划设计到最终的落地施行,均由中国政府举全国之力统筹协调而成,其间还会和相关国家专门进行研讨、主动民主协商、一起出谋划策。[①] 也正是在此意义上,可以说,中国尚未形成成熟的数字贸易中国方案。但是,在国内权威机构确定数字贸易中国方案之前,并不意味着学术研究无能为力。至少在如下三个方面,相关学术研究可为中国方案的提出和通过做出贡献:

首先,学术研究可对国内外相关法律制度加以梳理,探究中国方案内容的国内法根基。一方面,对于体现在现有法律制度之中,有可能成为中国经验,进而构成中国方案之一部分的实体性、程序性和机制性规定加以总结、提炼和升华;另一方面,由于中国国家治理体系和治理能力尚处于现代化的过程之中,体现在法律制度中的某些规定并不必然代表先进的、值得向全球推广的中国经验,可通过对国外相关法律制度的研究,借鉴先进经验或创新思路,提出更具针对性的改进方案。

其次,学术研究可对国际相关法律制度加以梳理,摸清中国方案得以成为国际共识的国际法体制。不同的国际法体制存在着不同的方案提起、讨论、通过和执行机制。以全球金融治理领域为例,要提出一个具有现实操作性和国际合法性而不只是口号的中国方案,有学者认为,至少需要解决四大问题:(1)中国如何进入全球金融治理体系的组织核心,增加中国方案的聚集能力和协调能力?(2)中国如何实质性改善与全球金融治理机构的关系,提升制度性金融权力?(3)中国如何加入全球金融治理体制核心目标的制定之中,提升中长期议程制定的能力?(4)中国如何在接受全球金融治理体制具

[①] 参见周虎:《试论"中国方案"的角色出场、理论观照和话语认同——基于十八大以来学界关于"中国方案"研究的最新动向》,载《思想政治教育研究》2020年第4期,第72页。

体内容的同时为国际社会贡献中国经验?[①] 显然,这些国际机制已然超出中国方案范畴之外,需要加以研究。

最后,学术研究具有独特的创造性、灵活性和前瞻性,可为中国方案的制定、提出等开拓思路,防止制度僵化。中国方案建立在中国发展道路和成功实践的基础上,体现了中国积极参与全球规则制定的努力,具有鲜明的与时俱进的特征。[②] 在协调推进国内治理和国际治理的进程中,中国方案需要根据国际情势、国内情况和政策目标等的变化而加以调整。由于制度体系惯性使然,一旦某一具体政策方案被冠以"中国方案"之名,则意味着将在相当长的时期内代表着中国立场,其权威地位很少会接受乃至容忍挑战。为防止制度僵化,除非存在非常明确的政策目标,中国方案多体现为原则性倡导条款。但中国方案的内容越是原则,则相关中国方案的可操作性就越差。在此情况下,通过前瞻性学术研究,可适当增强中国法案的包容性和可操作性。

第二节 互联网规制语境下的中国方案

数字贸易,不管是数字赋能的传统贸易,还是以数据内容为交易对象的国际贸易,均脱离不了互联网所构建的网络空间。相对于数字经济和数字贸易,中国就互联网空间治理问题有相对明确的方案。此类中国方案的提出和实施,必然或多或少地影响到以之为生态环境的数字贸易行为。

一、全球互联网治理中国方案的国内政策背景

制定和实施国民经济和社会发展五年规划,引领经济社会发展,是中国共产党治国理政的一种重要方式,是中国特色社会主义发展模式的重要体现。从1953年开始,中国已经编制实施了14个五年规划,大致可以分为三个阶段:(1) 计划经济体制下的五年计划(从"一五"至"五五");(2) 计划经济体制向社会主义市场经济体制转轨时期的五年计划(从"六五"至"九五");(3) 社会主义市场经济体制基本建立后的五年规(计)划(从"十五"至"十四

[①] 参见张发林:《全球金融治理体系的演进:美国霸权与中国方案》,载《国际政治研究》2018年第4期,第34—36页。

[②] 参见刘宏:《"中国方案"的世界贡献》,载《人民论坛》2017年第33期,第38—39页。

五")。实践充分证明,制定和实施五年规划,为党的主张转化为国家意志提供了重要途径,是推动国家发展战略连续稳定实施的重要保障,构成政府履行职责的重要依据,也是引导社会预期的重要手段。[①] 有鉴于此,本书以五年规(计)划为文本分析对象,探究网络治理中国方案的国内政策背景。

自党的十四大确立经济体制的改革目标为"建立和完善社会主义市场经济体制"以来,党和国家政策在若干重大政策文件,特别是国家规划性文件中多次强调发展信息技术和信息产业的重要性。随着互联网信息技术市场化以及电子商务的蓬勃发展,如何在促进互联网经济、数字经济发展的同时,强化网络治理越来越成为政策关注的重点。随着关注重点的不同,相关的五年计划可分为两个阶段:信息化拓展阶段和网络强国战略阶段。

(一) 信息化拓展阶段的稳步发展

产业信息化和信息产业化一直是党和国家政策关注的重点领域之一。[②] 作为从计划经济体制向社会主义市场经济体制转轨的最后一个五年计划,"九五"计划将信息分为两类:一类是赋能国民经济的信息——国民经济信息化,另一类是作为要素的信息——信息资源。[③]

"十五"计划将信息产业和信息化在国民经济中的地位提升到一个新的高度。[④] 该计划纲要第六章专门阐述"加速发展信息产业,大力推进信息化"问题。[⑤] 在广泛应用信息技术方面,"十五"计划提出要"加强信息资源开发,强化公共信息资源共享……加快电子认证体系、现代支付系统和信用制度建设,大力发展电子商务",推动信息产业与有关文化产业相结合。这些举措使

---

① 参见王昌林:《国民经济和社会发展五年规划(计划)制定和实施的主要历程、重要作用、宝贵经验与建议》,十三届全国人大常委会专题讲座第十九讲,2020 年 10 月 20 日,http://www.npc.gov.cn/npc/c30834/202010/9a2a59d4e3124ec787021268174bd57e.shtml。

② 如"八五"计划提及发展电子信息技术和信息市场[《中华人民共和国国民经济和社会发展 十年规划和第八个五年计划纲要》(1991 年 4 月第七届全国人民代表大会第四次会议批准)],但重视程度远不如其后的五年计划或规划。

③ 《中华人民共和国国民经济和社会发展"九五"计划和 2010 年远景目标纲要》(1996 年 3 月 17 日第八届全国人民代表大会第四次会议批准)。

④ 《中华人民共和国国民经济和社会发展第十个五年计划纲要》(2001 年 3 月 15 日第九届全国人民代表大会第四次会议批准)。

⑤ 同上。

得中国电子商务在一开始就能与全球保持同步,①从而为此后中国数字经济和数字贸易的发展奠定了坚实的政策基础。

"十一五"规划通过信息化、互联网和电子商务三个关键词,构建起网络治理的基本对象和环境。② 就信息化问题,"十一五"规划第十五章指出,应"坚持以信息化带动工业化,以工业化促进信息化,提高经济社会信息化水平"。就互联网问题,随着互联网和文化产业的结合,规划一方面要求发展数字广播影视,发展数字出版,重视网络媒体建设,另一方面则要求"加强文化市场综合执法和对互联网的管理"。就电子商务,在"积极发展信息服务业"一节,"十一五"规划要求积极发展电子商务。③

"十二五"规划在原来信息化、互联网和电子商务的基础上,强化了数字内容要求。④ 其中,信息化事项主要规定在第十三章——"全面提高信息化水平",涉及构建下一代信息基础设施、加快经济社会信息化和加强网络和信息安全保障三个方面。电子商务事项构成加快经济社会信息化的重要组成部分,既有助于优化发展商贸服务,也是全面深化两岸经济合作的重点领域之一。与之有所不同,关于数字内容的事项主要体现在"培育壮大高技术服务业"和"加快发展文化产业"两个方面。

从网络治理的角度而言,在本阶段,提升信息技术、创新信息服务、发展电子商务和数字内容产业等规划要求涉及互联网基础设施建设、互联网增值服务、产业信息化/数字化以及信息/数字产业化等领域,引发了对国家网络

---

① 如1997年,美国克林顿政府提出了"全球电子商务框架"五原则:(1)私营部门应起带头作用;(2)政府应当避免不适当地限制电子商务;(3)在需要政府参与的地方,其目标应该是支持和实施可预测的、最低限度的、一致的和简单的商业法律环境;(4)政府应该认识到互联网的独特性;(5)应在全球基础上便利互联网电子商务。基于上述五个原则,该文件涵盖了九个领域,并主张利用国际协议来维护互联网作为非监管媒介的独特性。其中,竞争和消费者的选择将塑造市场。虽然这些项目在许多方面有重叠,但可以分为三个主要的子组:财政问题(关税和税收、电子支付)、法律问题(电子商务"统一商法典"、知识产权保护、隐私、安全)和市场准入问题(电信基础设施和信息技术、内容、技术标准)(President William J. Clinton and Vice President Albert Gore, Jr., A Framework for Global Electronic Commerce, https://clintonwhitehouse4.archives.gov/WH/New/Commerce/read.html)。

② 《中华人民共和国国民经济和社会发展第十一个五年规划纲要》(2006年3月14日第十届全国人民代表大会第四次会议批准)。

③ 具体涉及建立健全电子商务基础设施、法律环境、信用和安全认证体系,建设安全、便捷的在线支付服务平台;发展企业间电子商务,推广面向中小企业、重点行业和区域的第三方电子商务交易与服务。除此之外,"十一五"规划还鼓励教育、文化、出版、广播影视等领域的数字内容产业发展,丰富中文数字内容资源。

④ 《中华人民共和国国民经济和社会发展第十二个五年规划纲要》(2011年3月14日第十一届全国人民代表大会第四次会议批准)。

与信息安全的关注。

（二）网络强国战略阶段的特别要求

党的十八大以来，党中央高度重视发展数字经济，将其上升为国家战略。如党的十八届五中全会提出，要实施网络强国战略，实施"互联网＋"行动计划，发展分享经济，实施国家大数据战略。① 党的十九大提出，推动互联网、大数据、人工智能和实体经济深度融合，建设网络强国、数字中国和智慧社会。② 党的十九届五中全会提出，要建设网络强国、数字中国，加快数字化发展。③ 2016 年 3 月的"十三五"规划多个篇章涉及信息化、互联网、电子商务和数字内容等与网络强国战略息息相关的内容。④ 为"牢牢把握信息技术变革趋势，实施网络强国战略，加快建设数字中国，推动信息技术与经济社会发展深度融合，加快推动信息经济发展壮大"，第六篇专门围绕"拓展网络经济空间"而展开，包括构建泛在高效的信息网络、发展现代互联网产业体系、实施国家大数据战略和强化信息安全保障四个方面的内容。

与"十三五"规划相呼应，2016 年 7 月，中共中央办公厅、国务院办公厅印发了《国家信息化发展战略纲要》，根据新形势对《2006—2020 年国家信息化发展战略》作出调整和发展，构成规范和指导未来十年国家信息化发展的纲领性文件，是国家战略体系的重要组成部分，也是信息化领域规划、政策制定的重要依据。⑤

为贯彻落实"十三五"规划和《国家信息化发展战略纲要》，2016 年 12 月，国务院制定了《"十三五"国家信息化规划》，作为指导"十三五"期间各地区、各部门信息化工作的行动指南。⑥ 该规划认为，"十三五"时期是信息化引领全面创新、构筑国家竞争新优势的重要战略机遇期，是我国从网络大国迈向

---

① 《中国共产党第十八届中央委员会第五次全体会议公报》（2015 年 10 月 29 日中国共产党第十八届中央委员会第五次全体会议通过）。
② 《决胜全面建成小康社会 夺取新时代中国特色社会主义伟大胜利——在中国共产党第十九次全国代表大会上的报告》（2017 年 10 月 18 日公布）。
③ 《中国共产党第十九届中央委员会第五次全体会议公报》（2020 年 10 月 29 日中国共产党第十九届中央委员会第五次全体会议通过）。
④ 《中华人民共和国国民经济和社会发展第十三个五年规划纲要》（2016 年 3 月 16 日第十二届全国人民代表大会第四次会议通过）。
⑤ 《国家信息化发展战略纲要》（中共中央办公厅、国务院办公厅 2016 年 7 月公布）。
⑥ 《国务院关于印发"十三五"国家信息化规划的通知》（国发〔2016〕73 号）。

网络强国、成长为全球互联网引领者的关键窗口期,是信息技术从跟跑并跑到并跑领跑、抢占战略制高点的激烈竞逐期,也是信息化与经济社会深度融合、新旧动能充分释放的协同迸发期。

2021年的"十四五"规划具有重要历史意义。① 为迎接数字时代,激活数据要素潜能,推进网络强国建设,加快建设数字经济、数字社会、数字政府,以数字化转型整体驱动生产方式、生活方式和治理方式变革,"十四五"规划第五篇专门就加快数字化发展,建设数字中国作出专门规定,主要内容涉及打造数字经济新优势、加快数字社会建设步伐、提高数字政府建设水平和营造良好数字生态四个方面。

依据"十四五"规划,国务院于2021年12月印发了《"十四五"数字经济发展规划》。② 该规划确立了"坚持创新引领、融合发展""坚持应用牵引、数据赋能""坚持公平竞争、安全有序""坚持系统推进、协同高效"四大基本原则。具体举措则包括:优化升级数字基础设施、充分发挥数据要素作用、大力推进产业数字化转型、加快推动数字产业化、持续提升公共服务数字化水平、健全完善数字经济治理体系、着力强化数字经济安全体系、有效拓展数字经济国际合作等。

与此同时,依据"十四五"规划和《国家信息化发展战略纲要》,中央网络安全和信息化委员会于2021年12月印发了《"十四五"国家信息化规划》。该规划指出,"十三五"期间,随着《中华人民共和国网络安全法》《中华人民共和国电子商务法》《网络安全审查办法》等颁布实施,信息化发展的法律政策框架基本形成,网络安全保障能力显著增强,但也存在一些突出短板。③ 为此,该规划将主攻方向确定为"在深化创新驱动、优化要素资源配置、支撑共建共治共享、促进健康和谐共生、防范化解风险等方面取得突破"。④

---

① "十四五"是我国全面建成小康社会、实现第一个百年奋斗目标之后,乘势而上开启全面建设社会主义现代化国家新征程、向第二个百年奋斗目标进军的第一个五年。参见《中华人民共和国国民经济和社会发展第十四个五年规划和2035年远景目标纲要》(2021年3月11日第十三届全国人民代表大会第四次会议批准)。

② 《国务院关于印发"十四五"数字经济发展规划的通知》(国发〔2021〕29号)。

③ 如数字领域国际合作"中国方案"尚待完善,数字化发展治理体系亟待健全。

④ 具体包括:建设泛在智联的数字基础设施体系、建立高效利用的数据要素资源体系、构建释放数字生产力的创新发展体系、培育先进安全的数字产业体系、构建产业数字化转型发展体系、构筑共建共治共享的数字社会治理体系、打造协同高效的数字政府服务体系、构建普惠便捷的数字民生保障体系、拓展互利共赢的数字领域国际合作体系和建立健全规范有序的数字化发展治理体系等十个方面。

从网络治理的角度而言,在本阶段,"网络强国"和"数字经济"为关键词。2016年7月印发的《国家信息化发展战略纲要》是规范和指导未来十年国家信息化发展的纲领性文件,与"十四五"规划、《"十四五"数字经济发展规划》《"十四五"国家信息化规划》一道,构成近期数字贸易中国方案制定和提出的国内政策背景。

二、网络治理中国方案的国际化维度

五年规划主要是对国家重大建设项目、生产力分布和国民经济重要比例关系等作出规划,为国民经济发展远景规定目标和方向。因此,五年规划具有非常浓厚的国内政策面向。随着全球经济一体化进程的加速,中国经济日益融入国际市场,五年规划的国际化色彩越发明显。

(一)五年规划的"对外开放"传统

自确立改革开放基本国策以来,中国政府的五年计划历来注重对外经济交往。如"六五"计划第十九章规定了"对外经济贸易",[1]"七五"计划第六部分规定了"对外经济贸易和技术交流",[2]"八五"计划第六部分规定了"对外贸易和经济技术交流"。[3]"九五"计划明确提出,"坚定不移地实行对外开放"。其中,第八部分以"扩大对外开放程度,提高对外开放水平"为标题,要求"九五"期间,要适应社会主义市场经济发展需要和国际经济通行规则,初步建立统一规范的对外经济体制,扩大对外贸易和对外经济技术交流与合作。"十五"计划第十七章以"扩大改革开放,发展开放型经济"为标题,要求国家要以更加积极的姿态,抓住机遇,迎接挑战,趋利避害,做好加入世界贸易组织的准备和过渡期的各项工作,不断提高企业竞争能力,进一步推动全方位、多层次、宽领域的对外开放。[4]

随着中国加入世界贸易组织,中国经济发展的制度空间日益与国际经济

---

[1] 《中华人民共和国国民经济和社会发展第六个五年计划》(1982年12月10日第五届全国人民代表大会第五次会议批准)。

[2] 《中华人民共和国国民经济和社会发展第七个五年计划》(1986年4月第六届全国人民代表大会第四次会议批准)。

[3] 《中华人民共和国国民经济和社会发展十年规划和第八个五年计划纲要》(1991年4月9日第七届全国人民代表大会第四次会议批准)。

[4] 《中华人民共和国国民经济和社会发展第十个五年计划纲要》(2001年3月15日第九届全国人民代表大会第四次会议批准)。

体制相关联。WTO体制要求中国向其他成员开放国内市场的同时,也为中国企业迈向国际市场、参与国际竞争、与国际经济秩序接轨创造了高效、透明的国际制度环境。与此同时,在"走出去"战略的指导和驱动下,中国外向型经济,特别是企业海外投资也取得了长足进步。[1] 在这一背景下,中国的五年规划开始扩张"开放"的外延,不仅包括中国对外开放,也包括"走出去"战略下的海外扩张。从制度建构的层面考察,对外开放受中国国际承诺的约束,但最终主动权在我;[2]对于后者,则必须通过国家间合作或突破传统的外交政策才能有效保护中国海外利益。[3]

"十一五"规划第九篇题为"实施互利共赢的开放战略",提出"坚持对外开放基本国策,在更大范围、更广领域、更高层次上参与国际经济技术合作和竞争,更好地促进国内发展与改革,切实维护国家经济安全"。就国际经济合作而言,一个重要的举措是"积极参与国际区域经济合作机制,加强对话与协商,发展与各国的双边、多边经贸合作。积极参与多边贸易、投资规则制定,推动建立国际经济新秩序"[4]。

"十二五"规划第十二篇以"互利共赢,提高对外开放水平"为题,要求政府适应我国对外开放由出口和吸收外资为主转向进口和出口、吸收外资和对

---

[1] 中国企业海外投资大致可以分为四个阶段:(1) 2001年之前为初步探索阶段。这一阶段,中国企业尚不具备明显的对外投资优势,加之外汇短缺,国家在外资政策的运营方向上主要偏重对外引资,并不鼓励对外直接投资,海外投资非常少。(2) 2001年到2008年为稳步发展阶段。"十五"计划明确提出"走出去"战略。这一阶段对外投资增长明显,但中国企业的海外投资流量依然较低,存量不足。(3) 2009年到2016年为快速发展阶段。这一阶段,企业实力不断提升,受"走出去"总体战略和"一带一路"倡议强力推动,企业海外投资总量不断攀升。(4) 2017年至今为海外投资制度完善阶段。国家密集出台海外投资监管办法,加强了政策调控的范围和力度。相关资料可参见商务部对外投资和经济合作司发布的历年对外直接投资统计公报,http://hzs.mofcom.gov.cn/article/date/201512/20151201223578.shtml。

[2] See Julien Chaisse and Debashis Chakraborty, Implementing WTO Rules Through Negotiations and Sanctions: The Role of Trade Policy Review Mechanism and Dispute Settlement System, 28 U. Pa. J. Int'l Econ. L. 153, 179-180 (2007); Xin Zhang, Implementation of the WTO Agreements: Framework and Reform, 23 Nw. J. Int'l L. & Bus. 383, 384 (2002-2003).

[3] 参见甄炳禧:《新形势下如何保护国家海外利益——西方国家保护海外利益的经验及对中国的启示》,载《国际问题研究》2009年第6期,第51页;Mathieu Duchâtel, Oliver Bräuner and Zhou Hang, Protecting China's Overseas Interests: The Slow Shift away from Non-interference, SIPRI Policy Paper, No. 41, pp.57-58, June 2014。

[4] 《中华人民共和国国民经济和社会发展第十一个五年规划纲要》(2006年3月14日第十届全国人民代表大会第四次会议通过)。

外投资并重的新形势,必须实行更加积极主动的开放战略,不断拓展新的开放领域和空间,扩大和深化同各方利益的汇合点,完善更加适应发展开放型经济要求的体制机制,有效防范风险,以开放促发展、促改革、促创新。相较于"十一五"规划,"十二五"规划更为详细地描述了积极参与全球经济治理和区域合作的目标和路径,主要涉及三个方面:

第一,在国际交流合作方面,延续传统的"大国是关键、周边是首要、发展中国家是基础、多边外交是重要舞台"的外交格局。①

第二,在国际经济体系改革方面,促进国际经济秩序朝着更加公正合理的方向发展。

第三,在自由贸易区战略方面,进一步加强与主要贸易伙伴的经济联系,深化同新兴市场国家和发展中国家的务实合作。

(二) 网络强国阶段的特别规定

自党的十八大以来,网络强国和数字经济发展均上升到国家战略层面,两者所依赖的互联网通信和数据要素流动更是与国际市场密不可分。针对这一新的情况,"十三五"和"十四五"规划除延续积极参与全球治理的主题之外,还就如何在国际层面推进网络强国和数字中国作出专门规定。②

1. "十三五"规划及其配套规划的特别规定

"十三五"规划第 52 章题为"积极参与全球经济治理",旨在推动国际经济治理体系改革完善,积极引导全球经济议程,维护和加强多边贸易体制,促进国际经济秩序朝着平等公正、合作共赢的方向发展,共同应对全球性挑战。具体内容包括维护多边贸易体制主渠道地位、强化区域和双边自由贸易体制建设、推动完善国际经济治理体系三个方面。其中,在推动完善国际经济治理体系方面,"十三五"规划特别提及,要积极参与网络领域国际规则的制定。在"十三五"规划中,与网络治理更为相关的内容规定在第六篇"拓展网络经济空间"。该部分规定了若干带有国际面向的中国方案,如在构建泛在高效

---

① 2002 年以来,中国形成了"大国是关键、周边是首要、发展中国家是基础、多边外交是重要舞台"的外交格局(杨洁篪:《中国共产党建党百年来外事工作的光辉历程和远大前景》,载《求是》2021 年第 10 期)。对于"发展中国家"概念,中国有自己独特的理解和认识,认为"发展中国家"自始就不是一个纯粹的经济概念,而具有更为丰富的历史、政治和文化属性(罗建波:《正确义利观与中国对发展中国家外交》,载《西亚非洲》2018 年第 5 期,第 5 页)。

② 如"十三五"规划第六篇规定了如何拓展网络经济空间,"十四五"规划第五篇规定了如何加快数字发展,建设数字中国。

的信息网络方面,要建立畅通的国际通信设施,优化国际通信网络布局,完善跨境陆海缆基础设施;在发展现代互联网产业体系方面,要建立"互联网+"标准体系,加快互联网及其融合应用的基础共性标准和关键技术标准研制推广,增强国际标准制定中的话语权;在强化信息安全保障方面,要科学实施网络空间治理,推动建立多边、民主、透明的国际互联网治理体系,积极参与国际网络空间安全规则制定、网络犯罪治理、网络安全技术和标准制订等领域的国际合作。

与"十三五"规划"积极参与全球经济治理"相呼应,《国家信息化发展战略纲要》全文有41处提及"国际"一词,有18处提及"全球"一词。就国家信息化发展的基本趋势,该战略纲要认为,世界各国加快网络空间战略布局,围绕关键资源获取、国际规则制定的博弈也日趋尖锐复杂。在此情况下,中国基本方针之一是"合作共赢",围绕"一带一路"建设,加强网络互联、促进信息互通,加快构建网络空间命运共同体;用好国内国际两个市场、两种资源、网上网下两个空间,主动参与全球治理,不断提升国际影响力和话语权。为此,《国家信息化发展战略纲要》在深化合作交流、参与国际规则制定、拓展国际发展空间和共建国际网络新秩序四个方面提出具体要求。

国务院印发的《"十三五"国家信息化规划》进一步细化了"十三五"规划和《国家信息化发展战略纲要》中关于国际网络治理的要求。为实施网络强国战略,该规划提出要坚持全球视野发展的原则,要"积极推动全球互联网治理体系变革,提高我国国际话语权"。对于如何推动全球互联网治理体系变革,该规划特别提出,要"坚持尊重网络主权、维护和平安全、促进开放合作、构建良好秩序,积极参与全球网络基础设施建设,打造网上文化交流共享平台,推动网络经济创新发展,保障网络安全,推动建立多边、民主、透明的全球互联网治理体系。主动提出中国方案,加快共同制定国际信息化标准和规则"。同时,"把世界互联网大会打造成网络空间合作最重要的国际平台之一,广泛传播我国治网主张,推动建立多边、民主、透明的国际互联网治理体系,构建网络空间命运共同体。完善网络空间多双边对话协商机制。深度参与互联网治理规则和技术标准制定,积极参加互联网名称和数字地址分配机构、互联网工程任务组等国际互联网技术和管理机构的活动。实施网络社会组织走出去战略,建立打击网络犯罪国际合作机制,共同防范和反对利用网络空间进行商业窃密、黑客攻击、恐怖犯罪等活动"。

值得注意的是,2017年3月1日,经中央网络安全和信息化领导小组批准,外交部和国家互联网信息办公室共同发布《网络空间国际合作战略》。该战略以和平发展、合作共赢为主题,以构建网络空间命运共同体为目标,就推动网络空间国际交流合作首次全面系统提出中国主张,为破解全球网络空间治理难题贡献中国方案,是指导中国参与网络空间国际交流与合作的战略性文件。该战略提出,应在和平、主权、共治、普惠四项基本原则基础上推动网络空间国际合作。[①] 中国参与网络空间国际合作的战略目标是:坚定维护中国网络主权、安全和发展利益,保障互联网信息安全有序流动,提升国际互联互通水平,维护网络空间和平安全稳定,推动网络空间国际法治,促进全球数字经济发展,深化网络文化交流互鉴,让互联网发展成果惠及全球,更好造福各国人民。[②] 该战略强调,"中国在推动建设网络强国战略部署的同时,将秉持以合作共赢为核心的新型国际关系理念,致力于与国际社会携起手来,加强沟通交流,深化互利合作,构建合作新伙伴,同心打造人类命运共同体,为建设一个安全、稳定、繁荣的网络空间做出更大贡献"。

2. "十四五"规划及其配套规划的特别规定

"十四五"规划第42章(积极参与全球治理体系改革和建设)没有提及国际网络治理问题,而是在第18章(营造良好数字生态)就"推动构建网络空间命运共同体"作出详细规定。该章规定:"推进网络空间国际交流与合作,推动以联合国为主渠道、以联合国宪章为基本原则制定数字和网络空间国际规则。推动建立多边、民主、透明的全球互联网治理体系,建立更加公平合理的网络基础设施和资源治理机制。积极参与数据安全、数字货币、数字税等国际规则和数字技术标准制定。推动全球网络安全保障合作机制建设,构建保护数据要素、处置网络安全事件、打击网络犯罪的国际协调合作机制。向欠发达国家提供技术、设备、服务等数字援助,使各国共享数字时代红利。积极

[①] 战略倡导各国切实遵守《联合国宪章》宗旨与原则,确保网络空间的和平与安全;坚持主权平等,不搞网络霸权,不干涉他国内政;各国共同制定网络空间国际规则,建立多边、民主、透明的全球互联网治理体系;推动在网络空间优势互补、共同发展,弥合"数字鸿沟",确保人人共享互联网发展成果。

[②] 该战略从九个方面提出了中国推动并参与网络空间国际合作的行动计划:维护网络空间和平与稳定、构建以规则为基础的网络空间秩序、拓展网络空间伙伴关系、推进全球互联网治理体系改革、打击网络恐怖主义和网络犯罪、保护公民权益、推动数字经济发展、加强全球信息基础设施建设和保护、促进网络文化交流互鉴。

推进网络文化交流互鉴。"这一表述是构建人类命运共同体理念在国际网络空间治理中的体现,与《国家信息化发展战略纲要》保持高度一致,对于中国积极参与全球经济治理具有重要的指导意义。

与"十四五"规划相配套的《"十四五"数字经济发展规划》就如何"有效拓展数字经济国际合作"作出规定,涉及加快贸易数字化发展、推动"数字丝绸之路"深入发展、积极构建良好国际合作环境等三个部分。其中,积极构建良好国际合作环境部分着重描述了国际网络空间治理的原则:"倡导构建和平、安全、开放、合作、有序的网络空间命运共同体,积极维护网络空间主权,加强网络空间国际合作。加快研究制定符合我国国情的数字经济相关标准和治理规则。依托双边和多边合作机制,开展数字经济标准国际协调和数字经济治理合作。积极借鉴国际规则和经验,围绕数据跨境流动、市场准入、反垄断、数字人民币、数据隐私保护等重大问题探索建立治理规则。深化政府间数字经济政策交流对话,建立多边数字经济合作伙伴关系,主动参与国际组织数字经济议题谈判,拓展前沿领域合作。"

中央网络安全和信息化委员会印发的《"十四五"国家信息化规划》将"拓展互利共赢的数字领域国际合作体系"和"建立健全规范有序的数字化发展治理体系"列入"十四五"期间重大任务和重点工程序列。就如何拓展数字领域的国际合作,该规划提出了"和平、发展、合作、共赢"四原则。具体举措包括加强数字领域国际规则研究制定、建立多层次的全球数字合作伙伴关系、推动高质量引进来、推动高水平走出去、做大做强创新合作平台等。其中,在数字领域国际规则制定方面,要"积极参与世界贸易组织与自由贸易协定谈判,以及二十国集团、亚太经合组织、金砖国家等多边机制合作,加快提升我国参与数字领域国际规则制定的能力。加快推进电子商务、数据安全、数字货币、数字税等相关国际规则和标准研究制定,推动由商品和要素流动型开放向规则等制度型开放转变"。在做大做强创新合作平台方面,规划提出,要"高质量举办世界互联网大会等国际会议,推动数字经济国际交流合作,做好我国理念主张的宣传阐释和国际传播"。就如何规范数字化发展,应以《全球数据安全倡议》为基础,深度参与网络空间国际规则和技术标准制定,推动建立公正、合理、透明的治理体系和规则体系,携手构建网络空间命运共同体。

综上所述,在网络强国阶段,网络治理的中国方案带有强烈的国际化色彩。自党的十八大报告提出要倡导人类命运共同体意识以来,①其理念内涵经由中国的国际实践而不断充实。② 人类命运共同体理念对中国参与全球治理体系变革具有重要价值,有助于提升中国国际话语权和话语能力。③ 在国际网络治理层面,人类命运共同体理念被具体化为网络空间命运共同体,这为研究、构建和确定相关中国方案提供了指导思想和政策目标。④

三、提出全球互联网治理中国方案的国际平台

如上所述,中国方案至少有三类:(1) 作为全球治理举措的中国方案和作为社会制度标杆的中国方案;(2) 构成政策分析对象的中国方案和构成政治决断对象的中国方案;(3) 位于国内层次的中国方案和位于国际层次的中国方案。这三类中国方案之间存在重合之处。在此所关注的是作为全球治理举措、构成政治决断对象和位于国际层次的网络治理中国方案。此类中国方案最能体现中国积极参与国际网络治理的立场和主张,也最能引起国际社会的普遍关注。

中国方案具有强烈的政策导向特征。中国政府或领导人在特定的国际平台提出中国方案,其用意绝非限于表述一种理念或提倡一种共识,⑤而更可能是希望通过一种权威的和可控的决策过程,将中国方案转化为被全球政治

---

① 即"合作共赢,就是要倡导人类命运共同体意识,在追求本国利益时兼顾他国合理关切,在谋求本国发展中促进各国共同发展,建立更加平等均衡的新型全球发展伙伴关系,同舟共济,权责共担,增进人类共同利益"。

② 参见曲星:《人类命运共同体的价值观基础》,载《求是》2013 年第 4 期,第 53—55 页。

③ 参见张辉:《人类命运共同体:国际法社会基础理论的当代发展》,载《中国社会科学》2018 年第 5 期,第 43 页。

④ 将人类命运共同体与中国方案联系起来的研究成为国内全球治理研究的"风潮"。相关代表性论文可参见周虎:《试论"中国方案"的角色出场、理论观照和话语认同——基于十八大以来学界关于"中国方案"研究的最新动向》,载《思想政治教育研究》2020 年第 4 期,第 68 页;王义桅:《和平崛起的中国要给世界提供中国方案》,载《人民论坛》2021 年第 2 期,第 106 页;王公龙:《构建人类命运共同体:引领新型经济全球化的中国方案》,载《上海行政学院学报》2021 年第 5 期,第 4 页;张东冬:《人类命运共同体理念下的全球人工智能治理:现实困局与中国方案》,载《社会主义研究》2021 年第 6 期,第 164 页;王连伟、夏文强:《人类命运共同体:全球秩序的中国方案》,载《哈尔滨工业大学学报(社会科学版)》2021 年第 4 期,第 36 页。

⑤ 参见余丽、赵秀赞:《全球网络空间"观念治理"的中国方案》,载《郑州大学学报(哲学社会科学版)》2018 年第 1 期,第 70 页。

决断所认可的公共产品。[①] 对于在哪些平台提出中国方案,21 世纪以来的中国五年规划有一个逐步明朗的过程。

在中国入世之前出台的"十五"计划提出要"扩大对外开放,发展开放型经济"。但是,"十五"计划并未指出进行国际合作与交流的国际平台。中国入世之后的第一个五年规划——"十一五"规划第 37 章题为"积极开展国际经济合作",对于合作的国际平台同样语焉不详。

2008 年国际金融危机之后出台的"十二五"规划第 53 章题为"积极参与全球经济治理和区域合作"。与此前的五年规划不同,就不同事项,"十二五"规划明确提及相关国际平台。如对于全球经济治理事项,规划特别指出,中国应积极参与二十国集团等全球经济治理机制合作,推动建立均衡、普惠、共赢的多边贸易体制,反对各种形式的保护主义。对于区域合作事项,规划特别指出,应利用亚太经合组织等各类国际区域和次区域合作机制,加强与其他国家和地区的区域合作。

中共十八大之后出台的"十三五"规划是中国特色社会主义进入新时代后制定的第一个五年规划。其第 52 章以"积极参与全球经济治理"为题,提出要"推动国际经济治理体系改革完善,积极引导全球经济议程,维护和加强多边贸易体制,促进国际经济秩序朝着平等公正、合作共赢的方向发展,共同应对全球性挑战"。就如何完善国际经济治理体系,该规划指出,"积极参与全球经济治理机制合作,支持主要全球治理平台和区域合作平台更好发挥作用,推动全球治理体制更加公平合理……办好二十国集团杭州峰会"。[②]

"十四五"规划第 42 章题为"积极参与全球治理体系改革和建设"。就如何维护和完善多边经济治理机制,该规划指出:"维护多边贸易体制,积极参与世界贸易组织改革,坚决维护发展中成员地位。推动二十国集团等发挥国

[①] 《习近平接受拉美四国媒体联合采访》,2014 年 7 月 15 日,http://politics.people.com.cn/n/2014/0715/c1024-25280466.html。

[②] 2016 年杭州峰会共达成 29 项重要成果,得到与会国家的广泛认可,这充分肯定了"中国方案"的治理理念和在制度层面提供国际公共产品的能力。参见凌胜利:《主场外交、战略能力与全球治理》,载《外交评论》2019 年第 4 期,第 21 页;王毅:《中国特色大国外交攻坚开拓之年》,载《国际问题研究》2017 年第 1 期,第 1—2 页;易小丽、黄茂兴:《中国积极参与 G20 建设并推动全球经济治理改革的实践变化》,载《经济研究参考》2019 年第 24 期,第 28 页;孙文莉、谢丹:《G20 平台的制度性话语权:中国定位及提升途径》,载《国际论坛》2016 年第 6 期,第 39 页。

际经济合作功能，建设性参与亚太经合组织、金砖国家等机制经济治理合作，提出更多中国倡议、中国方案。推动主要多边金融机构深化治理改革，支持亚洲基础设施投资银行和新开发银行更好发挥作用，提高参与国际金融治理能力。推动国际宏观经济政策沟通协调，搭建国际合作平台，共同维护全球产业链供应链稳定畅通、全球金融市场稳定，合力促进世界经济增长。推动新兴领域经济治理规则制定。"就如何构建高标准自由贸易区网络，该规划同时提出："实施自由贸易区提升战略，构建面向全球的高标准自由贸易区网络。优化自由贸易区布局，推动区域全面经济伙伴关系协定实施，加快中日韩自由贸易协定谈判进程，稳步推进亚太自贸区建设。提升自由贸易区建设水平，积极考虑加入《全面与进步跨太平洋伙伴关系协定》，推动商签更多高标准自由贸易协定和区域贸易协定。"与"十三五"规划中的要求相比，"十四五"规划不仅提及二十国集团、亚太经合组织，还指向了世界贸易组织、金砖国家、亚洲基础设施投资银行和新开发银行等国际机构。在此基础之上，"十四五"规划更是要求搭建国际合作平台，促进全球经济治理。这些变化表明，中国政府越来越重视利用国际平台，提出中国方案，发出中国声音，做出中国贡献。

除五年规划之外，更为详细的《国家信息化发展战略纲要》《"十三五"国家信息化规划》《"十四五"数字经济发展规划》《"十四五"国家信息化规划》也提及国际合作的目标以及可利用的国际平台。

为深化国际合作交流，《国家信息化发展战略纲要》提出，要"加强在联合国、二十国集团、金砖国家、亚太经济合作组织、上海合作组织等国际框架和多边机制内的协调配合，推动建立信息化领域国际互信对话机制。组织搭建合作渠道，建设全球信息化最佳实践推广平台。实施中美、中欧、中英、中德数字经济合作项目"。《"十三五"国家信息化规划》提出，要"把世界互联网大会打造成网络空间合作最重要的国际平台之一，广泛传播我国治网主张，推动建立多边、民主、透明的国际互联网治理体系，构建网络空间命运共同体"。《"十四五"国家信息化规划》提出，要"做大做强创新合作平台。高质量举办世界互联网大会等国际会议，推动数字经济国际交流合作，做好我国理念主张的宣传阐释和国际传播"。

上述纲要和规划将联合国、二十国集团、亚太经合组织、上海合作组织、金砖国家和世界互联网大会等作为重要国际平台，有其层次方面的考虑。

其一，在政治代表性方面，联合国和二十国集团成员最广泛，国际影响力最大;亚太经合组织成员的代表性次之;上海合作组织和金砖国家又次之。而世界互联网大会是由中国国家互联网信息办公室和浙江省人民政府联合主办的世界性互联网年度盛会,大会旨在搭建中国与世界互联互通的国际平台和国际互联网共享共治的中国平台,让各国在交流中求共识、在共识中谋合作、在合作中创共赢。[①] 其政治代表性远不如前几类国际平台。

其二,在路径选择和参与方式方面,对于联合国和二十国集团,中国主要奉行积极参与的原则,除担任二十国集团主席国期间,很少能掌控或决定相关议程和议题;对于亚太经合组织,中国倾向于基于"自主自愿的非机制化原则"来参与亚太区域经济合作,[②] 并努力实现从融入者向引领者角色的转变;[③] 对于上海合作组织和金砖国家,中国则是主要的倡导者和推动者,[④] 如在某些重要的国际场合,中国曾代表金砖国家表达共同立场,发挥了重要的引领作用。[⑤] 相对而言,由中国政府倡导和组织的世界互联网大会赋予中国政府非常明确的议程设置和议题把控权限。通过成功举办连续多届的世界互联网大会,中国已成为全球网络治理的主导者之一。[⑥] 可以认为,世界互联网大会成为中

[①] 参见王晨星:《上海合作组织提升全球治理能力的挑战与路径》,载《新视野》2021年第6期,第110页;孙壮志:《上海合作组织与新时代中国多边外交》,载《世界经济与政治》2021年第2期,第4页;陈凤英:《全球治理视角下的金砖合作机制化趋势》,载《当代世界》2021年第10期,第10页;朱杰进:《金砖国家合作机制的转型》,载《国际观察》2014年第3期,第59页。

[②] 参见田野:《中国参与区域经济合作的制度形式选择——基于APEC和CAFTA的比较分析》,载《教学与研究》2008年第9期,第59页。

[③] 刘宏达:《中国参与APEC机制30年:角色与机遇》,载《人民论坛》2021年第36期,第100页。

[④] 参见吴志成、李金潼:《国际公共产品供给的中国视角与实践》,载《政治学研究》2014年第5期,第121—123页;杨娜:《金砖合作机制下中国参与全球治理模式研究》,载《亚太经济》2017年第3期,第14页;高尚涛:《实践理论与实践模式:中国参与金砖国家机制进程分析》,载《外交评论》2015年第1期,第60页。

[⑤] 如2017年4月18日,中国常驻联合国代表刘结一代表金砖国家在联大"可持续发展目标筹资问题高级别讨论会"上做共同发言,这是金砖国家首次就重大国际问题在联合国场合共同发声。参见汤莉、翁东玲:《中国参与全球经济治理的途径与策略》,载《亚太经济》2019年第6期,第7页。

[⑥] 当今世界的全球网络治理的话语与规则依然是由美国和欧洲等西方主导。有观点指出,"根据Diplo组织统计,联合国的IGF的大多数会议组织者来自欧洲(31.60%),其次是北美(19.60%),两者之和超过一半;根据AFNIC组织统计,ICANN领导人的地域分布看,仍是以北美地区为中心,组织领导人区域比例分别为:北美地区38%,拉丁美地区13%,欧洲地区22%,亚太地区17%,非洲地区10%。欧洲和北美加起来占据60%之多。而截至2016年6月底,欧洲网民全球占比为16.7%,北美网民占比为8.7%,两者之和大概为25%。根据网民数量,全球前十大国家分别为中国、印度、美国、巴西、印度尼西亚、日本、俄罗斯、尼日利亚、德国和墨西哥。欧美在网络治理的垄断性力量与当今全球互联网发展态势,形成了新的落差和鸿沟。所以,这种背景下,拥有一个中国为主场的全球网络治理大会,显得格外重要"(方兴东、徐济涵:《互联网的十大发展趋势——从第三届世界互联网大会来看》,载《新闻与写作》2017年第1期,第31页)。

国最能充分提出中国方案,发出中国声音,贡献中国智慧的国际平台之一。

四、世界互联网大会中的中国方案

自2014年以来,中国每年均举行世界互联网大会。当前,中国政府越来越强调和重视世界互联网大会的国际平台作用。究其原因,这既与其他互联网治理国际平台,如互联网名称与数字地址分配机构(ICANN)、国际互联网协会(ISOC)、万维网联盟(W3C)、互联网运营者联盟(INOG)、互联网治理论坛(IGF)难以赋予中国充分制度性话语权存在很大关系,[1]也与世界互联网大会自身定位——旨在搭建中国与世界互联互通的国际平台和国际互联网共享共治的中国平台,让各国在争议中求共识、在共识中谋合作、在合作中创共赢密不可分。[2]

(一) 互联网治理的国际平台

关于互联网治理的对象,存在狭义说和广义说。狭义说将互联网治理限定在互联网技术基础设施和架构,如域名、地址、标准和协议等的管理和协调之上。广义说还包括各种与互联网政策相关的诸多治理问题,如知识产权、隐私、互联网自由、电子商务和网络安全等。随着互联网技术的产生、发展和普及,人类社会互联网化程度日益加深,互联网技术架构和社会政策之间的联系愈加密切和复杂。众多国际组织和机构采取了相对综合的方式来界定互联网治理。如联合国发起的信息社会世界首脑峰会(WSIS)将互联网治理界定为:"政府、私营部门和公民社会根据各自的作用,制定和实施影响互联网发展和使用的共同原则、规范、规则、决策程序和方案。"[3]

理论上,互联网治理模式可以分为五类:自发秩序模式、跨国和国际治理

---

[1] 参见方兴东、陈帅:《中国参与ICANN的演进历程、经验总结和对策建议》,载《新闻与写作》2017年第6期,第26页;李彦、曾润喜:《中国参与国际互联网治理制度建构的路径比较》,载《当代传播》2019年第5期,第97页。

[2] 有学者将世界互联网大会同互联网名称与数字地址分配机构(ICANN)、互联网治理论坛(IGF)相并列,认为它们共同构成了全球网络治理最有影响力的三大会议。参见余丽、赵秀赞:《中国贡献:国际机制理论视域下的世界互联网大会》,载《河南社会科学》2019年第5期,第1页;方兴东、徐济涵:《互联网的十大发展趋势——从第三届世界互联网大会来看》,载《新闻与写作》2017年第1期,第27页。

[3] Tunis Agenda for the Information Society, November 18, 2005, WSIS-05/TUNIS/DOC/6 (Rev.1)-E, p.6, http://www.itu.int/wsis/docs2/tunis/off/6rev1.pdf.

机构模式、代码和互联网架构模式、国家规制模式和以市场为基础的秩序模式。其中,自发秩序模型的理论前提是互联网是个人自由的自治领域,不受政府控制;[1]跨国和国际治理机构模式基于这样一个概念,即互联网治理本质上超越国界,因此最合适的机构是跨国准私人合作机构或基于各国政府间条约安排的国际组织;[2]代码和互联网架构模式认为许多规制性决策是由通信协议和其他决定互联网如何运行的软件作出的;[3]国家规制模式主张,随着互联网重要性的增长,国家可就互联网技术架构和社会政策作出基础性的法律规制决策;[4]以市场为基础的秩序模式相信,在市场力量的驱动下,可生成关于互联网治理的基础性决策。[5] 从抽象层面考察,上述五类模式很难有优劣之分,为此有必要结合具体情形,才能大致判断,哪种或哪几种模式的结合最有利于达成相关政策目标。

尽管理论上存在着各种规制模式之分,但实践中,受历史条件所限和偶然因素影响,真实运行着的互联网治理模式最终还是要借助某种主体的规制权得以实现。易言之,自发秩序可以构成一种理论上的规制模式,但这一自然之道很难具化为某类主体的规制权,故而也不会为各类主体所关注。反之,其他四种规制模式之下,必然会有某一类或某几类主体因此而获得相对优越的规制权。由此,所谓的最佳规制模式之争往往与规制权之争互为表里,难以区分。[6]

以 ICANN 为例,它是一家通过与美国商务部签署谅解备忘录而在加州洛杉矶成立的非营利公益性组织,主要负责互联网关键技术基础,如互联网

---

[1] See David R. Johnson and David G. Post, Law and Borders—The Rise of Law in Cyberspace, 48 Stan. L. Rev. 1367, 1378-1379 (1996).

[2] See International Telecommunications Union, ITU and Its Activities Related to Internet-Protocol (IP) Networks: Version 1.1 (April 2004), especially Section 3.2, http://www.itu.int/osg/spu/ip/itu-and-activities-related-to-ip-networks-version-1.pdf.

[3] See Lawrence Lessig, Code, and Other Laws of Cyberspace, Basic Books, 1999.

[4] See Jack Goldsmith and Tim Wu, Who Controls the Internet? Illusions of a Borderless World, Oxford University Press, 2006.

[5] See Lawrence B. Solum, Models of Internet Governance, in Lee A. Bygrave and Jon Bing (eds.), Internet Governance: Infrastructure and Institutions, Oxford University Press, 2009, p.48.

[6] 参见鲁传颖:《网络空间治理的力量博弈、理念演变与中国战略》,载《国际展望》2016 年第 1 期,第 119 页;王明国:《全球互联网治理的模式变迁、制度逻辑与重构路径》,载《世界经济与政治》2015 年第 3 期,第 51 页;〔美〕劳拉·德拉迪斯:《互联网治理全球博弈》,覃庆玲、李慧慧等译,中国人民大学出版社 2016 年版,第 37 页。

域名系统（DNS）和IP地址等的管理和监督，以确保互联网的安全性、稳定性和互用性。通过与注册机构（运营和管理每个顶级域名的所有域名主数据库的公司和组织）和认证的注册商（消费者向其注册域名的数百家公司和组织）签订合同，ICANN实施和执行其诸多政策和规则。由于ICANN的各支持机构和咨询委员会以协商一致的"自下而上"方式制定政策，并向互联网的不同界别和利益攸关方开放，ICANN因此被认为是互联网治理中"多元利益攸关方模式"（multistakeholder model）的标杆。[1] 这一自成一体的治理模式一方面具有上述代码规制模式和跨国治理模式中的若干特征，另一方面默认美国的特权地位并限制其他主权国家的规制权，因而备受争议。[2]

各国关于ICANN"多元利益攸关方模式"的争议很快反映在联合国层面。如在2005年的信息社会世界首脑峰会曾考虑过四种互联网治理模式，其中三种模式涉及利用联合国关联国际组织来监督互联网和域名系统。因美国政府明确反对将ICANN域名系统控制和管理的权力转让给任何国际机构，2005年信息社会世界首脑峰会最终决定，不再寻求跨政府治理模式。2005年11月15日，参加峰会的美国、欧盟及其他100多个国家达成协议。根据该协议，ICANN和美国维持其在域名系统方面的地位；同时，在联合国的支持下，成立互联网治理论坛（IGF），它将为所有利益攸关方（包括政府和非政府组织）提供一个持续的论坛，来讨论和辩论互联网政策问题。[3] 然而，这种回应不足以平息各国对于ICANN"多元利益攸关方模式"，特别是美国政府拥有最终控制权的担忧。

有鉴于此，一些国家或国家集团依然利用各种国际平台提出类似主张。如2011年9月，印度、巴西和南非（IBSA）提出："联合国系统迫切需要一个适

---

[1] See Lennard G. Kruger, Internet Governance and the Domain Name System: Issues for Congress, Congressional Research Service Report, R42351, March 23, 2016.

[2] See Daniel A. Sepulveda, The Role of Leadership in Internet Governance, 41 Fletcher F. World Aff. 129, 131 (2017); Steve DelBianco and Braden Cox, ICANN Internet Governance: Is It Working? 21 Pac. McGeorge Global Bus. & Dev. L. J. 27, 39-40 (2008).

[3] 2010年12月，联合国大会将IGF的任务期延长至2015年，并委托联合国科学和技术促进发展委员会（CSTD）就如何改进IGF制定一份报告和建议。联合国成立了一个改进IGF工作组，包括美国在内的22个国家和互联网利益攸关方团体参与。2015年12月，大会将IGF的任务期延长至2025年。See Lennard G. Kruger, Internet Governance and the Domain Name System: Issues for Congress, Congressional Research Service Report R42351, November 18, 2016.

当的机构来协调和发展有关互联网的一致和综合的全球公共政策。"[1]为实施该方案,印度还在联合国大会进一步提出,应在联合国成立一个联合国互联网相关政策委员会(CIRP)。[2] 又如,2011年9月,包括中国和俄罗斯联邦在内的另一些国家提出了一项非强制性的《信息安全国际行为准则》(International Code of Conduct for Information Security),供联合国大会进一步讨论。该准则包括促进建立多边、透明和民主的国际管理体系,以确保资源的公平分配,促进所有人的访问,并确保互联网的稳定和安全运行。[3] 2015年1月9日,在中国、哈萨克斯坦、吉尔吉斯斯坦、俄罗斯联邦、塔吉克斯坦和乌兹别克斯坦常驻联合国代表给秘书长的信的附件中,正式提出了《信息安全国际行为准则》,明确主张:"在国际互联网治理和确保互联网的安全性、连贯性和稳定性以及未来互联网的发展方面,各国政府应平等发挥作用并履行职责,以推动建立多边、透明和民主的互联网国际管理机制,确保资源的公平分配,方便所有人的接入,并确保互联网的稳定安全运行。"[4]

由此,在2012年12月迪拜国际电信世界大会(WCIT)召开之前,国际层面的分歧已经十分明显:美国和欧盟等政府支持ICANN"多元利益攸关方模式",同时主张在该模式中增加政府的影响力;[5]而其他国家则认为政府间互联网治理模式应发挥更大作用。国际电信联盟(ITU)召集国际电信世界大会的主要目的是修订前互联网时代的《国际电信规则》(ITRs)。与之相关的政

---

[1] IBSA Multistakeholder Meeting on Global Internet Governance, Recommendations, September 1-2, 2011 at Rio de Janeiro, Brazil, http://www.culturalivre.org.br/artigos/IBSArecommendationsInternetGovernance.pdf.

[2] 关于CIRP提议可访问http://igfwatch.org/discussion-board/indias-proposal-for-a-un-committee-forinternet-related-policies-cirp。

[3] See United Nations General Assembly, Sixty-sixth session, Item 93 of the provisional agenda, Developments in the field of information and telecommunications in the context of international security, "Letter dated 12 September 2011 from the Permanent Representatives of China, the Russian Federation, Tajikistan, and Uzbekistan to the United Nations addressed to the Secretary-General", September 14, 2011, A/66/359, http://blog.internetgovernance.org/pdf/UN-infosec-code.pdf.

[4] 《2015年1月9日中国、哈萨克斯坦、吉尔吉斯斯坦、俄罗斯联邦、塔吉克斯坦和乌兹别克斯坦常驻联合国代表给秘书长的信》,联合国大会第六十九会议临时议程项目91:从国际安全的角度来看信息和电信领域的发展(A/69/723),https://www.mfa.gov.cn/web/ziliao_674904/zcwj_674915/201109/P020211024558111904717.pdf。

[5] See Kieren McCarthy, European Commission Calls for Greater Government Control over Internet, August 31, 2011, http://news.dot-nxt.com/2011/08/31/ec-greater-government-control.

策问题是:修订后的《国际电信规则》应该如何以及在多大程度上应对互联网流量和互联网治理。就美国政府和国会而言,其自然希望新的《国际电信规则》继续只处理传统的国际电信通信,互联网治理的"多元利益攸关方模式"(如 ICANN)应继续存在,国际电信联盟不应采取任何可能扩大其对互联网管辖权或权力的行动。在 WCIT 会议期间,俄罗斯、中国、沙特阿拉伯、阿尔及利亚和苏丹等国提出议案,支持修订《国际电信规则》,旨在明确扩大《国际电信规则》对互联网流量、基础设施和治理的管辖权。[1] 俄罗斯在一份议案中明确主张:"制定并实施公共政策(包括就互联网管理问题制定国际政策)、管理互联网的国内部分以及管理其境内提供互联网接入或承载互联网流量的运营机构的各项活动是成员国的主权。"[2]虽然俄罗斯、中国、沙特阿拉伯、阿尔及利亚和苏丹等国最终撤回了议案,但由于大会第 3 号决议以及《国际电信规则》最终文本相关条款(涉及垃圾邮件和网络安全等内容)超出了美国互联网治理政策底线,美国拒绝签署该条约。[3] 最终,在 144 个符合条件的国际电信联盟的成员国中,有 89 个国家签署了该条约,而 55 个国家要么选择不签署,要么未作出决定。

2012 年 WCIT 关于互联网治理模式的政策分歧在 2013 年和 2014 年持续发酵。[4] 2013 年 10 月,ICANN 总裁和其他负责全球协调互联网技术基础设施的主要组织的领导人在乌拉圭蒙得维的亚会面,并发布了一份声明,呼

---

[1] See John Ribeiro, Russia, China Withdraw Controversial Proposal at Treaty Conference, December 11, 2012, https://www. computerworld. com/article/2493687/russia—china-withdraw-controversial-proposal-at-treaty-conference. html.

[2] 《俄罗斯联邦有关大会工作的提案》,文件 27(Rev. 1)-C,2012 年 11 月 17 日,https://www. itu. int/md/S12-WCIT12-C-0027/en。

[3] 美国方面给出的解释是:"在过去的 24 年里,互联网给世界带来了难以想象的经济和社会效益,而这一切都没有受到联合国的监管。坦率地说,我们不能支持与互联网治理的多元利益攸关方模式不一致的国际电联条约。正如国际电信联盟所言,这次会议从来就不是为了关注互联网问题;然而,今天的情况是,我们仍然有包含垃圾邮件问题的文本和解决方案,也有关于互联网治理的规定。过去两周,我们当然取得了良好的进展,并表示愿意就漫游和结算费率等各种电信政策问题进行谈判,但美国仍然认为,互联网政策必须由多个利益相关方驱动。互联网政策不应由成员国决定,而应由公民、社区和更广泛的社会来决定,来自私营部门和公民社会的这种协商至关重要。这在这里没有发生过。" See U. S. Intervention at the World Conference on International Telecommunications, December 13, 2012, http://www. state. gov/r/pa/prs/ps/2012/12/202037. htm.

[4] 参见邹军:《全球互联网治理的新趋势及启示——解析"多利益攸关方"模式》,载《现代传播》2015 年第 11 期,第 53 页。

吁加强现有的全球多元利益攸关方互联网合作机制。[①] 2014年3月14日,美国商务部下属的国家电信与信息管理局(NTIA)发表正式声明,宣布在满足一定条件的情况下,将放弃对由 ICANN 管理的互联网地址编码分配机构(IANA)的监督权,[②]即放弃在 ICANN 内管理编辑根区文件、审批管理域名、IP 地址以及网络协议的合法身份等权力,让 ICANN 接受一个未来经过国际社会平等磋商,符合 NTIA 所提出的四项原则标准的全球互联网共同体的管辖。[③]

2014年4月,巴西政府在圣保罗举办了一场"关于互联网治理未来的全球多元利益攸关方会议"——NETmundial。NETmundial 会议产生了一份非约束性的《NETmundial 多元利益攸关方声明》,该声明阐述了一般的互联网治理原则,并确定了将在关于互联网治理未来演变的会议上所讨论的问题。[④]参加 NETmundial 会议的美国政府代表团认为,会议结果重申了互联网治理的"多元利益攸关方模式",认可了互联网地址编码分配机构(IANA)职能由美国政府角色向全球多元利益攸关方社区的转变,强调加强和扩大互联网治理论坛任务的重要性,并强调人权对实现自由开放的互联网的重要性。[⑤]

2014年6月,国际电信联盟协调和主办了 WSIS+10 高级别活动,审议了过去十年里信息社会世界首脑峰会成果的落实进展情况,发布了 WSIS+10 成果文件。文件重申了互联网治理的多元利益攸关方原则;鼓励形成以人为本和具有包容性的治理模式和机制;加强开放、民主、透明和包容性 WSIS 多元利益攸关方做法;呼吁在国家、区域和国际层面进一步加强所有利益攸

[①] See Montevideo Statement on the Future of Internet Cooperation, http://www.icann.org/en/news/announcements/announcement-07oct13-en.htm.

[②] See NTIA Announces Intent to Transition Key Internet Domain Name Functions, Press Release, March 14, 2014, http://www.ntia.doc.gov/press-release/2014/ntia-announces-intent-transition-key-internet-domain-name-functions. More information can be found in a Q&A overview: IANA Functions and Related Root Zone Management Transition Questions and Answers, http://www.ntia.doc.gov/files/ntia/publications/qa-iana-forwebeop.pdf.

[③] 参见程群:《互联网名称与数字地址分配机构和互联网国际治理未来走向分析》,载《国际论坛》2015年第1期,第16页。

[④] See NETmundial Multistakeholder Statement, http://netmundial.br/wp-content/uploads/2014/04/NETmundial-Multistakeholder-Document.pdf.

[⑤] See United States Diplomatic Mission to Brazil, Official Statement by the USG Delegation to NETmundial, April 25, 2014, http://brazil.usembassy.gov/statementusgdeletationnetmundial.html.

关方之间的合作。① 2014 年 11 月 7 日，国际电信联盟全权代表大会在韩国釜山闭幕。该会议每四年举行一次，其目的是制定国际电信联盟的总体政策，通过四年战略和财务计划，并选举国际电信联盟官员。在美国国务院看来，此次会议圆满结束，因为"成员国决定不扩大国际电信联盟在互联网治理或网络安全问题上的作用，承认这些问题中的许多都不在国际电信联盟的授权范围之内"②。

(二) 世界互联网大会的贡献

正是在上述复杂的国际背景下，中国政府于 2014 年 11 月举办的第一届世界互联网大会具有特殊的历史意义。在发给大会的贺词中，中国国家主席习近平指出："中国愿意同世界各国携手努力，本着相互尊重、相互信任的原则，深化国际合作，尊重网络主权，维护网络安全，共同构建和平、安全、开放、合作的网络空间，建立多边、民主、透明的国际互联网治理体系。"③这一主张提及"网络主权"和"网络安全"等关键词，并确立了"多边、民主、透明"的治理原则，体现了中国政府关于互联网治理的一贯立场。④

2015 年 12 月，习近平出席第二届世界互联网大会开幕式并发表讲话。面对互联网治理领域中的问题和挑战，习近平指出："国际社会应该在相互尊重、相互信任的基础上，加强对话合作，推动互联网全球治理体系变革，共同构建和平、安全、开放、合作的网络空间，建立多边、民主、透明的全球互联网治理体系。"就如何推进全球互联网治理体系变革，习近平认为应坚持如下四

---

① 参见 WSIS+10 高层会议:《有关落实信息社会世界峰会成果的 WSIS+10 声明》,2014 年 6 月,https://www.itu.int/net/wsis/implementation/2014/forum/inc/doc/outcome/362828V3C.pdf。

② U. S. Department of State, Outcomes from the International Telecommunication Union 2014 Plenipotentiary Conference in Busan, Republic of Korea, Media Note, http://www.state.gov/r/pa/prs/ps/2014/11/233914.htm.

③ 《习近平致首届世界互联网大会贺词全文》,2014 年 11 月 19 日,http://politics.people.com.cn/n/2014/1119/c1024-26054227.html。

④ 比如,在 2010 年《中国互联网状况》白皮书中,就网络主权问题,中国政府认为,"各国互联网彼此相联,同时又分属不同主权范围"。就国际互联网治理体系问题,中国政府主张发挥联合国在国际互联网管理中的作用。即"中国支持建立一个在联合国框架下的、全球范围内经过民主程序产生的、权威的、公正的互联网国际管理机构。互联网基础资源关系到互联网的发展与安全。中国认为,各国都有参与国际互联网基础资源管理的平等权利,应在现有管理模式的基础上,建立一个多边的、透明的国际互联网基础资源分配体系,合理分配互联网基础资源,促进全球互联网均衡发展"。参见中华人民共和国国务院新闻办公室:《中国互联网状况》,2010 年 6 月 8 日,http://www.scio.gov.cn/tt/Document/1011194/1011194_1.htm。

项原则:尊重网络主权、维护和平安全、促进开放合作和构建良好秩序。在此基础上,习近平提出,网络空间是人类共同的活动空间,网络空间前途命运应由世界各国共同掌握。各国应该加强沟通、扩大共识、深化合作,共同构建网络空间命运共同体。就如何构建网络命运共同体,习近平提出五点主张:(1)加快全球网络基础设施建设,促进互联互通;(2)打造网上文化交流共享平台,促进交流互鉴;(3)推动网络经济创新发展,促进共同繁荣;(4)保障网络安全,促进有序发展;(5)构建互联网治理体系,促进公平正义。其中,关于如何构建互联网治理体系,习近平强调,举办世界互联网大会,就是希望搭建全球互联网共享共治的一个平台,共同推动互联网健康发展。①

上述"四项原则"和"五点主张"被认为构成了全球互联网发展治理的中国方案。② 在 2016 年 11 月第三届世界互联网大会的讲话和 2017 年 12 月第四届世界互联网大会的贺信中,习近平再次强调了"四项原则"和"五点主张"。③ 在 2018 年 11 月第五届、2019 年 10 月第六届、2020 年 11 月第七届、2021 年 9 月第八届世界互联网大会的贺信中,"四项原则"和"五点主张"被纳入携手构建网络空间命运共同体的理念之中。④ 2019 年第六届世界互联网大会组委会发布的《携手构建网络空间命运共同体》("概念文件")以及 2020 年第七届世界互联网大会组委会发布的《携手构建网络空间命运共同体行动倡议》("行动倡议")则分别从概念和行动层面进一步细化了构建网络空间命运

---

① 参见习近平:《建立多边、民主、透明的全球互联网治理体系》,载《习近平谈治国理政》第二卷,外文出版社 2017 年版,第 532—536 页。

② 有学者认为,该方案实现了互联网全球治理由"网络霸权"到"网络主权"的转变(支振锋:《互联网全球治理的法治之道》,载《法制与社会发展》2017 年第 1 期,第 99 页)。类似的观点还可参见 Séverine Arsène, Global Internet Governance in Chinese Academic Literature: Rebalancing a Hegemonic World Order? 2 China Pers. 25, 35 (2016)。

③ 参见《第三届世界互联网大会开幕 习近平发表视频讲话》,2016 年 11 月 17 日,http://news.cnr.cn/zt2017/frsdwsgjzz/xs/20170112/t20170112_523472967.shtml;《习近平致第四届世界互联网大会的贺信》,2017 年 12 月 3 日,http://news.cnr.cn/native/gd/20171203/t20171203_524048034.shtml。

④ 参见《习近平向第五届世界互联网大会致贺信》,2018 年 11 月 7 日,http://news.cnr.cn/native/gd/20181107/t20181107_524408035.shtml;《习近平向第六届世界互联网大会致贺信》,2019 年 10 月 21 日,http://china.cnr.cn/news/20191021/t20191021_524823710.shtml;《习近平向世界互联网大会·互联网发展论坛致贺信》,2020 年 11 月 23 日,http://www.qstheory.cn/yaowen/2020-11/23/c_1126774434.htm;《习近平向 2021 年世界互联网大会乌镇峰会致贺信》,2021 年 9 月 27 日,http://china.cnr.cn/news/20210927/t20210927_525616916.shtml。

共同体理念的具体内容。

"概念文件"指出,2015 年,中国国家主席习近平在第二届世界互联网大会首次提出构建网络空间命运共同体理念,深入阐释互联网发展治理"四项原则""五点主张",得到国际社会广泛关注和普遍认同,已经成为世界互联网大会永久主题。构建网络空间命运共同体,是人类命运共同体理念在网络空间的具体体现和重要实践,彰显了对人类共同福祉的高度关切,反映了国际社会的共同期待,为推动全球互联网发展治理贡献了中国智慧、中国方案。[1]

"行动倡议"提议,各国政府、国际组织、互联网企业、技术社群、社会组织和公民个人坚持共商共建共享的全球治理观,把网络空间建设成为造福全人类的发展共同体、安全共同体、责任共同体、利益共同体。相关举措包括:(1) 发挥联合国在网络空间国际治理中的主渠道作用。充分发挥联合国信息安全开放式工作组(OEWG)和政府专家组(GGE)的作用,支持在联合国框架下制定各方普遍接受的网络空间负责任国家行为规则、准则和原则。(2) 完善共享共治的国际治理机制。支持联合国互联网治理论坛、世界互联网大会(WIC)、世界移动通信大会(MWC)、国际电信联盟等平台发挥积极作用,推动政府、国际组织、互联网企业、技术社群、社会组织、公民个人,共同参与网络空间国际治理。(3) 平等参与互联网基础资源管理。保障各国使用互联网基础资源的可用性和可靠性,推动国际社会共同管理和公平分配互联网基础资源。(4) 推动对新技术新应用的有效治理。积极利用法律法规和标准规则引导人工智能、物联网、下一代通信网络等新技术新应用,推动在技术标准、伦理准则方面开展国际合作。(5) 推动网络空间治理能力建设。搭建多渠道的交流平台,在联合国等多边框架下增设网络空间国际治理援助和培训项目,帮助广大有需求的发展中国家提升参与国际治理的能力。[2]

综上所述,通过世界互联网大会这一国际平台,中国较为完整地提出了中国方案、发出了中国声音、贡献了中国智慧。就其特点而言,中国方案更加强调网络主权和网络安全理念,强调政府在互联网治理中的关键主导作用,强调联合国应在国际治理合作中承担主渠道功能。这一带有国家主义色彩

---

[1] 参见世界互联网大会组委会:《携手构建网络空间命运共同体》,2019 年 10 月 16 日,https://2019.wicwuzhen.cn/web19/release/release/201910/t20191016_11198729.shtml。

[2] 参见世界互联网大会组委会:《携手构建网络空间命运共同体行动倡议》,2020 年 11 月 18 日,https://2020.wicwuzhen.cn/web20/information/release/202011/t20201118_21688589.shtml。

的中国方案与美国所主张的"多元利益攸关方模式"形成了鲜明对比。

根据中国方案,政府应当深度介入互联网治理的各个环节。如果这一方案得以施行,则很可能意味着各国不同强制性规制要求之间会产生大量的冲突问题。此类规制冲突必然会影响到以跨境数据流动为核心的数字贸易的正常运转。在此情况下,联合国是否有能力"制定各方普遍接受的网络空间负责任国家行为规则、准则和原则"来缓和乃至消解此类规制冲突?显然,如果联合国主要成员国家缺乏足够政治意愿,则相关倡议缺乏可操作性,只能陷入"知易行难"的境地,数字贸易也会因为各国竞相主张网络主权而受到阻碍。因此,如果中国就全球互联网治理或数字经济治理主张国家主义方案,则必须同时解决好因施行此类方案所引发的数字贸易负面效应。二战之后国际贸易制度发展史表明,政治色彩浓厚的联合国并非解决贸易争端的最佳场所。[①] 与贸易有关的互联网治理问题反而更容易在贸易规制模式下获得可操作性。[②] 因此,除提出全球互联网治理的中国方案之外,中国有必要结合数字经济发展之现状,在贸易规制的语境下,结合互联网治理中国方案的基本原则和要求,提出数字贸易中国方案,促进数字贸易之发展。

第三节 贸易规制语境下的中国方案

与互联网治理语境不同,在贸易规制语境下,国家规制权一直占据国际贸易治理的核心地位。就调整国际贸易治理的国际经济法而言,其存在及发展的正当性与两个关键的事实密不可分:市场全球化和国家规制。申言之,如果各国市场相互孤立,不存在跨境交易,则国际经济法就失去了其物质基础;如果各国对于国际市场交易采取自由放任的态度,则国际经济法就失去了存在的价值。只有在国际层面存在着全球化的市场交易,且两个以上的国家对此类交易进行规制,进而影响到贸易行为时,国际经济法才会应时而生。

从法律体系互动的角度而言,国际经济法至少包括三个法体系——甲国

[①] See Michael J. Trebilcock and Joel Trachtman, Advanced Introduction to International Trade Law (2nd ed.), Edward Elgar Publishing, 2020, pp. 16-18.

[②] 参见彭岳:《数字贸易治理及其规制路径》,载《比较法研究》2021年第4期,第158页。

法律体系、乙国法律体系以及国际法律体系。① 因为要对全球化市场中的经济行为实施规制,一国贸易规制法将不可避免地具有全球化的效应。当两个以上国家的贸易规制要求同时施加于全球化市场中的某一具体行为时,与之相关的市场主体将承受相较于纯粹国内市场更高的合规成本。由于贸易规制法为公法,一国执法和司法机关没有义务给予他国相关规制要求以礼让,在此情况下,企业从事国际贸易的合规成本很难通过国家单方面行为予以缓解或消除。为降低企业合规成本,一个迂回但有效的方式是在国际层面就各国贸易规制行为施加额外规制要求。通过甲国法律体系、乙国法律体系和国际法律体系中特定部门的良性互动,全球化市场中企业合规成本被控制在合理范围之内,全球化市场交易行为得以维系。② 因此,在国际贸易规制的语境下提出数字贸易中国方案,其目的就是要将方案内容转化为国际层面的规则,限制各国贸易规制法律所产生的负面效应,促使数字贸易健康发展。而梳理中国方案脉络的最佳"一手资料"就是中国主导或参与的国际贸易规则。它们不仅为中国方案的提出搭建了国际平台,也从外部限制了中国方案的具体内容。

一、自由贸易协定中的中国方案框架

(一)中国签署自由贸易协定的基本情况

目前,中国作为缔约方已经签署了23个双边和多边自由贸易协定,涉及30个国家和地区。③

按签署的年代区分,这些自由贸易协定分别是:2002年《中国—东盟全面经济合作框架协议》、2003年《中国—巴基斯坦自由贸易协定》、2005年《中国—智利自由贸易协定》、2008年《中国—新西兰自由贸易协定》、2008年《中国—新加坡自由贸易协定》、2009年《中国—秘鲁自由贸易协定》、2010年《中

---

① 关于国际法律体系的争议,可参见 Philip Allott, The Concept of International Law, 10 Eur. J. Int'l L. 31, 37-38 (1999).

② See Anne-Marie Slaughter, A New World Order, Princeton University Press, 2005, pp. 59, 162; Anne-Marie Slaughter, The Real New World Order, 76 Foreign Aff. 183 (1997).

③ 刘萌:《商务部:我国已与30个国家和地区签署23个自贸协定》,载《证券日报》2025年1月10日A3版。

国—哥斯达黎加自由贸易协定》、2013 年《中国—冰岛自由贸易协定》、2013 年《中国—瑞士自由贸易协定》、2015 年《中国—韩国自由贸易协定》、2015 年《中国—澳大利亚自由贸易协定》、2017 年《中国—格鲁吉亚自由贸易协定》、2017 年《中国—马尔代夫自由贸易协定》、2019 年《中国—毛里求斯自由贸易协定》、2020 年《中国—柬埔寨自由贸易协定》、2020 年《区域全面经济伙伴关系协定》(RCEP)、2023 年《中国—塞尔维亚自由贸易协定》、2023 年《中国—厄瓜多尔自由贸易协定》、2023 年《中国—尼加拉瓜自由贸易协定》和 2024 年《中国—白俄罗斯服务贸易和投资协定》等。

从缔约方地理分布状况来看,中国自由贸易协定的缔约方既有中国周边国家(包括东盟的成员国),也有共建"一带一路"国家(如巴基斯坦、格鲁吉亚),还有其他地区的国家(如拉美的秘鲁、智利)。从经济发达程度来看,中国自由贸易协定网络既包括发达国家(如澳大利亚、瑞士),也包括一些发展中国家(如柬埔寨、哥斯达黎加)。从双方贸易量来看,与中国签署自由贸易协定的国家既有主要贸易伙伴(如东盟、韩国),也有贸易量较小的国家(如冰岛、马尔代夫)。

对于中国为何与上述国家和地区签署自由贸易协定,基于不同的观察视角,有不同的评价。有观点认为,应从国家战略的角度来解释中国的自由贸易协定实践。即通过自由贸易协定,中国试图实现如下两个外交战略意图:"一是对外释放信号。选择经济体量较小的发达经济体以可接受的方式释放经济开放与改革的信号,为获得完全市场经济地位而努力;选择可能对中国产生安全疑虑的周边国家,释放互利共赢与睦邻友好的信号,营造和平发展的周边环境。二是国际制度竞争。选择外交立场较为一致的国家签订自贸协定,通过开放市场巩固伙伴关系为伙伴关系的竞争获取支持"[①]。还有观点从法律输出的角度指出,大国以本国法律形成自由贸易协定文本,并向缔约方输出,可降低在区域法制一体化过程中本国贸易商及政府所面临的法制不适应风险和成本;大国在自由贸易协定谈判中,对本国法律的输出还可巩固

---

① 陈兆源:《中国自由贸易协定的伙伴选择——基于外交战略的实证分析》,载《世界经济与政治》2019 年第 7 期,第 131 页。有研究进一步认为,相关战略意图很难实现,参见孙忆、孙宇辰:《自由贸易协定能提升国家间亲密度吗?——基于中国周边 FTA 的实证分析》,载《世界经济与政治》2017 年第 4 期,第 129 页。

并提升本国的政治经济利益。中国在自由贸易协定下的法律输出有助于提升其制度控制能力和话语权。[1] 也有观点从全球价值链的视角出发,指出与较发达国家和地区达成自由贸易协定对中国对外贸易的拉动作用显然更大,因此"中国应加快自由贸易协定的全球战略布局,在增加自由贸易协定数量的同时,加强自由贸易协定的深度建设,注重自由贸易协定贸易伙伴的多元化,在亚洲邻国的基础上,加快与世界主要经济体之间的自由贸易协定谈判步伐"[2]。

上述各类观点对中国已签署的自由贸易协定进行了学理解读,并给出合理化说明,有利于我们从外部视角来理解中国自由贸易协定战略的成功与不足之处。不同视角和不同观点也能够说明,中国在自由贸易协定中以审慎态度引入电子商务或数字贸易条款有其合理性。

(二) RCEP 之前中国自由贸易协定关于数字贸易或电子商务的规定

在中国已经签署的 23 个自由贸易协定中,并非所有协定均涉及狭义的数字贸易或电子商务问题。[3] 在中国签署 RCEP 之前,相关自由贸易协定主要关注货物贸易和服务贸易,就数字贸易或电子商务,大多提出倡导性要求,甚少施加有拘束力的义务。

2002 年《中国—东盟全面经济合作框架协议》第 7.3(c)条提出要加强电子商务合作,2005 年《中国—智利自由贸易协定》第 111 条提及数字经济概念,但未施加任何强制性要求。

2015 年《中国—韩国自由贸易协定》在第十三章首次就电子商务的国际

---

[1] 参见王燕:《自由贸易协定下的话语权与法律输出研究》,载《政治与法律》2017 年第 1 期,第 108、110 页。有研究进一步认为,中国的域外制度输出应以效率提升型制度的供给为核心,参见刘彬:《"规则制华"政策下中国自由贸易协定的功能转向》,载《环球法律评论》2020 年第 1 期,第 180、189 页。

[2] 参见曲越、秦晓钰、黄海刚、夏友富:《全球价值链视角下中国的 FTA 贸易伙伴选择——基于贸易增加值数据的分析》,载《财经研究》2021 年第 6 期,第 33 页;余振、周波、邱珊:《论中国—俄罗斯 FTA 的经济基础与路径选择——基于"自然贸易伙伴假说"的分析》,载《中国社会科学院研究生院学报》2014 年第 6 期,第 137 页。

[3] 此处提及的数字贸易和电子商务,并不包括贸易便利化意义上的电子数据交换。如 2005 年《中国—智利自由贸易协定》附件六还就原产地证书签证核查联网系统模式中的电子数据操作流程作出规定。这些规定并不直接调整数字贸易或电子商务问题。又如 2013 年《中国—瑞士自由贸易协定》第 4.7.5(1)条规定,为促进国际贸易手续简化,每一缔约方应采用或保持的手续包括"允许在货物实际进口前提前进行电子申报并作信息处理以加快通关"。

规制问题作出详细规定,涉及一般条款、与其他章节的关系、海关关税、电子认证和电子签名、电子商务中的个人信息保护、无纸贸易、电子商务合作、定义和争端解决等九个方面。就其内容而言,上述条款可分为三个方面:

(1) 框架性规定。第13.1条规定,缔约双方认识到WTO协定对影响电子商务的措施的适用性;第13.2条规定,若本章与其他章节有不一致之处,该处以其他章节为准;第13.9条规定,对于本章下产生的任何事项,任何一缔约方不得诉诸本协定第二十章(争端解决)。此外,第13.7条还就电子商务合作作出了倡导性规定。

(2) 贸易便利化。第13.4条规定,任何一方采纳或实施的电子签名法律,不得仅基于签名是电子形式而否认其法律效力;各缔约方应努力使数字证书和电子签名互认。第13.6条规定,各缔约方应努力将贸易管理文件以电子形式提供给公众;同时,各缔约方应探索接受以电子形式递交的贸易管理文件具有与纸质版文件同等法律效力的可能性。

(3) 贸易自由化及其限制。第13.3条规定,各缔约方保持目前在世贸组织的做法,[1]不对电子传输征收关税。第13.5条规定,"各缔约方认识到在电子商务中保护个人信息的重要性,应采纳或实施措施以保证电子商务用户的个人信息得到保护,并就电子商务中的个人信息保护交流信息和经验"。

2015年《中国—澳大利亚自由贸易协定》第十二章"电子商务"涉及目的和目标、定义、关税、透明度、国内监管框架、电子认证和数字证书、网络消费者保护、在线数据保护、无纸贸易、电子商务合作、争端解决规定等十一个方面。就其内容而言,上述条款可分为三个方面:

(1) 框架性规定。第12.1条提及,双方认识到相关世贸组织规则的适用性,同时应努力确保通过电子商务进行的双边贸易所受的限制不超过其他形式的贸易。第12.11条规定,本协定第十五章关于争端解决的规定不得适用于第十二章的规定。

(2) 贸易便利化。第12.6条规定,各方的电子签名法律应允许电子交易相关方共同决定符合其约定的电子签名和认证方式,各方应致力于数字证书和电子签名的互认以及应鼓励数字证书在商业领域的使用。第12.9条规定,

---

[1] 现行做法将与WTO巴厘岛部长级会议作出的决定《电子商务工作计划》[WT/MIN(13)/32-WT/L/907]第5条内容保持一致。

各方应接受贸易管理文件的电子版本和纸质文件具有同等法律效力,[①]在提出使用无纸化贸易的倡议时,各方应尽力考虑国际组织已达成一致的方式。

(3) 贸易自由化及其限制。第12.3条规定,各方应以与世贸组织相关规定相一致的方式,[②]维持不对双方之间电子交易征收关税的做法,并保留进一步调整的权利。第12.5条规定,各方应在联合国国际贸易法委员会《1996年电子商务示范法》基础上维持电子交易监管的国内法律框架,并适当考虑其他相关国际标准。各方应将电子商务的监管负担最小化,并确保监管框架支持产业主导的电子商务发展。第12.10条就双方进行电子商务合作作出了倡导性规定。除上述贸易自由化方面的规定之外,第12.7条和第12.8条分别就网络消费者保护和在线数据保护作出了规定。就前者,各方应尽可能以其认为合适的方式,为使用电子商务的消费者提供保护。这种保护至少与其法律、法规和政策下对其他商业形式的消费者提供的保护相当。就后者,尽管双方领土内现行的个人信息保护体系存在差异,各方仍应采取其认为合适和必要的措施,保护电子商务用户的个人信息。而在制定数据保护标准方面,各方应在可能范围内考虑国际标准和相关国际组织的标准。

2015年《中国—澳大利亚自由贸易协定》第十二章关于电子商务的规定构成其后中国与其他国家和地区双边自由贸易协定的范本。如2018年《关于升级〈中国—新加坡自由贸易协定〉的议定书》第6条新增的第十五章(电子商务)、2019年《中国—毛里求斯自由贸易协定》第十一章(电子商务)和2020年《中国—柬埔寨自由贸易协定》第十章(电子商务)基本采用了《中国—澳大利亚自由贸易协定》第十二章中的表述方式。其中,《中国—毛里求斯自由贸易协定》电子商务章节与《中国—澳大利亚自由贸易协定》电子商务章节的规定几乎完全一致。[③]《关于升级〈中国—新加坡自由贸易协定〉的议定书》的电子商务章节主要在如下两个方面有所改进:一是强调了增强电子商务消费者信心的重要性。第15.2条指出有关法律框架对于增强电子商务消费者信心的意义。第15.7条和第15.8条分别从在线消费者保护和个人信息保护的角

---

① 就此,有两种例外情形:有相反的国内或国际的法律要求,或者如此操作将降低贸易管理过程的有效性。

② 即与《电子商务工作计划》第5条相一致的方式。

③ 有所不同的是,《中国—毛里求斯自由贸易协定》没有就"国内监管框架"作出规定。

度,再次说明增强消费者信心是一项正当的政策关切。二是强调了各缔约方之间的合作与体制的兼容性。除双方应为数字证书和电子签名互认而努力的规定之外,第 15.7.3 条规定,双方认识到各自负责电子商务消费者保护职能的主管部门间合作对于加强消费者保护的重要性。第 15.8.2 条规定,在制定保护电子商务使用者个人信息的措施时,[①]各方应尽可能地考虑国际标准和相关国际组织的标准,以提升各方不同机制之间的相互兼容性。第 15.8.3 条规定,双方应尽力就各自体制进行信息交换,提升相互之间的兼容性。2020 年《中国—柬埔寨自由贸易协定》有两点规定较为特殊:一是关于在线个人信息保护,第 10.6 条仅提及各缔约方应采取或维持国内法律和其他措施,以确保电子商务用户个人信息得到保护,并未如其他自由贸易协定那样,要求在制定数据保护标准时,各方应在可能范围内考虑国际标准和相关国际组织的标准。二是该协定就网络设备问题作出专门规定。根据第 10.8 条,缔约双方认识到电子商务相关网络设备和产品对保障电子商务健康发展的重要性,并应努力营造有利于公共电信网络、服务或增值服务提供方独立选择网络设备、产品和技术服务的环境。

总体而言,在中国签署 RCEP 之前,中国与其他国家和地区签订的自由贸易协定所涉数字贸易或电子商务条款在结构上相对简单,除关税问题外,也很少对缔约各方施加强制性要求。2015 年《中国—澳大利亚自由贸易协定》之后签订的自由贸易协定大多沿用该协定关于电子商务的相关规定,只不过在具体措辞和实体内容方面有所微调。基于这些协定内容,可以认为,在签署 RCEP 之前,中国关于数字贸易或电子商务的方案较为明确:在框架性规定方面,承认 WTO 相关规则之于电子商务的适用性、电子商务章节之于其他章节的附属地位,但不适用争端解决机制。在贸易便利化方面,认可电子认证和电子签名的法律效力,鼓励数字证书和电子签名的互认,同时提倡无纸化贸易,提升贸易管理的透明度和便捷性。在贸易自由化方面,没有就跨境数据自由流动作出承诺,但认可一国可以基于网络消费者保护或个人信息保护之政策目的,采取其认为合适和必要的措施。

[①] 该条注释规定:"为进一步明确,一方可采取或维持下列措施以遵守本款义务,例如有关全面隐私、个人信息或个人数据保护的法律,涵盖隐私保护的具体行业法律,或为执行企业自愿作出的保护隐私的承诺的法律。"

(三) RCEP 关于数字贸易或电子商务的规定

RCEP 是迄今为止中国所签署的最为全面的区域贸易协定,第十二章专门就电子商务作出了规定。相较于中国已经签署的其他自由贸易协定而言,RCEP 的电子商务条款更多、结构更复杂、所涉事项更多,并在贸易自由化方面有质的突破。

具体而言,RCEP 电子商务章节分为五大部分:(1) 一般条款。包括定义、原则和目标、范围和合作等四个方面。(2) 贸易便利化。包括无纸化贸易、电子认证和电子签名等两个方面。(3) 为电子商务创造有利环境。包括线上消费者保护、线上个人信息保护、非应邀商业电子信息、国内监管框架、海关关税、透明度、网络安全等七个方面。(4) 促进跨境电子商务。包括计算设施的位置、通过电子方式跨境传输信息等两个方面。(5) 其他条款。包括电子商务对话、争端解决等两个方面。

RCEP 电子商务一般条款和其他条款部分对应着此前自由贸易协定中的框架性规定,基本内容大致相同。其中,一般条款部分明确规定了电子商务章节的适用范围。一方面,根据 RCEP 第 12.3.1 条,本章应当适用于一缔约方采取或维持的影响电子商务的措施;另一方面,RCEP 第 12.3 条的其余条款规定了排除适用范围的事项。根据适用条件的不同,排除适用包括两类:一是无条件排除,即本章规定不适用于政府采购[1]、政府持有和处理的信息或与此类信息相关的措施[2];二是有条件排除,即第 12.14 条(计算设施的位置)和第 12.15 条(电子方式跨境信息传输)不得适用于一缔约方采取的与 RCEP 第八章(服务贸易)或第十章(投资)义务不符的措施,只要该措施的采取或维持符合特定条件。[3] 在其他条款部分,RCEP 有如下两点突破:一是电子商务对话的内容更加具体,也更加敏感,包括对"当前和正在显现的问题,如数字产品待遇、源代码、金融服务中跨境数据流动和计算设施的位置"[4]等。二是争端解决的程序有了更为明确的路线图。按照现有规定,如缔约方就本章的解释和适用存在任

---

[1] RCEP 第 12.3.2 条。

[2] RCEP 第 12.3.3 条。

[3] RCEP 第 12.3.4 条规定,特定条件包括:(1) 第 8.8 条(不符措施承诺表)或第 10.8 条(保留和不符措施);(2) 一缔约方依照第 8.6 条(最惠国待遇)或第 8.7 条(具体承诺表)作出的承诺中所规定的,或者与不受一缔约方上述承诺所限制的部门相关的任何条款、限制、资质和条件;或者(3) 适用于第八章(服务贸易)或第十章(投资)义务的任何例外。

[4] RCEP 第 12.16.1(2) 条。

何分歧,有关缔约方应当首先善意地进行磋商,尽最大努力达成共同满意的解决方案。如磋商未能解决分歧,参与磋商的任何缔约方可根据第 18.3 条(RCEP 联合委员会的职能)将该事项提交至 RCEP 联合委员会。但是,任何缔约方不得就本章项下产生的任何事项诉诸第十九章(争端解决)的争端解决。除非经一般性审议后,相关缔约方同意在其之间适用第十九章。[①]

RCEP 贸易便利化部分对应着此前自由贸易协定中的贸易便利化条款,内容基本一致。这在一定程度上说明,中国数字贸易或电子商务的贸易便利化问题已较为成熟,在国际层面上通过合作加以提升的空间较为有限。反观贸易自由化问题,可以发现,RCEP 的规定较此前自由贸易协定的规定有非常大的变化。

其一,在为电子商务创造有利环境方面,RCEP 的突破有两点:一是对于线上消费者保护和线上个人信息保护,要求每一缔约方应当发布其向电子商务用户提供消费者保护的相关信息,包括个人或消费者如何寻求救济、企业如何遵守法律要求等,[②]且"缔约方应当在可能的范围内合作,以保护从一缔约方转移来的个人信息"[③]。二是新增了关于非应邀商业电子信息和网络安全方面的规定。就非应邀商业电子信息,RCEP 要求各缔约方采取或维持措施,赋权接收人,包括事前的同意和事后的追索。[④] 就网络安全,RCEP 提及,缔约方认识到,负责计算机安全事件应对的各自主管部门的能力建设,包括通过交流最佳实践的重要性,并承诺利用现有合作机制,就与网络安全相关的事项开展合作。

其二,在促进跨境电子商务方面,RCEP 额外增加了计算设施的位置和通过电子方式跨境传输信息的规定。对于两者,RCEP 均采取了"承认＋原则＋例外"的立法模式。承认指的是,RCEP 认识到各缔约方有权采取或维持相关措施,或施加相关监管要求。[⑤] 原则指的是,缔约方不得将要求涵盖的人使用

[①] 根据 RCEP 第 12.17.3 条,作为第 20.8 条(一般性审议)对本协定进行的一般性审议的一部分,缔约方应当审议第十九章(争端解决)对本章的适用。审议完成后,第十九章(争端解决)应当在同意其适用于本章的缔约方之间适用。

[②] RCEP 第 12.7.4 条、第 12.8.3 条。

[③] RCEP 第 12.8.5 条。

[④] RCEP 第 12.9 条。

[⑤] 根据 RECEP 第 12.14.1 条,"缔约方认识到每一缔约方对于计算设施的使用或位置可能有各自的措施,包括寻求保证通信安全和保密的要求。"根据 RCEP 第 12.15.1 条,这一原则的前提是"缔约方认识到每一缔约方对于通过电子方式传输信息可能有各自的监管要求。"

该缔约方领土内的计算设施或者将设施置于该缔约方领土之内,作为在该缔约方领土内进行商业行为的条件;或者一缔约方不得阻止涵盖的人为进行商业行为而通过电子方式跨境传输信息。例外包括一般例外和安全例外。其中,一般例外指的是,本条的任何规定不得阻止一缔约方采取或维持任何与该原则不符,但该缔约方认为是实现其合法的公共政策目标所必要的措施,只要该措施不以构成任意或不合理的歧视或变相的贸易限制的方式适用;[1]安全例外指的是,该缔约方认为对保护其基本安全利益所必要的任何措施。[2]与 WTO 协定,特别是 GATT 1994 第 20 条、第 21 条以及 GATS 第 14 条的相关规定相比,上述例外规定在两个方面赋予缔约方以较大的裁量权:(1) RCEP 对于缔约方可援引一般例外或安全例外事项的范围未作穷尽式列举,[3]而是概括性地赋予缔约方以政策目标决断权。(2) RCEP 对于缔约方援引一般例外或安全例外的条件未施加实质性约束。如在援引一般例外时, RCEP 第 12.14.3(1)条注释 12 和第 12.15.3(1)条注释 14 规定,"就本项而言,缔约方确认实施此类合法公共政策的必要性应当由实施(政策)的缔约方决定"[4]。在援引安全例外时,RCEP 第 12.14.3(2)条和第 12.15.3(2)条第二句话均规定,其他缔约方不得对此类措施提出异议。相对而言,在 GATT 和 GATS 项下,一般例外中的必要性审查需要满足较为严格的条件;[5]安全例外

---

[1] RCEP 第 12.14.3(a)条、第 12.15.3(a)条。

[2] RCEP 第 12.14.3(2)条、第 12.15.3(2)条。

[3] GATT 1994 第 20 条列举了 10 项可寻求一般例外的情形;GATT 1994 第 21 条列举了 4 项寻求一般例外的情形。

[4] 在中文表述上,第 12.14.3(1)条注释 12 与第 12.15.3(1)条注释 14 有所不同。前者规定"应当由实施政策的缔约方决定",后者规定"应当由实施的缔约方决定"。考察相对应的英文文本,两个条款均采用了"shall be decided by the implementing Party"。根据《维也纳条约法公约》第 33.3 条之规定——"条约用于推定在各作准约文内意义相同",第 12.14.3(1)条注释 12 与第 12.15.3(1)条注释 14 应作同一解释。

[5] 如在 Brazil-Retreaded Tyres 案中,就如何解释和适用"必要"性,上诉机构认为:"专家组为判断一项措施是否为 GATT 1994 第 20(b)条下的'必要'性要求,它必须审查相关事项,尤其是那些受到威胁的利益或价值的重要性、该措施对于实现措施目标的贡献程度,以及其对贸易的限制性。如果此种分析的初步结果认为该措施确属必需,那么必须找出其他产生更少贸易限制、对目标做出同样贡献的可能的替代措施,并通过对比这些可能的替代措施以确认这一结论。这个对比应该根据那些受到威胁的利益和价值的重要性来进行。"此外,上诉机构还强调,需要采取"权衡和平衡"方法来判断一项措施是否"必要",即"需要把所有变量集合在一起,并在对它们进行单独分析后评估它们相互间的关系,从而得出一个全面结论的整体性的操作"。See Appellate Body Report on Brazil-Retreated Tyres, 2007, paras. 178, 182.

事项并非不可裁判,且自我判断的范围仅限于导言部分。①

综上所述,相对于中国已签署的其他自由贸易协定,RCEP 在贸易自由化方面的规定更为复杂,具体表现为对电子商务中"涵盖的人"和其他参与人之间利益的平衡。对于"涵盖的人"而言,②原则上,其为进行商业行为而通过电子方式跨境传输信息的行为不应受到缔约方限制。同时,对于其他参与人而言,原则上,其作为线上消费者、个人用户或信息接收人,应受到法律保护。就如何消解这两类原则之间的冲突,RCEP 并没有给出明确的指示。由此引发争议时,符合 RCEP 第 12.7 条(线上消费者保护)或第 12.8 条(线上个人信息保护)的措施,如果不符合第 11.14.2 条关于不得限制计算设施位置或第 11.15.2 条不得阻碍跨境传输信息的要求,是否可以推定符合后者的一般例外? 或者两者是叠加的要求,即便某些措施符合一般例外,仍需满足 RCEP 关于线上消费者保护和线上个人信息保护的特别要求? 对此,RCEP 所体现出来的中国方案仍有进一步澄清的必要。

二、WTO 电子商务规则谈判中的中国方案

作为现代全球贸易的主要政策参与者,世界贸易组织建立了一套协定体系,为国际贸易自由化提供了法律架构。在世界贸易组织内部,关于电子商务的讨论是在两条平行的轨道上进行的:1998 年启动的具有非谈判和探索性质的《电子商务工作计划》(WPEC);2017 年发起的期望在参与方之间达成有约束力协议的《电子商务联合声明倡议》(《电子商务 JSI》)。③ 在 1998 年 WTO 就启动了《电子商务工作计划》。④ 受多重因素,特别是多哈回合谈判进

---

① See Panel Report on Russia-Traffic in Transit,2019, paras. 7.65,7.68,7.98.
② RCEP 第 12.1(2)条将涵盖的人定义为:(1) 第十章第 1(1)条定义的"涵盖投资";(2) 第十章第 1(5)条定义的"一缔约方的投资者",但不包括金融机构的投资者或金融服务提供者的投资者;或(3) 第八章第 1 条定义的缔约方的服务提供者,但不包括第八章附件一(金融服务)第 1 条定义的"金融机构""公共实体"或者"金融服务提供者"。
③ See Yasmin Ismail, E-commerce in the World Trade Organization: History and Latest Developments in the Negotiations Under the Joint Statement, January 2020, https://www.iisd.org/system/files/publications/e-commerce-world-trade-organization-.pdf.
④ 《电子商务工作计划》的主要目的是建立对电子商务贸易相关方面的理解,而没有预先设定新规则谈判的目标。See The Geneva Ministerial Declaration on Global Electronic Commerce, WT/MIN(98)/DEC/2, 25 May 1998 (98-2148).

程的影响,除在电子传输关税减免方面有所突破之外,该计划缺乏实质性成果。① 随着"互联网＋"商业模式的兴起,以及数字贸易、电子商务的天然跨境特征,WTO 成员越来越重视利用电子商务 JSI 机制推进电子商务规则的制定。

(一) 中国参与 WTO 电子商务规则谈判的进程

联合声明倡议是 WTO 成员发起的一种谈判工具,旨在推动对某些具体问题的讨论,而不遵守涉及整个 WTO 成员的协商一致决策规则。② 它们对任何 WTO 成员开放。

2016 年 7 月起,美国在 WTO 提交了全面讨论电子商务议题的提案③,旨在推动 WTO 成员对电子商务议题的关注。2017 年 12 月,WTO 第十一届部长级会议期间,43 个 WTO 成员发布《电子商务 JSI》④,新一轮的电子商务规则谈判由此拉开序幕。

如前所述,WTO 各成员对于"电子商务"或"数字贸易"术语的使用有其政策考量。1998 年以来,WTO 一直使用"电子商务"术语,并将电子商务界定为"通过电子手段生产、分配、营销、销售或交付货物和服务"⑤。在本轮谈判中,WTO 关于电子商务的传统界定得到了 WTO 主要成员如欧盟和加拿大的认可。⑥ 美国则倾向于使用含义更为宽泛的"数字贸易"而非"电子商务"术语,认为前者包含通过电子方式从事与贸易有关的商务活动的所有方面,后

---

① See WTO, Work Continues on Issues Needing Clarification, https://www.wto.org/english/tratop_e/ecom_e/ecom_briefnote_e.htm.

② 一些成员认为,在多边基础上难以就规则制定达成共识的背景下,联合声明倡议机制是在贸易自由化方面取得进展的关键机制。另一些成员则认为,联合声明倡议机制违背了基于共识的决策,削弱了 WTO 的多边主义。比如印度和南非,曾于 2021 年 2 月提出来文(The Legal Status of "Joint Statement Initiative" and Their Negotiated Outcomes, WT/GC/W/819, 19 February 2021),质疑联合声明倡议及其结果的合法性。

③ Work Program on Electronic Commerce, Non-paper from the United States, JOB/GC/94, 4 July 2016.

④ Joint Statement on Electronic Ecommerce, WT/MIN(17)/60, 13 December 2017.

⑤ Work Programme on Electronic Commerce, WT/L/274, 30 September 1998.

⑥ See Work Program on Electronic Commerce, Trade Policy, the WTO, and the Digital Economy, Communication from Canada, Chile, Colombia, Côte d'Ivoire, the European Union, the Republic of Korea, Mexico, Montenegro, Paraguay, Singapore and Turkey, JOB/GC/116, JOB/CTG/4, JOB/SERV/248, JOB/IP/21, JOB/DEV/42, 13 January 2017, para. 3.1.

者主要指由互联网驱动的货物贸易。① 通过采用新的"数字贸易"术语,美国希望实现扩大讨论范围,提升讨论层级,将数字经济问题贸易化,从而迫使其他 WTO 成员对其开放数字经济市场的政策目的。

对于美国发起的电子商务谈判议题,中国存在疑虑,并没有参与 2017 年 12 月 WTO 成员所发布的第一份《电子商务 JSI》②。2018 年,参加联合声明倡议的 WTO 成员开始在倡议所设定的框架下,频繁召开会议和提出电子商务提案。面临或主动加入或被排除在外的压力,③中国选择前者,并于 2019 年 1 月的达沃斯会议期间,与其他 75 个 WTO 成员共同发表了第二份《电子商务 JSI》,同意"寻求在现有世贸组织协议和框架的基础上,在尽可能多的世贸组织成员的参与下,达成高标准的成果"④。2019 年 6 月二十国集团大阪峰会上,数字经济被列入重点议题。包括中国在内的与会领导人在会后发布《大阪数字经济宣言》。⑤⑥

---

① See Joint Statement on Electronic Commerce Initiative, Communication from the United Sates, INF/ECOM/5, 25 March 2019, para. 1.1.

② Joint Statement on Electronic Commerce, WT/MIN(17)/60, 13 December 2017 (17-6874).

③ 在《"联合声明倡议"及其谈判结果的法律地位》来文中,印度和南非认为,在不满足《马拉喀什建立世界贸易组织协定》第 9 条(决策)和第 10 条(修正)要求的情况下,将联合声明倡议谈判产生的新规则引入 WTO 的任何企图,都将不利于以规则为基础的多边贸易体制的运作。这一做法"使各成员别无选择,只能选择在与其经济发展优先事项、需要、关切和经济发展水平不一致的问题上不参与讨论"。See The Legal Status of "Joint Statement Initiative" and Their Negotiated Outcomes, WT/GC/W/819, 19 February 2021 (21-1421); Jane Kelsey, The Illegitimacy of Joint Statement Initiatives and Their Systemic Implications for the WTO, 25 J. Int'l Econ. L. 2, 3 (2022).

④ Joint Statement on Electronic Commerce, WT/L/1056, 25 January 2019 (19-0423).

⑤ 共有美国、中国、欧盟、俄罗斯以及拉美和东亚等 24 个成员参与发布。印度、埃及、印度尼西亚和南非等国基于国内政策考量,未签署该宣言。如在 2019 年 3 月发布的《电子商务政策草案》中,印度政府主张,印度及其公民对其数据拥有主权。这项权利不能延伸到非印度人(就像非印度人对印度煤矿没有任何表面权利或要求一样)。因此,一个国家的数据最好被视为一种集体资源、一种国家资产,政府以托管的形式持有它,但相关权利可被授予他人。See Sneha Johari, India's Draft Ecommerce Policy Is Really a Digital Economy Policy, Impacts the Whole Ecosystem, Medianama, 26 February 2019, https://www.medianama.com/2019/02/223-india-draft-e-commerce-policy.

⑥ 2016 年二十国集团杭州峰会通过了《二十国集团数字经济发展与合作倡议》,首次在二十国集团中对数字经济提出了明确的定义。2017 年汉堡峰会也将数字经济列为会议的焦点议题。2018 年布宜诺斯艾利斯峰会,提出数据安全与隐私保护领域应当作为二十国集团探讨的重点领域,消除"数字经济壁垒"应当成为 WTO 改革的主要方向。二十国集团在《大阪数字经济宣言》中明确提出电子商务问题的讨论应以建立国际贸易规则为目标,启动"大阪轨道"(Osaka Track),呼吁在 2020 年 6 月举行的第十二届 WTO 部长级会议上取得实质性进展。日本作为东道国提出了"基于信任的数字流动"(Data Free Flow with Trust)概念。参见东艳、张琳:《构建全球数字经济规则》,载《光明日报》2019 年 7 月 15 日第 12 版。

自 2019 年 1 月第二份《电子商务 JSI》发布以来,WTO 成员在联合声明倡议的工作框架下提交相关提案。与此前实践不同,在本轮提案中,有多份文件为不公开提交,提案内容也从探索性地讨论谈判原则和范围,转变为讨论具体条款案文。① 根据联合声明倡议的工作流程,电子商务谈判应以向 WTO 全体成员提供的成员文本建议为基础,通过全体会议、焦点小组和小组会议的方式进行。成员文本建议中的事项分为六个主题加以讨论:促进电子商务、开放和电子商务、信任和数字贸易、跨领域议题、电信和市场准入。在整个谈判过程中,共同召集人鼓励与会者考虑包括发展中成员和最不发达成员在内的成员以及小企业所面临的机遇和挑战。② 如同所有的联合声明倡议一样,所有 WTO 成员都可以参加联合声明倡议。截至 2021 年 1 月,有 86 个 WTO 成员参加了这些讨论,占全球贸易的 90% 以上。③

自新冠病毒感染疫情暴发之后,联合声明倡议开始以混合和虚拟形式举行。谈判既以小组方式推进,也在每月的全体会议上进行。目前有 10 个小组并行工作,涉及如下议题:(1) 消费者保护;(2) 垃圾邮件;(3) 电子签名和电子认证;(4) 无纸化交易;(5) 数字贸易便利化;(6) 源代码;(7) 开放政府数据;(8) 市场准入;(9) 电子传输关税;(10) 开放互联网接入。采用并行小组的工作方式有助于提高效率,并减少对更有可能迅速取得进展的具体问题的意见分歧。在此谈判方式下,主席定期编制综合谈判案文——记录谈判中取得的进展并作为进一步工作的基础的工作文件。④

根据议程,联合声明倡议的三个共同召集人定期发布谈判的最新情况。2021 年 2 月和 4 月,与会者分别就非应邀商业电子信息、电子签名和认证的"清洁文本"(clean text)达成共识。⑤ 2021 年 9 月,与会者就消费者保护和公

---

① 成员提出并由主席编写的大多数文件(包括综合谈判文本)只对 WTO 成员开放。加拿大、新西兰和乌克兰曾于 2020 年提出一项提案(INF/ECOM/42/Rev.2),旨在通过公开谈判摘要提高联合声明倡议的透明度,但并未导致任何明显的程序变化。
② 该倡议由乔治·米娜大使(澳大利亚)、山崎一幸大使(日本)和陈洪诚大使(新加坡)共同主持。
③ See Joint Initiative on E-commerce, https://www.wto.org/english/tratop_e/ecom_e/joint_statement_e.htm.
④ 第一个综合文本于 2020 年 12 月发布(INF/ECOM/62.rev1),第二份于 2021 年 9 月发布(INF/ECOM/62.rev2)。
⑤ See E-commerce Negotiations: Members Finalise "Clean Text" on Unsolicited Commercial Messages, 5 February 2021, https://www.wto.org/english/news_e/news21_e/ecom_05feb21_e.htm; E-commerce Negotiations: Members Finalise "Clean Text" on E-signatures and Authentication, 20 April 2021, https://www.wto.org/english/news_e/news21_e/ecom_20apr21_e.htm.

开政府数据的议题达成了协议。①但是,一份关于"透明度"的清洁文本暂时被"搁置"了,其能否出台取决于谈判结果的最终范围和法律结构。

WTO第十二届部长级会议原定于2020年6月在哈萨克斯坦首都阿斯塔纳市举行。后由于防止新冠病毒感染疫情蔓延,不得不推迟,定于11月30日到12月3日在瑞士日内瓦举行。为了在日内瓦第十二届部长级会议之前缩小电子商务规制方面的分歧,联合声明倡议参与方加紧工作。相关小组讨论的协调人认为,在电子发票、网络安全、电子传输的关税、开放互联网接入和无纸化贸易等领域,各方均能找到共同点,且在后两个领域,各方极有可能达成共识。② 11月26日,由于与疫情相关的限制措施收紧,WTO总理事会决定无限期推迟第十二届部长级会议。针对这一突发情况,联合声明倡议的共同召集人指出:"我们在八个条款上达成了良好的协商一致:网上消费者保护;电子签名和认证;非应邀的商业电子信息;开放政府数据;电子合同;透明度;无纸化交易;开放互联网接入……此外,我们还看到了其他领域的文本建议的整合,包括电子传输的关税、跨境数据流动、数据本地化、源代码、电子交易框架、网络安全和电子发票,以及关于市场准入的深入讨论。"③他们乐观地认为,到2022年年底,电子商务谈判将有可能在大多数问题上达成一致。④ 然而,直至2024年7月26日,联合声明倡议的共同召集人才宣布谈判达成了一个稳定的《电子商务协议》文本,但其能否被WTO第十四届部长级会议通过仍是一个未知数。

(二)联合声明倡议框架下中国的电子商务提案

2018年11月,中国商务部发布《中国关于世贸组织改革的立场文件》。⑤该立场文件指出,在世界经济深刻调整、单边主义和保护主义抬头、多边贸易

---

① See E-commerce Talks: Two "Foundational" Articles Cleaned; Development Issues Discussed, 13 September 2021, https://www.wto.org/english/news_e/news21_e/jsec_12sep21_e.htm.

② See Negotiations on E-commerce Advance, Eyeing a Statement at MC12, 10 November 2021, https://www.wto.org/english/news_e/news21_e/ecom_10nov21_e.htm.

③ WTO Joint Statement Initiative on E-commerce Statement by Ministers of Australia, Japan and Singapore, December 2021, https://www.wto.org/english/news_e/news21_e/ji_ecom_minister_statement_e.pdf.

④ See E-commerce Co-convenors Welcome Substantial Progress in Negotiations, 14 December 2021, https://www.wto.org/english/news_e/news21_e/ecom_14dec21_e.htm.

⑤ 参见《商务部发布中国关于WTO改革立场文件 提出三个原则和五点主张》,2018年11月23日,http://china.cnr.cn/yaowen/20181124/t20181124_524424875.shtml。

体制遭受严重冲击的情况下,中方支持对世贸组织进行必要改革,以增强其权威性和有效性,推动建设开放型世界经济,构建人类命运共同体。为此,中方提出关于世贸组织改革的三项基本原则和五点主张。三项基本原则是:(1)世贸组织改革应维护多边贸易体制的核心价值;(2)世贸组织改革应保障发展中成员的发展利益;(3)世贸组织改革应遵循协商一致的决策机制。五点主张是:(1)世贸组织改革应维护多边贸易体制的主渠道地位;(2)世贸组织改革应优先处理危及世贸组织生存的关键问题;(3)世贸组织改革应解决贸易规则的公平问题并回应时代需要;(4)世贸组织改革应保证发展中成员的特殊与差别待遇;(5)世贸组织改革应尊重成员各自的发展模式。[①]

以立场文件为基础,2019年5月,中国向世贸组织正式提交了《中国关于世贸组织改革的建议文件》[②]。在建议文件中,中国指出,世贸组织面临前所未有的生存危机,[③]同时世贸组织并不完美,"反映21世纪国际经济贸易现实的电子商务、投资便利化等新议题没有得到及时处理"。为增加世贸组织在全球经济治理中的相关性,中国提出应推进电子商务议题谈判开放、包容开展。

就电子商务议题,中国认为,存在的问题和表现是:电子商务为国际贸易创造了崭新机会。与此同时,与电子商务发展相关的数字鸿沟等问题仍待解决,网络安全、数据安全等问题凸显,成员特别是发展中成员在实现电子商务发展领域面临各自挑战,对电子商务国际规则的利益诉求和重点关注亦有差异。经过20余年讨论,世贸组织仍未就与贸易有关的电子商务议题启动规则

---

① 参见《中国关于世贸组织改革的立场文件》,2018年12月17日。http://sms.mofcom.gov.cn/article/cbw/201812/20181202817611.shtml。

② China's Proposal on WTO Reform, Communication from China, WT/GC/W/773, 13 May 2019.

③ 当前,单边主义和保护主义做法日益严重,多边主义和自由贸易体制受到冲击:阻挠上诉机构成员遴选程序启动的做法导致上诉机构面临2019年年底陷入瘫痪的风险,严重影响争端解决机制的有效运行。滥用国家安全例外的措施、不符合世贸组织规则的单边措施以及对现有贸易救济措施的误用和滥用,破坏了以规则为基础、自由、开放的国际贸易秩序,影响了世贸组织成员特别是发展中成员的利益。上述做法损害了世贸组织的权威性和有效性,导致世贸组织面临前所未有的生存危机。See China's Proposal on WTO Reform, Communication from China, WT/GC/W/773, 13 May 2019, para. 1.6.

制定进程。①

对此,中国认为,改革的目标和任务是:需要切实回应产业发展诉求,就与贸易有关的电子商务制定面向多边的规则,以体现包容性贸易理念,重振世贸组织谈判功能,促进多边贸易体制与时俱进,帮助成员特别是发展中成员及其中小企业、妇女和青年更好地参与国际贸易提供的新机遇,使电子商务为企业、消费者和全球经济带来更大利益。②

在建议文件中,中国指出,为实现上述目标和任务,中国与75个世贸组织成员发布了《电子商务JSI》,确认有意在世贸组织现有协定和框架基础上,启动与贸易有关的电子商务议题谈判。中方支持以开放、透明、包容、灵活方式开展与贸易有关的电子商务议题规则制定工作,并欢迎所有成员参加。坚持发展导向,重点关注通过互联网实现交易的跨境货物贸易及物流、支付等相关服务,在跨境电子商务便利化、电子签名、电子认证、在线消费者权益保护等领域建立规则;制定发展合作条款,加强对发展中成员特别是最不发达成员的技术援助与能力建设;尊重成员监管权利并照顾发展中成员具体关切,在技术进步、商业发展与各成员网络主权、数据安全、隐私保护等合理公共政策目标之间实现平衡,通过平等协商达成平衡、务实、各方都能接受的结果。同时,根据1998年《电子商务工作计划》,继续深化世贸组织各有关机构讨论。③

《中国关于世贸组织改革的建议文件》基本延续了中国关于电子商务应集中于货物贸易以及应关照发展中国家网络主权的一贯立场。如2016年10月,中国和巴基斯坦在《电子商务工作计划》框架下,向第十一届部长级会议提交了一份联合议案,指出:"建议现阶段重点讨论促进和便利互联网带动的跨境货物贸易,以及支付、物流服务等直接支持此类货物贸易的服务。讨论是澄清和改进现有的多边贸易规则的应用程序,以使发展中成员,尤其是小型、脆弱经济体和最不发达成员,他们的中小企业和弱势群体更好地参与和受益国际贸易和全球价值链,实现跨越式发展。应延长暂停对电子传输征收关税的规定。现阶段

---

① See China's Proposal on WTO Reform, Communication from China, WT/GC/W/773, 13 May 2019, para. 2.20.
② Ibid., para. 2.21.
③ Ibid., para. 2.22.

的讨论不应导致新的市场准入承诺,包括降低关税。发展层面应贯穿讨论始终,并充分纳入成果。"①具体的议题包括:创造有利于跨境电子商务发展的良好贸易政策环境②,加强跨境电子商务政策框架的透明度③,完善跨境电商基础设施和技术条件④,以及其他相关问题等⑤。2017年10月,中国向拟议的第十一届部长级会议提交提案,认为为筹备第十一届部长级会议,务实的方式是确定成员可接受的内容。这些内容可反映在第十一届部长级会议《电子商务工作计划》中,作为WTO成员今后工作的关键组成部分,以便在总理事会专门会议或由所有成员商定的机构中优先讨论。⑥ 相关内容包括:暂停对电子传输征收关税⑦,促进跨

---

① Work Progarmme on Electronic Commerce, Aiming at the 11th Ministerial Conference, Communication from the People's Republic of China and Pakistan Revision, JOB/GC/110/Rev.1, JOB/CTG/2/Rev.1, JOB/SERV/243/Rev.1, JOB/DEV/39/Rev.1, 16 November 2016, Introduction.

② 讨论为B2C和B2B交易的跨境电子商务提供更便利的处理方式的可取性和可行性,并探讨如何对至少在B2C模式下交易的货物的进出口和过境实行简化的边境措施。交换建立跨境电子商务交易平台及参与跨境电子商务交易的监管措施和程序信息,包括相关的工商登记程序信息,探讨如何使跨境电子商务交易更加便利和安全。就直接支持跨境电子商务交易的电子支付和网上支付、物流快递、网上通关等贸易便利化服务等监管措施和程序交换信息,探讨提高便利化水平。促进无纸化贸易,通过跨境电子商务交易平台、贸易商以及贸易便利化、支付、物流和速递服务提供商,便利各成员国际贸易当局的单一窗口获取、使用和交换数据。促进各成员国际贸易单一窗口的互联互通和数据交换。推动贸易融资创新,交流跨境电子商务交易网络贸易融资政策和监管措施信息,探讨便利化措施。加强物流快递、支付服务等跨境交易服务提供商合作。Ibid., paras. 1.1-1.7.

③ 发布与跨境电子商务相关的法律、法规和行政措施,将其发布的官方网站告知WTO,并在可能的范围内向WTO提供相关法律、法规和行政措施。通过互联网描述定期提供和更新跨境电子商务下的货物进出口流程,特别是B2C模式。通过在《贸易便利化协定》下设立和维持的咨询点,回应其他成员关于跨境电子商务的合理查询。Ibid., paras. 2.1-2.3.

④ 交换有关数码证书、电子签署和电子认证的政策资料,促进数码证书和电子签署的相互认可,以及在跨境电子贸易中使用。探讨采取具体措施,改善发展中成员发展跨境电子商务的基础设施和技术条件,包括在贸易援助框架内开展的工作,协助发展中成员评估它们对电子贸易的准备情况,以及提高其海关当局的信息化水平。Ibid., paras. 3.1-3.2.

⑤ 交换成员在跨境电子商务相关政策问题上的法律、法规和行政措施的信息,如消费者保护、隐私保护和知识产权,并讨论贸易政策与相关政策之间的衔接,从而增强消费者对跨境电子商务的信心,促进其发展。Ibid., para. 4.1.

⑥ See E-Commerce Elements for MC11, Communication from China, JOB/GC/142, JOB/CTG/9, JOB/SERV/271, JOB/DEV/49, 19 October 2017.

⑦ 电子商务为WTO成员特别是发展中成员、中小微企业和弱势群体提供了全新的贸易方式和前所未有的商机。为充分利用电子商务带来的便利,促进贸易的包容性发展,同时考虑到未来技术发展的不确定性及其影响,各成员可决定在2019年下届部长级会议之前,保持不对电子传输征收关税的做法。Ibid., para. 1.1.

境电子商务[1]，推进无纸化贸易[2]，电子签名、电子认证和电子合同[3]，透明度[4]，以及发展和合作[5]等。

迄今为止，最为全面的关于电子商务谈判的文件是中国于 2019 年 4 月提交的联合声明倡议提案。该提案与 2019 年 5 月中国提交的《中国关于世贸组

---

[1] 随着电子商务在全球范围内的快速发展，越来越多的位于不同海关地区的交易主体通过电子方式进行交易，然后完成支付、物流等业务流程。电子商务正在改变着货物贸易的方式。事实上，自贸区和海关仓库等便利跨境电子商务的良好做法在促进行业发展方面发挥了关键作用。各成员在这方面的成功经验可在第十一届部长级会议上总结，供其他成员参考，以根据各自情况，推动其电子商务的发展，更好地实现包容性增长的目标。保税区和海关仓库的便利作用首先体现在，有关货物允许在进口目的地的保税区和海关仓库内存储、拆包、分装、收货、重新包装；然后根据电子下单的交易订单，办理报关、关税、国内纳税等进口手续，从保税区、海关仓库运至买家手中。这些保税区和海关仓库也可设在进出口地区以外的第三国境内，以便为有关货物提供上述同样的便利。这种便利还包括允许有关货物在出口来源地的保税区和海关仓库内存储、拆包、分装、收货、重新包装，并适时完成出口手续，包括出口报关、出口退税等；然后根据电子下单的交易订单，在完成报关、关税、国内纳税等进口手续后，运输并交付到进口目的地，最终到达买方手中。值得注意的是，利用保税区和海关仓库便利跨境电子商务的运作，不损害成员现有的贸易政策、监管框架和实施，即关税及相关国内税收政策、出口退税政策以及与进出口有关的各种许可证。See E-Commerce Elements for MC11, Communication from China, JOB/GC/142, JOB/CTG/9, JOB/SERV/271, JOB/DEV/49, 19 October 2017, paras. 2.1, 2.3-2.6.

[2] 各成员可努力在可能的范围内促进无纸化贸易，特别是在实施《贸易便利化协定》时探讨鼓励电子商务发展的有效方式和途径。包括接受以电子方式提交的贸易管理文件，使其具有与纸质文件相同的法律效力，并以电子形式向公众提供贸易管理文件。Ibid., para. 3.2.

[3] 各成员可在联合国国际贸易法委员会现有工作的基础上，维持有关电子签名的国内立法，使其不会仅仅基于签名是电子形式而否认签名的法律效力；容许电子交易的各方互相决定适当的电子签署及核证方法，允许电子认证机构有机会向司法、行政机关证明其对电子交易的电子认证符合电子认证的法律要求；从法律角度确认电子签名合同的合法性。当事人以信函或电子数据文本形式订立合同的，可以要求在合同成立之前签署确认书。合同自签订确认书时成立。各成员亦可就有关电子签名、电子认证和电子合同的政策交换资料，并致力于互相承认数码证书和电子签署；鼓励商界使用数码证书。Ibid., paras. 4.2-4.3.

[4] 为更好地了解彼此与电子商务相关的政策及其变化，促进电子商务的发展，并实现有关包容性增长的目标，成员可在 WTO 协定中现有透明度要求的基础上，努力提高电子商务政策的透明度，包括在不可行的情况下，公布或以其他方式及时公开有关或影响电子商务运作的一般适用的法律法规；在可能的情况下，向世贸组织秘书处提供该等法律和法规的原始文本以及在何处公布该等法律和法规；在可能的情况下，通过在《贸易便利化协定》下设立和维持的咨询点或其他现有咨询点，回应其他成员关于便利跨境电子商务的合理查询。Ibid., para. 5.1.

[5] 世贸组织电子商务工作应充分考虑不同发展阶段成员的实际情况，特别是发展中成员和最不发达成员的具体要求，努力解决他们普遍关心的发展问题，提高发展中成员从电子商务中受益的能力，并将特殊和差别待遇原则作为不可或缺的组成部分。考虑到世贸组织的职能，成员可进一步探讨发展与合作方面的具体共识。欢迎成员提出具体意见和建议，包括在世贸组织贸易援助计划下可开展的工作。建议并采取切实措施，完善发展中成员跨境电子商务基础设施、技术条件和能力建设。开展信息交流、联合学习、推广活动、培训等合作活动，分享帮助中小微企业、经济欠发达地区、弱势群体参与电子商务的经验。Ibid., paras. 6.1-6.2.

织改革的建议文件》电子商务部分一起,构成最为权威的电子商务中国方案。在2019年4月的提案中,中国从谈判的目的[①]、谈判与多边讨论的关系[②]、谈判过程[③]、谈判的方向和重点[④]等四个视角提出其主张,认为重点行动的领域包括如下几个方面:

首先,明确与贸易有关的电子商务方面的定义和未来规则的适用范围。各成员应界定与贸易有关的电子商务、电子传输等方面,并澄清未来电子商务规则与现有WTO协定之间的关系。[⑤]

其次,应建立良好的电子商务交易环境。相关交易环境涉及如下几个方面:(1)便利跨境电子商务。各成员应进一步完善海关手续;各成员应在切实可行的范围内采用或建立允许选择以电子方式付款的程序;各成员还应利用保税区和海关仓库便利跨境电子商务。(2)无纸化交易。各成员应努力接受以电子方式提交的行业管理文件,将其视为该等文件纸质版的法律等效物,并努力以电子形式向公众提供行业管理文件。(3)电子签名和电子认证。成员应根据其法律和规例,向有关各方提供使用电子签名和数据电文的选择,且不应仅仅因为电子签名和数据电文是电子形式而拒绝它们的法律效力;各成员应促进数码证书及电子签署的相互承认。(4)电子合同。各成员应让有关人士有选择采用电子合同的权利,而不应仅仅因为采用了电子手段就否定电子合同的法律效力;电子合同应适用成员合同法及其他相关法律法规。(5)暂停对电子传输征收关税。各成员应在下届部长级会议之前继续保持不

[①] 世界贸易组织电子商务谈判应致力于挖掘电子商务的巨大潜力,帮助成员,特别是发展中成员和最不发达成员融入全球价值链,弥合数字鸿沟,抓住发展机遇,从包容性贸易中受益,从而更好地参与经济全球化。See Joint Statement on Electronic Commerce, Communication from China, INF/ECOM/19, 24 April 2019, para. 2.2.

[②] 谈判应与世贸组织有关附属机构的电子商务讨论相辅相成。应定期将谈判进展情况通知上述机构。同时,谈判应有利于支持多边贸易体制,有助于重振世贸组织谈判功能,响应行业需求,保持世贸组织规则的相关性,最终实现多边成果。Ibid., para. 2.3.

[③] 谈判应开放、包容和透明,通过精心设计的框架和灵活落实谈判成果的方式,确保有兴趣的成员参与整个进程。谈判应设定合理的目标水平,充分考虑成员的规管权,在技术进步、业务发展和成员合法的公共政策目标(如互联网主权、数据安全、隐私保护等)之间取得平衡,并通过平等协商,体现所有成员利益的务实成果。Ibid., para. 2.4.

[④] 谈判应在现有WTO协定和框架的基础上,坚持发展层面,充分考虑发展中成员,包括尚未加入谈判的发展中成员,特别是最不发达成员面临的困难和挑战。谈判应重点讨论互联网带动的跨境货物贸易,以及相关的支付和物流服务,同时关注服务贸易的数字化趋势,以健全的交易环境和安全可靠的市场环境为核心,探索制定电子商务国际规则的途径。Ibid., para. 2.5.

[⑤] Ibid., para. 3.2.

对电子传输征收关税的做法。①

再次,为电子商务创造安全可靠的市场环境。所谓安全可靠的市场环境,主要指:(1)网上消费者保障。各会员应以适当方式,为使用电子贸易的消费者提供保障。其保障程度至少应相当于各会员在各自法律、法规及政策下为其他商业形式的消费者所提供的保障。(2)个人信息保护。成员应采取其认为适当及必要的措施,以保护电子商务用户的个人资料。(3)非应邀电子商业信息。非应邀电子商业信息的提供者不得故意发送隐蔽或伪造的电子信息,亦不得在未经收件人同意的情况下发送电子商业讯息。如果收件人在明确同意后拒绝继续接收该等信息,非应邀电子商业信息的提供者应停止发送该等信息。(4)网络安全。各成员应尊重互联网主权,交流最佳实践,加强电子商务安全,深化合作,维护网络安全。(5)透明度。各成员应公开有关电子商务的法律和法规;各成员应尽可能向世贸组织秘书处提供该等法律法规的原文及其发布地点,并通过在《贸易便利化协定》下设立的咨询点回应其他成员关于便利跨境电子商务的合理查询。②

最后,推动务实包容的发展合作。包括:(1)消除数字鸿沟。鼓励成员采取有助于改善发展中成员电子商务基础设施和技术条件的建议和切实可行的措施,帮助企业和公民实现数字化转型。(2)研究、培训和交流。鼓励成员和国际组织开展信息交流、联合学习和合作培训,分享电子商务发展的最佳实践,开展能力建设,促进电子商务的共同发展。(3)电子商务发展计划。成员应探讨在WTO框架下建立电子商务发展计划的方式,以鼓励、管理和协调成员自愿提供的贡献,帮助发展中成员特别是最不发达成员,促进电子商务的发展,并执行WTO关于电子商务的规则。③

除上述行动领域之外,中国在提案中还提及,随着电子商务带来的新机遇,网络安全、资料安全和隐私等问题日益凸显,为WTO成员带来前所未有的安全风险和监管挑战。为了推进谈判,需要充分了解各成员在行业发展状况、历史文化传统、法律制度等方面的差异。考虑到上述差异,各成员应尊重彼此对电子商务发展道路的设计,以及为实现合理的公共政策目标而采取监管措施的合法权利。中国指出,在探索性讨论中,一些成员提到了数字贸易

---

① See Joint Statement on Electronic Commerce, Communication from China, INF/ECOM/19, 24 April 2019, paras. 3.3-3.7.
② Ibid., paras. 3.8-3.12.
③ Ibid., paras. 3.13-3.15.

规则,涉及数据流动、数据存储、数字产品处理等问题。鉴于这些问题的复杂性和敏感性,以及成员之间存在的巨大分歧,在将这些问题纳入WTO谈判之前,需要进行更多探索性讨论,以使成员充分了解其影响以及相关的挑战和机遇。中国强调,虽然与贸易相关的数据流动对贸易发展至关重要,但更重要的是,数据流动要以安全为前提,这关系到每一个成员的核心利益。为此,数据必须按照WTO成员各自的法律及规则有序流动。①

综上所述,在向WTO提交的四份电子商务谈判提案和《中国关于世贸组织改革的建议文件》中,中国政府已经勾勒出较为清晰的电子商务中国方案。与美国方案相比,中国方案有三个特点:(1)聚焦货物贸易。中国认为,WTO电子商务谈判应为货物贸易创造良好的电子商务交易环境,对于争议较大的数据流动、数据存储和数字产品处理等数字贸易议题,应先通过探索性讨论的方式加以处理,而非径直将其纳入WTO谈判日程之中。(2)关注数字鸿沟。中国注意到,发达成员与发展中成员在发展电子商务方面存在着能力差距,WTO应采取措施,提升发展中成员参与电子商务的能力,以使发展中成员实现跨越式发展。(3)强调国家规制主权。中国指出,鉴于各国在文化传统、法律制度和行业发展方面存在差异,WTO应尊重各国电子商务发展模式,并允许各国为保护公共利益之需要而采取相关监管措施。与欧盟方案相比,中国方案虽然也提出应保护个人信息,但没有将个人数据保护和个人隐私保护上升到基本权利的高度。此外,对于是否因应互联网技术之发展,用新的文本取代《世界贸易组织电信服务业参考文件》,中国未表现出浓厚的兴趣。

三、CPTPP、DEPA对中国方案的影响

中国自2020年11月15日签署RCEP之后,又于2021年下半年,相继申请加入CPTPP和DEPA。② 与RCEP不同,CPTPP和DEPA关于数字贸易和电子商务的规定更多地受到美国方案的影响。由此产生的问题是,当前电

---

① See Joint Statement on Electronic Commerce, Communication from China, INF/ECOM/19, 24 April 2019, paras. 4.1-4.3.

② 2021年9月16日,中国商务部部长王文涛向CPTPP保存方新西兰贸易与出口增长部部长奥康纳提交了中国正式申请加入CPTPP的书面信函(《中方正式提出申请加入〈全面与进步跨太平洋伙伴关系协定〉(CPTPP)》,http://www.mofcom.gov.cn/article/news/202109/20210903199707.shtml)。2021年11月1日,中国商务部部长王文涛致信新西兰贸易与出口增长部部长奥康纳,代表中方向DEPA保存方新西兰正式提出申请加入DEPA(《中方正式提出申请加入〈数字经济伙伴关系协定〉(DEPA)》,http://bn.mofcom.gov.cn/article/bngzdt/202111/20211103213410.shtml)。

子商务中国方案距离CPTPP和DEPA的要求有多远?

如上所述,就为电子商务创造贸易便利化环境而言,中国方案、欧盟方案和美国方案存在较大共识,这三个主要经济体均同意,应便利跨境电子商务、促进无纸化贸易、认可电子签名和数字认证、承认电子合同以及暂停对电子传输征收关税。但是,就电子商务所应享有的贸易自由化环境而言,中国方案与美国方案存在较大差别;就电子商务所应享有的安全可靠环境而言,中国方案与美国方案、欧盟方案也有明显差异。而中国方案、美国方案和欧盟法案之核心争议就在于如何处理好跨境数据自由流动与数据隐私保护之间的关系。

(一) CPTPP关于跨境数据流动和数据隐私保护的规定

CPTPP第14章(电子商务)有关于数据自由流动和数据隐私保护的明确规定。其中,第14.11条题为"通过电子方式跨境传输信息",与RCEP第12.15.2条类似,该条第2款明确规定:"每一缔约方应允许通过电子方式跨境传输信息,包括个人信息,如这一活动用于涵盖的人开展业务。"只不过,该条特别强调,相关信息应包括个人信息。根据CPTPP第14.1条,"个人信息指关于已识别或可识别的自然人的任何信息,包括数据"。由此,CPTPP第14.11.2条传递了非常明确的政策信号:即使是涉及个人数据,跨境数据自由流动也是一项应予遵守的原则。

为了保障跨境数据自由流动,相较于RCEP的规定,CPTPP第14.11.3条关于跨境数据流动例外的规定更为严格,这主要体现为,在判断是否对信息传输施加"超出实现目标所需限度的限制"时,不再由实施的缔约方自我认定。参照WTO的相关案例,在解释相关限制措施是否超出所需限度时,应采取客观的权衡方法,包括但不限于:将要实施的法律或法规旨在保护的公共利益或价值的相对重要性;限制措施对实现其所追求的目的及对确保涉案法律或法规遵守所做出贡献的程度;限制措施对国际贸易产生的不利影响等。[①] 这意味着,在CPTPP项下,缔约方限制措施的实施将受到严格约束。

[①] See Appellate Body Report, Korea-Various Measures on Beef, paras. 162-163; Appellate Body Report, Colombia-Textiles, para. 5.142; Appellate Body Report, Argentina-Financial Services, para. 6.203; Appellate Body Report, US-Gambling, para. 304.

关于数据隐私保护,相较于 RCEP 第 12.8 条,CPTPP 第 14.8 条有三个特点:一是对个人信息保护的价值作出整体评价,即"缔约方认识到保护电子商务用户个人信息的经济和社会效益,及其对增强消费者对电子商务的信心所做贡献"。二是在要求缔约方考虑相关国际机构的原则和指南制定个人信息保护的法律框架时,强调缔约方可通过多种方式来履行该义务,如"全面保护隐私、个人信息或个人数据的法律、涵盖隐私的特定部门法律或规定执行由企业作出与隐私相关的自愿承诺的法律"。三是强调每一缔约方应鼓励建立促进不同个人信息保护体制之间兼容性的机制。"这些机制可包括对监管结果的承认,无论是自主给予还是通过共同安排,或通过更广泛的国际框架。"结合美国数据隐私法的现状,可以认为,上述规定有为美国量身定做之嫌。根据该条规定,如果某一缔约方之个人信息保护体制符合相关国际机构的原则和指南,则其他缔约方应该承认该体制之替代合规效果,[①]不应阻止数据的跨境自由流动。

值得注意的是,对于 CPTPP 第 14.11 条项下义务的争端,第 14 章也作出了特别规定。除马来西亚、越南在生效之日后 2 年期限内,就数据跨境自由流动采取的措施不受第 28 章(争端解决)约束外,其他缔约方可就数据隐私保护争议提请争端解决。与 RCEP 的相关规定相比,CPTPP 的规定更具规则导向特征,相关争端解决的提起和解决可进一步澄清该协定中的数据隐私保护规则。

(二) DEPA 关于跨境数据流动和数据隐私保护的规定

与 RCEP 和 CPTPP 不同,新加坡、新西兰、智利三国于 2020 年 6 月签署的 DEPA 内容广泛,是世界上第一个多国参与的专门数字贸易协议。[②] 就具体内容而言,在参考 CPTPP 相关条款的基础上,DEPA 采取了更为灵活的模块化结构形式,包括如下 16 个模块:初步规定和一般定义、商业和贸易便利化、数字产品及相关问题的处理、数据问题、广泛的信任环境、商业和消费者

---

① 替代合规(substituted compliance)与实质等同(essentially equivalent)存在性质上的差异。相关理论探讨,可参见 Howell E. Jackson, Substituted Compliance: The Emergence, Challenges, and Evolution of a New Regulatory Paradigm, 1 J Fin. Reg. 169 (2015); Cedric Ryngaert and Mistale Taylor, The GDPR as Global Data Protection Regulation? 114 Am. J. Int'l L. 5 (2020).

② 双边的数字贸易协定有美国和日本 2019 年 10 月签署的《美日数字贸易协定》、澳大利亚和新加坡 2020 年 8 月签署的《数字经济协议》(DEA)。参见杨燕青、吴光豪:《参与全球数字经贸规则制定 推动数字经济国际合作》,载《光明日报》2021 年 11 月 26 日第 12 版。

信任、数字身份、新兴趋势和技术、创新与数字经济、中小企业合作、数字包容、联合委员会和联络点、透明度、争端解决、例外和最后条款。其中，模块四即数据问题涉及个人信息保护、通过电子手段进行的跨境数据流动、计算机设施的位置等内容。

就数据跨境自由流动，DEPA 第 4.3 条直接引用了 CPTPP 第 14.11 条。这与 DEPA 缔约三方同时也是 CPTPP 的缔约方存在很大关系。为此，DEPA 第 4.3 条强调，"缔约方确认它们关于以电子方式跨境传输信息的承诺水平"。就数据隐私保护，DEPA 第 4.2 条同样承袭了 CPTPP 第 14.18 条的规定，包括：缔约方认识到保护数字经济参与者个人信息重要性；为此目的，各方应采用或维持一个法律框架，以保护电子商务和数字贸易用户的个人信息；在制定个人信息保护法律框架时，每一缔约方应考虑到有关国际机构的原则和准则；推动建立机制，促进不同制度在保护个人信息方面的兼容性和互操作性等。[①] 除上述规定外，DEPA 第 4.2 条还列举了保护个人信息的健全法律框架所应包括的原则：收集限制、数据质量、目的明确、使用限制、安全保障、透明度、个人参与和可问责性。如果将这些原则与 1980 年 OECD《关于保护隐私和个人数据国际流通的指南》（以下简称《隐私指南》）中的八项原则相比较，可以发现，两者几乎完全对应。[②] 通说认为，OCED《隐私指南》所列的八项原则是公平信息实践的体现。该实践已有近五十年的发展历史，包括一系列理想原则，用于为负责任的数据实践建立规则模型，它一方面赋予个体以隐私自我管理的权利，另一方面对信息控制者或处理者施加责任。[③] 自 1973 年诞生以来，公平信息实践体现为不同的版本，如美国 1973 年《公平信息实践准则》五项原则和 1977 年《隐私保护研究委员会报告》八项原则、1981 年欧洲理事会《108 号公约》诸原则、1995 年欧盟《数据保护指令》八项原则和 2016 年 GDPR 六项原则、1980 年 OECD《隐私指南》八项原则、2004 年 APEC

---

① 就如何促进缔约方不同信息保护体制之间的兼容性和互操作性，DEPA 第 4.2 条特别规定，"可行时，对各自法律框架下的可信任标志或认证框架所提供的相当水平的保护给予适当承认"。具体包括：缔约方应鼓励企业采用有助于验证是否符合个人数据保护标准和最佳实践的数据保护信任标志；缔约方应努力相互认可对方的数据保护信任标志，将其作为便利跨境信息转移的有效机制，同时保护个人信息。
② 只不过 DEPA 的透明度原则在 OECD《隐私指南》中被表述为公开原则。
③ See Woodrow Hartzog, The Inadequate, Invaluable Fair Information Practices, 76 MD. L. Rev. 952, 953 (2017).

《隐私框架》九项原则等。① 在赋权程度和施加责任方面,不同的公平信息实践版本之间存在显著差异,具有较强的可塑性和可分性。由于 OECD《隐私指南》八项原则只代表第一代数据隐私标准,②其要求远没有第二代数据隐私标准(以 1995 年欧盟《数据保护指令》和 2001 年修订的欧洲理事会《108 号公约》为代表)和第三代数据隐私标准(以 2016 年 GDPR 为代表)严格,理论上,DEPA 协定缔约方只需满足该较低要求,即可要求其他缔约方给予替代合规待遇,实现数据跨境自由流动。

需要指出的是,根据 DEPA 第 14 章(争端解决)之规定,该章项下的争端解决机制,包括调解机制和仲裁机制等,不得适用于第 4.3 条(通过电子方式跨境传输信息)和第 4.4 条(计算设施位置),这意味着缔约方将不能利用争端解决机制来澄清相关争议。

表面上看,CPTPP 和 DEPA 关于跨境数据自由流动的规定与中国在 RCEP 中的承诺("一缔约方不得阻止涵盖的人为进行商业行为而通过电子方式跨境传输信息")较为相似,但两者之间实则存在着根本区别。具体而言,如果一国欲寻求 CPTPP 和 DEPA 项下跨境数据自由流动原则的例外,需要满足较为严格的客观要件,而在 RCEP 项下,只需通过自我认定即可以将相关限制措施界定为保护公共利益所必需的措施。因此,中国在 RCEP 项下关于跨境数据自由流动的法律义务可借助例外条款加以缓和,从而与其在联合声明倡议中的中国方案立场相一致。而一旦中国加入 CPTPP 和 DEPA,则很难从跨境数据自由流动的承诺中脱身。

尽管如此,基于 CPTPP 和 DEPA 的自身特殊性,在短期内,中国申请加入 CPTPP 和 DEPA 的行为仍不会根本动摇中国关于数字贸易的基本立场。就 DEPA 而言,其本身含有允许一国选择模块加入的机制,③而数据事项中的跨境数据流动和数据本地化规定无法律拘束力,且不可提交争端解决。因

---

① 参见丁晓东:《论个人信息法律保护的思想渊源与基本原理——基于"公平信息实践"的分析》,载《现代法学》2019 年第 3 期,第 97—103 页。

② 关于国际数据隐私标准的代际划分,可参见 Graham Greenleaf, The UN Should Adopt Data Protection Convention 108 as a Global Treaty: Submission on "The Right to Privacy in the Digital Age" to the UN High Commissioner for Human Rights, to the Human Rights Council, and to the Special Rapporteur on the Right to Privacy, April 8, 2018。

③ 参见赵旸頔、彭德雷:《全球数字经贸规则的最新发展与比较——基于对〈数字经济伙伴关系协定〉的考察》,载《亚太经济》2020 年第 4 期,第 63 页。

此,中国加入 DEPA,相关条款不会对中国施加实质性国际义务。在这一情况下,DEPA 对于中国方案的威胁相对较小。就 CPTPP 而言,其两大成员——加拿大和墨西哥均为《美国—墨西哥—加拿大协定》(USMCA)的缔约国。根据 USMCA 第 32.10 条之规定,如一缔约方意图与一个非市场国家开始自由贸易协定谈判,则应至少在开始谈判前 3 个月,通知其他缔约方。应另一缔约方的请求,拟与非市场国家开始自由贸易谈判的一方应提供关于这些谈判目标尽可能多的资料。有意与一个非市场国家签署自由贸易协定的一方应尽早且不迟于签署日期前 30 天,向其他方提供审查协定全文的机会,包括任何附件和附带文书,以便各方能够审查该协定并评估其对本协定的潜在影响。如涉及方要求对该文本进行保密,其他方应对该文本保密。如果一方与非市场国家签订自由贸易协定,则其他各方可在提前 6 个月通知的情况下终止本协定,并以双方之间的协议(双边协议)取代 USMCA。该"毒丸条款"直接针对中国,对中国与加拿大、墨西哥缔结自由贸易协定有显著的抑制作用,使得中国加入 CPTPP 的难度增大。

第六章

进行渐近的
数字贸易协定

当前,以中国、美国和欧盟为代表的数字经济大国均就数字贸易规则变革提出了自己的方案。这些方案较为集中地体现在 WTO《电子商务 JSI》提案之中。从内容上分析,中国、美国、欧盟三方提案既有重合之处,也有关键性分歧。与此同时,中国、美国和欧盟也在通过国际协商机制,通过达成双多边贸易协定的方式,推行相关数字贸易国际规则实践。如第五章所分析的那样,一国关于数字贸易的"说法"与数字贸易的"做法"并不完全一致。两者之所以存在差异,很大程度上源于一国对于"说法"和"做法"的控制能力有高低之分。借用政策分析学的术语,[1]"说法"是一国提出的供 WTO 各方讨论的政策方案,内容具有灵活性和探索性,它体现着提出者的单方利益,带有理想主义色彩,发挥明确立场、宣示价值的作用。"做法"则是缔约各方通过谈判达成的妥协方案,形成过程具有高度的政治性和妥协性,它体现着缔约各方的共同利益,带有现实主义色彩,起到明确权利义务的作用。一国将"说法"兑现为"做法"的能力越强,意味着该国国际话语权越大。因此,就数字贸易国际规制的建构而言,仅仅考察各国"说法"是偏颇的,还需要考察与之相关的"做法",两相结合,方可确定数字贸易国际规则的现状与发展趋势。有鉴于此,在第四章和第五章的基础之上,本章将集中比较中国、美国和欧盟关于数字贸易国际规则的"说法"和"做法",初步确定三方存在的未完全理论化的共识,从有限全球化的角度,借鉴嵌入式自由主义理论的洞见,在地缘经济国际贸易治理的语境下,探求数字贸易规则的变革方向和实现路径。

---

[1] See e. g. Alexander Libman, Words or Deeds: What Matters? On the Role of Symbolic Action in Political Decentralization, 49 Empir. Econ. 801, 803 (2015).

第一节　美国和欧盟电子商务谈判提案及与中国提案的异同

借助数字技术的高赋能特性,产业数字化和数字产业齐头并进,数字经济已在美国国内生产总值(GDP)中占有较高比重。[①] 与之相关的数字贸易问题也越来越受到各界关注。对于美国而言,能否在全球层面确立符合美国利益的贸易规则将影响到其数字经济的发展前景。

一、美国的电子商务谈判提案

(一) 美国在 WTO《电子商务工作计划》项下的提案

早在 WTO《电子商务工作计划》下,美国就频繁提出电子商务议案。如 2011 年 7 月,美国和欧盟向服务贸易理事会提交了一份文件。该文件列出了与贸易有关的原则,旨在支持 ITC 网络的扩展和促进电子商务的发展。[②] 同年 9 月,美国又提交了另一份文件,旨在确保贸易规则支持计算机应用和平台的创新进展,如移动应用程序和云计算服务的提供,包括由此类服务托管的电子交付软件。[③] 2014 年 11 月,美国向服务贸易理事会再次提交一份文件[④],

---

[①] 基于统计口径不同,美国数字经济 GDP 占比具体数字各不相同。根据美国经济分析局的数据,2019 年数字经济占美国 GDP 的 9.6%,包括:(1) 信息和通信技术(ICT)行业和基础设施;(2) 企业对企业和企业对消费者的电子商务;(3) 定价数字服务(如互联网云或中介服务)。这一统计不包括免费数字服务(U.S. Bureau of Economic Analysis, Updated Digital Economy Estimates, June 2021, https://www.bea.gov/data/special-topics/digital-economy.)。根据中国信息通信研究院的测算方法(产业数字化+数字产业化),美国数字经济占 GDP 比重已超过 60%[中国信息通信研究院:《全球数字经济新图景(2020 年)——大变局下的可持续发展新动能》,2020 年 10 月,http://www.caict.ac.cn/kxyj/qwfb/bps/202010/P020201014373499777701.pdf]。

[②] See Communication from the European Union and the United States, Contribution to the Work Programme on Electronic Commerce, S/C/W/338, 13 July 2011.

[③] See Communications from the United States, Work Programme on Electronic Commerce: Ensuring that Trade Rules Support Innovative Advances in Computer Applications and Platforms, Such as Mobile Applications and the Provision of Cloud Computing Services, S/C/W/339, 20 September 2011.

[④] See Communication by the United Sates, Work Programme on Electronic Commerce, S/C/W/359, 17 December 2014.

内容涉及跨境信息流动①、本地化要求②、隐私保护③、云计算的分类④等问题。

2016年7月,在向总理事会提交的非正式文件中,⑤美国政府详细地阐述了其关于电子商务和/或数字贸易谈判的立场。

在导言部分,美国指出,自WTO第十届部长级会议以来,各成员重新关注与电子商务/数字贸易有关的问题。美国认为,WTO成员仍处于定义术语、研究影响、深思熟虑地考虑如何最好地处理WTO在电子商务/数字贸易方面的新工作的时期。目前,美国对于最好的办法,或者是否应该就电子商务的具体方面进行谈判,以及如果进行谈判,在什么基础上进行谈判,都没有先见之明。美国指出,正是为了促进这一正在出现的积极讨论才提出了这份非正式文件,概述了一些与贸易有关的政策,这些政策可以通过电子和数字手段对贸易的繁荣做出有意义的贡献。美国再次强调,它目前没有提出任何具体的谈判建议。这里提出的概念只是为了促进成员之间进行建设性讨论。

在为繁荣的数字经济做出积极贡献的例子部分,美国非正式文件提出如下政策概念以供WTO成员探讨:

(1) 禁止数字关税。全面禁止数字产品的关税,可以确保关税不妨碍音乐、视频、软件和游戏的流通,使创作者、艺术家和企业家在数字贸易中得到公平的待遇。⑥

(2) 保障非歧视基本原则。非歧视基本原则是全球商品和服务贸易体系的核心。明确规定数字产品适用国民待遇和最惠国待遇原则的规则,可以直

---

① 即WTO各成员不应阻止其他成员的服务供应商或这些供应商的客户在境内或跨境进行电子转移,访问公开可得的信息,或访问存储在其他成员的自己的信息。

② 即政府不应要求信息和通信技术服务供应商使用当地基础设施或在当地设立办事处,作为提供服务的条件。

③ 即各成员应采用或维持一套法律架构,以确保电子贸易用户的个人资料得到保障。各成员应分享它们在保护电子商务用户数据方面的经验。

④ 文件指出,最近的文献将云计算描述为一种提供信息技术功能的方式,如数据存储、处理能力、在互联网上和某些应用软件作为服务。结合W/120分类列表和1991年《临时中心产品分类目录CPC》,可将云计算这些功能(数据存储、数据托管、数据处理)和数据基础服务作为"计算机及相关服务"(CPC84)。

⑤ See Work Programme on Electronic Commerce, Non-paper from the United States, JOB/GC/94, 4 July 2016.

⑥ Ibid., para. 2.1.

接有助于数字经济的稳定。①

(3) 实现跨境数据流动。公司和消费者必须能够按照他们认为合适的方式移动数据。许多国家制定了限制信息自由流动的规则,这扼杀了竞争,使数字企业家处于不利地位。制定适当的贸易规则可以保护数据的流动,以此来对抗这种歧视性壁垒,但要遵守合理的保障措施,比如保护出口时的消费者数据。②

(4) 推动自由开放的互联网。自由开放的互联网催生和发展了新兴的、改变游戏规则的互联网服务,这些服务改变了我们今天拥有的社交网络、信息、娱乐、电子商务和其他服务。互联网应该保持自由和开放,用于所有合法的商业目的。③

(5) 防止本地化壁垒。依靠云计算和提供基于互联网的产品和服务的公司和数字企业家不应该需要在他们寻求服务的每个国家建立物理基础设施和昂贵的数据中心。这样的本地化需求会给提供者和使用者增加不必要的成本和负担。贸易规则有助于促进网络接入和有效的数据处理。④

(6) 禁止强制技术转让。以强制技术转让为条件的市场准入要求阻碍了电子商务的发展和数字经济的繁荣。制定贸易规则可能是为了禁止对公司转让技术、生产工艺或其他专有信息的要求。⑤

(7) 保护关键的源代码。创新者不应该把他们的源代码或专有算法交给竞争对手或监管机构,再由后者把其交给国有企业。重要的是确保公司不需要为了进入新市场而共享源代码、商业秘密或将当地技术替代到其产品和服务之中,同时保留当局获取源代码的能力,以保护健康、安全或其他合法的监管目标。⑥

(8) 确保技术选择。创新型公司应该能够利用最有效、最适合其需求的技术。例如,移动电话公司应该能够在 Wi-Fi 和 LTE 等无线传输标准中进行

---

① See Work Programme on Electronic Commerce, Non-paper from the United States, JOB/GC/94, 4 July 2016, para. 2.2.
② Ibid., para. 2.3.
③ Ibid., para. 2.4.
④ Ibid., para. 2.5.
⑤ Ibid., para. 2.6.
⑥ Ibid., para. 2.7.

选择。贸易规则可以在确保技术选择方面发挥作用,规定公司不需要购买和利用当地技术来取代自己选择的技术。[1]

(9)改进创新的认证方法。各种电子签名和认证方法的可用性,通过安全的网上支付系统等机制,保护用户及其交易。贸易规则有助于确保供应商能够使用其认为最适合于此目的的方法。[2]

(10)保障网络竞争。重要的是使数字供应商能够在其服务的市场中建立网络,或从现有公司获得这些设施和服务,无论是登陆海底电缆还是扩展数据和语音网络,以更好地接入消费者和企业。[3]

(11)培育创新的加密产品。加密越来越被视为数字生态系统中解决隐私和安全保护问题的重要工具。可以制定规则来保护加密产品的创新,以满足消费者和企业对保护安全和隐私的产品特性的需求,同时允许执法部门在符合适用法律的情况下访问通信。[4]

(12)为数字贸易建立一个可适应的框架。应保护创新的数字产品和服务,使其在未来不受歧视。随着市场变化和创新技术的出现,对服务和投资的基于贸易的保护应继续适用,除非适用具体的谈判例外。[5]

(13)保持以市场为导向的标准化和全球互操作性。创新者不必为他们寻求服务的每个市场设计不同的产品。这就是为什么美国有全球标准流程,保持行业领先,最好的技术获胜。贸易规则有助于确保各国不能武断地要求将竞争力较低的国家标准强制应用到创新产品中。[6]

(14)确保更快、更透明的海关程序。WTO《贸易便利化协定》中包含的各种条款可以对数字贸易做出非常直接的贡献。对于数字设备出口商来说,行政和边境壁垒往往是一个比关税更大的问题。[7]

(15)促进法规和标准制定的透明度和利益相关方的参与。新法规和标准的制定可能对信息和通信技术供应商构成重大挑战,因为它们的产品周期

---

[1] See Work Programme on Electronic Commerce, Non-paper from the United States, JOB/GC/94, 4 July 2016, para. 2.8.

[2] Ibid., para. 2.8.

[3] Ibid., para. 2.10.

[4] Ibid., para. 2.11.

[5] Ibid., para. 2.12.

[6] Ibid., para. 2.13.

[7] Ibid., para. 2.14.

很短,而且监管环境不断变化。电子商务/数字贸易的积极环境需要在透明度、利益相关者参与、协调和对新监管措施、标准和合格评定程序的影响评估方面作出强有力的承诺。①

（16）确认合格评定程序等。合格评定程序确认产品（包括信息和通信技术）符合所要求的标准和技术法规,但过于烦琐的合格评定程序会阻碍此类出口。合格评定中的"国民待遇",将使一个合格的评定机构所进行的检测和认证被视为符合另一缔约方的要求而被接受,可以成为促进与数字经济相关产品贸易的重要手段。②

总体而言,该提案以美国在《跨太平洋伙伴关系协定》（TPP）中总结的"数字24条"为核心内容,首次将跨境数据流动等极具争议性的新议题引入WTO,并成为各方关注的焦点。③

（二）美国《电子商务JSI》下的提案

在《电子商务JSI》框架下,美国的观点与其2016年提交的非正式文件基本保持一致,内容编排更加合理,与贸易的关系更为密切,政策主张更加鲜明。如2018年4月提案的导言指出,应用含义更为广泛的"数字贸易"概念来替代"电子商务"概念。④ 美国认为,有意义的贸易规则可以支持数字经济在促进全球经济增长和发展方面的作用,同时也允许政府解决互联网用户对其个人数据安全和隐私日益增长的担忧。为此,美国提出"在保护和促进数字贸易方面代表最高标准的贸易条款"。美国认为,这些贸易条款是为应对现实世界的数字贸易壁垒而逐步制定的,将为消费者和企业提供具有重大商业意义的保障。⑤ 具体包括：

（1）信息自由流动。数据的跨境流动越来越成为国际贸易的命脉。贸易规则能够保证以最经济和技术上最有效的方式转移数据,（在出口时受到保护消费者数据等合理保障措施的约束下）能够支持所有经济部门的增长。这

---

① See Work Programme on Electronic Commerce, Non-paper from the United States, JOB/GC/94, 4 July 2016, para. 2.15.

② Ibid.

③ 参见徐程锦：《WTO电子商务规则谈判与中国的应对方案》,载《国际经济评论》2020年第3期,第32页。

④ See Joint Statement on Electronic Commerce Initiative, Communication from the United States, INF/ECOM/5, 25 March 2019, para. 1.1.

⑤ Ibid., para. 1.3.

些规则将包括:① 跨境数据转移:互联网用户必须能够按照他们认为合适的方式移动数据。贸易规则可以确保消费者和公司能够在没有任意或歧视性限制的情况下跨境移动数据。② 防止数据本地化:互联网服务提供的规模经济降低了成本,提高了服务质量,并加强了公司的网络安全。贸易规则可以确保企业不必在其服务的每个司法管辖区建设或使用独特的、资本密集型的数字基础设施,从而使它们能够更好地为客户服务。③ 禁止封网:一个自由开放的互联网使用户能够在世界任何地方利用丰富的信息和服务。贸易规则,包括确保网络接入的规则,可以确保政府不任意屏蔽或过滤在线内容,也不要求互联网中介机构这样做。①

(2) 公平对待数字产品。WTO成员早就认识到确保数字产品和服务获得公平、非歧视和免税待遇的重要性。应用程序、歌曲、书籍、游戏和视频等数字产品绝大多数是由小企业、个人艺术家和企业家创造的,而这些人通常是最难克服贸易壁垒的。WTO成员可以通过继续对数字产品实行自由贸易原则,保护这些创造者不受不公平待遇,并保证他们可以在世界各地的公平竞争环境中销售他们的产品。这些原则包括:① 数字产品的免税待遇:自1998年以来,WTO成员已同意不对电子传输征收关税。贸易规则可以确保政府继续豁免数字产品关税,并使该做法永久化。② 数字产品的非歧视待遇:非歧视原则是全球贸易体系的核心。当产品被数字化和电子分销时,贸易规则可以确保适用停止歧视的保护措施。②

(3) 保护专有信息。数字经济中许多最具创新性的参与者都从事投资专有信息并将其货币化的业务,如计算机源代码、算法和商业秘密。任何要求披露此类信息的市场准入条件,都将使这些商业模式面临风险,特别是在这种披露导致信息转移给竞争对手的情况下。同样,在存在合法替代品的情况下强制使用某种技术或标准,会削弱企业选择最适合自己的技术的能力。通过抑制投资和创新,这些战略削弱了全球经济,需要相应的贸易规则。这些规则应包括:① 保护源代码:公司不应该把分享其源代码、商业秘密或算法作为市场准入的条件。贸易规则可以确保政府不强制访问此类专有信息或与当地公司共享这些信息,同时保留当局实现合法监管目标的能力。② 禁止强

---

① See Joint Statement on Electronic Commerce Initiative, Communication from the United States, INF/ECOM/5, 25 March 2019, para. 2.1.

② Ibid., para. 3.1.

制技术转让:为强制技术转让设置市场准入条件会阻碍外国投资,使当地公司无法获得世界级的数字服务。贸易规则可以禁止转让技术、商业秘密或其他专有信息的要求。③ 禁止歧视性技术要求:使用国家技术作为市场准入条件的要求削弱了数字经济的一个核心优势,即基于市场需求或要求的替代技术解决方案之间的竞争。贸易规则可以防止任意授权使用国家技术。

(4) 数字安全。确保数字网络、数据和交易的安全是客户和公司日益关注的问题。幸运的是,现有的工具和策略可以帮助减轻网络安全威胁,并将事故发生时的影响降至最低。不幸的是,一些政府对网络安全采取了高度规范性的措施,严重限制了数字贸易。越来越多的人将网络安全作为限制信息自由流动的理由。虽然贸易条款不能解决所有的网络安全问题,但某些规则可以确保企业有能力坚持保护数字安全的最佳做法,并防止扭曲市场。这些规则包括:① 加密:加密是保证数字领域隐私和安全的重要工具。贸易规则可以确保供应商能够使用创新和安全的加密技术,同时为政府提供符合适用法律的数据访问权。鉴于加密在数字生态系统中普遍存在,限制其使用或强制执行特定国家的加密标准可能会严重阻碍数字贸易。② 网络安全:虽然网络安全威胁会削弱人们对数字贸易的信心,但保护网络安全的过度努力会扼杀数字经济,甚至降低安全性。贸易规则可以确保政府通过采用基于风险的方法来减轻威胁,以避免贸易限制和贸易扭曲的结果,从而建立其预防和应对网络安全事件的能力。①

(5) 促进互联网服务。随着数字经济的不断发展,创新的数字服务为消费者和其他公司提供了巨大的新价值。这些创新有时会带来挑战,一些政府的应对措施是将传统的监管框架应用于非常不同的新业务模式。例如,"网络之上"(OTT)服务允许用户通过互联网进行语音、文本、视频交流,尽管此类市场高度竞争,且通常跨境提供,它们偶尔会受到原本针对电信服务的监管。监管行动应针对具体的危害,而不是对创新服务适用不必要的规则。此外,政府可通过从事下列行业,鼓励创新互联网服务的发展:① 数字相关市场准入承诺:作为 GATS 具体承诺基础的服务分类已经严重过时,特别是通信服务。各国应同意旧的分类和承诺可以适用于新技术。此外,新的承诺应允

---

① See Joint Statement on Electronic Commerce Initiative, Communication from the United States, INF/ECOM/5, 25 March 2019, para. 5.1.

许与传统通信服务竞争的互联网服务的跨境供应。② 开放政府数据:促进公众获取和使用政府信息,促进经济和社会发展,并鼓励对这些信息的创新使用。贸易规则可以鼓励政府将公共信息以机器可读、开放的格式公开,以便搜索、检索、使用、重用和重新分发。③ 对非知识产权内容的责任:政府要求互联网中介机构对第三方创造的内容负责,可能会压制活跃的在线论坛,扼杀依赖于用户参与的服务创新。贸易规则可以保证,仅仅存储、处理或传输内容不会让中介对数据的内容承担法律责任,同时还允许采取措施,确保严格执行知识产权法和刑法。①

(6) 竞争的电信市场。建立有竞争力的电信市场是任何国家克服数字鸿沟的重要第一步。《世界贸易组织电信服务业参考文件》在缔结二十多年后,仍然准确地描述了进入多个公司投资和竞争为消费者提供最佳服务的市场的跳板:基本的竞争保障措施、有保障的相互联通权、透明的频谱许可和分配,以及一个独立的监管机构。每一个WTO成员,特别是那些希望在电信部门增加竞争的成员都应该准备好将参考文件纳入其GATS时间表,并向电信投资者和跨境供应商提供市场准入。②

(7) 贸易便利化。数字贸易包括通过互联网购买或通过数字方式促进的货物贸易。WTO《贸易便利化协定》中的条款可以对数字贸易做出非常直接的贡献:对出口商来说,行政和边境壁垒往往是比关税更大的问题。希望促进数字贸易的WTO成员应全面实施《贸易便利化协定》。正如《贸易便利化协定》所承认的那样,关税和税收的最低限度豁免有助于包裹在不影响重要执法努力的情况下更迅速、更顺利地跨越边境。合理的最低价格水平对中小型出口商尤为重要。这些实体缺乏吸收关税的规模,也缺乏符合多个司法管辖区海关规则的基础设施。合理的最低限度可以确保中小出口商充分参与全球经济。③

二、欧盟的电子商务谈判提案

欧盟也在《电子商务JSI》框架下提出若干单独或联合提案,其内容主要集中在三点:

---

① See Joint Statement on Electronic Commerce Initiative, Communication from the United States, INF/ECOM/5, 25 March 2019, para. 6.1.
② Ibid., para. 7.1.
③ Ibid.

一是将加入《信息技术协定》纳入《电子商务 JSI》框架之下。2021 年 3 月,欧盟联合加拿大提出提案,①要求联合声明倡议参与方就如下问题进行谈判:"在本倡议的批准之日/生效之日×年内,每一缔约方/成员应是 1996 年 12 月 13 日 WTO《信息技术产品贸易部长宣言》(即《信息技术协定》)的缔约方,应参加 2015 年 12 月 16 日 WTO《关于扩大信息技术产品贸易的部长宣言》,并根据 1980 年 3 月 26 日《关于修正和核准关税减让表程序的决定》,在可行的范围内完成修改和纠正减让表的所有程序。"②

二是就电信服务业领域的义务和原则提出相关政策建议。2018 年 7 月和 10 月、2021 年 4 月,欧盟分别单独或联合提出了三份关于电信服务业的提案。在 2018 年 7 月的提案中,一方面,欧盟高度评价《世界贸易组织电信服务业参考文件》所提及的六项监管原则——竞争性保障、互联、普遍服务、许可标准的公开、分配和使用稀缺资源以及独立监管机构的存在。另一方面,欧盟指出,该参考文件制定以来,电信业经历了重大转变,其中最重要的是互联网已成为电信业最相关的部分,并成为赋能当今大多数经济活动的一项技术。为应对新的情况,欧盟的建议包括:

(1)有效和透明的电信业监管。即通过加强监管机构的地位和确保监管方式的透明度,促进对该行业实施有效和可预测的监管。③

(2)电信市场的有效竞争。即促进电信市场的有效竞争,为具有较大市场实力的供应商的行为设立更有力的竞争保障措施,并管制与这些供应商的网络的互联和访问。④

(3)为供应商提供法律确定性和可预测性。即为供应商规划和发展其业务提供法律确定性和可预测性,确保获得、修改或撤销许可证,包括使用稀缺资源的许可证的条件和程序是公平和透明的,并确保供应商能够利用有效的争端解决机制。⑤

(4)开放和中立的互联网。即让消费者和企业访问和使用一个开放和中

---

① 该提案将取代此前加拿大和欧盟分别提出的相关提案。See Joint Statement on Electronic Commerce by Canada and the European Union: Joint Proposal on the Information Technology Agreement and Its Expansion, INF/ECOM/63, 15 March 2021, para. 1.2.

② Ibid., para. 2.2.

③ See Joint Statement on Electronic Commerce, Communication from the European Union, INF/ECOM/13, 25 March 2019, para. 2.

④ Ibid., para. 3.

⑤ Ibid., para. 4.

性的互联网,通过确保企业和消费者在公平、一视同仁的条件下可以使用互联网接入服务以开发和开展他们的活动,并支持所有互联网用户网络中立性的原则。①

(5) 电信服务安全网,即通过公平和不受竞争影响的普遍服务政策,促进电信网络的部署,确保那些无法以其他方式接触到电信服务的人群,可获得电信服务的安全网。

2019年10月欧盟提出的提案与2021年4月其与挪威、乌克兰和英国联合提出的提案在内容上相近,②后者代表了欧盟的最新立场。在2021年4月的联合提案中,欧盟等WTO成员试图用新的文本取代《世界贸易组织电信服务业参考文件》,具体内容包括:范围、定义、竞争性保障、互联、普遍服务、许可和授权、电信监管机构、稀缺资源的分配和使用、必要的设施、争端解决、透明度等。③

三是就电子商务的规制协调问题提出具体政策建议。如在2018年5月提交的关于建立有利的电子商务环境的提案中,欧盟提出一套旨在促进网上交易的义务和原则。包括:

(1) 电子合同。网上交易是以电子合同为基础的。如果对此类电子合同的承认存在疑问,那么电子商务根本就不可能发生。有必要在法律上对电子合同效力加以确认,以确保公司,特别是中小企业和消费者通过电子合同进行的电子交易是有效的。④

(2) 电子认证和信任服务。电子认证和信任服务,包括电子签名、电子印章、电子时间戳、电子递送服务和网站认证等服务,对确保网上交易的真实

---

① See Joint Statement on Electronic Commerce, Communication from the European Union, INF/ECOM/13, 25 March 2019, para. 5.

② 即"本提案取代了欧洲联盟于2019年10月15日提出的文本提案(INF/ECOM/43)。在实质内容上,本提案保持不变"。See Joint Statement on Electronic Commerce, Communication by the European Union, Norway, Ukraine and the United Kingdom: Joint Text Proposal for the Disciplines relating to Telecommunications Services, INF/ECOM/64, 14 April 2021, para. 2 of Introduction.

③ 在2019年4月提交的与电子商务有关的WTO纪律和承诺的提案中,也有关于修订《世界贸易组织电信服务业参考文件》的建议以及市场准入的建议。See Joint Statement on Electronic Commerce, EU Proposal for WTO Disciplines and Commitments Relating to Electronic Commerce, Communication from the European Union, paras. 3 & 4, INF/ECOM/22, 26 April 2019.

④ See Joint Statement on Electronic Commerce, Establishing an Enabling Environment for Electronic Commerce, Communication from the European Union, para. 2.1, INF/ECOM/10, 25 March 2019.

性、完整性和隐私至关重要。①

(3) 消费者保护。即只有当消费者对网上交易活动有信任和信心,当他们在网上购买时的具体权利得到保障,当出现问题时能将之有效解决时,电子商务才能充分发挥其潜力。②

(4) 非应邀的商业电子信息。非应邀的商业通信或讯息("垃圾邮件")对电子商务环境构成多项挑战,包括涉及隐私、欺骗消费者、保护未成年人、企业的额外成本和生产力的损失。更普遍的是,垃圾邮件破坏了消费者的信任和信心,而这是成功的电子商务的先决条件。③

(5) 事前授权要求。在开放的电子商务环境中,任何提供服务的事先授权要求都应该是技术中立的。任何针对在线服务的事先授权程序,都可能导致额外的成本,并影响业务战略决策,在总体上对电子商务(国内和跨境)产生负面影响。④

(6) 电子传输关税。WTO成员在过去20年的每届部长级会议上都延续了暂停对电子传输征收关税的规定,这一事实表明,没有成员认为有必要征收此类关税。商定永久暂停电子商务关税将为包括中小微企业在内的消费者和企业提供更大的确定性,并促使他们参与全球电子商务。此外,这将有助于可预见性,从而有助于有关企业战略计划和系统规划决定的制定。而征收关税可能导致市场扭曲和贸易转移。⑤

欧盟指出,目前,WTO对这些事项没有明确的规定。然而,它们受到世界各地立法发展的影响,也是许多成员自由贸易协定实践的一部分。与此同时,联合国贸易法委员会(UNCITRAL)通过制定示范法的方式,就此类问题作出规定。

在2019年4月提交的与电子商务有关的WTO纪律和承诺的提案中,欧盟更为全面地阐述了自身的立场。在导言部分,欧盟指出,为全力支持WTO正在进行的电子商务谈判,其将寻求谈判一套全面和雄心勃勃的WTO纪律

---

① See Joint Statement on Electronic Commerce, Establishing an Enabling Environment for Electronic Commerce, Communication from the European Union, para. 2. 1, INF/ECOM/10, 25 March 2019, para. 2. 2.
② Ibid., para. 2. 5.
③ Ibid., para. 2. 6.
④ Ibid., para. 2. 7.
⑤ Ibid., para. 2. 8.

和承诺,以得到尽可能多的 WTO 成员的认可。为此,欧盟建议就有关电子商务和电信服务的一系列 WTO 纪律和承诺进行谈判,以提高监管的可预测性和改善市场准入条件,并将这些纪律和承诺纳入各成员的时间表。同时,欧盟及其成员国保持确定和执行文化和视听政策的可能性,以保护其文化多样性,包括不对视听服务作出承诺。① 在关于电子商务的建议文本部分,欧盟提案涉及如下几个方面:

(1) 电子合同。各成员应确保可通过电子手段订立合同,其法律制度不得对使用电子合同造成障碍,也不得仅仅因为合同是通过电子手段订立的而导致合同的法律效力和有效性被剥夺。但这一规定不适用于广播服务、赌博服务、法律代理服务、与行使公共权力有直接和具体联系的公证员或同等职业的服务,以及设立或转让房地产权利的合同,法律要求法院、公共当局或行使公共权力的专业人员参与的合同,由出于非贸易、商业或职业目的行事的人员提供的担保合同及附属担保合同,以及受家庭法或继承法管辖的合同。②

(2) 电子认证和电子签名。电子认证是指验证电子通信或交易一方身份的过程或行为,或确保电子形式数据的来源和完整性。电子签名指附属于或在逻辑上与下列其他电子形式的资料相关联的电子形式的资料:① 由自然人用于就其所涉及的数据达成协议;② 由法人使用,以确保有关数据的来源和完整性;③ 确保有关数据的任何后续变化都是可察觉的。③

(3) 消费者保护。认识到增强消费者对电子商务信任的重要性,各成员应采取并保持措施,保护消费者在从事电子商务交易时免受欺骗性商业行为的侵害。④

(4) 非应邀商业电子信息。商业电子信息指利用电讯服务为商业目的而发出的电子讯息,该电子讯息至少包括电子邮件,以及在国内法所规定的范围内,包括其他类型的电子讯息。各成员应采取和维持措施,保护消费者免

---

① Joint Statement on Electronic Commerce, EU Proposal for WTO Disciplines and Commitments Relating to Electronic Commerce, Communication from the European Union, INF/ECOM/22, 26 April 2019, paras. 1.1, 1.2, 1.3.
② Ibid., para. 2.1.
③ Ibid., para. 2.2.
④ Ibid., para. 2.3.

受非应邀商业电子信息的侵害。①

（5）电子传输的关税。各成员不得对包括传输内容在内的电子传输征收关税。②

（6）传输和访问源代码。成员不得要求转让或访问其他成员的自然人或法人拥有的软件源代码，但存在若干例外。如一般例外、安全例外以及 GATS 关于金融服务的附件第 2 款所规定的例外适用于在核证程序范围内采取或维持的措施。又如上述源代码的规定不影响：① 法院、行政法庭或竞争管理机构对违反竞争法行为的救济要求；② 知识产权的保护和执行；③ 有权采取任何行动或不披露任何信息，以保护与采购武器、弹药或战争物资有关的基本安全利益，或为国家安全或国防目的不可缺少的采购。③

（7）跨境数据流动。各成员致力于确保跨境数据流动，以促进数字经济贸易。为此目的，跨境数据流动不应受到以下限制：① 要求使用该成员领土内的计算设施或网络部件进行处理，包括强制使用该成员领土内核证或批准的计算设施或网络部件；② 要求在成员领土内存储或处理的数据本地化；③ 禁止在其他成员境内存储或加工；④ 将数据跨境传输与在成员境内使用计算设施或网络部件，或与成员境内的本地化要求挂钩。④

（8）个人数据和隐私保护。各成员认识到保护个人数据和隐私是一项基本权利，在这方面的高标准有助于促进数字经济中的信任和贸易发展。各成员可采取和维持其认为适当的保障措施，以确保对个人数据和隐私的保护，包括采用和实施跨境个人数据转移规则。相关纪律和承诺中的任何内容均不得影响成员各自保障措施对个人数据和隐私的保护。⑤

（9）开放互联网访问等。根据适用的政策、法律和法规，各成员应保持或采取适当措施，以确保其领土内的最终用户能够：① 在合理和非歧视性的网络管理下，访问、分发和使用其选择的互联网上的服务和应用；② 将其选择的设备连接至互联网，但该等设备不会损害网络；③ 可取得有关其互联网接入

---

① Joint Statement on Electronic Commerce, EU Proposal for WTO Disciplines and Commitments Relating to Electronic Commerce, Communication from the European Union, INF/ECOM/22, 26 April 2019, para. 2.4.

② Ibid., para. 2.5.

③ Ibid., para. 2.4.

④ Ibid., para. 2.7.

⑤ Ibid., para. 2.8.

服务供应商的网络管理做法的资料。[1]

总体而言,欧盟的提案更为强调个人数据和隐私保护,并将之上升为个人基本权利。此外,与电子商务密切相关的服务贸易市场准入要求以及基础电信和互联网开放的监管问题也是欧盟关注的重点。有观点认为,欧盟的立场与其争夺数字经济国际话语权的策略有关。因为欧盟缺少大型国际互联网企业,在数字经济产业方面难以与中美正面竞争,故其保持数字经济时代话语权的主要手段是引领监管和治理机制变革。[2]

三、中国、美国和欧盟电子商务提案的异同

中国、美国和欧盟在 WTO 提出电子商务相关提案,其目的之一是要吸引各 WTO 成员参与讨论,通过 WTO 相关机制,修正相关提案内容,并最终被各方采纳。作为国际经济法的进程之一,通过国际体制来修正和采纳一国提案需要满足非常严苛的条件。如联合声明倡议虽然具有"开放的诸边主义"之名,但实际上与 WTO 的多边主义要求存在差距。[3] 因此,分析中国、美国和欧盟电子商务提案的异同仅是推进数字贸易规则变革的第一步。即便三方就某一事项达成共识,也并不意味着此类共识能够顺利成为多边数字贸易规则。

虽然中国、美国和欧盟的电子商务提案各有其不同的关注点,但在整体架构上都包括立场和适用范围、交易环境、市场环境、数据流动和其他事项等五个方面。

(一) 立场和适用范围

就立场和适用范围而言,中国、美国和欧盟存在严重分歧。中国从如下

---

[1] See Joint Statement on Electronic Commerce, EU Proposal for WTO Disciplines and Commitments Relating to Electronic Commerce, Communication from the European Union, INF/ECOM/22, 26 April 2019, para. 2.9.

[2] 参见徐程锦:《WTO 电子商务规则谈判与中国的应对方案》,载《国际经济评论》2020 年第 3 期,第 33 页。

[3] 如印度和南非一直质疑联合声明倡议的合法性,因为它们并非在多边的基础上进行。See India and South Africa Submission to the WTO General Council, The Legal Status of "Joint Statement Initiatives" and Their Negotiated Outcomes, WT/GC/W/819, February 19, 2021; Subhayan Chakraborty, India Refuses to Join E-commerce Talks at WTO, Says Rules to Hurt Country, The Business Standard, February 25, 2019; Jane Kelsey, The Illegitimacy of Joint Statement Initiatives and Their Systemic Implications for the WTO, 25 J. Int'l Econ. L. 2, 3 (2022).

四个角度阐述其参与联合声明倡议的谈判立场和适用范围：(1) 谈判的目标。WTO 电子商务谈判应致力于挖掘电子商务的巨大潜力，帮助成员特别是发展中成员和最不发达成员融入全球价值链，消除数字鸿沟，抓住发展机遇，受益于包容性贸易，从而更好地参与经济全球化。(2) 谈判与多边讨论之间的关系。谈判应与 WTO 相关附属机构的电子商务讨论相辅相成，并应定期将谈判进展情况通知上述机构。同时，谈判应有利于支持多边贸易体制，有利于重振 WTO 谈判功能，有利于顺应行业，保持 WTO 规则的相关性，最终实现多边成果。(3) 谈判进程。谈判应公开、包容、透明，通过设计合理的框架和灵活的方式落实谈判成果，确保感兴趣的成员参与整个进程。谈判应在充分考虑各成员规制权的情况下，设定合理的目标水平，在技术进步、业务发展和各成员合法的公共政策目标（如互联网主权、数据安全、隐私保护等）之间取得平衡，并达成平衡的、通过平等协商体现各成员利益的务实成果。(4) 谈判的方向和焦点。谈判应在 WTO 现有协定和框架的基础上，坚持发展面向，充分考虑发展中成员，包括尚未加入谈判的发展中成员，特别是最不发达成员面临的困难和挑战。谈判应重点讨论互联网带动的跨境货物贸易，以及相关支付和物流服务，同时关注服务贸易数字化趋势。以良好的交易环境和安全可靠的市场环境为核心，探索制定电子商务国际规则。①

美国从如下四个方面阐述其关于联合声明倡议的谈判立场和适用范围：(1) 美国很高兴与志同道合的 WTO 成员就数字贸易谈判开展探索性工作，并对签署联合声明并参加成立会议的 WTO 成员的多样性感到鼓舞。美国指出，WTO 将"电子商务"定义为"通过电子方式生产、分销、营销、销售或提供商品和服务"。然而，一般用法越来越多地将电子商务定义为通过互联网进行的商品交易；其他国际组织也采用了这个狭义的定义。美国希望"数字贸易"一词更明确，它更明确地涵盖了通过电子方式进行的商业的所有与贸易相关的方面（包括 WTO 对"电子商务"定义的所有要素），并在本文件中使用这个词。(2) 提案概述了代表保护和促进数字贸易最高标准的贸易条款。美国指出，正如所有 WTO 成员日益面临的情况一样，数字贸易对美国经济至关重要。包括中小型企业在内的所有行业的所有规模的企业，都在利用创新的

---

① See Joint Statement of Electronic Commerce, Communication from China, INF/ECOM/19, 24 April 2019, paras. 2.1-2.5.

互联网服务来实现机器学习,推动物联网,并实现在全球经济中竞争所需的效率。全面、雄心勃勃的贸易规则将使发达成员和发展中成员都受益,确保全球数字经济保持开放、公平和竞争的商业环境,使所有参与者都能繁荣发展。(3)提案中的贸易条款是为了应对现实世界的数字贸易壁垒而经过一段时间制定的,将为消费者和企业提供重要的商业保障。有意义的贸易规则可以支持数字经济在促进全球经济增长和发展方面的作用,同时允许政府解决互联网用户对个人数据安全和隐私的日益担忧。就这些条款达成共识也将表明 WTO 有能力应对全球经济的转变。(4)美国强调,其提供文件供讨论,不影响任何未来的谈判立场,并期待与其他成员合作,以取得成功。[1]

欧盟从如下四个方面阐述其关于 WTO《电子商务 JSI》的谈判立场和适用范围:(1)欧盟完全致力于 WTO 正在进行的电子商务谈判。在此背景下,会议将寻求就一套全面和雄心勃勃的 WTO 纪律和承诺进行谈判,以获得尽可能多的 WTO 成员的支持。欧盟支持这些谈判的公开、透明和包容性质。(2)为此,欧盟建议就一系列与电子商务和电信服务有关的 WTO 纪律和承诺进行谈判,以提高监管可预见性和改善市场准入条件,并将其纳入各成员的时间表。(3)欧盟及其成员国仍有可能制定和执行文化和音像政策,以保持其文化多样性,包括不对音像服务作出承诺。(4)这一建议不影响欧盟对最后谈判结果的立场,在某些情况下,这可能取决于对个别条款的支持程度,且欧盟保留在谈判过程中就其他问题提出额外文本建议的权利。[2]

在立场和适用范围方面,中国、美国和欧盟之间的分歧明显。中国强调相关谈判应以发展为导向,考虑发展中成员的特殊情况;JSI 谈判不应与 WTO 多边进程相脱钩;相关贸易条款应充分尊重各成员的规制权;谈判重点应放在货物贸易方面。美国则将 JSI 视为突破现有多边谈判停滞不前的重要手段;希望通过谈判达成保护和促进数字贸易最高标准的贸易条款;正式引入数字贸易和数字贸易壁垒概念,扩大数字贸易的范围,强调贸易自由的理念。欧盟支持将电子商务各方面纳入 JSI 谈判;相关贸易自由化进程依赖于

---

[1] See Joint Statement on Electronic Commerce Initiative, Communication from the United States, INF/ECOM/5, 25 March 2019, paras. 1.1-1.4.

[2] See Joint Statement on Electronic Commerce, EU Proposal for WTO Disciplines and Commitments Relating to Electronic Commerce, Communication from the European Union, INF/ECOM/22, 26 April 2019, Introduction.

各成员具体承诺;对于音像服务业应作出特别规定。尽管如此,中国、美国和欧盟的立场仍存在若干重叠区域,如对于数字赋能的货物贸易自由化问题,三方均认为应建立相应的国际贸易规则。

(二) 交易环境

在WTO《电子商务JSI》提案中,中国将电子商务交易所涉及的外部问题区分为如下几个类别:(1) 便利跨境电子商务;(2) 无纸化交易;(3) 电子签名和电子认证;(4) 电子合同;(5) 暂停对电子传输征收关税。这些因素有助于建立一个良好的电子商务交易环境。[①]

美国的提案将电子商务交易环境问题纳入"贸易便利化"的名目之下。美国指出,可将WTO《贸易便利化协定》中的条款适用于数字赋能的货物贸易之中。对于数字产品,美国提出应适用自由贸易原则,具体包括数字产品的免税待遇和数字产品的非歧视待遇两个方面。[②]

欧盟的提案就电子合同、电子认证和电子签名、电子传输关税等问题作出较为详细的规定。就前两者,提案规定了非常明确的例外情形。以电子认证和电子签名为例,提案规定,根据国内法或某些业绩标准,主管当局可就证书要求作出特别规定,但此类要求和标准应是客观、透明和非歧视的,并应仅与所涉交易类别的具体特点有关。就电子传输关税,提案强调,不得对传输内容征收关税。[③]

总体而言,中国、美国和欧盟关于数字贸易交易问题存在诸多共识。它们均认为各成员有必要采取措施便利数字贸易,包括暂停或永久停止对电子传输征收关税。有所不同的是,中国提及的贸易便利化专指货物贸易便利化,明确排除数字产品问题。美国提出应将自由贸易原则(免除关税待遇和非歧视待遇)适用于范围更广的数字产品。欧盟则细化了电子合同、电子认证和电子签名规则的例外条件,规定了成员行使规制权需满足相应的实质要件和形式要件,具有较强的可操作性。

---

① See Joint Statement of Electronic Commerce, Communication from China, INF/ECOM/19, 24 April 2019, paras. 3.3-3.8.

② See Joint Statement on Electronic Commerce Initiative, Communication from the United States, INF/ECOM/5, 25 March 2019, paras. 3.1, 6.1, 8.1.

③ See Joint Statement on Electronic Commerce, EU Proposal for WTO Disciplines and Commitments Relating to Electronic Commerce, Communication from the European Union, INF/ECOM/22, 26 April 2019, paras. 2.1-2.2.

(三) 市场环境

在 WTO《电子商务 JSI》提案中,中国将电子商务交易所处的市场环境因素分为如下几个方面:(1) 网上消费者保障;(2) 个人信息保护;(3) 非应邀电子商业信息;(4) 网络安全;(5) 透明度等。这些因素有助于为电子商务创造一个安全和值得信任的市场环境。[1]

美国的提案指出,对专有信息,如计算机源代码、算法和商业秘密等的货币化构成数字经济创新活动的一部分。为鼓励数字经济发展,应保护源代码、禁止强制技术转让以及禁止歧视性技术要求等。为确保数字网络、数据和交易安全,美国提案就加密和网络安全作出特别规定,其目的是减少政府干预对数字贸易的影响。此外,美国还从便利互联网服务角度,提出开放政府数据以及限制互联网中介承担非知识产权内容的法律责任等。[2]

欧盟的提案对消费者保护、非应邀商业电子信息、传输或访问源代码、个人数据和隐私保护、开放互联网访问等事项作出详细规定。对于传输或访问源代码问题,欧盟提出应采用"一般原则+具体例外"的规制模式。即原则上成员不应要求传输或访问另一成员自然人或法人所有软件的源代码,但存在若干例外。对于消费者保护、非应邀商业电子信息和开放互联网访问等问题,欧盟规定了成员所应采取的措施要求。对于个人数据保护和隐私问题,欧盟提案强调,应将个人数据保护和隐私作为基本权利看待。[3]

市场环境与具体交易并无直接关联,但会影响到数字贸易的发展。就此,中国、美国和欧盟各有其关注重点。对于中国而言,维护互联网主权至关重要,因此,中国关于电子交易市场环境的提案未明确提及专有信息特别是源代码问题,也没有提及开放互联网访问问题。[4] 对于美国而言,需从促进数

---

[1] See Joint Statement of Electronic Commerce, Communication from China, INF/ECOM/19, 24 April 2019, paras. 3.8-3.12.

[2] See Joint Statement on Electronic Commerce Initiative, Communication from the United States, INF/ECOM/5, 25 March 2019, paras. 4.1-6.1.

[3] See Joint Statement on Electronic Commerce, EU Proposal for WTO Disciplines and Commitments Relating to Electronic Commerce, Communication from the European Union, INF/ECOM/22, 26 April 2019, paras. 2.3-2.4, 2.6, 2.8-2.9.

[4] 《计算机信息网络国际联网管理暂行规定》第 6 条规定:"计算机信息网络直接进行国际联网,必须使用邮电部国家公用电信网提供的国际出入口信道。任何单位和个人不得自行建立或者使用其他信道进行国际联网。"

字贸易发展的角度来规制数字创新和数字安全。为促进数字贸易的发展,应确保有利于技术创新和服务创新的市场环境,如保护源代码、禁止强制技术转让和施加歧视性技术要求等。为促进数字贸易发展,美国认为,过度保护网络安全会扰乱数字经济,最佳方式是确保企业采取数字安全保护最佳实践。欧盟则强调个人数据保护和隐私的基本权利地位,并认为国际贸易协定不应影响到成员提供的相应保障。在存在上述分歧的背景下,中国和欧盟依然能在市场环境的规制方面找到共同点。如双方提案均认为应加强消费者保护和限制非应邀商业电子信息。鉴于美国法具有非常浓厚的消费者主义特征,[①]此类关于消费者保护的提案也能寻找到美国国内法镜像。这就为三方在国际层面达成一致奠定了良好的制度基础。

(四) 数据流动

在WTO《电子商务JSI》提案中,中国认为,应暂缓将数据流动问题纳入电子商务的谈判之中。主要是"考虑到这些问题的复杂性和敏感性,以及成员之间存在的巨大分歧,在将这些问题纳入世贸组织谈判之前,需要进行更多探索性讨论,使成员充分认识其含义和影响,以及相关的挑战和机遇"[②]。尽管如此,中国仍然提出了其关于数据流动的主张,即"不可否认,与贸易相关的数据流对贸易发展具有重要意义。但更重要的是,数据流动应以安全为前提,这关系到每个成员的核心利益。为此,数据必须按照各成员各自的法律法规有序流动"[③]。

美国的提案将信息自由流动放置在所有事项之前。在美国看来,信息自由流动是数字贸易之命脉。为此,相关的贸易规则应当确保跨境数据流动,防止数据本地化以及禁止封网等。虽然美国提案提及,数据跨境自由流动应受制于合理的保障措施,如消费者数据保护,但对于如何保护个人信息,未置一词。[④]

欧盟的提案建议各方承诺确保跨境数据流动,以促进数字经济中的贸易

---

① See James Q. Whitman, Consumerism Versus Producerism: A Study in Comparative Law, 117 Yale L. J. 340, 395-397 (2007).

② See Joint Statement of Electronic Commerce, Communication from China, INF/ECOM/19, 24 April 2019, para. 4.2.

③ Ibid.

④ See Joint Statement on Electronic Commerce Initiative, Communication from the United States, INF/ECOM/5, 25 March 2019, para. 2.1.

行为。为此目的,欧盟提案提出,跨境数据流动不应受到数据本地化措施的限制,如要求使用本地计算设施和网络、要求数据在本地存储或加工等。[①]

数据构成数字经济核心生产要素之一,数据能否跨境流动直接影响到数字贸易的存续与发展。中国提案与美国和欧盟提案之间的差别不在于否认数据流动之于数字贸易的价值,而在于数据跨境流动所应满足的条件。就此,中国和欧盟均主张,数据跨境流动应满足一定的前提条件。只不过中国更为强调主权安全价值,欧盟更为关注个人数据保护和隐私等基本权利。而在美国看来,无论是主权安全还是个人数据保护和隐私,均构成与贸易价值相竞争的非贸易价值,应放置在贸易法的例外模式下加以考量。因此,对于数据跨境流动的不同处理方式最能彰显中国、美国和欧盟数字贸易规制路径的不同。[②]

(五) 其他事项

在 WTO《电子商务 JSI》提案中,中国在"其他事项"栏目下提及 WTO 成员差异问题。即面对电子商务给成员带来的挑战,各成员因具体情况不同、发展阶段不同,关注点也各有不同。因此,相关谈判必须考虑到成员间差异,尊重各成员电子商务发展道路的选择,以及相应的规制权限。特别是,对于数据流动、数据存储和数字产品待遇等复杂和敏感问题,应充分尊重各成员法律和规章的规定。[③]

美国的提案则额外提及竞争性电信市场问题。美国重申,每一个 WTO 成员都应该准备好将《世界贸易组织电信服务业参考文件》纳入其 GATS 时间表,并向电信投资者和跨境供应商提供市场准入。

欧盟的提案也提及电信服务问题,与美国不同,欧盟主张新的文本取代《世界贸易组织电信服务业参考文件》。此外,欧盟提案还就与电子商务有关的市场准入问题作出规定,涉及《信息技术协定》的适用、计算机服务、电信服

[①] See Joint Statement on Electronic Commerce, EU Proposal for WTO Disciplines and Commitments Relating to Electronic Commerce, Communication from the European Union, INF/ECOM/22, 26 April 2019, para. 2.7.

[②] 参见彭岳:《贸易规制视域下数据隐私保护的冲突与解决》,载《比较法研究》2018 年第 4 期,第 158 页;许可:《自由与安全:数据跨境流动的中国方案》,载《环球法律评论》2021 年第 1 期,第 32 页。

[③] See Joint Statement of Electronic Commerce, Communication from China, INF/ECOM/19, 24 April 2019, paras. 4.1-4.3.

务等领域。

从这些其他事项中可以看出，中国、美国和欧盟的关注点存在很大的不同。其中，中国更强调规制权限，对于提案未及事项，中国认为应尊重各国自主选择。而美国和欧盟更倾向于扩大各成员关于电信市场的开放程度。与美国不同，欧盟对于电信服务业的市场准入问题提出了更为具体的改进方案。这些分歧说明，在若干领域，中国、美国和欧盟之间不仅存在着规制价值冲突，对于哪些事项可纳入国际贸易协定以及如何对之进行规制也存在方法上的差异。

第二节　当下美国和欧盟的数字贸易实践及其互动

中国、美国和欧盟在联合声明倡议项下的提案充分展示了三方关于数字贸易国际合作的"说法"。除此之外，三方还通过其他多种方式践行着关于数字贸易国际合作的"做法"。

一、总体特点

与"说法"不同，"做法"会直接影响到当事人的权利和义务，并引发境内利益调整和国际冲突。因此，相对于具有倡导性和前瞻性的联合声明倡议提案，各成员在签订贸易协定时更为谨慎，也更为注意相关国际贸易协定之于境内法律制度的衔接。

对于数字经济、电子商务和数字贸易发展所带来的法律和政策挑战，中国、美国和欧盟已逐渐建立起较为完备的境内法律体制加以应对。如中国对互联网进行了严格的监管，从互联网安全、数据安全、个人信息保护等角度建构起较为完备的互联网法律法规体系。与之不同，美国一直采取最小规制路径，强调互联网接入对于数字经济的不可或缺性，主张通过市场竞争和行业自律的方式发展数字经济。[①] 欧盟则将隐私和个人数据保护作为基本权利，相关互联网活动不应侵害到此类基本权利。从国际贸易法的角度来看，这些

---

① 2020 年世界经济论坛全球竞争力报告中，将美国的"数字法律框架"列为第一名，认为该法律框架能够很好地适应数字商业模型的挑战。See World Economic Forum, The Global Competitiveness Report, Special Edition 2020: How Countries are Performing on the Road to Recovery, December 16, 2020.

规定构成了数字贸易市场环境的一部分,从事数字贸易的跨国公司因此而面临着较高的合规成本。

不同的境内法律规制方案影响到成员对于贸易协定路径的选择。如美国国内法对于数据流动很少施加限制,因此,即使相关国际贸易协定对政府规制互联网和电子商务行为施加了国际法义务,美国规制主权所受约束仍相对较小。因此,在其电子商务章节中纳入了相当多的 WTO-plus 提案,力图在现有贸易自由化规则的基础之上,就各成员数字贸易规制设置相应的国际法义务。与美国不同,中国对于互联网的规制仍以政府管制为主,而此类政府规制行为恰恰是贸易协定在国际层面着重规范的对象之一。因此,任何新的贸易协定的达成均有可能限制中国的规制主权。由于互联网与国家安全事项密切相关,且互联网技术以及依托互联网的数字经济仍处于发展阶段,为减少国际贸易协定对中国规制主权造成的不确定性,中国倾向于澄清现有的 WTO 义务。即使在贸易协定中纳入电子商务条款,其目的也是促进传统电子商务的国际化。与中国、美国不同,为维护个人数据保护和隐私基本权利的不可侵犯性,欧盟对于在贸易协定中处理数字贸易问题持相对保守的态度,并避免将个人数据保护和隐私问题纳入贸易协定之中。[①]

除了国内法律制度的影响之外,制约中国、美国和欧盟是否签订贸易协定、如何签订贸易协定,以及签订什么贸易协定的根本因素还在于各成员在数字经济方面的比较优势。美国是第一数字经济大国,全球最为重要的互联网公司和数字服务供应商几乎均云集于美国。对于美国而言,如何通过贸易协定为这些市场主体及其服务的客户打开国外市场大门、减少贸易壁垒,确保自由竞争的市场环境至关重要。[②] 然而,对于中国和欧盟而言未必如此。比如,尽管一些全球最大的电子商务平台源自中国,但此类互联网公司和数字服务供应商具有非常明显的国内导向,其强势地位的取得与中国对互联网

[①] See Henry Gao, Digital or Trade? The Contrasting Approaches of China and US to Digital Trade, 21 J. Int'l Econ. L. 297, 318-320 (2018).

[②] 在数字经济的经营模式下,众多中小企业依附于大型数字平台开展义务。See Amazon, 2020 Amazon SMB Impact Report, https://assets.aboutamazon.com/4d/8a/3831c73e4cf484def7a5a8e0d684/amazon-2020-smb-report.pdf.

接入以及外国同类数字服务业进入本国市场有严格规定存在关联。① 对于此类企业而言,维护本国市场份额的重要性要远远大于增加外国市场份额。因此,即便在贸易协定中纳入数字贸易条款,中国也倾向于将之定在货物贸易之上。与中国不同,欧盟奉行互联网开放原则。② 因缺乏产业保护,且处于相对竞争劣势地位,与美国相比,欧盟的数字企业在体量上相对较小。同时,欧盟又是全球数字产品的最大市场之一。这意味着,欧盟主要位于数字产品贸易的接收端。由于数字产品的提供者主要来自外国公司,消费者则位于欧盟,欧盟就有足够的政治空间,对外国公司实施市场规制,保护消费者利益以及维护个人数据保护和隐私等基本权利。与美国在全球推行数字贸易自由化的策略针锋相对,欧盟通常采取更具防御性的做法,专注于保留其在视听服务和个人数据保护方面的政策空间。前者需要主权国家相互协作方可能达到效果,而后者只需借助欧盟法的域外适用即可以实现,这就使得欧盟在全球数字贸易治理中发挥着极为重要的作用。

二、美国的数字贸易政策及实践

(一) 美国的数字贸易政策

美国政府对于国际法向来采取实用主义或美国例外主义的态度。在美国看来,国际法应该促进自由市场和自由民主。③ 而自由市场和自由民主恰恰与美国现有的体制最为吻合。根据 OCED 的一项研究,美国是 OECD 国家

---

① 如《计算机信息网络国际联网安全保护管理办法(2011 修订)》(中华人民共和国国务院令第 588 号);《中华人民共和国计算机信息网络国际联网管理暂行规定(1997 修正)》(中华人民共和国国务院令第 218 号)。

② 衡量互联网开放性的指标至少包括技术、经济和社会三个维度。技术维度方面,基于"端到端原则",互联网的开放性指"被输入互联网一端的信息,应该在不被修改的情况下,从另一端出来",从而实现不同通信设备的无缝连接。依赖于统一的 IP 地址系统和域名约定,当开放可用的协议被一致地用于互联网的可互操作层,接收和发送数据流时,技术开放性就会增加。经济维度方面,互联网的开放性与个人、企业和组织上网、利用互联网增加经济机会和利用这些机会的能力相适应。随着经济全球化的进一步扩展和深化,基于跨境的互联网消费和服务供应更能反映技术开放性。社会维度方面,互联网的开放性与个人利用互联网扩大其非金钱机会的能力相对应,如结识新朋友,与家人和朋友保持更密切联系,向更广泛的受众表达自己的想法,并在社区中变得更加积极等。See OECD, Economic and Social Benefits of Internet Openness,DSTI/ICCP (2015)17/FINAL, June 2, 2016, pp. 15-16.

③ See Anu Bradford and Eric A. Posner, Universal Exceptionalism in International Law, 52 Harv. Int'l L. J. 1,13(2011).

里唯一一个采用去中心化、市场驱动数字战略的国家。[1] 这一数字战略延伸到数字贸易领域,深刻地影响到美国对于数字贸易相关措施的看法——对数字贸易产生阻碍的措施均有可能构成数字贸易壁垒。

受此影响,行政部门在其《国家安全战略》报告中,将与盟国合作打击数字威权主义,为新兴技术制定国际规则列为优先目标之一。[2] 联邦机构通过贸易谈判确定并挑战对外贸易壁垒。美国商务部致力于在国内外推广美国的数字贸易政策。商务部海外商业服务部门的数字专员项目(Digital Attaché Program)帮助美国企业解决监管问题,[3]克服主要市场电子商务出口的贸易壁垒。

美国贸易代表(USTR)负责数字贸易国际规则的谈判工作。在2015年通过的《贸易优先与问责法案》(又称《贸易促进授权法案》)中,美国国会为USTR设定了贸易谈判目标,其中就包括与数字贸易相关的事项。该法案指示政府就如下目标进行谈判:确保落实 WTO 对数字贸易环境的现有承诺,确保实物贸易不遭受非优惠待遇;禁止强制本地化要求与对数字贸易和数据流的限制;维持对电子传输免税;确保相关的法规尽可能不限制贸易。[4] 拜登政府时期的贸易代表戴琪认为,数字贸易政策涉及国家安全、国内和外交政策利益之间的联系,如何最好地与盟友合作,以及如何平衡政府监管的权力和

---

[1] See OECD, OECD Digital Economy Outlook 2017, OECD Publishing, 2017, p. 34, http://dx.doi.org/10.1787/9789264276284-en; OECD, Services Trade Restrictiveness Index, https://stats.oecd.org/Index.aspx?DataSetCode=STRI#.

[2] See The White House, Interim National Security Strategic Guidance, March 2021, https://www.whitehouse.gov/wpcontent/uploads/2021/03/NSC-1v2.pdf.

[3] 该项目提供与主要海外市场的数字贸易官员接触的机会,他们可以帮助美国公司通过全球电子商务渠道扩大出口,获得进入全球在线市场的机会,并应对外国或地区数字政策和监管问题。这些官员分布在美国驻外大使馆和领事馆,以及美国商务服务在70多个国家或地区和100个美国城市的全球办事处网络。数字 Attaché 项目是商务部解决21世纪贸易壁垒和帮助数字经济繁荣的全面努力的一部分。资料来源:https://www.trade.gov/digital-attache-program.

[4] 《贸易促进授权法案》中的其他谈判目标对数字贸易也有影响。例如,与知识产权有关的目标包括确保"权利人拥有法律和技术手段,以控制其作品通过互联网和其他全球传播媒体的使用,防止未经授权使用他们的作品",并"为包含知识产权的新技术和传播和分销产品的新方法提供强有力的保护,包括以促进合法数字贸易的方式"。该授权法案已于2021年7月1日到期。See Ian F. Fergusson, Trade Promotion Authority (TPA), CRS in Focus IF10038, December 14, 2020, https://sgp.fas.org/crs/misc/IF10038.pdf.

国际贸易规则的需要等重要事项。① 显然，这些事项既涉及政策分析，也涉及政治决断。

如上所述，美国政府倾向于将所有阻碍数字贸易的措施视为数字贸易壁垒。在国际贸易法的框架下，此类贸易壁垒可分为两类：关税壁垒和非关税壁垒。

关税壁垒问题并非当前美国贸易政策的重点。如1998年以来，WTO成员已持续同意不对包括货物（如电子书和音乐下载）和服务在内的电子传输征收关税。② 借助于WTO《信息技术协定》，大部分信息与通信技术（ICT）产品的进出口可享受免税待遇。相比之下，美国更为关心协定成员境内税收对数字贸易的负面影响。如上所述，美国互联网公司和数字服务商在众多国外市场占据垄断性份额。当地政府完全可以通过征收数字服务税（DST）的方式使美国公司承担大部分成本。③ 就此，美国主要通过单边制裁和多边协商的方式予以解决。④

非关税壁垒又被称为"边境后"贸易壁垒，主要采用境内法律或法规的形式。在贸易自由主义的理念下，广义上的非关税壁垒包括歧视待遇以及治理不善等情形。如进口方将数字产品区别于物理产品，并适用不同市场准入或市场待遇规则，将会减损前者的市场准入和公共竞争机会；进口方法治状况不佳、透明度欠缺或投资者保护不力也会影响到进出口。就数字贸易而言，美国政府更为关注如下几种形式的非关税壁垒：（1）本地化措施。该措施要求外国公司在当地从事与数字贸易有关的行为，具体包括跨境数据流动限制

---

① See U. S. Trade Representative, Remarks of Ambassador Katherine Tai on Digital Trade at the Georgetown University Law Center Virtual Conference, November 3, 2021.

② See The Geneva Ministerial Declaration on Global Electronic Commerce, WT/MIN(98)/DEC/2, May 25, 1998.

③ See Chris Noonan and Victoria Plekhanova, Taxation of Digital Services Under Trade Agreements, 23 J. Int'l Econ. L. 1015, 1024 (2020).

④ 2021年6月，美国和130多个国家同意在OECD框架下更新全球税收体系并制定国际数字税收框架。为支持G20/OECD包容性框架谈判，美国和其他七国集团国家于2021年6月宣布了以下协议：(1) 如何分配最大和最盈利的跨国企业（包括数字公司）的征税权，(2) 全球最低税。2021年10月，美国与几个欧洲国家达成了一项妥协——"DSTs协议"，一旦多边协议生效，后者将撤回DSTs，并抵免企业支付的任何超额税款。作为协议的一部分，美国同意终止目前暂停的针对奥地利、法国、意大利、西班牙和英国的301条款贸易行动。美国在11月与土耳其和印度达成了类似的协议。美国贸易代表办公室将与美国财政部协调，监督协议的执行情况。

和当地存储要求、当地含量要求、使用当地基础设施或计算机设备要求、与当地公司合作并转让知识产权要求等。(2)知识产权侵权。美国国际贸易委员会(USITC)已将与数字产品或服务相关的知识产权侵权定性为数字贸易壁垒。[①] USTR则将阿根廷、智利、中国、印度、印度尼西亚、俄罗斯、沙特阿拉伯、乌克兰和委内瑞拉等9国列入"重点观察名单",将巴西、加拿大、土耳其、越南等23国列入"观察名单",指出网络盗版是最具挑战性的版权执法问题。[②] 具体形式包括流媒体翻录(stream-ripping)[③]、在网上分发软件及装置[④]、使用非法流媒体设备(ISDs)和非法互联网协议电视(IPTV)服务应用程序[⑤]、域名抢注[⑥]等。(3)国家标准和烦琐的合格评定。国家标准如与国际标准存在偏差,不仅会增加外国公司的合规成本,还会偏向当地公司。而烦琐的合格评定程序以及一些强制性要求,如提供源代码、专有算法或其他知识产权来获得市场准入许可将会限制与之相关的数字贸易。(4)过滤、阻断和网络中立。美国认为,一些国家寻求对其境内的数字数据进行严格控制,政府过滤或封锁网站的措施,或以其他方式阻碍访问,形成了另一种非关税壁垒。因此,受不同境内政策和偏好的影响,不同国家的用户可以在线访问的内容可能有所不同。此外,国家层面的网络中立政策也有很大差异。网络中立规则管理通过宽带互联网接入服务的互联网流量,无论这些服务是固定的还是无线的。允许互联网接入服务供应商限制或歧视国内外的内容提供商,可能会造成非关税壁垒。(5)网络安全风险。数字贸易的增长引发了与网络安全有关的问题,即保护ICT系统及其内容不受网络攻击的行为。面对网络安全威胁,依赖云服务存储或传输数据的公司可能会选择使用增强加密技术

---

① 美国国际贸易委员会指出,一国法律框架对知识产权的保护不力或对这类知识产权的执法不力,可能导致大量的数字盗版,这可能会限制"数字内容提供商的盈利能力和商业生存能力"。See USITC, Global Digital Trade 1: Market Opportunities and Key Foreign Trade Restrictions, August 2017, p. 17.

② See Office of the United States Trade Representative, 2021 Special 301 Report.

③ 通常指从流媒体平台上翻录歌曲,然后再将其转换为可下载的文件,用户可以根据需要脱机使用它们,并轻松地在其他设备或用户之间共享。还包括在影院非法录制电影,将新上映的电影非法拷贝到网上。

④ 用以规避控制及管理对受版权保护作品访问的技术保护措施。

⑤ 主要用于访问体育赛事和表演的现场直播以及其他有版权的内容。

⑥ 未经授权注册域名以及在某些国家代码顶级域名(ccTLDs)中使用商标,可导致权利人损失宝贵的互联网流量。

来保护内部和终端客户的通信和隐私。但是,如果执法部门无法访问加密数据,则可能会阻碍执法部门的调查。如何在两者之间进行平衡涉及政治决断。①

(二) 当前美国的数字贸易协定实践

WTO 多边贸易体制特别是谈判机制存在僵化问题,使其很难适应数字经济的复杂性。美国一直寻求在双边和诸边贸易谈判中消除贸易壁垒,并在数字贸易方面建立新的规则和纪律。一份关于优惠贸易协定(PTAs)的研究表明,大多数 PTAs 并未解决数字贸易一体化中的五大支柱问题——减少数字贸易壁垒、数字贸易便利化、数字贸易监管框架和数字信任政策、数字发展和包容以及机构协调。② 究其原因,志同道合的各方就双边或区域贸易进行谈判也许较为容易达成贸易协定,但这种妥协有可能在全球层面导致相关主张的"极端化"和阵营对立。在数字贸易国际规则的形成过程中,此类自由贸易协定最多可成为多边途径的垫脚石,它允许各方在一定范围内测试数字贸易的新规则,却不太可能为全球数字贸易构建一个具有灵活性和一致性的全球框架。特别是,中国、美国和欧盟的自由贸易协定关于电子商务或数字贸易的章节各有其特色,在数据流动和数据保护方面存在着实体内容和法律性质上的差别。无论以哪一种方案作为理想模型均会导致其他各方的反对。

1. 美国数字贸易协定实践的总体特征

自 2000 年与约旦签署协议以来,美国在诸多贸易协定中加入了电子商务章节。③ 随着时间的推移,此类电子商务章节的框架和内容基本确定,它们通常会首先提及电子商务作为经济驱动力以及消除电子商务贸易壁垒的重要

---

① 2021 年 5 月,美国建议,WTO 技术性贸易壁垒委员会应探索网络安全监管问题,促使 WTO 成员适用与 WTO 的原则相一致的规制方法,如采用国际标准和最佳实践,以实现安全、贸易和创新成果的最大化。See United States, Proposal on Regulatory Cooperation Cybersecurity of Software-Enabled and/or Network Connected Goods,WTO G/TBT/W/747,May 17, 2021.

② See Andrew D. Mitchell and Neha Mishra, Digital Trade Integration in Preferential Trade Agreements,ARTNeT, AWP 191, May 2020, https://artnet.unescap.org/publications/working-papers/digital-trade-integration-preferential-tradeagreements.

③ 需要注意的是,《约旦—美国自由贸易协定》采用了条款而非章节的方式。在缔结 TPP 之前,美国所签署的如下 FTA 均含有电子商务章节:Australia-US FTA (2004);Chile-US FTA(2004);Singapore-US FTA (2004);Bahrain-US FTA (2006);Morocco-US FTA (2006);Oman-US FTA (2006);Peru-US TPA (2007);Panama-US TPA (2012);Colombia-US FTA (2012);Korea-US FTA(2012)。

性。相关章节大多包含数字产品贸易非歧视、禁止关税、透明度、中小企业和消费者保护、跨境信息流动和促进对话发展电子商务等主题的合作机制等条款。所有自由贸易协定都允许某些例外,以确保各方能够保护监管灵活性,实现合法的公共政策目标。就其所涉内容而言,上述条款可分为两类:一是从 WTO 协定现有义务转换而来的规则;二是超越 WTO 协定现有义务的规则。

其中,第一类条款所要解决的问题是,面对电子商务这一个新的领域,WTO 的关键原则是否可以继续适用? 就此,诸多美国自由贸易协定条款明确规定:"各方认识到……WTO 协定对影响电子商务的措施的适用性。"[1] 这一表述虽然重申了 WTO 义务,但仍存在若干不确定性。如就适用的可能性而言,"认识到"(recognize)一词可被解读为缔约方"注意到"WTO 协定有适用的可能性,但并不意味着 WTO 规则将自动适用于电子商务措施。此外,就适用的可行性而言,需将电子商务或数字产品归属于现有的 WTO 认可的类型(如货物贸易、服务贸易或与贸易有关的知识产权)之后,方可对应适用相关的 WTO 规则。而恰恰因为不同的 WTO 规则对应着不同的权利和义务,各方对电子商务的定性和分类存在着较大的分歧。[2]

为了缓和分类和归属问题带来的争议,美国自由贸易协定采取了务实的"建设性模糊"(constructive ambiguity)策略,在法律文本的协商过程中,为了达成协议而故意使用模棱两可的语言。[3] 首先,美国自由贸易协定尽量避免分类问题,不明确说明电子商务应该被视为商品还是服务。[4] 这种故意的模棱两可使缔约方能够在 GATT 和 GATS 中挑选规则,弥补任何潜在的漏洞。

---

[1] See e. g. Article 16. 1 of the Australia-US FTA; Article 13. 1 of the Bahrain-US FTA; Article 14. 1 of the CAFTA-US FTA; Article 15. 1 of the Colombia-US FTA; Article 15. 1 of the Korea-US FTA; Article 14. 1 of the Morocco-US FTA; Article 14. 1 of the Oman-US FTA; Article 14. 1 of the Panama-US TPA; Article 15. 1 of the Peru-US TPA; Article 14. 1 of the Singapore-US FTA.

[2] See Henry S. Gao, Regulation of Digital Trade in US Free Trade Agreements: From Trade Regulation to Digital Regulation, 45 Legal Issue Econ. Integration 47, 48 (2018).

[3] "建设性模糊"策略的目的是就不能具体达成一致的事项达成一致。See e. g. Michael Byers, Still Agreeing to Disagree: International Security and Constructive Ambiguity, 8 J. Use of Force & Int'l L. 91, 93 (2021).

[4] See e. g. footnote 16-4 of the Australia-US FTA; footnote 3 of the Chile-US FTA; footnote 4 of the Korea-US FTA.

如果电子商务活动被归类为商品,它们可能要缴纳关税和其他费用;①如果电子商务活动被归类于服务贸易,则受到缔约方关于服务贸易相关承诺的约束。②

除重申缔约方认识到 WTO 协定对影响电子商务措施的适用性之外,美国缔结的自由贸易协定还纳入了 WTO 的一些原则和规则。包括 WTO 协定的一般性原则,如非歧视原则和透明度原则;③具有部门专向性的接入和使用公共电信传输网络和服务的原则;④来自 WTO 协定的无纸化贸易规则。⑤ 此外,美国自由贸易协定还纳入了未被 WTO 条文明确提及但得到 WTO 争端

---

① 美国的自由贸易协定通过确认 WTO《全球电子商务宣言》(The Declaration on Global Electronic Commerce, May 1998, WT/L/274)中规定的暂停征收关税来解决这一问题。此外,这些自由贸易协定进一步填补了 WTO 规则的空白。例如,《澳大利亚—美国自由贸易协定》第 16.3 条规定:"任一方均可对数字产品的进出口或与之相关的产品征收关税、费用或其他收费,无论这些产品是固定在载体媒体上还是以电子方式传输。"这解决了 WTO《全球电子商务宣言》遗留的未决问题。具体而言,首先,这一禁令适用于关税以外的其他费用和收费;其次,它既适用于进口,也适用于出口;最后,它适用于数字产品本身,无论它是通过传统媒介还是通过电子传输。同时,认识到一些国家需要就载体媒介本身征收关税,美国在与新加坡和秘鲁的自由贸易协定中规定:"含有数字产品的进口载体媒介的关税价值"应"仅根据载体媒介的成本或价值确定,而不考虑存储在载体媒介上的数字产品的成本或价值"。这种方法的优点是可以降低高价值数字产品或服务的关税负担,从而促进电子商务的发展。

② 如各缔约方将承认,除非符合例外条件,其在自由贸易协定其他服务章节(如跨境服务、投资和金融服务等)项下的义务将适用于"电子交付或履行的服务提供"。See e. g. Article 16. 2 of the Australia-US FTA; Article 15. 2 of the Chile-US FTA; Article 15. 2 of the Korea-US FTA; Article 14. 2 of the Singapore-US FTA.

③ 美国自由贸易协定混合采用 GATT 和 GATS 的相关规定,确定电子商务的非歧视原则,具有如下几个特点:第一,国民待遇和最惠国待遇义务都包括在内;第二,这两项义务都是无条件适用的;第三,根据服务与投资、服务补贴或政府行使职权提供服务等章节采取或维持的不符合规定的措施,不适用上述两项义务;第四,不仅禁止基于"在另一方领土内创造、生产、出版、存储、传输、承包、委托或首先以商业条件提供的数字产品受到较不优惠待遇",还禁止歧视"作者、表演者、该等数字产品的生产者、开发者、分销商或所有者为另一方的人"。其中,国民待遇和最惠国待遇两项义务都无条件适用带有 GATT 非歧视待遇的特点;歧视性待遇既适用于数字产品也适用于相关的人带有 GATS 非歧视待遇的特点。See Articles 16. 4. 1 & 16. 4. 3 of the Australia-US FTA; Articles 15. 4. 1 & 15. 4. 3 of the Chile-US FTA; Articles 15. 3. 2 & 15. 3. 4 of the Korea-US FTA; Articles 14. 3. 3 & 14. 3. 5 of the Singapore-US FTA.

④ 此类原则体现在 GATS《关于电信服务的附件》和《参考文件》之中,并考虑到电子商务的不同性质加以修改。即相关原则的适用范围有所扩大,不仅包括互联网的硬件基础设施,还包括软件环境。因此,相关利益不仅延伸到网络提供商,还延伸到应用提供商、服务提供商和内容提供商等。

⑤ 如 2014 年 11 月通过的 WTO《贸易便利化协定》第 2.1 条规定,"每一成员应的情努力接受进口、出口或过境手续所需的证明文件的纸质或电子副本"。美国自由贸易协定则在该协定规定的基础上进行了改进:一是优先提交电子版本;二是承认电子版本在法律上与纸质版本相同。See Article 16. 7. 2 of the Australia-US FTA; Article 15. 6. 2 of the Korea-US FTA.

解决实践认可的技术中立原则。[1]

除上述第一类条款之外,第二类条款所要解决的问题是,对于各国电子商务规制措施,是否施加新的国际义务？就此,美国自由贸易协定所增加的新条款可分为两种:一种是从此前 WTO 协定一般例外所引申过来的义务;另一种是针对电子商务规制措施专设的新条款。就前者,以线上消费者保护条款最为典型。如 GATS 第 XIV(c)(i)条规定,如内容涉及"防止欺骗或欺诈行为或处理服务合同违约而产生的影响",缔约方可采取必要措施,保证此类法律和法规得到遵守。美国自由贸易协定则将该例外条款转化为缔约方具体承诺,即"双方认识到,在从事电子商务时,保持和采取透明和有效的措施保护消费者免受欺诈和欺骗性商业行为的影响十分重要"[2]。就后者,以电子认证和电子签名最为典型。美国自由贸易协定规定,缔约方应允许电子交易当事人确定适当的认证方法,或允许当事人有机会在法庭上证明,其电子交易符合认证的法律要求。[3] 这一规定很好地解决了电子商务中的操作性难题,填补了 WTO 协定的漏洞。[4]

2.《跨太平洋伙伴关系协定》的规定及其特色

与此前签署的贸易协定不同,《跨太平洋伙伴关系协定》(TPP)承载着美国政府为全球打造"21 世纪区域贸易协定"标准的梦想,[5]也是"有史以来为互联网和电子商务设计的最雄心勃勃的贸易政策"[6]。

美国在 TPP 的历程颇具戏剧性。TPP 源于 2005 年 5 月文莱、智利、新西

---

[1] 服务贸易理事会向总理事会提交的关于电子商务工作方案的进展报告中,曾提及该原则(WTO, Work Programme on Electronic Commerce: Progress Report to the General Council, Adopted by the Council for Trade in Services on 19 July 1999, S/L/74, 27 July 1999)。专家组在 US-Gambling 案(Panel Report in US-Gambling, WT/DS285/R, paras. 6.280-287)和 China-Publications and Audiovisual Products 案(Panel Report in China- Publications and Audiovisual Products, WT/DS363/R, paras. 7.1248-1264)中均就技术中立原则作出过相关分析。

[2] See Article 16.6 of the Australia-US FTA; Article 15.5 of the Korea-US FTA.

[3] See Article 16.5 of the Australia-US FTA; Article 15.4 of the Korea-US FTA.

[4] 电子交易主要涉及私人之间的交易,与旨在规制政府行为的 WTO 协定无直接关联,WTO 未涉足这些领域。美国自由贸易协定借鉴了联合国贸易法委员会《1996 年电子商务示范法》和《2001 年电子签名示范法》的相关规定,彰显出联合国贸易法委员会示范法的影响力。

[5] 参见〔日〕中川淳司:《跨太平洋伙伴关系协定与 21 世纪的贸易投资规则》,载《新视角》2018 年第 6 期,第 116 页。

[6] USTR, TPP Chapter Summary: Electronic Commerce, https://ustr.gov/sites/default/files/TPP-Chapter-Summary-Electronic-Commerce.pdf.

兰和新加坡等发起的《跨太平洋战略经济伙伴关系协定》(Trans-Pacific Strategic Economic Partnership Agreement)。2008年2月美国宣布申请加入该伙伴关系协定,并借助已有协议,推行自己的贸易议题,全方位主导谈判。随着澳大利亚、日本、加拿大和韩国等重要亚太经济体的相继加入,该谈判引起世界广泛关注。2015年10月,12国贸易部长宣布新协定谈判成功结束,并于2016年正式签署TPP。尽管特朗普总统于2017年1月签署行政令退出TPP,但TPP仍为美国贸易政策的未来发展指明了方向。

作为美国标榜的"21世纪区域贸易协定"标准,其内容自然少不了数字贸易事项。就内容而言,无论在广度和深度上,TPP的电子商务章节均超出了此前美国自由贸易协定中的相关规定。如在TPP之前,最为全面的《韩国—美国自由贸易协定》共9条,涵盖服务的电子供应、数字产品(其中包括暂停电子关税和非歧视待遇)、电子认证和电子签名、在线消费者保护、无纸化交易、电子商务接入和使用互联网以及跨境信息流动等事项。而TPP多达18个条款,除上述事项之外,还包括诸如国内电子交易框架、个人信息保护、互联网互联费用共享、计算设施的位置、未经请求的商业电子讯息、合作、源代码和争端解决等。

尽管TPP旨在打造更为先进的自由贸易协定,但由于参与成员众多,且成员间差异性较大,其最终的文本具有较为明显的妥协性,主要体现在如下两点:

一是在若干重要领域,相对于美国此前的自由贸易协定,TPP取得了突破性的进展。相关的法律形式大致可分为三类。

第一类针对传统的电子商务国家规制行为,[1]TPP施加了诸多禁止性义务。如第14.3条规定,任何缔约方不得对电子传输包括电子传输的内容征收关税;第14.4条规定,任何缔约方不得给予另一缔约方的数字产品以歧视性待遇;第14.6条规定,缔约方不得仅基于签名属电子方式而否认其法律效力,也不得对电子认证采取或维持特定限制措施;第14.13条规定,缔约方不得就计算设施的位置施加本地化要求;第14.17条规定,缔约方不得要求转移或获得另一缔约方的人所拥有的软件源代码。

---

[1] TPP第14.2条规定,"本章应适用于缔约方采取或维持的影响电子方式贸易的措施"。

第二类就电子商务交易行为,TPP 对缔约方施加了积极性义务。如第 14.5 条要求缔约方维持符合国际原则的电子交易法律框架;①第 14.7 条要求缔约方采取或维持消费者保护法,禁止对线上消费者的诈骗或商业欺诈;第 14.8 条要求缔约方采取或维持保护电子商务用户个人信息的法律框架;第 14.9 条要求缔约方努力做到贸易文件的无纸化;第 14.11 条规定,缔约方应允许包括个人信息的跨境传输;第 14.14 条要求缔约方对非应邀商业电子信息采取或维持特定内容的措施。

第三类对于国际合作,TPP 规定了相应的倡导性条款。如 14.15 条规定,各缔约方应努力合作,包括共同帮助中小企业、交流电子商务法规信息、参加地区或多边论坛等;第 14.16 条特别强调各缔约方应在网络安全事项上进行合作。

二是在若干重要方面,相对于此前的自由贸易协定,TPP 的规定有所限缩,主要体现在三个方面。

第一个方面与适用范围有关。TPP 第 14.1 条在界定"涵盖的人"时,将 TPP 第 11 章(金融服务)项下的"金融机构"或"缔约方的跨境金融服务提供商"排除在外;第 14.2 条将政府采购、缔约方持有或处理的信息及相应措施排除在外。这意味着,上述禁止性义务仅适用于电子商务而非电子政务,且电子商务中不包括数字金融服务。

第二个方面涉及数字产品的非歧视待遇问题。TPP 第 14.4.1 条规定:"任何缔约方给予在另一缔约方领土内创造、生产、出版、订约、代理或首次商业化提供的数字产品的待遇,或给予作者、表演者、生产者、开发者或所有者为另一缔约方的人的数字产品的待遇,不得低于其给予其他同类数字产品的待遇。"类型上,该条款包括国民待遇和最惠国待遇,但在形式和内容上,与此前美国签订的自由贸易协定相比,呈现出较为明显的限缩趋势。就形式而言,此前的自由贸易协定大多分别规定国民待遇和最惠国待遇,TPP 将之合并在一起。就内容而言,此前的自由贸易协定的非歧视待遇明确涵盖数字产

---

① 即联合国贸易法委员会《1996 年电子商务示范法》或 2005 年 11 月 23 日订于纽约的《联合国国际合同使用电子通信公约》。

品的"传输"和"存储"行为以及数字产品的"发行商",[①]但 TPP 均将之删除。由此产生的问题是,在 TPP 的法律框架下,一缔约方可就数字产品的传输和存储以及分销商经营的非 TPP 缔约方的数字产品实施歧视性措施。这意味着,在 TPP 项下的非歧视优惠只保留给那些在塑造产品内容方面发挥直接作用的人,而不仅仅是为产品提供存储或分销服务的人。[②]

第三个方面涉及数字贸易中最为核心的跨境数据流动问题。与美国此前的自由贸易协定相比,TPP 第 14.11.2 条("每一缔约方应允许通过电子方式跨境传输信息,包括个人信息,如这一活动用于涵盖的人开展业务")在强化数据自由流动的义务的同时,限缩了数据自由流动原则的适用范围。具体而言,根据 TPP 第 14.1 条,所谓"涵盖的人"具有特定含义,仅仅包括特定的投资、投资者或服务提供者,[③]其他类型的市场行为或行为人被排除在外。此外,即使对于"涵盖的人",只有那些"开展业务"的活动才能获得数据跨境自由流动义务的保护。对于哪些数据流动属于开展业务的行为,理论上不无争议。

3. USMCA 和《美日数字贸易协定》

如同 WTO 协定,USMCA 的前身《北美自由贸易协定》(NAFTA)是前数字经济时代的自由贸易协定,其中很少有专门章节或条款处理数字贸易问题。特朗普主政期间,美国、墨西哥和加拿大达成 USMCA,并于 2020 年 7 月

---

① 以《澳大利亚—美国自由贸易协定》为例,该协定第 16.4.1 条规定了国民待遇原则。即"任何一方对某些数字产品给予的优惠不得低于对其他类似数字产品给予的优惠;(a) 基于受到较不优惠待遇的数字产品是在其领土以外创造、生产、出版、存储、传输、签约、委托或首次以商业条款提供的;(b) 基于该等数字产品的作者、表演者、生产者、开发者或分销商是另一方或非缔约方人士;或(c) 以其他方式对在其领土内创造、生产、出版、存储、传输、签约、委托或首次以商业条款提供的其他类似数字产品提供保护"。《澳大利亚—美国自由贸易协定》第 16.4.2 条规定了最惠国待遇。即"任何一方不得对数字产品给予以下不利待遇:(a) 与其给予非缔约方领土内创造、生产、出版、存储、传输、订约、代理或首次商业化提供的类似数字产品的待遇相比,给予在另一方领土内创造、生产、出版、存储、传输、订约、代理或首次商业化提供的数字产品更低的待遇;或(b) 与其给予非缔约方类似数字产品的作者、表演者、制作人、开发者或发行商相比,给予另一方的作者、表演者、制作人、开发者或分销商更低的待遇"。

② See Henry S. Gao, Regulation of Digital Trade in US Free Trade Agreements: From Trade Regulation to Digital Regulation, 45 Legal Issue Econ. Integration 47, 65-69 (2018).

③ TPP 第 14.1 条规定,涵盖的人指:(a) 按第 9.1 条(定义)中所定义的一涵盖投资;(b) 按第 9.1 条(定义)中所定义的一缔约方的投资者,但不包括一金融机构的投资者;或(c) 按第 10.1 条(定义)中所定义的缔约方的服务提供者,但不包括按第 11.1 条(定义)中所定义的"金融机构"或"一缔约方的跨境金融服务提供者"。其中,对于澳大利亚,一涵盖的人不包括信用报告机构。

1日正式生效。与 NAFTA 和 TPP 相比,USMCA 的议题和内容均有明显扩充。总体而言,USMCA 规则进一步强化了国际贸易自由化的理念,实体性规则与程序性规则深度融合。同时,USMCA 也有限制贸易自由化的新特征,如单边主义倾向和"美国优先"理念较为突出,发展议题遭到淡化,且具有"以规则锁定"中国的意图等。[①] 就数字贸易而言,USMCA 以"数字贸易"为名,设立专章加以规范。

USMCA 是美国批准的第一个对数字贸易作出广泛承诺的自由贸易协定,其条款适用 USMCA 争端解决程序。除了具体义务外,USMCA 鼓励各方在数据隐私和安全、互操作性、私营部门和中小企业的自我监管等具体问题上进行合作。相关条款有如下几类:[②]

(1) 关税和非歧视。一般禁止对电子传输的产品征收关税,也禁止对数字产品的歧视,包括某些税收措施的覆盖范围。[③]

(2) 数字贸易便利化。允许使用电子认证和签名、电子支付系统和消费者访问互联网,并要求采取反垃圾邮件措施以及促进无纸化贸易等。[④]

(3) 跨境数据流和数据本地化。禁止对跨境数据流动的限制,为实现"合法公共政策目标"所必需的除外,并禁止将"计算设施本地化"(即数据本地化)作为开展业务的条件。在协议的金融服务章节中,金融监管机构出于监管和监督的目的能够访问信息,禁止数据本地化要求。[⑤]

(4) 消费者保护和个人信息保护。要求各方采用或维持网络消费者保护法,以及保护数字交易用户个人信息的法律框架。这些法律的内容和执行由各国政府自行决定,但条款确定了具体的关键原则以及亚太经济合作组织(APEC)和经合组织(OECD)的指导方针,各方在制定其框架时必须考虑这些原则。各方还同意进一步发展和促进隐私制度之间的互操作性系统,包括三个国家均为成员的《亚太经合组织跨境隐私规则》(CBPR)系统。[⑥]

[①] 参见白洁、苏庆义:《〈美墨加协定〉:特征、影响及中国应对》,载《国际经济评论》2020 年第 6 期,123 页。

[②] See Rachel F. Fefer, Shayerah I. Akhtar and Michael D. Sutherland, Digital Trade and U. S. Trade Policy, Congressional Research Service R44565, December 9, 2021.

[③] See USMCA Articles 19.3-19.4.

[④] See USMCA Articles 19.6, 19.9-19.10, 19.13.

[⑤] See USMCA Articles 19.11, 19.12.

[⑥] See USMCA Articles 19.7-19.8.

(5) 源代码和技术转让。禁止要求转让或披露软件源代码或算法作为进入市场的条件,但有一些例外。[1]

(6) 交互式计算机服务的责任。对依赖于与用户互动的互联网平台的第三方内容规定民事责任的限制,但知识产权侵权等除外。[2]

(7) 网络安全。在应对网络安全风险和事件方面,承诺促进合作和使用基于风险的战略和基于共识的标准,而不是规范性监管。[3]

(8) 开放政府数据。各方应努力合作,确定各方可以扩大获取和使用其已公开的政府信息(包括数据)的方式,增加和创造商业机会,特别是对中小企业。[4]

总体上,USMCA 的上述规定得到了美国利害关系方的认同,但是,关于限制互联网中介责任的规定,因与 1996 年《通信规范法》第 230 条的规定高度类似而引发诸多争议。[5]

2020 年 1 月正式生效的《美日数字贸易协定》(UJDTA)是特朗普政府与日本进行的第一阶段贸易谈判。其规定与 USMCA 的数字贸易章节规定类似,涉及关税与非歧视待遇[6]、数字贸易便利化[7]、跨境数据流动和数据本地化[8]、消费者保护和个人信息保护[9]、源代码和技术转让[10]、交互式计算机服务的责任[11]、网络安全[12]、开放政府数据[13]。同时,UJDTA 还专设一个条款,规定"使用密码学的信息和通信技术产品"问题。尽管如此,UJDTA 关于数字贸易优化的相关规定并没有达到 USMCA 的高度。如就个人信息保护问题,

---

[1] See USMCA Article 19.16.
[2] See USMCA Article 19.17.
[3] See USMCA Article 19.15.
[4] See USMCA Article 19.18.
[5] See Patrick Leblond, Uploading CPTPP and USMCA Provisions to the WTO's Digital Trade Negotiations Poses Challenges for National Data Regulation: Example from Canada, in Mira Burri (ed.), Big Data and Global Trade Law, Cambridge University Press, 2021, p.310.
[6] See UJDTA Articles 7-8.
[7] See UJDTA Articles 9-10, 16.
[8] See UJDTA Articles 11-13.
[9] See UJDTA Articles 14-15.
[10] See UJDTA Article 17.
[11] See UJDTA Article 18.
[12] See UJDTA Article 19.
[13] See UJDTA Article 20.

UJDTA 仅提及各方应采用或维持法律框架,对数字贸易用户的个人信息进行保护,并没有要求参考 APEC 或 OECD 的隐私框架。又如,就交互式计算机服务责任,UJDTA 相关条款附有注释,以及日本驻美大使关于 UJDTA 的单边保证函。[1] 更为重要的是,UJDTA 并没有如同 USMCA 那样建立相应的争端解决机制。

三、欧盟的数字贸易政策及其实践

与美国不同,欧盟本身就是一个国际组织,其数字贸易政策大致可区分为区域内数字贸易政策和与其他区域或国家的数字贸易政策。区域内贸易政策经历了从共同市场到单一市场的战略转变,欧盟越来越倾向于利用欧盟二级立法推行区域内数字贸易政策的一体化。欧盟与其他区域或国家的数字贸易政策则主要体现在与其他国家签订的自由贸易协定之中。

(一) 欧盟数字单一市场的建立

欧盟数字单一市场是欧洲单一市场战略的自然延伸。而欧洲单一市场创建于 1993 年,前身是欧洲经济共同体和欧洲共同体共同市场。[2] 1986 年《单一欧洲法案》第 13 条提出,要在 1992 年 12 月 31 日前建成内部市场,该"内部市场应包括一个没有内部边界的区域,在此区域内,商品、人员、服务和资本的自由流通应予以保证"[3]。1993 年,随着欧盟的成立,欧盟成员国构成了单一市场的核心。欧盟成员国向欧盟缴纳一部分资金,选举欧盟机构的官员,遵守欧盟的所有指令和法律。此外,一些非欧盟成员国也使其规则与单

---

[1] See U. S. -Japan Digital Trade Agreement: Side Letter on Interactive Computer Services.

[2] 1951 年,法国和联邦德国成立了欧洲煤炭和钢铁共同体(ECSC),合并了它们的煤炭和钢铁工业。为了监督经济共同体,设立了几个超国家机构,包括一个行政当局、一个部长理事会、一个咨询会议和一个解决争端的法院。1957 年 3 月 25 日,六个欧洲国家的代表在罗马签署了两项条约,其一是为了共同和平发展欧洲核资源而成立的欧洲原子能共同体(EURATOM),其二是创建了欧洲经济共同体(EEC),即共同市场。在共同市场中,成员国之间的贸易壁垒逐渐消除,在运输、农业、与非成员国的经济关系等方面实行共同政策。最终,劳动力和资本被允许在社区边界内自由流动。欧洲煤钢共同体、欧洲经济共同体和欧洲原子能共同体由单一的部长理事会、代表大会和法院服务。1967 年,这三个组织完全合并为欧洲共同体(EC)。1993 年,根据《马斯特里赫特条约》,欧洲联盟正式成立。该条约要求加强欧洲议会、建立欧洲中央银行和共同货币,以及制定共同防御政策。除了欧洲单一市场,成员国还将参与一个更大的共同市场,称为欧洲经济区。奥地利、芬兰和瑞典于 1995 年成为欧盟成员国。2009 年,欧洲经济共同体被纳入欧盟框架。截至 2024 年,欧盟有 27 个成员国。

[3] Single European Act, Article 13.

一市场相一致,从而将其扩展到欧盟以外。①

通过 2011 年 4 月发布的《单一市场法案》(一期)和 2012 年 10 月发布的《单一市场法案》(二期),②欧盟委员会就如何加强欧盟单一市场提出了较为具体的方案。两份法案都提出了一系列旨在实现增长、就业和创造就业的行动。其目的是增加公民和企业的机会,帮助他们在欧盟各地移动、运营和投资。就"数字单一市场",2011 年《单一市场法案》(一期)行动方案提出,欧盟将通过立法,确保电子识别和认证在整个欧盟的相互承认,并对电子签名指令进行评估。2012 年《单一市场方案》(二期)提出,欧盟将降低部署高速通信基础设施的成本,提高其效率。

2015 年 5 月 6 日,欧盟委员会出台"数字单一市场战略",将数字单一市场(在线环境中商品、人员、服务和资本的自由流动)作为委员会的关键优先事项之一。力图打造统一的数字商品、服务和资本市场,加强数字领域互联互通,以推动技术能力发展来保障网络安全,反映了欧盟试图发展网络产业、维护网络安全的考虑。③ 该战略详细阐述了委员会在 2015—2016 年完成的 16 项高度优先行动。这些行动建立在三大支柱之上:(1) 为个人和企业提供更好的数字化产品和服务;④(2) 为创造有利于数字网络和服务繁荣的环境;⑤(3) 最大化数字经济的增长潜力。⑥ 为了使欧洲版权框架现代化,

---

① 非欧盟成员主要包括欧洲经济区(EEA)成员,如挪威、冰岛和列支敦士登。瑞士则通过与欧盟的双边协议与单一市场进行贸易。

② Communication from the Commission: Single Market Act—Twelve Levers to Boost Growth and Strengthen Confidence, COM/2011/0206 final; Communication from the Commission: Single Market Act Ⅱ—Together for New Growth, COM/2012/0573 final.

③ 参见董一凡、李超:《欧盟〈数字单一市场战略〉解读》,载《国际研究参考》2016 年第 3 期,第 5 页。

④ 具体包括:(1) 制定新的规则使跨境电子商务更容易实现,包括:调整网购过程中的合同规则和保护消费者的规则,以刺激跨境消费;(2) 通过审核"关于消费者保护机构间合作的规定"持续快速地制定保护消费者的规定;(3) 提供更高效且优惠的货运服务;(4) 禁止地域屏蔽;(5) 明确影响欧盟电子商务市场的潜在竞争顾虑;(6) 制定一个更现代化的、更适合欧盟环境的版权保护法律;(7) 重新审核卫星通信指令以评估其是否应涵盖网络传播者,并探寻如何加速欧盟内部的跨境传播的实现;(8) 减轻企业的行政性税收负担。

⑤ 具体包括:(1) 着力对欧盟电信法进行修改;(2) 重新审核视听媒体框架以保证其适应 21 世纪的环境,主要关注不同市场参与者在产品提升过程中的角色;(3) 详细分析网络平台(搜索引擎、社交媒体、应用商店等)在欧洲市场的角色;(4) 强化数字化服务的安全和用户信任问题,尤其是有关个人信息处理方面;(5) 提供技术领域网络安全产业和网络安全解决途径的合作机制。

⑥ 具体包括:(1) 提出欧洲数据自由流动计划;(2) 提出关键领域标准和互通性的重点方面,包括电子医疗和能源等方面;(3) 建立一个包容性的信息社会,使民众把握互联网领域的机遇,增加就业机会。

欧盟委员会计划在2015年年底前制定立法提案,以协调各国的版权制度,并在欧盟提供更广泛的跨境在线访问作品。① 审查《卫星和有线电视指令》也在委员会2015—2016年的计划中。委员会将特别考虑是否可能将广播公司的在线传输纳入其应用范围。关于视听媒体服务框架的行动主要涉及2016年对《视听媒体服务指令》的审查。这次审查将影响:(1)该指令的范围(可能扩大"视听媒体服务"的定义和该指令的地理范围);(2)关于推广欧洲作品、保护未成年人和适用于所有市场参与者的广告的规则。

"数字单一市场战略"的出台标志着欧盟数字化进程步入正轨,有助于整合欧洲内部资源。如在数字化方面,欧盟委员会于2016年启动了"欧洲产业数字化计划"(DEI)。作为软法,该倡议的目的是加强欧盟在数字技术方面的竞争力,确保欧洲的每一家企业,无论哪个行业、位于哪里、规模大小,都能充分受益于数字创新。② 在人工智能方面,2018年欧盟委员会提出了关于人工智能的欧盟新战略,以实现对人工智能相关研究和创新的投资的重大推动,并促进和加速人工智能在整个经济中的采用。③ 2020年,欧盟委员会发布《塑造欧洲数字未来》战略文件,提出欧盟数字化变革的理念、战略和行动,希望建立以数字技术为动力的欧洲社会,使欧洲成为数字化转型的全球领导者。④ 同时,作为

---

① 该提案将解决合法购买的在线内容服务(特别是视频内容)的可携带性和跨境访问问题,协调跨境使用作品的例外情况,特别是用于研究、教育、文本和数据的挖掘和澄清规则的网上中介在版权执行制度。委员会打算在2016年进一步完善版权执法体系。它将通过"遵循金钱的方法",重点关注商业规模的侵权行为,以及执法体系的跨境适用性。

② See European Court of Auditors, Digitising European Industry: An Ambitious Initiative Whose Success Depends on the Continued Commitment of the EU, Governments and Businesses, 2020, https://www.eca.europa.eu/Lists/ECADocuments/SR20_19/SR_digitising_EU_industry_EN.pdf.

③ 欧盟委员会将人工智能界定为:"通过分析环境显示智能行为的系统,并以一定程度的自主权执行各种任务,以实现特定目标。"2018年"人工智能新战略"有三大支柱:(1)加强欧盟的科学基础、技术专长和工业能力,以及私营和公共部门对人工智能的"吸收"。这包括投资于研究和创新以及更好地获取数据。(2)鼓励教育和培训体系的现代化、培养人才、预测劳动力市场的变化、支持劳动力市场转型以及调整社会保障体系,为人工智能带来的社会经济变革做好准备。(3)确保基于欧盟价值观并符合《欧盟基本权利宪章》的适当道德和法律框架。这包括即将出台的关于现有产品责任规则的指导,对新出现的挑战的详细分析,以及通过一个新建立的多利益相关方平台(称为欧洲AI联盟)与利益相关方合作,以制定AI道德准则。

④ 该战略文件提出了未来5年将重点关注的三大目标及关键行动,以确保数字技术能够帮助欧洲以自己的方式实现数字化转型。具体包括:(1)开发"以人为本"的技术;(2)发展公平且有竞争力的数字经济;(3)通过数字化塑造开放、民主和可持续的社会。See Shaping Europe's Digital Future: Commission Presents Strategies for Data and Artificial Intelligence, https://ec.europa.eu/commission/presscorner/detail/en/ip_20_273.

实现数字战略的重要行动,欧盟委员会发布了《欧洲数据战略》和《人工智能白皮书》。其中,《欧洲数据战略》提出欧盟未来5年实现数字经济所需的政策措施和投资策略,涵盖了数据利用、人工智能、平台治理等领域的发展和立法框架。[①]《人工智能白皮书》提出欧盟委员会在确保尊重基本权利的同时促进欧洲人工智能发展的建议。[②] 2021年3月初欧盟发布了《2030数字指南针:欧洲数字十年之路》纲要文件,涵盖了欧盟到2030年实现数字化转型的愿景、目标和途径。

为促使数字经济发展战略与规划的实施,欧盟积极推动有关数字经济的立法工作。《网络与信息系统安全指令》[③]《通用数据保护条例》[④]《非个人数据自由流动条例》[⑤]《网络安全法案》[⑥]等文件的出台,为数字经济的健康发展提

---

① 该战略目标是使欧盟成为世界上最具吸引力、最安全、最具活力的数据灵活经济体——赋予欧洲数据能力,以改善决策,改善所有公民的生活。它列举了实现这一目标所需的若干政策措施和投资。具体包括四大支柱:(1) 数据访问和使用的跨部门治理框架;(2) 推动因素:投资于数据,强化欧洲关于托管、处理和使用数据、互操作性的能力和基础设施;(3) 能力:赋予个人能力,对技能和中小企业进行投资;(4) 战略部门和公共利益领域的共同欧洲数据空间。See Communication from the Commission to the European Parliament, the Council, the European Economic and Social Committee and the committee of the Regions: A European Strategy for Data, COM(2020) 66 final, 19 February 2020.

② 欧盟希望为建立一个高度发达并可信的人工智能产业创造更好的政策环境,通过鼓励私营和公共投资相互合作,调动价值链各环节的资源和各方积极性,加速发展人工智能。同时,鉴于人工智能系统的复杂性及其潜在的风险,需要最大限度地发挥其优势并应对挑战。See White Paper on Artificial Intelligence—A European Approach to Excellence and Trust, https://ec.europa.eu/info/sites/info/files/commission-white-paper-artificial-intelligence-feb2020_en.pdf.

③ Directive (EU) 2016/1148 of the European Parliament and of the Council of 6 July 2016 Concerning Measures for a High Common Level of Security of Network and Information Systems Across the Union. 欧盟委员会已就该指令提出修正提案(Proposal for a Directive of the European Parliament and of the Council on Measures for a High Common Level of Cybersecurity Across the Union, Repealing Directive (EU) 2016/1148, COM/2020/823 final)。

④ Regulation (EU) 2016/679 of the European Parliament and of the Council of 27 April 2016 on the Protection of Natural Persons with Regard to the Processing of Personal Data and on the Free Movement of Such Data, and Repealing Directive 95/46/EC (General Data Protection Regulation).

⑤ Regulation (EU) 2018/1807 of the European Parliament and of the Council of 14 November 2018 on a Framework for the Free Flow of Non-personal Data in the European Union (Text with EEA relevance).

⑥ Regulation (EU) 2019/881 of the European Parliament and of the Council of 17 April 2019 on ENISA (the European Union Agency for Cybersecurity) and on Information and Communications Technology Cybersecurity Certification and Repealing Regulation (EU) No 526/2013 (Cybersecurity Act) (Text with EEA relevance).

供了法律依据。针对数字平台和网络服务领域,2020年12月,欧盟委员会推出了《数字服务法》(DSA)和《数字市场法》(DMA)提案,以创建一个更安全的数字空间,保护所有数字服务用户的基本权利,并在欧洲单一市场和全球建立一个促进创新、增长和竞争力的公平竞争环境。围绕数据共享、开发利用事项,2020年11月和2022年2月,欧盟委员会分别推出《数据治理法》(DGA)和《数据法》(DA)提案,旨在实现公共部门数据再利用、加大对数据中介服务的信任、促进欧盟成员国间数据共享、建立数据市场新规则。2022年5月、7月和10月,欧盟理事会分别批准正式通过了《数据治理法》《数字服务法》和《数字市场法》。由此,欧盟关于数字单一市场的法律框架基本构建完成。

(二)欧盟的数字贸易战略及其实践

2017年欧洲议会通过《面向数字贸易战略》决议,[1]强调欧盟作为一个价值观共同体和全球最大的服务出口地,应基于以下三个方面制定有关数字贸易流动的国际规则和协议的标准:(1)确保数字产品和服务在第三国的市场准入;(2)确保贸易规则为消费者创造切实利益;(3)确保和促进对基本权利的尊重。

就第一个方面,决议指出,世界各国政府都在实施数字保护主义,设置障碍阻碍市场准入和直接投资,或为国内企业创造不公平的优势。第三国以国际(网络)安全名义采取的一系列广泛措施对信息通信技术产品贸易的负面影响越来越大。而外国公司目前在进入欧洲市场方面比欧洲公司进入第三国的机会大得多;欧盟的许多贸易伙伴越来越多地关闭国内市场,采取数字保护主义。对此,"欧盟应以互惠、公平竞争、明智监管和透明的原则为其数字贸易战略的基础,以恢复消费者的信任,为企业恢复一个公平的竞争环境"。

就第二个方面,决议指出,私营企业正越来越多地制定数字经济的规范和标准,这将对公民和消费者以及国内和国际贸易产生直接影响,同时加快技术解决方案的开发,以保护企业和客户。决议强调,提供安全的宽带互联网连接和数字支付方式,有效的消费者保护,特别是在线跨境销售的补救机制,以及可预测的海关程序,是促进数字贸易、可持续发展和包容性增长的重

---

[1] Towards a Digital Trade Strategy, European Parliament Resolution of 12 December 2017 on "Towards a Digital Trade Strategy" (2017/2065(INI)) (2018/C 369/03).

要因素。决议认为,贸易协定应规定加强保护消费者机构之间的合作,并欢迎在贸易谈判中促进加强消费者信任措施的倡议,如关于电子签名和合同以及未经请求的通信的纪律;强调消费者的权利必须得到保护,在任何情况下都不能被克减。

就第三个方面,决议指出,欧盟受《欧盟基本权利宪章》(包括该宪章第8条有关保护个人数据的权利)、《欧盟运行条约》第16条以及《欧盟条约》(TEU)第2条的约束。其中,隐私权是一项普遍人权,数据保护高标准则有助于欧洲公民建立对数字经济的信任,促进数字贸易的发展。在数字时代,促进数据保护高标准理应与便利国际贸易携手并进。决议认为,贸易协定可以成为改善数字化权利(digital rights)的工具,可在其中纳入有关网络中立性、禁止强制实施不正当的数据本地化要求、数据安全、数据处理和数据存储安全、加密和中介责任(特别是保护言论自由)等事项。贸易协定不得阻止欧盟及其成员国维持、改进和应用其数据保护规则。

最后,2017年《面向数字贸易战略》强调,数字贸易战略每5年要更新一次。2021年,欧盟委员会向欧洲议会、欧盟理事会、欧洲经济和社会委员会及各地区委员会提交了一份名为《贸易政策审查——一个开放、可持续和自信的贸易政策》的通信。[①] 通信指出,贸易政策将在实现欧盟与数字转型相关的目标方面发挥至关重要的作用。为此,欧盟制定了雄心勃勃的目标,将支持欧洲的数字议程作为欧盟贸易政策的优先事项,通过促进创新,确保欧盟在数字贸易和技术领域的领先地位。为此,欧盟应继续在数字标准和监管方法方面发挥领导作用,特别是在数据保护方面,欧盟《通用数据保护条例》的重要性毋庸置疑。就跨境数据流动和禁止数据本地化要求事项,欧盟委员会将基于欧洲的价值观和利益,采取开放且积极的做法。欧盟委员会将努力确保其企业能够在完全符合欧盟数据保护规则和其他公共政策目标(包括公共安全和公共秩序)的情况下受益于数据的国际自由流动。特别是,欧盟将继续解决数据流动的不合理障碍,同时保持其在数据保护和隐私领域的监管自主权。该通信认为,WTO需要为数字贸易制定规则,而欧盟应在制定规则方面发挥核心作用。一旦达成协议,欧盟应支持进一步开展WTO诸边谈判,使电

---

① Communication from the Commission of the European Parliament, the Council, the European Economic and Social Committee and the Committee of the Regions: Trade Policy Review—An Open, Sustainable and Assertive Trade Policy, COM(2021) 66 final, 18 February 2021.

子商务以外领域的服务贸易自由化。除此之外，欧盟还需要加强双边接触，与志同道合的伙伴探讨在与贸易相关的数字问题上更强有力的合作框架。

受欧盟数字贸易战略的影响，欧盟相关贸易协定实践具有自身的特色。根据其内容的不同，欧盟缔约的贸易协定大致可分为三种类型：经济伙伴关系协定（EPAs），用于支持非洲、加勒比和太平洋国家贸易伙伴的发展；自由贸易协定（FTA），通过提供优惠市场准入，使发达国家和新兴经济体能够相互开放市场；联合协定（AAs），旨在支持更广泛的政治协议等。除此之外，欧盟还加入非优惠贸易协定，作为更广泛协议，如伙伴关系与合作协议（PCAs）的一部分。根据《欧盟运行条约》第218条，欧盟设置了条款分散、权力制衡的条约谈判、议定和批准程序。其中，欧盟理事会在形成一项新的贸易协定方面发挥了关键作用。[①] 实践中，欧盟将遵守WTO原则缔结双边或诸边贸易协定。当前，以欧盟为一方，已生效的各类贸易协定有78份、等待批准的贸易协定有24份、正在谈判的贸易协定有5份、中断谈判的贸易协定有23份。其中，绝大部分是经济伙伴关系协定和联合协定。[②]

总体而言，欧盟自由贸易协定在数字贸易和其他领域不如美国自由贸易协定全面。与美国的自由贸易协定类似，欧盟的自由贸易协定条款一般禁止对数字产品征收关税和强制披露源代码；致力于国内监管的非歧视和透明度；确保技术选择和开放互联网接入；允许电子签名、认证和合同；要求各方在消费者保护和垃圾邮件方面采取措施。欧盟强调自由贸易协定各方之间在网络安全、中小企业等方面的合作等多个问题上的对话。欧盟还注重在一些有争议的问题上进行合作，如中介服务供应商的责任和个人数据保护，而非施加硬性义务或承诺。[③] 与美国的自由贸易协定不同，欧盟在其自由贸易协定中不包括跨境数据流动或本地化的义务，以便在数据流动和本地化要求

---

① 根据《欧盟运行条约》第218条，在开始阶段，理事会授权欧盟委员会代表欧盟谈判一项新的贸易协定。这是通过"谈判授权"来实现的。经有关授权，理事会提供谈判指示，其中包括谈判的目标、范围和可能的时间限制。随后，委员会代表欧盟与伙伴国进行谈判，与理事会和欧洲议会密切合作。在与合作伙伴就协定文本达成协议后，委员会向理事会提交正式提案，供其通过。经过讨论，理事会通过了代表欧盟签署协定的决定。然后将签署的协定转送欧洲议会获得同意。在最后阶段，在欧洲议会同意后，理事会通过缔结协定的决定。

② See European Commission, Negotiations and Agreements, https://policy.trade.ec.europa.eu/eu-trade-relationships-country-and-region/negotiations-and-agreements_en.

③ See Rachel F. Fefer, EU Digital Policy and International Trade, Congressional Research Service, R46732, March 25, 2021.

方面保持监管灵活性。值得注意的是,在《电子商务JSI》提案中,欧盟提及,WTO成员应确保跨境数据流动,并禁止数据本地化措施。这似乎突破了欧盟的条约实践。但提案同时指出,应允许各方"采用并维持他们认为适当的保障措施,以确保对个人数据和隐私的保护,包括通过采取和适用个人数据跨境转移的规则"[①]。就效果而言,这将弱化欧盟关于数据流动的承诺。

四、美国和欧盟数字贸易实践的互动

美国和欧盟有着高度一体化的经济关系。尽管面临2020年新冠病毒感染"大流行"、英国2020年退出欧盟以及中国作为双方贸易伙伴的作用日益增强带来的经济挑战,双方仍是彼此最大的贸易和投资伙伴。

就一般贸易事项而言,多年来,美国和欧盟主要通过WTO多边贸易框架来促进双方贸易关系以及解决双方贸易争端。在特朗普执政期间,受"美国优先"的单边主义贸易理念影响,美国和欧盟之间的贸易关系一度十分紧张。[②] 及至拜登执政,美国意在修复其与欧盟之间的经贸关系。如2021年6月,美国和欧盟达成《关于大型民用飞机合作框架的谅解》,以解决长达17年的波音和空客WTO补贴问题争端。双方同意暂停征收与争端有关的关税,同时寻求更持久的解决办法,并就非市场经济体带来的相关挑战进行合作。[③] 2021年10月,双方达成了一项协议,以关税配额制度取代美国对从欧盟进口的钢铁和铝的关税,并于2022年1月生效。作为交换,欧盟同意取消对美国进口产品的报复性关税,包括对美国出口的威士忌和摩托车的关税。双方还同意暂停在WTO的相关争端,并共同努力解决对全球钢铁和铝产能过剩以及相关温室气体排放的共同担忧。[④]

---

① European Union, Joint Statement on Electronic Commerce, EU Proposal for WTO Disciplines and Commitments Related to Electronic Commerce, WTO INF/ECOM/22, April 26, 2019.

② See Chad P. Bown and Melina Kolb, Trump's Trade War Timeline: An Up-to-Date Guide, updated May 10, 2022, PIIE, https://www.piie.com/sites/default/files/documents/trump-trade-war-timeline.pdf.

③ See Understanding on a Cooperative Framework for Large Civil Aircraft, https://ustr.gov/sites/default/files/files/FINAL%20Understanding%20on%20Principles%20relating%20to%20Large%20Civil%20Aircraft.pdf.

④ See The White House, Joint US-EU Statement on Trade in Steel and Aluminum, October 31, 2021, https://www.whitehouse.gov/briefing-room/statements-releases/2021/10/31/joint-us-eu-statement-on-trade-in-steel-and-aluminum/.

就与数字贸易相关的事项,美国和欧盟合作,先是解决欧盟数字服务税(DST)问题,以缓和因此引发的贸易紧张关系。2021年10月,美国与奥地利、法国、意大利、西班牙、英国宣布就数字服务税争端达成妥协,在2023年经合组织推动的重新分配跨国企业征税权的共识方案(即支柱一方案)生效后,欧洲五国将取消征收数字服务税,美国则将放弃对这五国的报复性关税措施。① 然而,特朗普在2025年1月20日上任总统当天,就经合组织的《全球税收协定》问题发布了行政令,强调"除非国会通过《全球税收协定》的相关条款,否则前任政府代表美国就《全球税收协定》作出的任何承诺在美国境内不具有效力"②。由此,美国和欧盟就数字服务税问题达成的共识不复存在。

就困扰双方的数据跨境流动问题,2022年3月,美国与欧盟委员会发布了《关于跨大西洋数据隐私框架的联合声明》。早在此联合声明发布之前,美国与欧盟已经就美国企业如何符合欧盟个人数据保护要求达成过协议。如2000年《安全港协议》(Safe Harbor Agreement)允许美国公司和组织通过替代合规的方式在欧盟成员国和美国之间进行个人数据流动。2015年,在Schrems I 案中,欧洲法院认为,《安全港协议》未能达到欧盟的数据保护标准,特别是该协议未能有效阻止美国政府发动的监控项目,且未能提供有效救济,因而无效。③ 2016年,美国和欧盟委员会在《安全港协议》的基础上,达成了新的《隐私盾框架》(Privacy Framwork),内容包括更强有力的隐私保护

---

① 根据相关协议,在特定的情况下,美国公司在过渡期间积累的DST负债将可抵扣经合组织协议第一支柱规定的未来所得税。作为回报,美国将终止目前暂停的对奥地利、法国、意大利、西班牙和英国的产品征收的额外关税,这些产品已被DST 301调查采纳。See USTR Welcomes Agreement with Austria, France, Italy, Spain, and the United Kingdom on Digital Services Taxes, October 21, 2021, https://ustr. gov/about-us/policy-offices/press-office/press-releases/2021/october/ustr-welcomes-agreement-austria-france-italy-spain-and-united-kingdom-digital-services-taxes.

② The Organization for Economic Co-Operation and Development (OECD) Global Tax Deal (Global Tax Deal), FR Doc. 2025-02043, https://www. federalregister. gov/documents/2025/01/30/2025-02043/the-organization-for-economic-co-operation-and-development-oecd-global-tax-deal-global-tax-deal.

③ See Case C-362/14, Maximillian Schrems v. Data Protection Commissioner, Judgment of the Court (Grand Chamber) of 6 October 2015, para. 7.

和美国政府访问个人数据有关的安全措施。[1] 2020 年,在 Schrems II 案中,欧洲法院认为,《隐私盾框架》对个人数据的保护依然不够充分,部分原因是它没有限制美国情报当局的数据收集活动。[2]

根据前述的 2022 年联合声明,"跨大西洋数据隐私框架"将为欧盟向美国转移个人数据重建一套法律机制。在此隐私框架下,美国将实施新的保障措施,以确保信号监控活动在追求明确的国家安全目标方面符合必要性和相称性,这意味着信号情报收集只能在促进合法国家安全目标的必要情况下进行,且不得对保护个人隐私和公民自由造成不成比例的影响。美国还将建立一个独立的、有拘束力的双层救济机制,包括一个独立的数据保护复审法院,加强对信号情报活动的严格和分层监督,以确保其遵守相关限制。欧盟个人可向该赔偿机制寻求赔偿,数据保护复审法院将由美国政府以外的个人组成,它们将有充分的权力裁决索赔和必要时的直接补救措施。对欧盟而言,该框架包括有关保护个人数据的新的高标准承诺。对于参与公司和组织而言,它们将继续被要求遵守隐私保护原则,包括要求通过美国商务部自行证明其遵守此类原则。

除上述互动之外,2020 年 12 月,欧盟委员会和高级代表发布《欧盟和美国关于全球变化的新议程》,提出了重点合作领域。其中,包括制定欧盟和美国的联合科技议程。[3] 作为行动的第一步,欧盟提出,应与美国密切合作,解决双边贸易问题。如通过谈判解决方案,并领导 WTO 改革工作;建立一个新的欧盟—美国贸易和技术理事会,以帮助和促进贸易、制定兼容的标准和促

---

[1] 在《安全港协议》决定无效后,欧盟、美国和瑞士重新达成从欧盟和瑞士向美国传输数据的条件,并建立了《隐私盾框架》——当美国公司将个人数据从欧盟和/或瑞士转移到美国时,可自行证明其遵守欧盟数据保护标准的工具。为此,美国政府还创建了一个新的国家安全干预监督机制,即隐私保护专员。其独立于美国情报机构,评估欧盟公民关于其个人数据被转移到美国的投诉。

[2] 在评估《隐私盾框架》的有效性时,欧洲法院审查了美国法律是否授予欧盟数据主体实质上等同于欧盟法律下的保护。通过分析《外国情报监视法案》第 702 条、第 12333 号行政命令和美国总统政策指令第 28 号的规定,欧洲法院指出,这些规定并不表明美国情报服务部门的权力受到任何限制,美国当局收集的数据超出了必要和相称的范围,这些规定没有赋予数据主体在美国法院提起诉讼的权利。欧洲法院还认为,隐私盾保护专员的地位不足以为欧盟公民提供司法补救机制,因为其不是独立的,不能向美国情报机构发布有约束力的决定。因此,欧洲法院在其裁决中宣布《隐私盾框架》无效。See Case C-311/18, Data Protection Commissioner v. Facebook Ireland Limited and Maximillian Schrems, ECLI:EU:C:2020:559, July 16, 2020.

[3] See Joint Communication to the European Parliament, the European Council and the Council: A new EU-US Agenda for Global Change, JOIN (2020) 22 final, December 2, 2020.

进创新;欧盟和美国应该就在线平台和大型科技公司的责任展开跨大西洋对话;根据全球经济和安全担忧,制定跨大西洋共同方法来保护关键技术;制定《人工智能协议》,加强合作,促进信任下的数据自由流动;重启监管和标准方面的合作,从重新参与合格评定谈判和调整在国际机构中的立场开始等。

在WTO之外,美国和欧盟2013年就启动了《跨大西洋贸易和投资伙伴关系协定》(TTIP)谈判,但进展缓慢。有鉴于此,有观点提出,除了新的双边贸易协定,美国和欧盟还可以在现有的旨在形成新的数字规范和标准的协议——DEPA中增加其经济和政治影响力。[1] DEPA是一个开放的诸边协定,包括一系列模块,涵盖跨境数据流动和数字身份等影响数字经济的措施。该协定允许其他国家作为一个整体加入,或选择特定模块加入,或复制其他贸易协定中的模块。DEPA还是一个"活的"协定,如果美国和欧盟选择加入,可以在现有规则的基础上确立新的义务或新的模块。

第三节　数字贸易中国方案的优化

当前,虽然中国官方尚未明确提出和推行数字贸易中国方案,但结合其已缔结的双边贸易协定、寻求加入的区域贸易协定以及在联合声明倡议中的提案,可以大致廓清数字贸易中国方案的主体框架和基本内容。当下的问题是,如何利用这一中国方案建构数字贸易国际规则?不同于互联网规制路径,在贸易规制路径下,WTO成员仍是建构数字贸易国际规则的权威决断者。[2] 利用中国方案建构数字贸易国际规则的实质是将该方案作为一种政策文本,供WTO成员权威决断者进行政治决断,从而实现内容和形式的双重优化。在这一过程中,作为提案方,中国将根据各国的反馈,及时修正和完善中国方案;同时,作为提案方,中国将以中国方案为基础,推进各国磋商和促进国际合作,形成具有法律拘束力的国际贸易协定。

---

[1] See Rachel F. Fefer, EU Digital Policy and International Trade, Congressional Research Service, R46732, March 25, 2021.

[2] 参见彭岳:《数字贸易治理及其规制路径》,载《比较法研究》2021年第4期,第163页;Daniëlle Flonk, Markus Jachtenfuchs and Anke S. Obendiek, Authority Conflicts in Internet Governance: Liberals vs. Sovereigntists? 9 Global Constitutionalism 364, 366 (2020)。

一、作为政策分析对象的数字贸易中国方案

将数字贸易中国方案作为政策分析对象,旨在对其进行系统思考,从而判断该方案本身的优劣与否。就分析方法而言,存在着聚焦于解决问题的"传统"政策分析学派、"主流"政策分析学派以及聚焦于呈现问题的"解释"政策分析学派之分。[①]

政策分析是一种对公共问题或决策的系统思考,从而得出解决问题的方案。[②] 就政策导向而言,早期的政策分析学说可大致分为实证政策分析和规范政策分析两类。其中,实证政策分析关注事实,涉及范围(所涉哪些行为)、模型(使用何种机制来解释该行为)和估算(特定情形下可获得哪些模型参数)等三个因素;规范政策分析关注价值,涉及地位(谁起作用)、标准(什么起作用)和权重(个人和标准起多大作用)等三个要素。[③] 相对于传统的实证政策分析,规范政策分析更容易出现分歧,但也更契合政治决断和国际商谈的现实框架,从而成为当前政策分析的主流形态。值得注意的是,除聚焦如何解决问题之外,晚近的政策分析学说还关注如何呈现所要解决的问题,由此形成了"解释"政策分析学派。

"传统"政策分析学派所关注的是,在一个客观可知的世界中,政策分析者如何利用理性的综合方法提出替代性方案,解决棘手的政策问题。该学派采用实证主义的研究范式,将政策分析者的分析行为作为研究重点,以解决问题为导向,聚焦于科学"事实",通过线性、分阶段的分析过程,为政策制定者提供一个客观的且不涉及价值判断的最优解决方案。该研究范式和相应的政策分析方法以客观、严谨和可控为其特征,被广泛地应用在公共政策制定过程中:问题被概念化之后,需进行客观分析,确定相应的政策目标;在实现该政策目标的各替代措施中,政府机构选择最佳的解决方案;这些解决方案最终得以被实施、评估和修订。行政管理中的成本效益分析、风险评估、运

[①] See Christopher Robert and Richard Zeckhauser, The Methodology of Normative Policy Analysis, 30 J. Policy Anal. & Manag. 613, 618 (2011).

[②] See Randall R. Bovbjerg, What Is Policy Analysis? 5 J. Policy Anal. & Manag. 154, 154-158 (1985).

[③] See Christopher Robert and Richard Zeckhauser, The Methodology of Normative Policy Analysis, 30 J. Policy Anal. & Manag. 613, 618 (2011).

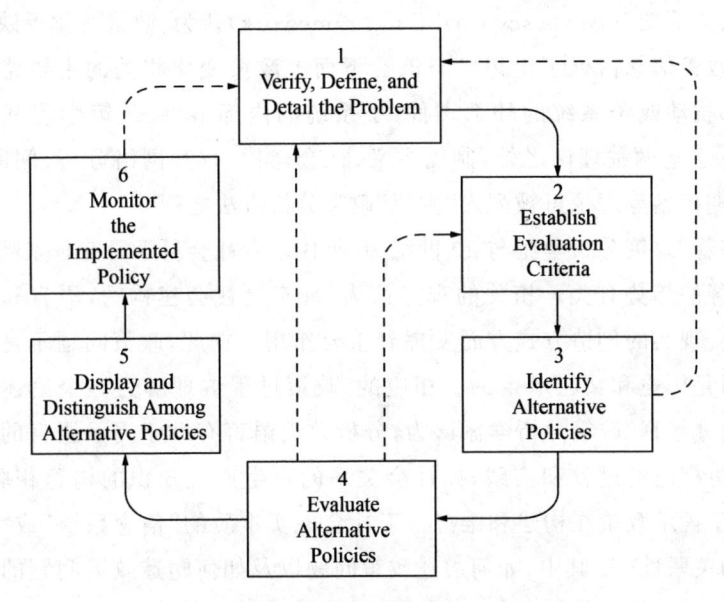

筹学、规划和预算系统等分析方法均可被纳入"科学"的方法序列。[①]

图 6-1　"传统"政策分析与规划的基本方法

资料来源：Carl V. Patton, David S. Sawicki and Jennifer J. Clark, Basic Methods of Policy Analysis and Planning, 3rd ed., Routledge, 2016, p.44。

与"传统"政策分析学派不同，"主流"政策分析学派和"解释"政策分析学派均旨在解决政策分析实践中长期存在的一个悖论，即社会在政策分析上投入了大量资金，而实证研究、政治科学理论和常识都表明，政策制定者并没有利用分析来作出更好的政策决策。[②]

"主流"政策分析学派并不认为通过全面理性和线性过程可以寻求到真正解决问题的方案，而是认为，被"传统"政策分析学派所忽视的价值、利益和资源之间的互动可通过制度加以引导、通过政治加以调节。[③] 如"多源流理论"(Multiple Streams Theory)认为，当被称为"政策企业家"的倡导者在一个

[①] See Jennifer Browne, Brian Coffey, Kay Cook, Sarah Meiklejohn and Claire Palermo, A Guide to Policy Analysis as a Research Method, 34 Health Prom. Int'l 1032, 1034 (2019).

[②] See Nancy Shulock, The Paradox of Policy Analysis: If It Is Not Used, Why Do We Produce So Much of It? 18 J. Policy Anal. & Manag. 226, 226 (1999).

[③] See Robert F. Durant and Paul F. Diehl, Agendas, Alternatives, and Public Policy: Lessons from the U.S. Foreign Policy Arena, 9 J. Pub. Policy 179, 180 (1989).

政治有利的环境中将问题与政策解决方案相匹配时,政策就会发生变化。①"倡导联盟框架"(Advocacy Coalition Framework)认为,政策变化反映了倡导联盟的政策信念占据了上风。与该自下而上政策变化相关的主要路径有四种:外部扰动或子系统的外部事件、子系统的内部事件、政策学习和达成协议。② 除上述两种理论之外,制度主义、社会建构、政策网络分析、间断平衡、政策周期模型等理论可被列入"主流"政策分析方法之列。③

"解释"政策分析学派与20世纪80年代之后社会科学研究越来越注重诠释与解释的趋势有关。相关的观点认为,现实是社会建构的,语言和话语在塑造社会现实的创造方式方面发挥着重要作用。据此,政策问题不是预先存在的,而是历史和文化产生的。相应的,政策过程被理解为一个论述和论证的过程。"解释"政策分析学派认为,分析政策语言有助于揭示语言的使用是如何与更广泛的过程和实践,如社会关系的再生产或知识的构建相联系的,也有助于揭示政策在构建和维持关于社会现实本质的"信念系统"或"概念知识"中的关联性。④ 其中,如何表述政策问题以及如何塑造政策问题的框架将会影响到可能的政策回应。

如果仅从数字经济的比较优势角度考察,中国、美国和欧盟采取不同的立场和主张有其合理性。美国拥有全球主要的互联网公司和数字服务供应商,因此有很大动力支持开放数字贸易;中国虽然拥有一些电子商务平台,但受限于互联网接入政策,其优势主要体现为货物贸易,而非数字内容服务;欧盟本身缺乏世界级的互联网公司或平台企业,作为数字产品贸易的接收端,欧盟倾向于把保护消费者的利益放在首位。但是,这一经济还原论或经济决定论并没有认识到,对于中国和欧盟而言,国家安全或个人基本权利属于不可谈判之对象。因此,就数字贸易中国方案的优化问题而言,"传统"政策分

---

① 通常情况下,"问题流""政策流"和"政治流"是分开同时运行的("垃圾桶模式")。然而,当一个"政策企业家"将这三个"流"结合在一起时,一个有利的"政策窗口"就打开了。See Åsa Knaggård, Forum Section, Theoretically Refining the Multiple Streams Framework and the Problem Broker, 54 Eur. J. Polit. Res. 450, 451 (2015).

② See Jonathan J. Pierce, Holly L. Peterson and Katherine C. Hicks, Policy Change: An Advocacy Coalition Framework Perspective, 48 Policy Stud. J. 64, 65 (2020).

③ See Paul A. Sabatier (ed.), Theories of the Policy Process, Westview Press, 2007, pp.8-10.

④ See Annette Hastings, Connecting Linguistic Structures and Social Practices: A Discursive Approach to Social Policy Analysis, 27 J. Sol. Policy, 191, 192-193 (1998).

析学派发挥作用的空间较为有限。

实际上,对于电子商务发展所带来的法律和政策挑战,中国、美国和欧盟采取了不同的价值取向和话语体系加以应对:中国强调"国家安全"价值,采用主权话语体系对互联网进行严格监管;美国主张"市场自由"价值,采用市场话语体系对互联网放松管制并强调互联网接入;欧盟强调"人的尊严"价值,采用权利话语体系对互联网实施有条件的监管。三者所主张的价值以及所采用的话语体系分别体现在其WTO《电子商务JSI》的提案之中。中国表示更倾向于关注通过互联网实现的跨境货物贸易,但同时"关注服务贸易的数字化趋势"。为此,中国指出了成员应采取行动的几个领域,包括澄清"与电子商务有关的贸易方面"、数字贸易便利化、延长世贸组织关税禁令、在线消费者保护、个人信息保护、垃圾邮件、网络安全和透明度。而对于争议较大的数据流动、数据存储和数字产品的贸易规则事项,中国要求进行更多探索性讨论。欧盟参加《电子商务JSI》谈判,旨在提高监管可预见性和改善市场准入条件。其提案主要涉及三个方面:为诸边谈判提出了具体条款(电子合同、电子认证和签名、消费者保护、垃圾邮件、源代码转让、跨境数据流动、个人数据和隐私保护、开放互联网接入),修订《世界贸易组织电信服务业参考文件》,并要求作出市场准入承诺等。而美国的提案内容与其主导的USMCA"数字贸易"章节极为类似。这充分说明,美国的数字贸易协定内容已基本成熟。与此价值和话语体系相对应,就如何利用区域贸易协定协调各国不同数字贸易规制措施,促进国际合作,三者做法也各不相同:美国缔结的贸易协定在其数字贸易/电子商务章节中纳入了相当多的WTO-plus提案;中国缔结的贸易协定力图将问题限制在澄清现有WTO义务;相对而言,欧盟以较为保守的方式在其区域贸易协定中处理数字贸易问题。

显然,当涉及价值之争时,"主流"政策分析学派可能会发挥更大作用。如根据"倡导联盟框架"分析模式,数字贸易中国方案之所以强调数字贸易便利化以及聚焦货物贸易,主要是因为中国在货物贸易方面存在比较优势,电商平台生态系统较为完善,且相关业务集中于国内市场等。美国方案之所以强调数据自由流动,反对数据本地化措施,与美国拥有大量跨国经营的数字经济平台,业务遍及全球,且隐私文化更为注重自由价值息息相关;欧盟方案之所以强调个人数据保护,与大量外国(主要是美国)平台公司收集和处理欧洲自然人数据,欧盟隐私文化更为注重尊严价值等因素密不可分。①

此外,因为数字贸易中国方案的提出与"发出中国声音、贡献中国智慧"的话语权诉求有关,相较于"传统"政策分析学派,"解释"政策分析学派有可能发挥更大的作用。如 1998 年以来,WTO 一直使用"电子商务"术语,并将"电子商务"界定为"通过电子手段生产、分配、营销、销售或交付货物和服务"②。在《电子商务 JSI》谈判中,WTO 关于"电子商务"的传统界定得到了 WTO 主要成员如欧盟和加拿大的认可。③ 美国则倾向于使用含义更为宽泛的"数字贸易"术语。④ 通过这一新的术语,美国希望实现扩大讨论范围、提升讨论层级,将数字经济问题贸易化,从而迫使其他 WTO 成员对其开放数字经济市场的政策目的。就中国而言,在其已经签署的 RCEP 及寻求加入的 CPTPP 和 DEPA 中,没有使用"数字贸易"一词,⑤但其所覆盖的内容与 USMCA 的"数字贸易"章节并无本质区别。在此情况下,是继续沿用"电子商务"还是采用"数字贸易",具有较强的象征意义。

根据现有数字贸易中国方案的框架和内容,可以发现,对于中国关注的数字贸易便利化和聚焦的货物贸易问题,国际层面争议不大,中国方案可维持不变。对于数据跨境流动和数据保护问题,争议不在于是否允许数据跨境流动,而在于在什么条件下允许数据自由流动。由于相关争议源于中国、美国和欧盟规制价值存在差异,短期内不可能达成一致,最优的方案仍然是利用"一般+例外"的模式将之纳入国际贸易协定之中。⑥ 至于"电子商务"和"数字贸易"何者更优的问题,依"传统"政策分析学派的实证分析方法,"数字贸易"涵盖面更广且贴近现实状况,故可用于学理分析;依"解释"政策分析学

---

① See Henry Gao, Digital or Trade? The Contrasting Approaches of China and US to Digital Trade, 21 J. Int'l Econ. L. 297, 309 (2018); James Q. Whitman, The Two Western Cultures of Privacy: Dignity Versus Liberty, 113 Yale L. J. 1151, 1160 (2004).

② Work Programme on Electronic Commerce, WT/L/274, 30 September 1998.

③ See Work Program on Electronic Commerce, Trade Policy, the WTO, and the Digital Economy, Communication from Canada, Chile, Colombia, Côte d'Ivoire, the European Union, the Republic of Korea, Mexico, Montenegro, Paraguay, Singapore and Turkey, JOB/GC/116, JOB/CTG/4, JOB/SERV/248, JOB/IP/21, JOB/DEV/42, 13 January 2017, para. 3.1.

④ See Joint Statement on Electronic Commerce Initiative, Communication from the United Sates, INF/ECOM/5, 25 March 2019, para. 1.1.

⑤ 如 RCEP 和 CPTTP 均使用"电子商务",DEPA 使用"数据事项"。

⑥ 参见彭岳:《贸易规制视域下数据隐私保护的冲突与解决》,载《比较法研究》2018 年第 4 期,第 176 页。

派的话语分析方法,"电子商务"更能聚焦货物贸易和电商平台,可彰显中国方案的特色,故可用于表述政策方案。

二、作为政治决断对象的数字贸易中国方案

如上所述,"主流"政策分析学派和"解释"政策分析学派可在一定程度上缓解政策分析实践的第一个悖论。但是,两者仍然难以很好应对随之而来的另一个悖论——政策分析者提出了很好的方案,但被权威决策者采用的却少之又少。就形式而言,两个悖论有相似性,均涉及预期成果与最终成果间的错配问题。就实质而言,两个悖论有显著差异。第一个悖论更多的是一个政策问题,无论是"主流"政策分析学派的互动模型还是"解释"政策分析学派的语言塑造,均旨在匡救"传统"政策分析学派的不足,力图制定质量更高的政策方案,供其潜在"客户"选择。但是,这种以问题解决为中心的政策分析方法及其所形成的政策方案,很有可能与政策方案需求者具体应用场景相脱节。也正是在此情况下,会出现第二个悖论。因此,在解决好如何制定好的政策方案的基础上,还需要进一步解决好相关政策方案可被权威决策者接受的问题。显然,这一任务已经远远超出了政策分析的范畴,进入了更加不确定的政治决断领域。

在贸易规制路径之下,政治决断的主角是各国政治家。政治家对于政策方案的关注点与政策分析者存在显著差异。作为一种理想模式,政策分析者往往以社会净效益为标准,制定政策方案,能够产生最大净效益的方案就是最好的方案。而与之相关的分配问题——谁会获得收益,在何时以及以何种方式获得①——往往会被忽略。即便在某些方案中,一些个人和团体的成本超过了他们的收益,在政策分析者看来,只要政策方案的总体效益大于总体成本,那么由此产生的最大净效益将足以补偿失败者,甚至还有盈余来实现其他社会分配目标。因此,只要使用得当,政策分析可以为最有价值的群体提供再分配收入的最佳机会。

预见到有人会在新的政策方案中受到损失,并主张可通过其他机制来加以补偿的分工策略有其独特优势:它可使政策分析者将分配问题排除在外,

---

① See William Seal Carpenter, Politics: Who Gets What, When, How, by Harold D. Lasswell, (New York: Whittlesey House, 1936, pp. ix, 264), 30 Am. Pol. Sci. Rev. 1174, 1174-1176 (2013).

专注于社会净效益分析,从而提升政策方案的中立性和科学性。这一"先做大蛋糕然后再分配"的思路具有直观吸引力。然而,该思路未能认识到,在实际操作中,做蛋糕和分蛋糕是同步进行的。① 换言之,现代严密的产权制度决定了,任何蛋糕的增加部分均对应着相应的请求权,而很少存在蛋糕做大之后,有额外的富余部分供参与者分配的情况。因此,所谓"先做大蛋糕然后再分配"必然对应着两个阶段以及两套政策方案:在第一阶段,按照第一套政策方案,蛋糕被做大,同时按照旧的分配体制,被做大的蛋糕相应地划分给参与者;在第二阶段,一方面承认第一阶段蛋糕被划分的现状,另一方面按照第二套政策方案,需要对已经被划分的蛋糕进行再分配。与第一阶段不同,第二阶段会直接损害到部分参与者的既得利益。因为缺乏效率原则证成,且不存在简便可行的衡量标准对收入或资产进行分配,第二阶段所引发的社会矛盾反而更突出。

正是因为预见到"先做大蛋糕然后再分配"具有较大的不确定性以及存在着较大的政治阻力,一些政策政治家更倾向于在第一阶段就引入分配问题,并作出相应政治决断。由此导致,一项被采纳的政策方案,如果存在不正常的分配效应,往往不是无意之失,而是特定认知和漠不关心相结合的产物。② 根据其关注点的不同,相关政治决断行为可分为如下四类,每一类政治决断对于排除分配问题的政策分析方案有不同的处理方式:③

第一类政治决断聚焦于政策项目自身。就其功能而言,政治活动与动员和组织众多参与者朝着共同的目标努力,实现公共利益有着密不可分的关系。这一过程中,政治决断更像是一种企业家判断。企业家精神通常与经济事业联系在一起,把它作为政治活动的基本形式和政治决断的基本风格,旨在说明,政治决策者可像企业家,为设立和实现特定的社会目标,创造政策并付诸实施。因为具有明确的目的导向性,此类政治决定带有较强的家长式作风。也正是因为可以独断,企业家式判断与"传统"政策分析最为契合。比如,两者均采取工具主义思维模式,强调理性选择,认为所谓判断就是要为所

---

① 参见蔡昉:《金德尔伯格陷阱还是伊斯特利悲剧?——全球公共品及其提供方式和中国方案》,载《世界经济与政治》2017年第10期,第7页。

② 即一方面认识哪些少数个体获得了较大收益,另一方面对为此支付成本的大多数漠不关心。See Robert D. Behn, Policy Analysis and Policy Politics, 7 Policy Anal. 199, 205 (1981).

③ See Charles W. Anderson, Political Judgement and Policy Analysis, 11 Pub. Adm. Quart'y 439 (1988).

要达成的目的寻求适当的手段。

　　第二类政治决断源于社会实践。在具体实践中,有待决断的公共问题往往不是由作出政治决断者"创造"出来的,而是被迫不断面对和需要及时解决的一个又一个事件。同时,需要作出政治决断的人也具有特定的身份和明确的职责。在这一过程中,政治决断更像是一种受托人判断。理论上,受托人必须参照委托之目的以及受托之权限,从最大限度维护委托人利益的角度,选择某一政策方案。虽然有诸多理论认为受托人判断缺乏批判性和反思性,但诸多实践性问题正是通过受托人判断的模式得以解决的,并且这种决断方式具有较强的连贯性和正当性。当受托人作出判断时,参照委托目的意味着可以引入关于目的的猜测、解释、深思和争议,故而相关判断理由可以从"是"无缝转接到"应当是"。因此,此类政治决断更倾向于带有价值判断的政策方案。

　　第三类政治决断从原则出发,并以之为依据,来确定相关政策方案的理性与否。在此过程中,决断者会求助于抽象概念,如个人权利、正当程序、分配正义、社会效率和民主程序等,以一致性、不偏不倚和非武断性的方式,来检验相关社会实践的合法性和充分性,并具体选择相关政策方案。问题是,原则很少如规则那样被排他地适用。当各类原则相互冲突时,决断者必然要在各类原则之间进行权衡。而一旦进入原则权衡程序,政治决断的不确定性将大大增强。如果决断者坚持采用某一项或某几项原则来证成其最终选择,则有必要说明,为何排除其他原则的适用。否则,相关的政治决断将被认为缺乏足够理性。

　　第四类政治决断从问题出发,力图超越政策分析方案所界定的目标和手段,判断相关政策方案的适当性。在此过程中,政治决断真正要解决的是实际的问题,而非围绕该问题所形成的政策方案的好坏。为了解政策方案所针对的问题,相关政治决断者需要在审议政策方案之前,通过调研和听证等程序,收集与问题有关的信息,了解各种利益诉求和替代解决方案,然后再对政策分析者提供的政策方案进行实质性评价。虽然此类政治决断与政策分析存在形式上的部分重复,有可能威胁到政策分析专家意见在政治决断过程中的独立性和权威性,①但通过有效的事前沟通机制,政治决断可以有效匡救不同政策方案中存在的盲点或偏见。②

综上所述,不同的政策分析派别和分析方法会产生不同的政策方案,当相关政策方案被提交给特定决策机构时,相关政治家会根据一套相对独立的理性体系加以决断。由于政策分析逻辑与政治决断逻辑存在着断裂,众多政策方案折戟沉沙于政治决断阶段。

为在国际层面推行数字贸易中国方案,并获得其他参与方的认同,中国方案应具备基本的全球公共物品的特征。③可借助成熟的政治决断和政策分析理论,④从提升社会效益,缓解分配效应,为数字贸易提供全球公共品的角度着手,在增加选项、明确原则和积极实践三个方面做出努力。

其一,中国应将数字贸易中国方案作为一个全球公共物品项目推向全球,寻求各方的支持。根据政治决断理论,如果项目本身优劣成为焦点,则政策分析与政治决断之间可实现紧密连接,参与者将会通过合作方式对相关方案本身进行提升和完善。目前,通过加入《电子商务JSI》和提交相关提案,数字贸易中国方案已经成为《电子商务JSI》参与各方关注的焦点之一。下一步的关键是要继续完善中国提案,提高其包容性。这意味着,新的中国提案应当纳入数据流动、数据存储和数字产品处理等核心数字贸易事项,通过增加谈判议题的方式缓解相关分配效应,进而提高合作的可能性。

其二,中国应在数字贸易中国方案中明确承认数据跨境自由流动原则,

---

① See Rachel E. Barkow, The Wholesale Problem with Congress: The Dangerous Decline of Expertise in the Legislative Process, 90 Fordham L. Rev. 1029, 1052-1054 (2021).

② 如有学者建议,立法机构不应从一个已经包含了基本设计决定的完整草案开始,而应从一个问题陈述开始,即对拟议立法所指向的目标的描述。审议该法案的委员会将就该问题本身举行第一轮听证会,并提出其他解决方案。在本阶段,将以有助于评价正在讨论的备选办法的形式向委员会提供资料。See Edward L. Rubin, Statutory Design as Policy Analysis, 55 Harv. J. on Leg. 143, 167-168 (2018).

③ 全球公共物品分为三类:单独最佳努力公共物品、最薄弱环节公共物品和共同努力公共物品。数字贸易中国方案属于最后一类。关于全球公共物品的理论争议,可参见 Gregory Shaffer, International Law and Global Public Goods in a Legal Pluralist World, 23 Eur. J. Int'l L. 669, 676-679 (2012); Daniel Bodansky, What's in a Concept? Global Public Goods, International Law, and Legitimacy, 23 Eur. J. Int'l L. 651.

④ See Charles W. Anderson, Political Judgement and Policy Analysis, 11 Pub. Adm. Quart. 439, 441-442 (1988); Jack Hirshleifer, From Weakest-Link to Best-Shot: The Voluntary Provision of Public Goods, 41 Public Choice 371 (1983).

同时确立具有可操作性的适用条件和例外条件。对于具体事务而言,仅仅主张某一抽象原则往往不能解决问题,反而会制造问题。比如美国政府就基于数据跨境自由流动原则,将其他国家的数据规制行为视为贸易壁垒,从而引发规制冲突。[1] 因此,在承认数据跨境自由流动原则的同时,数字贸易中国方案应确定相应的适用条件,特别是个人信息保护的国际标准,以防止对数据隐私的侵害;数字贸易中国方案还应规定一国援引公共政策或安全寻求例外所应符合的例外条件,以在贸易价值和非贸易价值之间寻求平衡等。就此,RCEP 关于数据自由流动的适用条件和例外条件等缺乏可操作性,有进一步完善的必要。

其三,中国应通过双多边贸易协定实践,将数字贸易中国方案打造成为大多数国家共同认可的方案。当前,中国加入的 RCEP 已经生效,其复杂的缔约方身份充分说明,相关数字贸易国际规制方案及其潜在的分配效应能够被不同类型的国家所接受。中国应在 RCEP 规定的基础之上,继续通过双多边贸易协定的方式,完善相应的数字贸易规制方案。而寻求加入 CPTPP 和 DEPA 可向潜在缔约方释放强烈的数字贸易自由化信号,有助于中国与发达国家之间达成相关贸易协定。

通过上述三个方面的举措,数字贸易中国方案可在一定程度上回应全球公共物品生产面临的三大难题——如何提供?提供什么?谁来承担?这一方案更贴近当前中国国内、国际实践,内容更为合理,从而有助于本国和他国国民、本国和他国利益团体以及国际社会理解该方案的社会效益和分配效果,获得国内和国际双重正当性。通过这些理解,相关政治决断者可对中国方案作一整体判断,进而影响到政治决断的结果以及民众对此类政治决断结果的支持。[2]

总而言之,数字贸易中国方案具有对内和对外两个面向、国际和国内两个层次、全球治理和社会制度两个维度。按照当前关于中国方案的定义,只

---

[1] See Susan Aaronson, Why Trade Agreements Are Not Setting Information Free: The Lost History and Reinvigorated Debate over Cross-Border Data Flows, Human Rights, and National Security, 14 World Trade Rev. 671, 687-688 (2015); John Selby, Data Localization Laws: Trade Barriers or Legitimate Responses to Cybersecurity Risks, or Both? 25 Int'l J. L. & Info. Tech. 213, 215-217 (2017).

[2] See Nancy Shulock, The Paradox of Policy Analysis: If It Is Not Used, Why Do We Produce So Much of It? 18 J. Pol'y Anal. & Manag. 226, 227 (1999).

有那些经由国家权威机构认定,被中国领导人提及,代表国家政治决断的一系列主张或体现制度优越性的成功经验才有资格成为中国方案。在此意义上,中国尚无系统的数字贸易中国方案。

通过分析中国已参加的双多边贸易协定,特别是RCEP,结合中国在《电子商务JSI》中的提案,可以发现,虽然数字贸易中国方案处于形成过程之中,但其主体框架和基本内容已可大致确定。就数字贸易中最为核心的争议——数据跨境流动和数据保护之间的关系,中国方案基本认同数据自由流动原则,同时为数据保护留下足够的规制空间。受CPTPP"毒丸条款"和DEPA非约束性规定的影响,中国寻求加入这两个协定的主要意义在于释放数字贸易自由化的信号,在短期内不会根本改变此前数字贸易中国方案的根本立场。

为提升数字贸易中国方案在国际层面的可接受性,需要增强方案的包容性和可操作性。在此情况下,中国方案应直面数字贸易中的关键议题——数据跨境流动与数据保护之间的关系。鉴于中国、美国和欧盟在数据保护问题上存在着价值冲突,且短期内难以达成国际共识,中国主导的国际贸易协定可通过贸易例外模式纳入公共政策和国家安全问题,以缓解贸易价值与非贸易价值之间的紧张关系;可通过贸易事项模式纳入个人信息保护问题,以缓解各国对于数据隐私保护的政策关切。由此建构的数字贸易中国方案可为数字经济发展贡献中国智慧,推动数字贸易国际规则的形成。

后记

本书是国家社科基金"数字贸易规则变革及中国方案研究"(18BFX211)的最终成果。书中部分内容和观点曾以论文形式发表,如《税收情报自动交换中的个人数据保护问题》(载《法学》2018年第1期)、《数据本地化措施的贸易规制问题研究》(载《环球法律评论》2018年第2期)、《分享经济规制现状及方法改进》(载《中外法学》2018年第3期)、《贸易规制视域下数据隐私保护的冲突与解决》(载《比较法研究》2018年第4期)、《数字贸易治理及其规制路径》(载《比较法研究》2021年第4期)、《贸易规制路径下的数字贸易中国方案》(载《郑州大学学报(哲学社会科学版)》2022年第4期)、《数据隐私规制模式及其贸易法表达》(载《法商研究》2022年第5期)、《跨境数据隐私保护的贸易法维度》(载《法律适用》2022年第6期)、《在线市场操纵行为的法律规制》(载《法律适用》2023年第11期)、《数字丝绸之路跨国法律秩序的建构与完善》(载《中国法学》2024年第3期)等。在本书写作的过程中,借鉴了上述论文中的若干内容,并进行了重新表述。

除上述内容之外,还需要说明的是,由于数字贸易发展迅猛,文中部分资料和观点具有较强的时效性。在错过了WTO第十二届部长级会议和第十三届部长级会议之后,2024年7月26日,WTO电子商务联合声明倡议谈判共同召集人澳大利亚、日本和新加坡宣布谈判达成了一个稳定的《电子商务协议》文本。协议大致分为五个部分,共包含八章、一个附件。第一部分为总则,确定了协议的适用范围、协议内容的相关定义及与其他协定的关系;第二部分为第二章到第五章,主要内容包括促进电子商务、开放与电子商务、信任与电子商务、透明度、合作与发展;第三部分为第六章,主要内容包括与电信相关的名词定义以及各缔约方应履行的义务；第四部分为第七章，该部分是例外条款；第五部分是第八章，即最后条款，该部分对如何解决争端进行了说明，且对协议的接受、修订等后续操作进行了补充；附件为电信监管的原则。

总体而言，该协议文本强调了全球电子商务的重要性及其为包容性贸易和发展创造的机遇，以及WTO在促进开放、透明、非歧视和可预测的监管环境以推动电子商务方面发挥的重要作用。总体上，该协议文本与数字贸易中国方案不存在根本冲突，但其能否获得WTO成员的认可，需要经受WTO第十四届部长级会议的检验，故本书将相关资料和文献的截止日期确定在2024年7月之前。